肇論

僧肇法師 造論 / 憨山德清 略註
송 찬 우 옮김

경서원
2009

머 리 말

세상에서는 구라마집 대사의 문하 제자들 가운데 네 분의 수제자를 꼽는다. 이들을 세칭 나집 문하의 사철(四哲)이라고 부른다. 이 사철가운데 한 분이 승조(僧肇 : 384~415) 법사이며, 그는 특히 논의(論義)에 가장 뛰어난 재능을 보였다고 전해온다.

이처럼 시대에 앞서가는 그의 뛰어난 사상과 학식을 이해하지 못했던 주위 사람들의 시기 질투 때문에, 31세의 젊은 나이로 비극적인 일생을 마치면서 그간에 지은 저술이 둘 있는데, 《조론(肇論)》과 《보장론(寶藏論)》이 그것이다.

이 두 논문 가운데서 《보장론》은 그가 옥중에서 처형 날짜를 기다리면서 일주일 사이에 지은 논문이며, 《조론》은 20대 초반부터 후반에 걸쳐 완성한 논문으로서, 그의 위대한 천재성에 감탄을 금치 못하게 하는 역작이다. 따라서, 이 두 편의 논문 가운데서 《조론》이 그의 사상을 보다 완벽하게 전해주는 저술인 것이다.

그가 생존했던 당시 중국 불교의 시대적 상황은 위진(魏晋)의 격의불교 시대(格義佛教時代)에 해당한다. 그때까지만 해도 서역에서 건너온 불전(佛典)이 그리 많지 않았기 때문에 불교의 대의가 세상에서 크게 선양되지 못하고 있는 실정이었다.

이 때문에 당시의 고승이나 사상가들은 불교에서 설파한 공(空)과 실상(實相)의 언어적 개념이 실제로는 둘이 아닌 중도(中道)의 이치임을 모르고 이를 기존의 노장학에서 말했던 허무사상(虛無思想)으로 잘못 오해하고 받아들인 경우가 많았다.

마침내는 이러한 사상을 토대로 한 저술까지 유행하여 불교의 근본 대의인 중도사상을 크게 오도하였는데, 진(晉)나라 도항(道恒)의 《무심론(無心論)》과 도림(道林)의 《즉색유현론(卽色遊玄論)》과 축법태(竺法汰)의 《본무론(本無論)》이 그 대표적인 예에 속한다고 할 수 있다.

승조 법사는 이러한 시대적 배경하에서 그들의 잘못된 견해를 타파하고 불교의 진실한 대의를 밝히기 위해 중국 불교사상사에서 불후의 금자탑인 본 《조론》을 저술하게 되었던 것이다.

실로 위진 격의불교 시대의 최고의 정화(精華)로 추앙돼 마지않는 《조론》이 그들 범부들의 미혹을 타파하기 위해 세간에 출현하게 된 가장 직접적인 동기이기도 하다.

《조론》에 사용된 단어는 모두 이만 단어에 미치질 못하고, 목차는 현상론으로서의 〈물불천론(物不遷論)〉, 본질론으로서의 〈부진공론(不眞空論)〉, 이 둘에 대한 인식론으로서의 〈반야무지론(般若無知論)〉, 이상의 수행과정을 통한 결과론으로서의 〈열반무명론(涅槃無名論)〉인 네 편에 지나지 않는 짧은 논문이다.

그러나 이 짧은 논문 속에 포함된 의미는 방대하여, 부처님이 49년간 설파하신 경전(經典)의 골수를 남김없이 포괄하였고, 그 의미를 끝까지 추구하지 않음이 없다. 따라서, 이 한 권의 논문을 분명히 이해하고 실천하여 그 결과로 깨달음에 도달할 수만 있다면 《팔만장경》의 방대한 교설에 조금도 현란됨이 없이 그 진수를 체득할 수 있을 것이다. 드디어는 역대의 불조(佛祖)와 어깨를 나란히 하고 건곤의 밖에서 쾌활하게 활보하게 되리니, 어찌 깨달음이 번거롭게 많은 학문에 있다고 하랴. 체득하면 당체의 그 자리를 벗어나지 않는다는 역대 조사의 고구정령한 말씀이기도 하다.

부처님의 일대 교설 가운데서 본질인 진제(眞諦)의 측면을 담론하면, 현상의 사물은 천류(遷流)하지 않는 진여성공(眞如性空)의 상(常)이라 말하고, 현상인 속제를 이야기하면 모든 사물은 찰나찰나에 유동천류(流動遷流)하는 생멸의 무상(無常)이라고 말씀하셨다. 이는 상(常)과 무상(無常) 어느 한쪽에 잘못 집착한 범부들의 미혹을 타파해 주려고 서로 상반된 언어를 구사하셨을 뿐이다. 이를 흔히 수처작주(隨處作主)이고 응병여약(應病與藥)의 방편도(方便道)라고 말하기도 한다.

불교를 공부하고 수행하는 사람들은 이러한 상(常)과 무상(無常)에 대한 말씀을 듣고는 상과 무상이 동일하게 일심중도(一心中道)로 귀결시키는 이치를 말씀하셨다는 것을 모른다. 그 때문에 도리어 상과 무상으로 상반되게 표현된 언어의 차이에 집착하는 경우가 매우 많았다.

그리하여 현상의 제법은 생멸의 무상한 생사법이라 하는 말씀을 들으면 무상이기 때문에 바로 진여성공의 상을 논파했음을 모르고 허무주의인 단멸(斷滅)의 실무(實無)에 떨어지고, 제법의 본질은 진여성공이기 때문에 상이라 하는 말씀을 들으면 진여성공이기 때문에 생멸의 무상한 생사법으로 수연연기(隨緣緣起)하는 이치를 설파하셨음을 모른다. 이로 인해 열반법은 상주불변하는 실유(實有)라고 집착하게 되어 상과 무상이 둘이 아닌 중도의 이치를 미혹하게 된다.

이처럼 상대적인 실유(實有)·실무(實無)에 집착하여, 환언하면 상견(常見)과 단견(斷見)에 떨어지기 때문에 본래 둘이 아닌 본무의 일심이 진·속 이제(眞·俗 二諦)를 따라 둘로 다르다고 착각하는 전도된 견해가 일어나게 된다. 그 결과 부처님이 말씀하셨던 진·속이 둘이 아닌 불유(不有)·불무(不無)의 일심중도와는 전혀 궤를 달리하게 되었던 것이다. 따라서, 육도사생(六道四生)의 끝없는 생사인 생멸의 십이연기(十二緣起)가 이 때문에 영속적으로 전개되는 것이다. 이를 불교에서는 부처인 중생이라고 부른다.

이것이 부처님께서 깨달으신 내용인 무생십이연기(無生十二緣起)의 연기즉공(緣起卽空)인 중도가 환하게 밝혀지지 못하고 구경중생(究竟衆生)인 부처가 되지 못하는 소이(所以)이기도 하다. 논주인 승조 법사는 범부들의 이러한 어리석음을 타파하기 위하여 〈물불천론〉에서 이 문제를 우선적으로 논파하였다. 즉, 현상의 사물이란 연기즉공으로서의 천류이기 때문에 천류하나 천류하는 자체는 성공의 무상이며, 성공의 무상이기 때문에 천류하는 사물의 자체는 불천(不遷)의 상이라고 하였던 것이다.

그렇다면 연기의 제법인 가유의 사물과 불천의 진여성공이 둘이 아닌 상즉상입 관계여서 진·속의 이제가 그 자리에서 둘이 아닌 일심중도의 이치임이 분명해진다. 이는 《능가경(楞伽經)》에서 「세간의 모습이 생멸의 모습을 떠났다」고 말한 경우에 해당한다.

일심중도가 이와 같이 극명하고 간이(簡易)한 데도 무엇 때문에 승조법사는 네 편의 논문을 따로 분류하여 지었겠는가? 그 이유는 다름이 아니라 일심의 중도를 차별적인 만법의 상황에 따라서 조명하였기 때문에 논리 전개의 방법론이 약간씩 차이를 보였을 뿐인 것이다. 이는 경에서 말씀하신 '등각(等覺)에서 움직이지 않고 모든 차별법을 건립한다.' 했던 경우가 여기에 해당한다.

이 같은 중도의 논지를 모르고, 하나로 귀결하는 상반된 언어의 표현에 집착하여 불교를 잘못 이해한 경우가 허다했던 당시의 시점에서 논주는 불후의 본론을 저술하였으니, 그의 선구적인 사상이 새삼 돋보이지 않을 수가 없다 하겠다.

그러나 논주가 논문으로 표현한 문장은 너무 난해하고 간략했으며, 더욱이 그 당시만 해도 불교의 언어가 풍부하지 못하였기 때문에 기존 노장학에서 사용되고 있던 불교와 유사한 개념의 언어를 빌려 쓴 경우가 많았다. 그 때문에 이 논서를 노장학의 허무사상을 불교적으로 표현한 이단적인 사상 논서라는 오해를 불러일으키기까지 하였으며, 지금도 그것을 정설인 양 치부해 버리는 학자들이 비일비재한 실정이기도 하다. 그러나 역사적 사실 가운데서 《조론》을 올바르게 이해했던 경우를 살펴보자.

당나라 때 《화엄경》의 소(疏)를 지었던 청량국사 증관(淸凉國師澄觀)은 그의 학설에 신빙성을 뒷받침하기 위해서 《조론》을 인용하여 증거를 댄 경우가 많았고, 그 외에 영명연수 선사(永明延壽禪師)는 그의 역작인 《종경록(宗鏡錄)》 곳곳에서 《조론》을 인용한 경우가 많았다.

어찌 그뿐이랴, 불립문자(不立文字)를 주장했던 선종(禪宗)의 경우, 육조(六祖)의 법맥을 계승하고 돈오돈수(頓悟頓修)의 사상을 찬양했던 설봉의존(雪峰義存)선사는 《조론》을 극히 존숭하였다. 그 예는 《벽암록(碧巖錄)》에서도 찾아볼 수 있다. 그는 일생 동안 《조론》을 지송하였으며, 마침내는 《조론》의 대의를 요약하여 《참동계(參同契)》를 짓고, 이를 통해 오묘한 선지(禪旨)를 노래하기까지 하였다. 이것은 선(禪)과 교(敎)가 두 이치가 아님을 천양한 것이기도 하다.

우리 나라의 경우는 삼국 시대에 이미 유입되어 노장 사상과 함께 당시 불교의 일반에 많은 사상적 영향을 미쳤으리라 여겨진다. 그 단적인 예로서 원효 대사가 남긴 저술 가운데 《대승육정참회문(大乘六情識悔文)》의 전개 과정을 살펴보면, 본론 가운데서 〈물불천론〉의 사상을 근거하여 대승참회의 논리로 정립한 경우가 그것이다.

즉, 《육정참회》의 수행을 일으키는 자리가 본래 공하다는 의미를 깨우쳐 끝내 선악의 업보가 일어나지 않는 자리에 도달한다는 것이 그 논리의 귀결점으로 인식되어지기 때문이다.

역자(譯者)의 사견이긴 하나 원효의 사상을 좀더 심도 있게 이해하려면 《조론》에 대한 이해가 우선하여야만 가능하다고 본다. 이처럼 《조론》은 역사적으로 불교사에 지대한 영향을 끼친 거대한 불교사상 논서인 것이다.

이상의 역사적인 몇몇 사실만으로도 《조론》이 이단의 사상이 아님을 분명히 증명하고도 남음이 있다. 그런대도 이를 노장학의 허무사상에 치우친, 그래서 불교에서는 빗나간 사상이라고 치부해 버린다면 《조론》을 통해 불교를 천양했던 역대의 고승들과 선사들까지도 이단으로 배척되어야만 마땅할 것이다. 이에 대한 시비는 독자들 스스의 판단에 맡길 수 밖에 없다.

《조론》은 철학적 논서로서 뛰어났을 뿐만 아니라, 문학적인 측면에서도 중국 불교 이천 년 사에서 찬란한 금자탑을 이루었다. 중국 불교의 유구한 역사 속에서 헤아릴 수 없이 많은 저술들이 명멸했지만, 《조론》을 능가할 수 있는 아름다운 문장의 서술은 아직 나오지 않았다는 것이 학계의 일반적인 평이기도 하다.

이상에서 언급했던 것처럼 사상적으로나 문학적인 측면으로나 고금에 독보적인 위치를 점유하고 있는 본 논서에 대하여, 여러 고승 대덕들이 깊은 관심을 가졌던 것은 당연한 귀추라고 하겠다. 그들의 깊은 관심 속에서 연구가 거듭되는 동안 더러는 괄목할 만한 부석서를 후세에 남기기도 하였다.

즉, 당(唐)나라 때 혜달(慧達) 스님이 서문을 썼던 《조론소(肇論疏)》와 송말 원초(宋末元初)에 생존했던 문재(文才) 대사가 지은 《조론신소(新疏)》가 그 대표적인 예에 속한다. 그러나 그들 모두는 《조론》에 담긴 극치의 정온(精蘊)은 밝혀내지 못하고 그 주변을 맴도는 데에 그쳤다 해도 과언은 아닌 것이다.

중국 불교사에선 중국 불교를 마지막으로 집대성했던 고승으로 네 분을 꼽는다. 후세들은 그들을 명(明)나라의 사대가(四大家)라고 부른다. 감산 대사는 이들 사대가 가운데 한 분인데, 역자의 사견으로는 아마도 사대가들 가운데서 제일인자로 추앙해도 손색이 없으리라 여겨진다.

그는 일찌기 법상종(法相宗)의 근본 논서인 유식학(唯識學) 연구에 조예가 깊었으며, 마침내는 천태학(天台學)을 집대성한 천태학자가 되었다. 대사가 남긴 불교 관계의 저술은 방대하여 이루 다

낱낱이 열거하기조차도 어려울 지경이다. 심지어는 《노자》와 《장자》까지도 주석서를 써서 오늘에까지 전해오고 있는데, 이것만 보아도 그의 학식이 어느 정도였는지 짐작이 가고도 남으리라.

근래에 이르러선 동양철학계에서까지도 그에 대한 관심과 연구가 활발하게 진행되고 있다고 한다. 이는 동양철학의 새로운 불교적 조명과 지향이라는 측면에서 매우 고무적인 현실로 받아들여진다. 대사는 《조론》을 책으로 출판하기 위해서 교정을 보다가 〈물불천론〉에서 활연히 대오(大悟)하였다고 한다. 그가 그 풍부한 학식을 바탕으로 해서 끝내는 천태학을 집대성할 수 있었던 것도 기실 《조론》 사상이 핵심적인 근간을 이루었다고 여겨진다.

즉, 《법화경》의 실상(實相) 사상과 《반야부》에서 설파한 공(空)의 개념이 둘이 아닌 이치를 《조론》을 통하여 분명히 보았던 것이다. 드디어는 그 깨달음을 바탕으로 《조론약주》를 쓰기에 이르렀는데, 그가 저술한 《조론약주》야말로 종래에 제자들이 남긴 주석서의 잘못을 시정하고, 논문의 근본 종지를 세상에 환하게 밝힌 선구자적 역할을 다하였던 것이다.

돌이켜 생각해 보면, 감산 대사의 무소불통(無所不通)할 정도의 해박한 학식과 심오한 깨달음이 아니였다면 승조 법사의 법에 대한 지고한 이해와 사상이 올바르게 전달되기란 심히 어려웠으리라는 생각이 들기도 한다.

역자가 《조론》에 뜻을 두고 연구해 온 지도 어언 상당 기간이 경과되었다. 감산 대사의 《조론약주》를 만나지 못했을 때는 《신소》와 《구소》를 붙들고 짧은 식견과 학식으로 씨름해 보았으나, 전체를 일이관지(一以貫之)하는 근본 종지를 끝내 밝히진 못하였다. 다행히도 근래에 와서야 감산 대사의 《조론약주》를 인수해 보았더니, 그동안 의심스럽고 이해가 분명하지 못했던 부분들이 일시에 얼음이 풀리듯 하였다. 실로 승조 법사와 감산 대사의 유덕에 마음 속 깊이 감사드리지 않을 수가 없었다.

이처럼 난해하기 비할 바 없는 중요한 논서를 모든 불교도와 동양철학도와 더불어 공유하고, 그들이 《조론》을 연구하는데 약간이라도 도움이 될까 하여 역자의 부족함은 뒤돌아보지도 않은 채 외람되게도 번역을 시도해 보았다. 번역을 하는 과정에 있어서 역자의 천견박식 때문에 더러는 오류가 없지 않으리라 여겨진다. 그러나 이를 토대로 해서 《조론》 연구에 밑거름이 되고, 나아가서는 더욱 훌륭한 번역본이 나와 마침내는 《조론》의 심오한 철학이 일반 대중에게까지도 일상화되기를 기대해 마지 않는 바이다.

앞에서도 이미 언급했었지만, 논문 문장의 구성에 있어서 문학적 호흡의 박진감과 아름다운 리듬을 살리기 위해서 문장을 고도로 축약해서 쓴 부분이 매우 많은 것이 이 논문의 특징이다. 따라서 독자들의 이해를 돕기 위해 축약된 문장의 의미를 상당 부분 부연해서 의역을 시도해 보았다. 그러나 본래의 논지에서 이탈하지 않도록 감산의 주를 의거해 거기에 한정된 의미만을 부연했을 뿐, 역자의 억견은 조금도 첨가하지 않았음을 밝혀 둔다. 이 점 독자 제현의 양지를 바란다.

더불어 이 책을 새로이 출판해 주신 경서원에 감사드린다.

불기 2552년 8월 일

普門居士 송찬우 識

차 례

서 문

《조론(肇論)》의 조 자(肇字)는 이 논서를 지은 사람의 이름인데 그의 이름은 승조(僧肇)이다.

그 시대에는 그를 조공(肇公)이라고 호칭하였다. 논(論)은 승조가 자기의 견해를 수립한 논문이다. 이는 지은 사람의 이름으로써 논문의 명칭을 붙였으리라.

조공은 구마라집(鳩摩羅什) 문하의 뛰어난 제자였다. 그는 구마라집이 불경을 변역했던 도량에서 모든 경전을 한역(漢譯)하면서 오랫동안 구마라집 대사를 참례하고 불교의 실제 모습(實相)을 심오하게 통달하였다. 그 즈음엔 서역에서 건너 온 불법의 경전이 매우 희소하여 불교의 대의가 환하게 드러나지 못하였었다. 그 시대의 사람들은 노장학(老莊學)에서 말하는 허무주위(虛無主義)의 담론을 숭상하였다. 그리하여 부처님의 제자인 사문(沙門)들까지도 이를 고상하게 여기면서 허무주의를 으뜸의 근간으로 여기고 이로써 불교의 의미를 담론하면서 각자 자기의 견해를 따라 종파를 수립하였다.

가령 진(晋)나라의 도항(道恒)은 《무심론(無心論)》을 저술하였고, 동진(東晋)의 도림(道林)은 《즉색유현론(卽色遊玄論)》을 지었으며,

진(晋)의 축법태(竺法汰)는《본무론(本無論)》을 조론(造論)한 경우가 여기에 해당한다. 이들 모두의 견해는 현상의 차별적인 모습(相)에 떨어져 유(有)에 상대적인 무(無)를 말하며, 다들 단멸(斷滅)의 공(空)에 떨어졌던 것이다.

조공은 대승의 도가 세상에 밝혀지지 못하는 것을 민망하게 여겼다. 그 때문에 불교의 현상론으로 〈물불천론(物不遷論)〉, 본질론으로서 〈부진공론(不眞空論)〉, 이 두 논문에 대한 인식론으로서 〈반야무지론(般若無知論)〉, 인식의 결과론으로서 〈열반무명론(涅槃無名論)〉을 지어 그들의 빗나간 집착을 타파하였다. 이것이 조공이 논리를 수립한 근본 의도이다.

논(論)이란, 빈(賓)과 주(主)를 가설적으로 수립하여 문제를 따지고 분석하고 의론하고 인식하여 진정한 이치를 발현하고 빗나간 집착을 타파하여 꺾는다는 의미이다.

《조론》이라는 제목 두 글자는 작자로서 사람과 논리에서 나타낸 법을 쌍으로 드러냈다. 때문에《조론》이라고 말한 것이다.

후진의 장안에 사는 석승조는 짓는다
(後秦 長安 釋僧肇 作)

부견(符堅)이 나라를 세우고 관중(關中) 지방의 장안에 의거하여 국호를 대진(大秦)이라 하였고, 후진의 요장(姚長)은 부견의 왕위를 찬탈하고 왕위에 오르자 역시 국호를 진(秦)이라 하였다. 그 때문에 역사를 기록하는 사관이 전진(前秦)과 후진(後秦)으로써 이 둘을 구별하였다.

요장이 죽고 나서 그의 아들인 요흥(姚興)이 나라를 계승하였다. 구마라집의 역경사업은 바로 요흥의 시대에 해당한다. 때문에 그의 제자인 조공은 후진(後秦) 사람이다.

《양고승전(梁高僧傳)》에서 조공전(肇公傳)을 조사해 보고 그의 내역을 간략히 말해 보겠다.

법사 승조(法師僧肇)는 서울 장안 사람이다. 어려서는 집이 가난하여 다른 사람의 책을 베껴 써 주는 품팔이를 하다가 이윽고 제자백가와 모든 역사서적을 방대하게 관람하였다. 그가 지향했던 뜻은 허현(虛玄)의 경지를 좋아하여 매양 노장학으로써 심요(心要)를 삼았으며, 노장학을 익히고 나서 탄식하며 말하기를,

"내용이 훌륭하긴 하나 높은 경지에 정신을 깃들게 하는 처방에 있어선 아직도 훌륭함의 극치는 아니로구나"

라고 하였다.

그 뒤로 《구역유마경(舊譯維摩經)》을 보고는 환희하는 마음으로 경전을 정대수지(頂戴受持)하였다. 그리고는 말하였다.

"내가 귀의해야 할 곳이 어디인 줄 이제서야 알았다."

이로 인해 출가하여 스무 살에 사문(沙門)이 되어 그의 명성은 장안지방에 진동하였다. 그때 나집공(公)은 서역 지방인 고장(姑藏)에 있었다. 조공은 그에게로 달려가 의지하였는데, 나집이 그와 말을 나눠 보고는 깜짝 놀라며 말하였다.

"불법 가운데 가장 뛰어난 용상대덕(龍象大德)이로구나."

나집이 관중 지방의 장안으로 돌아와 경전과 논서를 자세히 살피고 의미를 판정하자 사방에서 학자들이 그를 찾아왔다. 그들 서

로가 질문을 던지자 조공은 문제를 맞이하는 대로 풀이하였는데, 그의 답변은 모두가 일상적인 의식 밖으로 초월하였다. 조공은 그때 〈반야무지론(般若無知論)〉을 저술하였는데, 나집은 이를 보더니 말하였다.

"내가 견해로야 그대에게 양보하겠는가마는, 문학적인 문장의 경지에 있어서는 그대에게 양보를 해야겠군."

그가 지은 〈반야무지론〉이 유전하여 광산(匡山)에 이르자 유유민(劉遺民)이 이를 혜원공(慧遠公)에게 드렸더니, 혜원은 무릎을 치며 찬탄하였다.

"이런 저술은 일찍이 없었다."

조공은 다시 〈물불천론(物不遷論)〉 등 네 논문을 저술하였는데, 이들 모두가 불법대도의 정미함을 오묘하게 더하였다. 진왕인 요흥은 그 가운데서도 그가 혜원에게 보낸 편지를 더욱 소중히 여겨 중외(中外)의 여러 지방으로 전파하였다.

그의 나이 서른 둘에 죽으니 당시에 너무 세상을 빨리 떠났다고 애석히 여겼다라고 하였다.

明・匡山沙門 憨山 釋德清 述

서장 종본의

종본(宗本)이란 수립한 논리에 종지의 근본이 있었음을 제시한 것이다. 네 논문을 일시에 짓지 않았기 때문에 논문이 완성되고 나서 종본의로써 네 논문을 하나의 일관된 이치로 통괄하였다.

네 논문에서 으뜸의 근간으로 한 것은 한마음이다. 즉, 일심(一心)이 종본인 것이다. 이로써 객관의 현상인 만법과 인식의 주관인 범부의 미혹, 성인의 깨달음을 근원적으로 추궁하였다. 이는 《기신론(起信論)》에서 일심(一心)으로써 논문의 근본 주체를 삼은 경우와도 같다. 네 논문에는 일심의 법과 그 법에 대한 의미가 있기 때문에 종본의(宗本義)라고 하였다.

【원 문】

本無。實相。法性。性空。緣會。一義耳。

【본 문】

본무(本無)와 실상(實相)과 법성(法性)과 성공(性空)과 연회(緣會)는 하나의 의미일 뿐이다.

【주 해】

여기에서는 일심의 종본을 표시하고 일심을 통해서 나타난 네 가지 법, 즉 실상과 법성과 성공과 연회를 간별함으로써 네 논문의 근본을 삼았다.

'본무(本無)'란 번뇌가 고요히 사라진 일심엔 끝내 하나의 법도 없고 육진(六塵)의 경계로 나타나는 일체의 차별적인 모습을 떠나서 범부 · 성인이라 하는 상대적인 경지가 까마득하게 단절되었음을 지적한 것이다. 그 때문에 본래 차별적인 법의 모습이 없는 본무(本無)라고 말한 것이지, 의식적인 사변으로 추리하여 모든 법을 없게 한 것은 아니다. 왜냐하면 육진의 경계로 나타난 일체의 모든 차별적인 법은 모두 일심이 인연을 따라 변화하여 나타난 것이기 때문이다.

일심의 자체는 본래 나옴이 없고, 인연이 회합하여 나왔을 뿐이다. 그 때문에 본무의 일심이 인연으로 회합하여 나왔다 하여 '연회(緣會)'라고 말하였다.

인연으로 회합하여 나온 현상의 모든 법은 본래 실체가 없고 인연으로 나왔기 때문에 공(空)이다. 그 때문에 자체는 '성공(性空)'이라고 말하였다. 제법 전체가 성공인 진여가 변화한 것이다. 그 때문에 이를 제법의 성품이라 하여 '법성(法性)'이라 말하였다.

진여성공의 법성으로 이룩된 모든 법에서, 진여에는 현상의 차별적인 모습이 없다. 그러므로 모든 법의 본체인 진여성공에는 번뇌가 고요히 소멸하였다. 때문에 이를 제법의 실제 모습인 '실상(實相)'이라 말하였다.

이는 본무로써 일심의 자체를 삼고 연회로써 일심의 현상적인 작용을 삼았으며, 실상 · 법성 · 성공은 모두가 일심의 진여로 이

룩된 현상 만법의 의미인 것이다. 그 때문에 이 다섯은 '하나의 의미일 뿐이다'라고 말하였다.

본무의 일심과 그 법에 의지하여 네 논문을 수립하였는데, 이 가운데서 〈물불천론(物不遷論)〉은 연회인 속제(俗諦)에 해당하고, 〈부진공론(不眞空論)〉은 성공인 진제(眞諦)에 해당한다. 이러한 진·속 이제(二諦)가 관찰할 대상이고, 〈반야무지론(般若無知論)〉은 진·속 이제의 세계를 관찰하는 일심이다.

이상의 세 논문은 수행의 인지(因地)가 되고, 〈열반무명론(涅槃無名論)〉은 그 결과론이다. 그 때문에 제일 먼저 본무의 일심을 종지의 자체로 삼은 것이다.

【원 문】

何則。一切諸法。緣會而生。

【본 문】

무엇 때문에 하나의 의미일까[여기서는 네 논문 각편에 종지가 있음을 따져 묻고 문제를 일으켰다.]?

일체의 만법은 인연이 회합하여 발생했기 때문이다.

【주 해】

여기서는 〈물불천론〉의 종지 자체를 표시하여 이를 환하게 나타냈다. 고요하게 번뇌가 사라진 본무의 일심에는 원래 만법이 없었는데, 본래 없던 만법이 지금 인연으로 회합하여 존재해 있다. 그러기에 '일체의 만법은 인연이 회합하여 발생했다'라고 말한 것이다.

【원 문】

緣會而生。則未生無有。緣離則滅。

【본 문】

일체의 모든 법이 인연이 회합하여 발생한 것이라면 모든 법이 인연으로 회합해서 발생하기 이전에는 없었으리니, 인연으로 회합한 것은 인연이 분리되면 사라진다.

【주 해】

여기서는 번뇌가 사라진 일심의 진여는 본래 나오지 않았음을 나타냈다. 현상의 만법은 일심의 본무가 인연을 따라 발생한 것일 뿐, 마음 자체가 발생한 것은 아니다.

이렇게 인연으로 발생한 만법은 본래 무생(無生)의 본무이기 때문에 만법이 소멸한다 해도 인연이 사라질 뿐, 마음 자체가 사라지는 것은 아니다. 인연의 회합을 따라 제법으로 나오지도 않았고, 인연의 분리를 따라 사라지지도 않는 본무일심의 의미가 여기에서 환하게 나타났다 하리라.

【원 문】

如其眞有。有則無滅。

【본 문】

인연으로 회합해서 나온 모든 만법이 진실로 실제하는 것이라면, 실제로 존재하는 만법은 인연의 분리를 따라 사라질 수 없다.

【주 해】

여기서는 인연으로 회합해서 나타난 모든 법은 실제로 존재하지 않는다는 논리를 반대로 뒤집어 나타냈다. '진(眞)'은 실제(實)의 의미이다. 인연으로 발생한 모든 법이 결과적으로 진실하게 존재하는 것이라면[實有] 인연의 분리를 따라서 흩어져 사라지지 않을 것이다.

그런데 지금 인연의 분리를 따라서 흩어졌다면 제법은 실제로 존재하는 것이 아니다.

【원 문】

以此而推。故知雖今現有。有而性常自空。性常自空。故謂之性空。

【본 문】

실제로 존재하지 않는 연생(緣生)의 모든 법을 이로써 추리해 보았다. 그러므로 연생의 모든 법은 지금 현재 존재해 있긴 하나 존재해 있어도 성품은 항상 스스로 공하고, 성품이 항상 스스로 공하기 때문에 이를 성공(性空)이라 말했다는 것을 알리라.

【주 해】

이처럼 인연의 회합으로 발생했다가 인연의 분리를 따라 소멸하는 것으로써 모든 법을 관찰한다면, 모든 법이 지금 현재 존재해 있다 할지라도 진실하게 존재하지는 않다는 것을 알게 된다.

왜냐하면 모든 법 자체는 항상 스스로 공하기 때문이고, 자체가 항상 스스로 공하기 때문에 연회의 제법을 '성공(性空)'의 의미로 설명하는 것이다.

【원 문】

性空故。故曰法性。

【본 문】

제법의 자성은 성공이기 때문에 진여성공(眞如性空)이 법성이라고 말한다.

【주 해】

모든 법의 진실한 성품이 바로 진여이며, 진여는 성공이다. 진여의 성공은 있는 그대로의 모든 법이어서 제법마다 전체가 진여이다.

진실로 진여는 성공이기 때문에 모든 법의 성품 또한 공이다. 이를 모든 법의 자성인 '법성(法性)'이라고 말한다.

【원 문】

法性如是。故曰實相。

【본 문】

진여성공의 법성은 이와 같다.

그러므로 실상(實相)이라고 말한다.

【주 해】

모든 법의 자성은 전체가 진여성공이며, 진여의 모습은 본래 스스로 차별적인 모습이 없다. 자체 모습이 없는 진여성공이 인연으로 나타나 이루어진 모든 법의 자성은 여여(如如)하게 평등하여 차별적인 모습을 떠나 번뇌가 고요히 소멸하였다. 그러므로 이를 '실상'이라고 말한다.

【원 문】

實相自無。非推之使無。故名本無。

【본 문】

제법자성인 진여성공의 실상은 원래 없는 본무(本無)이지, 인식으로 추리하여 없게 한 것은 아니다. 그러므로 이를 '본무'라고 부른다.

【주 해】

실상은 진여의 진실한 자체이다. 진여의 진실한 자체인 실상이 지금 연생의 인연을 따라서 일체의 만법을 이루었다면 만법 모두가 진여의 실체인 실상인 것이다.

만법 전체가 진여의 실상이라고 관찰한다면 끝내 한 법도 변계소집(遍計所執)의 망정(妄情)에 일치할 만한 것이 없다. 이는 인식의 추측을 의지해서 제법을 없게 한 것이 아니다.

그렇다면 연회의 제법은 본래 없는 본무이며, 제법이 본무라면 또 무슨 한 털끝만큼의 법이 있어 차별적인 모습으로 전변하면서 움직이겠는가?

이러한 이치로써 모든 법을 관찰한다면 현상의 사물은 천류하지 않는다고 한 〈물불천론(物不遷論)〉의 종지가 심목(心目)에 소소(昭昭)하리라.

이상은 〈물불천론〉의 종본의(宗本義)인 본무를 환멸문(還滅門)의 관점에서 밝혔다.

【원 문】

言不有不無者。不如有見之有。邪見斷見之無耳。

【본 문】

모든 법은 진실하게 존재해 있지도 않고[不有], 단멸(斷滅)로서 없지도 않다[不無]라고 말하는 것은[이는 〈부진공론〉의 종본의를 표한 것이다] 범부와 외도들이 제법은 진실하게 존재해 있다고 집착하는 견해[有見]인 상견(常見)의 유(有)와, 그들의 빗나간 견해[邪見]인 제법은 단멸하여 없다는 단견(斷見)의 무(無)와는 나란히 비교되지 않는다.

【주 해】

여기서는 논리를 세워 타파해야 할 집착을 표시하였다. 불여(不如)는 나란히 비교가 되지 않는다. 불비(不比)와 같은 의미다. 범부와 외도(外道)는 모든 법은 진실하게 존재해 있다[有見 · 常見]고 단정적으로 집착하며, 모든 법은 단멸하여 없다[邪見 · 斷見]고 확고하게 고집한다.

이는 타파할 대상인데, 이를 타파하는 데 있어서 불 자(不字)만으로 부정하였다. 그 때문에 불유불무(不有不無)하고 말하였다.

【원 문】

若以有爲有。則以無爲無。

【본 문】

모든 법이 존재해 있다 하여 이를 진실하게 존재해 있다라고 한다면, 상대적으로 모든 법의 인연이 분리하여 없는 것은 확실히 없다 하리라.

【주 해】

여기서는 범부와 외도가 변계소집의 허망한 마음으로 헤아리는 견해를 드러냈다. 모든 법을 진실하게 있다고 한다면 상견(常見)에 떨어지고, 반대로 모든 법은 정말로 없다고 한다면 단견(斷見)에 떨어진다.

【원 문】

夫不存無以觀法者。可謂識法實相矣。

【본 문】

제법은 실유(實有)라 하는 상견과 제법은 실무(實無)라 하는 단견을 마음에 간직하지 않고 제법을 관찰하는 자라면, 제법의 실제 모습인 실상(實相)을 식별했다 말할 만하리라.

【주 해】

여기서는 제법을 올바르게 관찰하는 것을 제시했다.

본문의 존무(存無)라는 존 자(存字) 아래 유 자(有字)를 첨가해야만 한다. 실유(實有)다, 실무(實無)다 하는 상대적인 견해를 마음에 간직하지 않고 제법을 관찰한다면 법의 실제 모습을 안다고 말할 만하다 하였다.

왜냐하면, 실유다 실무다 하는 상대적인 견해는 전도(顚倒)된 견해이기 때문이다.

【원 문】

雖觀有而無所取相。然則法相爲無相之相。聖人之心。爲住無所住矣。

【본 문】

실유·실무의 전도된 견해를 간직하지 않고 제법을 관찰한다면 제법의 유(有)를 관찰한다 해도 제법의 차별적인 모습을 취할 객관은 없다.

그렇다면 제법의 차별적인 모습은 무상(無相)의 성공에서 나타난 모습이며, 본무인 성인의 마음은 제법의 모습에 안주해도 안주할 제법의 객관이 없게 된다.

【주 해】

여기서는 올바른 관찰을 통해서 얻어지는 이익을 드러냈다.

즉, 유・무의 두 견해를 떠나서 모든 법을 관찰한다면 제법마다 고요한 진여성공임을 말한 것이다.

그러므로 제법이 의타기(依他起)의 연생으로써 존재해 있다 하여도 차별적인 제법의 모습을 취하지 않으며, 제법의 차별적인 모습을 취하지 않는다면 제법의 자체는 성공의 진제, 연생의 속제 어느 쪽에도 여여(如如)하게 평등하다. 때문에 속제로서의 차별적인 제법의 모습이 바로 모습 없는 성공의 진제 모습이 되는 것이다.

모든 법의 모습마다 모습이 없어 고요히 번뇌가 사라진 성공이다. 이는 관찰할 객관의 세계가 성공인 것이며, 세계[六境]가 성공이라면 이를 관찰하는 주관적인 마음은 스스로 번뇌가 고요해진다.

그러므로 성인의 마음은 제법의 세계에 안주한다는 집착이 없이 안주한다. 이 마음이 공하여, 주관적인 나의 마음과 관찰할 객관인 세계가 함께 성공인데 어디에 간들 고요하지 않겠는가?

【원 문】

三乘等觀性空而得道也。性空者。謂諸法實相也。見法實相。故云正觀。若其異者。便爲邪觀。設二乘不見此理。則顚倒也。

【본 문】

삼승(三乘)은 제법이 성공임을 평등하게 관찰하여 도를 체득한다. 성공은 모든 법의 실제 모습인 실상을 말한다.

삼승은 이러한 모든 법의 실제 모습을 보기 때문에 정관(正觀)의 수행을 한다 말하고, 이러한 정관과 다르게 수행한다면 바로 빗나간 관찰[邪觀]이라고 한다.

가령 이승(二乘)이라 할지라도 모든 법의 실제 모습을 올바르게 보지 못한다면 전도된 견해인 것이다.

【주 해】

여기서는 객관인 제법의 편에서 이를 주관적으로 관찰하며 수행하는 삼승인(三乘人)을 나타냈다.

삼승인은 제법의 성공을 동일하게 관찰하여 삼승의 도과(道果)를 얻는다. 그러나 이 제법의 성공이 즉시 제법의 실상인 것이다.

삼승인이 제법의 실상을 주관적으로 관찰하고 보아야만 올바른 관찰이 되고, 설사 이승을 수행하는 사람이라 할지라도 이러한 성공의 이치를 보지 못한다면 범부 외도의 전도된 견해와 같게 된다.

여기서는 제법 모두가 성공의 실상이라는 측면에서, 이승이 보는 치우친 공[偏空], 즉 모든 법은 성공이다 하고 집착하는 견해마저도 역시 실상의 성공이라 하였다.

이승이 보는 견해가 실상성공(實相性空)이 아니라면 무엇으로써 이승의 도과를 증득할 수 있었겠는가?

조공께서 의도하고 말한 것은, 제법의 실상성공은 하나인데 이를 수행하는 사람의 마음의 정도가 다르다는 것을 말하였다. 그 때문에 다음의 문장에서 이 문제를 따지고 밝힌 것이다.

【원 문】

是以三乘觀法無異。但心有大小爲差耳。

【본 문】

그러므로 삼승을 수행하는 사람이 제법의 성공을 관찰함은 차이가 없다. 단지 수행하는 마음의 대소가 있어 차이가 날 뿐이다.

【주 해】

여기서는 제법의 성공은 하나이나 이를 관찰하여 수행하는 사람에 따라 차이가 난다는 것을 밝혔다. 이는 위 문장에서 전개한 논리를 듣고 질문을 가만히 준비하고 있다가 이를 따지면서 말하기를, '이미 삼승인이 하나의 법성을 동일하게 보았다면 무엇 때문에 그들이 도과를 증득하는 데 삼승의 차별이 있는가'라고 할까봐 이에 대해 답변하여 말한 것이다.

즉, '실제로 삼승인이 제법의 성공을 관찰하는 것은 차이가 없다. 단지 이를 관찰하고 수행하는 주관적인 마음에 정도의 차이가 있을 뿐이다. 그러므로 그들이 증득한 도과에도 자기 수행의 분야만큼 정도의 차이가 있는 것이다.

이를 통해서 충분히 알 수 있는 것은 제법의 성공은 본래 하나이지만 이를 수행하는 사람의 마음에 정도의 차이가 있다는 점이다. 그러므로 증오한 도과도 동일하지 않게 되는데, 왜냐하면 제법성공의 실상에서 편공(偏空)을 취하느냐 취하지 않느냐에 달려있기 때문이며, 깨달음의 정도에 따라서 제법의 성공마저 달라진 것은 아니다. 이는 마치 《법화경》의 비유에서 나오는 '세 짐승이 강물을 건너는데 강물은 하나이지만 세 짐승의 크기는 같지 않다. 때문에 짐승들이 강물을 밟고 건너는 심천이 한결 같지 않다'라고 한 것과도 같다.

이럴 경우 짐승은 토끼 · 말 · 향상(香象)의 셋이 다르지만 강물은 셋이 아니다. 여기서 세 마리의 짐승은 삼승인에 비유하였고, 하나의 강물은 일승실상(一乘實相)에 비유하였다.

조 법사가 논리를 수립한 의도를 자세히 살펴보았더니, 대체로 〈물불천론〉을 속제에 해당시키고, 〈부진공론〉은 진제에 일치시켰다.

이러한 진 · 속 이제로써 관찰할 대상의 세계를 삼고, 〈반야무지론〉 이 대상의 세계를 관찰하는 주관적인 수행의 인지(因地)가 되고, 이를 통해서 얻어진 과덕(果德)이 〈열반무명론〉인 것이다. 여기에 등장한 삼승인은 주관적으로 이러한 이치를 닦으며 열반으로 취향해 가는 사람들이다. 그러므로 이들이 종본의의 중간에 끼어들게 되었다.

이렇게 한 것은 실로 그 까닭이 있었다 하리라.

【원 문】

漚和般若者。大慧之稱也。

【본 문】

구화반야(漚和般若)를 대혜(大慧)라고 지칭한다.

【주 해】

여기서는 〈반야무지론〉의 종본의를 표시했다. 범어(梵語) 구화(漚和)는 방편(方便)이라고 번역하며, 반야(般若)는 지혜(知慧)라고 번역한다.

방편인 관조반야(觀照般若)의 공능이 있는 실상반야(實相般若)를 대혜(大慧)라 지칭하며, 관조반야의 방편이 없으면 쓰임새가 없는 외로운 지혜(孤慧)라고 부른다. 그 때문에 삼승인이 집착한 편공(偏空)은 대혜(大慧)가 아니다.

앞의 《물불천론》과 《부진공론》 두 논은 진·속 이제로서 관조의 대상에 해당되고, 지금의 구화반야(漚和般若)는 관찰하는 주관적인 마음으로서 진·속 이제를 쌍으로 동시에 관조(觀照)한다. 그리하여 유와 무를 취하지 않고 유무의 이변(二邊)에 떨어지지 않았다. 그 때문에 대혜라고 말하였다.

【원 문】

諸法實相。謂之般若。能不形證。漚和功也。適化衆生。謂之漚和。不染塵累。般若力也。

【본 문】

제법성공의 실상을 볼 수 있는 것을 반야라고 말하며, 제법실상을 보고도 실상을 증오(證悟)했다고 집착하는 마음이 없는 것은 방편반야[漚和]의 공로이다.

중생의 세계로 가서 그들을 교화하는 것을 구화반야라고 말하며, 중생을 제도하면서도 육진(六塵)의 번거로움에 오염되지 않음은 실상반야(實相般若)의 힘이다.

【주 해】

여기서는 대혜의 의미를 해석하였다. 제법의 실상을 볼 수 있는 것을 실상반야라 말하고, 제법의 성공을 관찰하긴 해도 증오했다고 편공에 집착하지 않고 그대로 방편반야를 일으켜 중생을 제도하는 일은 실지반야(實智般若)가 구화인 관조반야의 공능(功能)을 의지했기 때문이다.

중생에게로 가서 그들을 교화하는 것은 구화방편으로 행하는 일이며, 중생을 교화하느라고 생사(生死) 속을 거닌다 해도 육진의 진로(塵勞)에 번거로움을 당하지 않는 것은 온전히 실지반야의 능력에 의지했기 때문이다. 그 때문에 보살은 제법성공의 이치를 관찰해도 성공의 세계에 치우쳐 집착함 없이 육도만행(六度萬行)이 비등(沸騰)하고, 육도의 만행을 하느라고 생사의 유(有)에 거닌다 해도 진·속 이제가 둘이 아닌 하나의 중도가 청청하다. 《유마경(維摩經)》에서는 말하기를, '관조반야의 방편이 없으면 실지반야에 속박을 당하므로 방편이 있어야만 실지반야를 이해하게 되고, 실지반야가 없으면 방편에 속박이 되므로 실지반야가 있어야만 방편을 알게 된다'라고 하였다.

이렇게 실지반야와 방편반야로 진·속 이제를 쌍으로 관조하여 유·무의 차별적 대립상을 취하지 않는다. 그 때문에 진제의 측면인 제법의 성공에서 빠져나와 중생을 제도하러 속제의 가유(假有)로 들어가 육진의 진로에 걸림이 없는 것이다. 그 때문에 구화반야를 대혜라고 말하였다.

【원 문】

然則般若之門觀空。漚和之門涉有。涉有未始迷虛。故常處有而不染。不厭有而觀空。故觀空而不證。是謂一念之力。權慧具矣。一念之力。權慧具矣。好思。歷然可解。

【본 문】

그렇다면 실지반야의 문에선 제법성공을 관찰하고, 구화인 관조반야의 문에선 속제인 유에 거닌다. 속제의 유에 거닌다 할지라도 애초에 제법성공의 이치에 어둡지 않았기 때문에 항상 유에 처한다 할지라도 육진에 오염되지 않고, 유를 싫어하지 않고 성공의 이치를 관찰하기 때문에 제법성공을 관찰하면서도 편공(偏空)만을 증오하여 집착하지 않는다.

이를 두고 일념(一念) 실지반야의 능력에서 그 공능인 방편반야의 능력[力]을 갖추었다고 말한다.

일념 실지반야의 능력에 방편반야를 갖추었음을 잘 생각해 보면 분명히 알리라.

【주 해】

여기에서는 편공을 증오하여 집착하지도 않고 육진생사의 진로에 오염되지도 않음을 거급 밝혔다. 왜냐하면 실지반야로는 진여성공만을 관조하고, 관조반야의 방편으로는 유의 세계를 거닐기 때문이다.

중생을 제도하러 생사의 유를 거닐면서도 진여성공에 미혹하지 않는 것은 관조반야가 실지반야의 능력을 의지했기 때문이다. 그러므로 유에 처하여도 육진의 진로에 오염당하지 않으니 유를 싫어하지 않고 성공의 이치를 관찰하기 때문이다.

그러므로 성공을 관찰하면서도 편공에 집착하지 않는다. 이는 방편인 관조반야의 공능에 의지하기 때문이다. 이것이 바로 진공(眞空)과 묘유(妙有)가 다르지 않은, 이제(二諦)를 방편반야와 실지반야가 둘이 아닌 한마음으로써 동시에 쌍으로 관조하여, 묘유의 존재와 진공의 끊김이 서로 걸림이 없는 경우이다. 그 때문에 일념 실지반야의 힘에 방편반야를 갖추었다라고 말한 것이다.

'잘 생각해 보면 분명히 알리라' 한 것은 마음으로써 관조의 작용을 분명히 한다면, 마음과 세계가 분명하고 방편반야와 실지반야가 동시에 나타나 육진에 진로를 당하지 않고 진·속 이제가 둘이 아닌 중도에 오묘하게 일치하리라고 말한 것이다.

【원 문】

泥洹盡諦者。直結盡而已。則生死永滅。故謂盡耳。無復別有一盡處耳。

【본 문】

니원(泥洹)을 진제(盡諦)라고 하는 것은 번뇌의 결사(結使)가 곧장 다했음을 말했을 뿐이다.

그렇다면 번뇌가 다한 열반에는 생사가 영원히 사라지게 된다. 그러므로 번뇌가 다한다 해서 진(盡)이라 말했을 뿐, 다시 하나의 다한 처소가 따로 있는 것은 아니다.

【주 해】

여기서는 〈열반무명론〉의 종본을 표시했다. 니원(泥洹)을 열반(涅槃)이라 말하기도 한다. 이를 진제(盡諦)라 호칭하는 것은 열반의 경지는 번뇌의 결사가 다했을 뿐이기 때문이다.

이른바 오주(五住)의 번뇌가 끝까지 다했다고 한 경우에 해당한다. 오주의 번뇌가 다했기 때문에 삼승 성자의 생사인 분단생사(分段生死)가 영원히 없어진다.

이러한 이종생사(二種生死)가 영원히 소멸한 것을 진(盡)이라 말했을 뿐, 다시 하나가 다한 곳에 귀의할 만한 하나의 공간이 있는 것은 아니며, 열반이라고 호칭할 만한 하나의 명사가 실제로 있는 것도 아니다. 그러므로 열반은 무명(涅槃無名)이라고 말했다.

이 네 논문은 일심을 근본으로 삼았다. 즉, 실유가 아닌[不有] 속제와, 실무가 아닌[不無] 진제를 미혹으로 안다느니 모른다느니 하는 것이 아닌 실지(實智)로써 관조한다. 그리하여 연생(緣生)을 따라 나오지도 않고, 연리(緣離)를 따라 소멸하지도 않는 일심을 증득하여, 수행의 인지와 열반의 과덕이 그윽히 하나로 회합하여 오묘하게 중도의 진리에 계합함을 말한다.

종본의 의미인 일심의 법이 여기에서 극치를 다하였다 하리라.

제 1장 物不遷論
현상을 어떻게 관찰할 것인가?

물불천론

여기서는 속제(俗諦)가 진제(眞諦)와 상즉한 점을 논변하여 이를 관찰할 대상의 세계로 하였다.

'물(物)'이란 관찰할 객관인 현상의 만법을 지적하였고, '불천(不遷)'은 만법의 자체는 성공실상인데도 일상적인 범부의 허망한 마음으로 만법을 보면 흡사 천류함이 있는 듯도 하다는 말이다.

만일 반야로써 이를 관찰한다면 모든 법의 실상은 당체가 적멸(寂滅)한 진상(眞常)이어서 끝내 천류하며 움직이는 모습이 없다.

이른바 본문에서 '움직이면서 구를 만한 법은 하나도 없다' 한 것이 여기에 해당한다. 왜냐하면 의타기로 연생하는 제법은 자체가 성공이기 때문이다. 이럴 경우 만법마다의 당체가 본래 스스로 천류하지 않는 것이지 현상의 차별적인 모습은 천류하나 그 자성은 천류하지 않는다 함은 아니다.

이처럼 사물마다 천류하지 않는다는 것을 볼 수 있기 때문에 사물에 나아가 바로 진여의 성공인 것이다.

사물 자체가 진여의 성공이라면 허망한 마음에 해당할 만한 법은 끝내 하나도 없다. 이러한 이치로써 속제를 관찰한다면 속제가 바로 진제이다.

실로 진여성공의 전체 이치로써 현상의 사물을 이루었으므로 사물마다 모두가 진여이다. 모든 법의 성공실상이 여기에서 나타났다 하리라.

논주(論主)인 승조는 《유마경》·《법화경》을 으뜸으로 삼고 제법의 성공실상을 심오하게 깨달았다. 그리하여 〈물불천론〉은 속제에 해당시키고, 천류하지 않는 속제에 나아가서 바로 진여성공이라 하였으니 〈물불천론〉의 종지가 마음에 환하다 하리라.

【원 문】

夫生死交謝。寒暑迭遷。有物流動。人之常情。余則謂之不然。

【본 문】

중생에겐 생사가 교대로 뒤바뀌고 대지에는 한서가 번갈아 천류하며 사물은 움직이면서 유전함이 있다 함은 일반 사람들의 일상적인 감정이다. 그러나 나는 그렇지 않다고 말한다.

【주 해】

천류하지 않음을 밝히려 하면서 우선 천류하는 모습인 생사와 한서의 논리를 수립하여 관찰할 세계로 하였다.

논리의 요점은 천류하는 사물에 나아가서 천류하지 않는 실상을 보면, 차별적인 사물의 모습은 천류하나 그 자성은 천류하지 않음이 아니라는 데에 있다.

사람들은 번뇌의 미혹함 때문에 사물은 천류한다 말하나 깨달은 사람에겐 천류가 바로 천류가 아닌 성공의 실상이다. 그러므로 '사람들의 일상적인 감정이다'라고 말한 것이다. '나는 그렇게 말하지 않는다' 한 것은 논주가 제법의 실상을 오묘하게 깨달았던 것이다. 때문에 그들의 일상적인 감정을 총괄해서 배척하였다.

《법화경》에서는 말하기를, '삼계(三界)가 있는 그대로 삼계로 보는 것만 못하다. 이러한 경지에서는 삼천대천세계(三千大天世界)를 태우는 겁화(劫火)의 큰불이 활활 타오른다 해도 이 국토는 안온하다. 이를 비유하면 항하의 물이 사람에겐 물로 보이고 귀신에겐 불로 보이는 것과 같다'라고 하였는데, 미혹과 깨달음의 분야도 이와 같다.

【원 문】

何者。放光云。法無去來。無動轉者。

【본 문】

왜냐하면[미혹과 깨달음의 이유를 묻고 풀이하였다], 《방광반야경(放光般若經)》에서는 말하기를, '제법에는 현재가 과거의 시간으로 흘러가거나 과거의 시간이 현재로 흘러 옴도 없으며, 시간의 흐름을 따라 움직이면서 전변함도 없다'라고 하였기 때문이다.

【주 해】

《방광반야경》의 말을 인용하여 〈물불천론〉의 근본 주체를 단정하고, 그 논리를 수립하였다. 이 의미는 《방광반야경》 제7권에서 말한 '모든 법은 움직이지 않기 때문에 제법은 현재가 과거로 흘러가지도, 과거가 현재로 흘러 오지도 않는다'한 것을 인용하였다. 이는 바로 《법화경》에서 '제법이 제법의 제 위치에 안주하여 세간의 모습이 변치 않고 영원히 안주한다' 한 것에 해당한다.

이는 모든 법의 실상은 당체가 여여(如如)하여 본래 흘러가거나 흘러 오면서 움직이고 구르는 모습이 없음을 말하였다. 불안(佛眼)으로 이를 관찰하면 진공(眞空)인 제법은 고요하나, 범부는 무명(無名)에 미혹한 허망한 견해로 보기 때문에 사물에 천류함이 있는 듯한 것이다.

이것으로써 〈물불천론〉의 근본 종지를 삼았다.

【원 문】

尋夫不動之作。豈釋動以求靜。必求靜於諸動。

【본 문】

《방광반야경(放光般若經)》에서 '움직이면서 구름이 없다' 했던 것을 연구해 보자.

어찌 움직이면서 구르는 것을 버리고 고요함을 찾았겠는가? 반드시 움직이는 모든 현상의 모습에서 고요한 진공을 구해야만 한다.

【주 해】

이는 윗 문장에서 말했던 종지에 의거하여 〈물불천론〉의 자체를 드러냈다. 《방광반야》에서 '움직이지 않는다'고 말한 종지를 연구해 보자. 이는 움직이는 사물에 나아가서 허망하지 않고 변하지 않는 진상(眞常)을 본 것이지 움직이는 현상을 버리고 본질의 고요한 이치를 구한 것은 아니다.

왜냐하면 온전한 본질의 이치로써 이루어진 현상의 사물이기 때문에 법마다 모두 진상이어서 제법의 당체는 상주불변(常住不變)이다. 이는 사물을 떠난 밖에서 진상의 이치를 찾는 것이 아니다. 때문에 논문에서는 '사물은 천류하지 않는다'고만 말했을 뿐, 따로 본질의 이치가 천류하지 않는다는 것까지 설명하진 않았다.

왜냐하면 사물에 나아가서 천류하지 않는 본질의 이치를 보기 때문이다. 그러므로 '반드시 모든 법의 움직임 속에서 본질의 고요함을 구해야만 한다'라고 말했던 것이다. 〈물불천론〉의 논문에서 수립한 의미에는 네 단계가 있다.

여기에서는 처음인 동정(動靜)의 편에서 세계가 천류하지 않음을 밝혔고, 다음으로 세계[境]의 편에서 사물이 천류하지 않음을 밝혔으며, 세 번째는 고금(古今)의 편에서 시간이 천류하지 않음을 밝혔고, 네 번째는 시간의 편에서 인과(因果)가 천류하지 않음을 밝혔다.

여기서는 동정의 편에서 세계가 천류하지 않음을 밝혔다.

【원 문】

必求靜於諸動。故雖動而常靜。不釋動以求靜。故雖靜而不離動。

【본 문】

반드시 제법이 움직이는 데서 고요함을 구하기 때문에 제법은 움직이지만 항상 고요하고, 움직임을 버리지 않고 고요함을 구하기 때문에 고요하나 움직임을 떠나지 않는다.

【주 해】

여기서는 종지의 자체에 의지하여 그 의미를 풀이하였다.

반드시 제법의 움직임 가운데서 본질의 고요함을 구하면 현상의 모든 움직임이 목전에 나타난다 해도 마음과 세계가 담연(湛然)하다. 그 때문에 '움직이지만 항상 고요하다'라고 말하였다.

굳이 움직임을 버리지 않고 고요함을 구하기 때문에 마음과 세계가 둘이 아닌 하나의 중도는 텅 비고 한가하여, 마음에 감응하는 세계가 어지럽게 뒤섞였다 해도 중도에 회합함을 잃지 않는다.

이는 《화엄경》에서 '보리의 도량을 떠나지 않고, 일체의 세계에 보편하다고' 말한 것과 같다.

이른바 '부처님의 법신(法身)은 법계에 충만하여 일체중생 앞에 보편하게 나타나네, 빠짐없이 인연따라 감응하시나 항상 보리좌(菩提座)에 계시네'라고 한 경우와 같다.

이러한 이치를 깨닫지 못한다면, 동과 정이 둘이 아닌 종지를 밝히기 어려우리라.

【원 문】

然則動靜未始異。而惑者不同。緣使眞言滯於競辯。宗途屈於好異。所以靜躁之極。未易言也。

【본 문】

이와 같다면 움직임과 고요함이 처음부터 차이가 나지 않는다. 그런데도 미혹한 범부들은 동과 정이 동일하지 않다고들 한다.

이 때문에 진리의 말씀은 시비를 다투어 변론하는 데서 막히고, 종지로 통하는 길이 부질없이 동과 정이 다름을 좋아하는 데서 굴복을 당하게 하였다. 그 때문에 동과 정이 둘이 아닌 극치의 경지는 말을 하기가 쉽지 않다.

【주 해】

여기서는 자체의 의미에 의지하여 중생의 미혹함을 분별하였다. 실제로는 동과 정이 하나의 근원이다. 이 둘은 본래 둘이 아니기 때문에 처음부터 차이가 나지 않는데도 미혹한 범부는 허망한 견해로 동과 정이 동일하지 않다 하면서 각자 동과 정의 어느 한쪽에만 집착을 한다.

'진리의 말씀'이란 위에서 인용했던 '과거로 흘러가지도 않고 현재로 흘러 오지도 않으며, 움직이면서 전변함이 없다'라는 등등의 진리의 의미를 끝까지 한 요의(了義)의 담론이다.

동과 정을 다르다고 보는 견해가 동일하지 않기 때문에 진실한 말씀이 시비를 다투며 변론하는 데서 막혀, 진리를 통하지 않게 하였다. 그리하여 일승(一乘)의 진실한 종지가 화창하게 드러나지 못하고 부질없이 동과 정이 다름을 좋아하는 논변에 반대로 굴복을 당하게 된 것이다.

즉, 이 논서에서 부정하고 타파한 심무론(心無論)·본무론(本無論)에서 일체가 확연하게 텅 비었다 한 경우가 여기에 해당한다. 그들 모두는 제법의 실제 모습인 실상을 끝까지 알지 못하고 동·정이 다르다는 논리를 허망하게 내세웠던 것이다.

논을 지은 승조는 이러한 이유 때문에 동·정이 아닌 극치의 경지는 그들 속인들과 함께 말하기 어렵다고 하였던 것이다.

【원 문】

何者。夫談眞則逆俗。順俗則違眞。違眞故迷性而莫返。逆俗故言淡而無味。

【본 문】

왜냐하면[윗 문장에서 쉽게 말하기 어렵다 한 까닭을 질문하고 해석하였다], 진리의 말씀을 담론하면 세속의 속된 견해를 거슬리고, 세속적인 견해를 따르자니 진리의 말씀에 위배되기 때문이다.

진리의 말씀에 위배되기 때문에 본성을 미혹해 근원으로 되돌아올 수가 없고, 세속적인 견해를 거슬리기 때문에 말이 담담하여 맛이 없다.

【주 해】

동・정의 극치에 대한 말을 쉽게 하기 어려운 까닭은 진리의 법이 중생이 처한 상황에 감응하지 않기 때문이다. 이는 이른바 '고상한 말은 속된 사람의 귀에 들어가지 않는다' 한 말과 같다.

진리의 말씀을 담론하면 속인들의 귀에 거슬리고, 세속을 따르자니 진상(眞常)의 도에 위배된다. 진상의 도가 밝혀지지 않으면 미혹한 범부를 진리로 되돌아오게 하지 못하고, 진리의 말씀을 따르자니 속인의 귀를 거슬려 꺼낸 말은 담담하여 맛이 없다.

이것이 진리를 말하기 어려운 까닭인 것이다.

【원 문】

緣使中人未分於存亡。下士撫掌而弗顧。

【본 문】

이 때문에 보통 정도의 수준에 있는 사람들은 도가 있는지 없는지를 분간하지 못해 반신반의하고, 최하 정도의 사람들은 손뼉을 치고 비웃으면서 되돌아보지도 않게 되었다.

【주 해】

진리를 말하기 어려운 까닭은 중생들의 근기가 동일하지 않기 때문이다.

세속을 거역하지만 진리를 따르는 말은 영리한 지혜를 지닌 상근기인(上根機人)이라면 듣자마자 바로 믿는 마음을 낸다. 그 때문에 사람을 잃지 않고, 나의 말도 잘못되지 않는다.

가령 보통 정도의 근기를 지닌 사람의 경우라면 이를 의심하면서 결정을 짓지 못한다. 그 때문에 도가 있는지 없는지를 분간하지 못한다.

최하의 근기는 진리의 말씀을 듣기만 하면 손뼉을 치고 크게 비웃으면서 되돌아보지도 않는다. '있는지 없는지 분간을 하지 못한다'와 '손뼉을 치며 비웃는다'라고 한 말은 모두 《노자(老子)》에서 인용하였다.

노자 《도덕경》에 말하기를, '보통 정도의 사람이 도에 대한 말을 들으면 도가 있는지 없는지 의심하고, 최하의 사람이 도를 들으면 미친 말을 한다고 크게 비웃는다. 최하의 사람이 비웃지 않으면 도가 될만한 가치가 없다'라고 하였다.

이를 통해서 알 수 있는 것은 제법실상의 오묘한 담론을 듣고 믿는 사람은 정말로 얻기 어렵다는 것이다. 그 때문에 동·정의 극치는 쉽게 말하지 못한다 한 것이다.

【원 문】

近而不可知者。其唯物性乎。

【본 문】

가까우면서도 알지 못할 것은 사물의 본성이리라.

【주 해】

여기에서는 도를 믿는 상근기인만 얻기 어려운 것이 아니라, 진상의 법도 정말 믿기도, 알기도 어려움을 탄식하였다.

왜냐하면 우리들 눈에 부딪치는 대로가 모두 진상의 도리인데도 이를 눈으로 마주하면서도 깨닫지 못하기 때문이니, 그를 불쌍하게 여기지 않을 수 있겠는가?

【원 문】

然不能自已。聊復寄心於動靜之際。 豈曰必然。試論之曰。

【본 문】

그러나 이 문제를 그만두지 못하고 부족한 대로나마 마음을 동과 정의 즈음에 의탁하여 보긴 하겠지만, 어찌 나의 말이 꼭 그렇다고 긍정하겠는가?

시험삼아 이를 의논해 보겠다.

【주 해】

여기서는 논문을 지은 의도가 미혹한 중생을 민망히 여기고 마음 속에서 자비심이 일어남을 그치지 못함을 말하였다. 그리하여 부족하나마 동과 정의 사이에 마음을 의탁하여 동과 정이 둘이 아님을 밝히는 말을 함으로써 미혹한 범부를 깨우치겠다 하였다.

그러나 감히 나의 논리가 필연적으로 그렇다고 말하지 못하고 시험삼아 이 문제를 논변해 볼 뿐이라 하였다.

【원 문】

道行云。諸法本無所從來。去亦無所至。中觀云。觀方知彼去。去者不至方。

【본 문】

《도행반야경(道行般若經)》에서는 말하기를, '제법은 본래 과거에서 현재로 흘러 온 유래가 없으며, 현재가 과거로 흘러간다 해도 이를 대상이 없다'라고 하였으며, 《중관론(中觀論)》에서는 말하기를, '갈 방향을 관찰하고 그가 간다는 것을 아나, 가는 자는 끝내 그 방향에 이르지 못한다'라고 하였다.

【주 해】

여기서는 《도행반야경》과 《중관론》에서 인용하여 물불천의 종지로서의 극치를 단정하였다.

모든 법은 자체가 고요히 소멸하여 본래 스스로 발생함 없이 인연을 따라 나왔다. 그러므로 흘러 온 유래가 없고, 인연이 흩어지면 사라지기 때문에 과거로 흘러가도 이를 곳이 없다.

왜냐하면 마치 허공에서 일어난 헛꽃[空華]은 실제로 일어남도 사라짐도 없는 것과 같기 때문이다. 《중관론(中觀論)》 제2권 〈파거래품(破去來品)〉 가운데서 '간다는 법[去法]과 가는 사람[去者]과 갈 곳[去處]은 모두가 상대적으로 서로 의존관계이다. 그러므로 이 세 가지는 단정적으로 있다거나 결정적으로 없다 말하지 못한다' 하였는데, 여기서는 그 의미만을 요약해서 인용하였다. 그러므로 결정적으로 알아야 할 것은 이 세 가지 법은 허망한 성공[空]이며 실제로 있지 않다는 점이다. 단지 거짓 이름[假名]만이 허깨비의 변화처럼 있을 뿐이다.

방향을 초월한 절대의 방향[大方]은 방향이 없으므로 본래 단정적인 방향이란 없다. 그런데 방향을 향해 가는 사람은 어느 방향이라고 허망하게 지적하나, 실제론 이르러 갈 만한 단정적인 방향이란 없다.

비유하면 동쪽으로 가는 사람이 끝내 어디를 동쪽이라 해야 할지 모르는 것과도 같다.

【원 문】

斯皆卽動而求靜。以知物不遷明矣。

【본 문】

이는 모두가 제법의 움직임에 나아가서 고요함을 찾은 것이다。이로써 사물은 천류하지 않는다는 것을 분명히 알 수 있다.

【주 해】

여기서부터는 사물이 천류하지 않음을 밝혔다.

《도행반야경》에서 '모든 법은 과거에서 흘러 옴도, 과거로 흘러 감도 없다'고 말했다면 일상에서 눈에 부딪치는 대로가 진상의 도이며, 《중관론》에서 '간다 해도 끝내 일정한 방향에 이르지 못한다'라고 말하였다면 방향을 향해서 간다 해도 실제론 가는 것이 아니다. 이 모두가 제법의 움직임에 나아가서 본질의 고요함을 찾았던 은미한 뜻이다.

이 두 경전과 논서의 말씀으로써 사물이 천류하지 않는다는 증거가 분명하다 하리라.

【원 문】

夫人之所謂動者。以昔物不至今。故曰動而非靜。我之所謂靜者。亦以昔物不至今。故曰靜而非動。動而非靜。以其不來。靜而非動。以其不去。然則所造未嘗異。所見未嘗同。逆之所謂塞。順之所謂通。苟得其道。復何滯哉。

【본문 및 주해】

일반 사람들은 '모든 사물은 움직이며 변화한다'라고 말들 하는데, 이는 과거의 사물이 현재에 이르러 오지 않기 때문이다.

그러므로 '사물은 움직이면서 고요하지 않다'라고 말들 한다[마치 옛날엔 한창 젊은 나이의 얼굴이었는데, 지금은 늙고 많은 세월이 흘렀다고 말하는 것과 같다. 그러므로 사물은 움직이면서 고요하지 않다고 말한다].

내가 말하는 '사물은 움직이지 않고, 고요하다' 함도 과거의 사물이 현재에 이르러 오질 않기 때문이다. 그러므로 '사물은 고요하여 움직이지 않는다'라고 말한다[나의 입장에서 관찰해 본다면 젊은 시절의 얼굴은 그대로 옛날에 안주해 있지 현재로 옮겨 오지 않았다. 그 때문에 '사물은 고요하여 움직이지 않는다'고 말하였다].

일반 사람들이 '사물은 움직이며 고요하지 않다' 한 것은 과거의 사물이 현재로 흘러 오지 않았기 때문이며[일반 사람들이 사물이 천류한다고 여기는 것은 젊은 시절의 얼굴이 현재의 늙음으로 옮겨오지 않기 때문이다. 그 때문에 사물은 움직인다고 생각한다], 내가 '사물은 고요하여 움직이지 않는다' 한 것은 현재의 사물이 과거로 흘러가지 않았기 때문이다[내가 사물이 천류하지 않는다고 말한 것은 젊은 날은 옛날에 머물러 있고 현재로 흘러 오지 않았으며, 지금의 늙음은 현재에 있지 옛날의 젊음으로 흘러가지 않았기 때문이다. 그 때문에 사물은 고요하다 여긴다].

이와 같다면 일반 사람과 내가 나아간 대상에 있어서는 차이가 없었는데도 이를 보는 견해는 동일하지 않았다[둘 다 동일하게 과거의 사물이 현재로 흘러 오지 않았다 하면서도 동과 정을 보는 견해는 동일하지 않았다].

일반 사람들이 진리를 거역함을 막힘이라 말하고, 깨달은 사람이 진리를 순종함을 통함이라 말한다[미혹한 범부는 허망한 마음으로 진리를 거역한다. 그 때문에 막힌다. 깨달은 사람은 이치로써 현상의 사물에 도달한다. 그러므로 통한다].

굳이 그 도를 체득하기만 한다면 다시 무엇에 막히랴[진상의 도를 깨닫는다면 막힐 만한 차별적인 모습이 어디에 있으랴].

【원 문】

傷夫。人情之惑也久矣。目對眞而莫覺。

【본 문】

한심스럽구나. 사람들의 허망한 마음의 미혹함이 오래 되었음이여, 눈으로 진상의 도를 마주하면서도 깨달을 수 없나니…….

【주 해】

위에서 '거역한다', '순종한다'고 한 두 마디의 말은 실상의 세계는 다르지 않은데도 사람들의 미혹과 깨달음이 동일하지 않기 때문에, 보는 견해가 동일하지 않은 것을 총체적으로 서술하였다.

여기서 '한심스럽구나' 라고 한 것은 미혹의 허망한 마음을 바로 드러내고, 눈에 부딪치는 대로가 모두 진상의 도인데도 미혹한 사람이 깨닫지 못함이 진실로 슬프다고 한 것이다.

【원 문】

旣知往物而不來。而謂今物而可往。往物旣不來。今物何所往。

【본 문】

과거의 사물이 현재로 흘러 오지 않았다는 것을 알면서도 현재의 사물이 과거로 흘러간다고들 말한다. 과거의 사물이 현재로 오지 않았다면 지금의 사물인들 어디로 흘러가겠는가?

【주 해】

여기서는 미혹한 사람의 전도된 견해를 총론적으로 책망하였다.

과거의 사물이 현재로 오지 않았음을 알았다면, 과거에 안주했던 사물은 과거에 그대로 있고 현재로 흘러 오지 않았다는 것을 알리라. 그렇다면 그 예로써 지금의 사물도 과거로 이르러 가지 않는다는 것을 견주어 알 수 있다.

이것이 바로 사물이 천류하지 않는다고 한 의미인데 오히려 지금의 사물이 천류하여 과거로 흘러간다 말한다.

이는 어찌 미혹이 아니겠는가?

【원 문】

何則。求向物於向。於向未嘗無。責向物於今。於今未嘗有。於今未嘗有。以明物不來。於向未嘗無。故知物不去。覆而求今。今亦不往。是謂昔物自在昔。不從今以至昔。今物自在今。不從昔以至今。

【본 문】

왜냐하면 과거의 사물을 과거에서 구해 보면 과거에 일찌기 없지를 않았고, 과거의 사물을 현재에서 따져 보면 현재에선 있은 적이 없다.

과거의 사물이 현재에 있지 않기 때문에 이로써 과거의 사물이 현재로 오지 않았음이 분명하고, 현재의 사물이 일찌기 과거엔 없었기 때문에 현재의 사물이 과거로 흘러가지 않는다 것을 안다.

이를 뒤집어서 현재에서 찾아보았더니 현재도 과거로 가지 않았다. 이는 과거의 사물은 스스로 과거에 있고 현재로부터 과거로 이르러 간 것이 아니며, 현재의 사물은 절로 현재에 있고 과거로부터 현재로 이르러 오지 않았음을 말한다.

【주 해】

여기서는 현재와 과거가 서로 왕래하지 않는 측면에서 사물이 천류하지 않는다는 의미를 정면으로 밝혔다.

과거의 사물은 스스로 과거에 안주해 있고 현재로 오지 않았다면 현재를 과거에서 구해 보아도 얻지 못한다. 이를 뒤집어서 관찰해 본다면 현재는 스스로 현재에 안주해 있지 과거로 이르러 가는 것은 아니다. 그렇다면 사물이 천류하지 않는다는 의미가 분명해진다.

과거는 스스로 과거에 안주해 있고, 현재는 스스로 현재에 안주하여 시간을 따라 왕래하는 모습이 절대로 없다. 이로써 관찰해 본다면 '사물은 천류하지 않는다'고 한 종지를 환하게 보리라.

〈물불천론〉의 첫 부분에서 경전과 논서를 인용하여 '현재가 과거로 흘러가지도, 과거가 현재로 흘러 오지도 않는다'고 한 것으로써 종지와 종지의 자체를 판정하고 수립하였다. 그 때문에 반복해서 이 문제를 논변하였던 것이다.

【원 문】

故仲尼曰。回也見新 交臂非故。如此。則物不相往來。明矣。

【본 문】

그 때문에 중니(仲尼, 공자)는 그의 수제자인 안회(顔回)에게 말하기를, '안회야, 너와 내가 새롭게 스치는 팔은 옛날의 모습이 아니라는 것을 보았느냐'라고 하였던 것이다.

이와 같다면 사물이 서로 왕래하지 않는다는 것이 분명해진다.

【주 해】

여기에서는 공자의 말을 인용하여 사물이 천류하지 않는 증거를 제시하였다.

《장자(莊子)》에 '중니가 안회에게 말하기를, 나는 너와 함께 한 번 팔을 스치는 사이에 잃어버렸으니 슬프지 않으랴' 하고 말하였는데, 논주는 그 의미만을 인용하였다.

논주가 의도하고 말한 것은 '팔을 스치는 사이에 이미 새롭게 변화하여 옛날의 모습이 아니다' 라는 것이다.

대체로 신속하게 천류함을 붙잡아 두기가 이처럼 어렵다는 것을 말했으리라 여겨진다.

논주가 인용한 의도는 신속의 극치에서 사물이 천류하지 않는 실제를 보게 하고 싶었던 것이다. 《능가경(楞伽經)》에서는 이렇게 말한다.

'일체법이 나오지 않는 것을 나는 찰나의 의미라고 설명한다. 일체법은 처음 나왔다 하면 바로 그 순간에 사라지는데, 이 점은

어리석은 사람을 위해서는 설명하지 못한다.'

현수 대사(賢首大師)는 이를 해석하여 말하였다.

'일체법은 찰나찰나에 유전하기 때문에 반드시 자성이란 없다. 자성이 없기 때문에 찰나찰나에 유전천류하는 일체법이 생겨남이 없는[無生] 불생불멸(不生不滅)의 진여성공이다. 만일 진여성공의 무생이 아니라면 찰나찰나에 유전하는 일체법이란 있을 수가 없다. 그러므로 무생법인(無生法忍)에 계합한 사람만이 진여성공인 찰나의 의미를 볼 수 있다.'

《유마경》에서는 말하였다.

'제법의 불생불멸이 진여성공인 무상의 의미이다.'

논주는 제법실상의 의미를 심오하게 깨닫고 생멸천류하는 제법 가운데 나아가 있으면서 천류하지 않는 제법의 실상성공을 홀연히 보았다. 그러므로 여기에서 인용한 문장이 천류한다는 의미의 문장인데도 이로써 불천(不遷)의 종지를 밝혔던 것이다.

무생무멸이라 한 의도를 통달하지 못한 자라면 생사의 사지(死地)에서 몸을 빙그르 돌이켜 살아 있는 기상을 토해 내기가 가장 어려우리라.

【원 문】

旣無往返之微朕。有何物而可動乎。

【본 문】

이미 흘러가거나 되돌아오는 희미한 조짐도 없는데, 무슨 사물이 있어서 움직이겠는가?

【주 해】

여기에서는 제법의 실상을 오묘하게 깨달으면 일상적인 범부의 허망한 마음에 떨어지지 않는다는 것을 결론지어 나타냈다.

본론의 끝 부분으로 결론지은 문장에서 말하기를, '털끝만큼의 은미한 데서 이 의도를 체득하면 신속하게 움직인다 해도 구르지 않는다'라고 하였다.

이는 제법은 고요하게 담연하여 흘러 오거나 흘러가는 모습이 가느다란 털끝만큼의 희미한 조짐도 없는데, 무슨 사물이 있어 움직이며 구르겠는가 함을 말한 것이다.

논문의 의도를 자세히 살펴보자. 비록 현재와 과거의 사물이 본래 흘러가고 흘러 옴이 없다고 말은 했으나, 이 말에서 요구하고 있는 것은 시간엔 고금의 차이가 없이 평등한 하나의 즈음임을 보게 하려한 것이다.

고금이 평등하게 하나의 즈음이라는 이치를 통달하기만 한다면 사물은 저절로 고금의 시간을 따라 왕래함이 없게 된다. 이는 이른바, '꿈 속에서 한 해가 지났더니 깨어 보니 잠깐 사이였어라' 했던 시의 내용과 같다.

시간의 흐름은 한량이 없지만 한 찰나 사이에 포섭된다. 이는 옛 시에서 말한, '베개에서 잠시 봄 꿈[春夢]을 꾸는 사이에 강남 수천 리 길을 다 갔었네'라고 한 것과 같다.

꿈에서 일어난 일로써 모든 법을 관찰해 본다면 시간에는 고금이 없으며, 제법은 시간을 따라 가고 옴이 없다는 것이 마음에 훤히 밝혀진다. 그러나 사량분별이 의식으로 들어가기만 하면 바로 생멸유전하는 천류에 떨어지리라.

이러한 경지는 일상적인 범부의 허망한 마음으로 도달할 바가 아니다.

【원 문】

然則旋嵐偃嶽而常靜。江河競注而不流。野馬飄鼓而不動。日月歷天而不周。復何怪哉。

【본 문】

이와 같다면 선람(旋嵐)의 바람이 수미산을 무너뜨린다 할지라도 항상 고요하며, 강하(江河)가 다투기나 하듯이 바다로 흘러 들어간다 해도 흐르는 것이 아니며, 봄날의 아지랑이가 나부끼며 올라간다 해도 움직이는 것이 아니며, 해와 달이 하늘을 지나간다 해도 우주를 한 바퀴를 돈 것은 아니다.

다시 무엇을 괴이하게 여기겠는가?

【주 해】

여기에서는 현상의 변화 가운데 가장 신속한 네 가지 일을 인용하고, 그 사물의 자체에 나아가서 사물은 천류하지 않음을 증명함으로써 윗 문장에서 말한 '흘러가거나 되돌아오는 희미한 조짐도 없다' 했던 의도를 성립시켰다.

선람(旋嵐)은 비람(毗嵐)이라고도 하는데 우주가 무너지는 괴겁(壞劫)에 부는 바람이다. 수미산이 이 바람에 의해서 무너지기 때문에 '수미산을 무너뜨린다'고 말하였다.

야마(野馬, 아지랑이)는 《장자》에서 나온 말인데 늪지대의 습한 수증기가 증발하면서 햇빛에 반짝이는 것으로, 즉 아지랑이가 나부끼며 정지하지 않는 모습이다.

이 네 가지 일은 일상적인 범부의 허망한 마음으로 보면 천류의 극치라고 여겨진다. 그러므로 이를 천류하지 않는다고 말해 주면 괴상하게 생각한다. 이를 진리에 밝은 눈으로 관찰한다면 본래 천류하는 모습이 없는데 다시 무엇을 괴이하게 여기겠는가?

논의 처음에 경전에서 말한 '모든 법은 흘러감도 흘러 옴도 없으며, 시간의 거래를 따라 움직이면서 구름이 없다'고 한 문장을 인용하였다.

이는 제법의 움직임에 나아가 천류하지 않는 고요함을 보게 하려 한 것이지, 고요함을 지적하여 천류하지 않는다 한 것은 아니다. 고요함은 이미 천류하지 않았는데 다시 무슨 논변할 문제가 있겠는가?

그러므로 〈물불천론〉이라고 한 이 논문의 제목은 사물마다의 당체가 천류하지 않는다 한 것이지, 사물의 모습은 천류하는데 본성은 천류하지 않음을 말한 것은 아니다. 이는 천류하지 않는다는 종지로써 모든 법의 실제 모습을 정면으로 나타낸 것이다. 이러한 경지로 모든 법의 실제 모습을 정면으로 나타낸 것이다. 이러한 경지는 제법의 실상을 오묘하게 깨달은 인재가 아니라면 실로 쉽게 보지 못하리라.

이상으로 사물이 천류하지 않는다는 종지를 빠짐없이 논증하였다. 다음부터는 교(敎)에서 인용하고 논리를 회통하여 앞에서 말했던 '진리의 말씀이 시비를 변론하여 다투는 데서 막히고, 종지로 통하는 길이 부질없이 기이함을 좋아하는 데서 굴복당하게 하였다. 동·정의 극치의 경지는 말하기가 쉽지 않다'라고 한 등등의 문장을 풀이하였다.

그리하여 사람마다 표현한 말을 떠나서 말에 내재한 의도를 알게 하려 한 것이다. 말에 집착하여 근본 종지를 잃어서는 안 되리라.

【원 문】

噫。聖人有言曰。人命逝速。速於川流。是以聲聞悟非常以成道。緣覺覺緣離以卽眞。苟萬動而非化。豈尋化以階道。覆尋聖言。微隱難測。若動而靜。似去而留。可以神會。難以事求。

【본문 및 주해】

아아, 성인이 말씀하시기를, '인명이 흐르는 시냇물보다 빠르다' 라고 하였다[여기에서 인명이 무상하다고 말한 의도는 성공의 진상을 은밀하게 나타낸 데에 있다].

그러므로 성문(聲聞)은 무상(無常=非常)의 성공을 깨달아 도를 이루고, 연각(緣覺)은 연회(緣會)가 분리하여 사라지는 성공을 깨닫고 진상의 도에 나아간다[성문과 연각 두 성자는 모두 무상의 이치를 듣고 도과를 증득한다].

움직이는 모든 법이 무상하게 변화하지 않는다면[변화는 생사의 무상을 말한다] 어떻게 무상하게 변화하는 것을 연구하여 도과에 오르겠는가[도는 열반의 과이다. 의도하고 말한 것은 만법의 무상의 성공이 아니라면 이승의 성자가 어떻게 무상하다는 말을 듣고 성인의 도과인 열반을 얻었겠는가 하였다]?

성인의 말씀을 반복해서 연구해 보았더니 은미하여 헤아리기 어렵다[성인의 말씀을 반복해서 연구해 보았더니 제법은 덧없는 무상이라고 설명하였으나, 이는 허무주의를 말한 것이 아니라 그 의도가 진상을 은밀하게 나타내는 데 있었다. 그 때문에 은미하여 헤아리기 어렵다 한 것이다].

성인은 움직임을 말씀한 듯하나 고요하고, 흘러감을 말씀한 듯하나 상주하여 머문다[성인은 움직임을 말씀했으나 의도는 고요함을 나타내는 데에 있고, 흘러감을 말한 듯하나 의도는 실로 상주불변한 데에 있었다. 그 때문에 동과 정의 극치는 쉽게 말하지 못한다. 이는 정신으로써 회합할 수 있을 뿐, 차별적인 실상에서 찾지는 못한다. 성인이 수립한 논리의 종지를 통달하지 못한다면 말을 떠나서 그가 의도한 것을 체득하지 못한다. 그리고는 실제로 생사와 거래하는 모습이 있다 말하면서 말에 집착하여 시비를 다툰다. 이것이 바로 끝내 물불천의 오묘한 종지를 깨닫지 못하는 까닭이다. 곧장 말을 떠나서 자체를 체득해야만 근본의 진실에 계합할 수 있으리라].

이는 신령한 정신으로 회합해야지, 사상(事相)에서 찾기란 어렵다[사상에 막히면 진상을 미혹하리니, 사물 밖에서 정신으로 계합해야 한다는 것을 밝혔다].

【원 문】

是以言去不必去。閑人之常想。稱住不必住。釋人之所謂往耳。豈曰去而可遣。住而可留耶。

【본 문】

그 때문에 생사가 무상하게 흘러간다고 말씀했으나 꼭 흘러가는 것은 아닌데, 이는 사람들의 일상적인 망상을 막아 주려 하기 때문이다., 열반은 상주한다고 말씀해도 꼭 열반에 안주하지는 않는데, 이는 사람들이 말하는 생사로 흘러간다 한 것을 버리게 한 것이다.

어찌 생사가 흘러간다고 해서 생사를 버렸겠으며, 열반에 안주한다해서 상주함을 말했으랴?

【주 해】

여기서는 성인의 말씀은 헤아리기 어렵다는 것을 풀이하여, 사람들이 말을 떠나서 오묘한 종지를 체득하게 하였다.

'흘러간다[去住]' 말한 것은 범부의 생사법(生死法)이고, '상주'한다[住] 한 것은 열반상주(涅槃常住)의 도과이다.

일반적으로 성인께서는 생사가 천류한다 말씀하시나 생사에 흘러갈만한 모습이 정말로 있는 것은 아니다. 단지 영원하다고 집착하는 범부들의 망상을 부정하고 막아 주었을 뿐이다.

열반은 상주한다 말씀하셨으나 열반에 상주할 만한 하나의 모습이 정말로 있는 것은 아니다. 다만 생사를 싫어하고 근심하는 이승인의 허망한 마음을 타파했을 뿐이다.

실제로 생사와 열반은 둘 다 실체의 모습을 얻을 수 없는데 어찌 버려야 할 생사가 단정적으로 있고, 상주해야 할 열반이 정말로 있다고 말씀하셨으랴?

다음에는 이를 인용하여 논증하였다.

【원 문】

故成具云。菩薩處計常之中。而演非常之教。摩訶衍論云。諸法不動。無去來處。斯皆導達羣方。兩言一會。豈曰文殊。而乖其致哉。

【본 문】

그러므로 《성구경(成具經)》에서 말하기를, '보살은 상주불변 하다고 헤아리며 집착하는 가운데 처하여 생사의 무상한 가르침을 연설한다'라고 하였고, 《마하연론(摩訶衍論)》에서는, '움직이지 않는 모든 법은 흘러가거나 흘러 온 곳이 없다'라고 말하였던 것이다.

이는 모두가 여러 상대적인 방향을 인도하여 중도로 이끈 것으로서 이 두 말의 귀결점은 하나로 회합한다.

어찌 표현한 문장이 다르다 해서 그 이치마저 다르겠는가?

【주 해】

여기서는 성인의 말씀은 달라도 종지는 하나임을 밝혀 위에서 말한 생사와 열반의 두 법이 모두 성공의 의미임을 풀이하였다.

《성구경》에서 말하기를, '범부가 영원하다고 망상으로 헤아리는 가운데 처하였기 때문에 보살이 덧없는 생사의 무상함을 설명해 그들의 집착을 타파한 것이지, 이것이 의도한 것은 사람들이 생사의 무상한 성공에 나아가 진상의 이치를 깨닫게 하려 한 것이다.

《마하연론》에서는 말하기를, '모든 법은 고요 담연하여 움직이지 않고 상주불변하며, 본래 흘러가거나 흘러 옴이 없다'라고 하였는데, 이것이 의도한 것은 사람들이 제법이 움직이는 데에 나아가서 천류하지 않는 이치를 깨닫게 하려 한 것이다.

《마하연론》에서 제법의 상주불변을 말한 것과, 《성구경》에서 생사가 무상함을 말한 것은 모두가 상대적인 뭇 방향들을 인도하여 중도로 도달시키기 위해 중생의 종류를 따라 그들 상황에 맞게 설명한 담론들이다. 이는 표현한 말은 다르지만 내재한 종지는 하나인 것이다. 어찌 문장이 다르다 해서 그 이치마저 다르겠는가?

말에 집착하여 시비를 다투는 것이 어찌 미혹함이 아니랴?

다음은 두 말이 하나로 회합한 데 대해서 풀이하였다.

【원 문】

是以言常而不住。稱去而不遷。不遷。故雖往而常靜。不住。故雖靜而常往。雖靜而常往。故往而弗遷。雖往而常靜。故靜而弗留矣。然則莊生之所以藏山。仲尼之所以臨川。斯皆感往者之難留。豈曰排今而可往。是以觀聖人心者。不同人之所見得也。

【본 문】

그러므로 열반의 상주불변을 말한다 해도 열반에 안주하지 않고, 생사는 무상하게 흘러간다 해도 실제로 천류하는 것은 아니다[무위의 열반을 증득하여도 보살의 만행(萬行)을 버리지 않는다. 그 때문에 열반은 상주하나 거기에 안주하여 집착하지 않는다. 생사의 무상함에 처한다 해도 상주의 열반에서 일어나지 않는다. 그 때문에 생사가 흘러간다 해도 실제론 천류하지 않는다].

생사가 흘러간다 해도 천류하지 않기 때문에 생사의 세계로 간다해도 항상 고요하며[만법의 변화를 따른다 해도 하나인 중도는 고요담연한 것이다], 열반에 상주하지 않기 때문에 고요히 상주하면서도 항상 생사의 세계로 가는 것이다[번뇌가 사라진 멸진정(滅盡定)의 열반에서 일어나지 않고 모든 위의(威儀)를 나타낸다].

열반에서 고요해도 항상 생사의 세계로 가기 때문에 간다 해도 생사에 천류하지 않으며[심의식의 망상이 없이 만행을 나타내기 때문에 항상 생사의 세계로 간다 해도 천류하지 않는다], 생사의 세계로 간다 해도 항상 열반에서 고요하기 때문에 고요해도 열반에 머물며 집착하지 않는다[무위의 열반에 안주하지도 않고, 현상의 유위법도 버리지 않는다. 그 때문에 열반에서 고요하면서도 거기에 머물며 집착하지 않는 것이다. 이는 위에서 두 말이 하나의 중도로 회합한다 한 의미를 풀이하였다].

그렇다면 장자가 산을 늪지대에 숨겼던 까닭과, 공자가 흐르는 시냇물에 임했던 까닭은 모두가 흘러가는 것을 붙잡아 두기 어려움을 느꼈기 때문이다. 어찌 현재의 사물을 밀어젖히고 과거로 흘러감을 말했으랴?

그러므로 성인의 마음을 관찰해 보면 일반 사람들이 보고 체득한 것과는 동일하지 않는다.

【주 해】

여기서는 장자와 공자의 말을 인용하여 '두 말이 하나로 회합한다'고 한 의미를 증명하였다.

《장자》에서는 말하기를, '배를 산골짜기에 숨기고 그 산을 늪지대에 숨겨 놓고 이를 견고하다고 말한다. 그러나 힘센 사람이 이를 걸머지고 도망을 했는데도 어리석은 사람은 이를 깨닫지 못한다. 천하를 천하에 숨겨 둔다면, 즉 천하를 있는 그대로 둔다면 도망갈 곳이 없으리라'라고 하였다.

이는 배를 산골짜기에 숨기고, 그 산을 늪지대에 숨겨 두곤 이를 견고하다 말하지만 힘센 사람이 걸머지고 도망을 가면 붙들어 두질 못함을 말하였다.

이를 비유해 보자. 지금 어떤 사람이 배를 타고 깊은 잠이 들어 강물이 흐르는 대로 떠내려가면서도 실제로는 옮겨가는 것을 보지 못하는 것과 같다.

장자가 의도하고 말한 것은 이렇다. 사람들이 외형의 껍데기를 잊고 본질의 도에 계합하지 못하면 산림 속에 은둔하고 천지에 나의 형체를 의탁한다 해도 나의 몸은 조화(造化)가 은밀하게 옮겨간다. 그런데도 어리석은 사람은 숨긴 곳이 있으면 상대적으로 도망할 곳도 있다는 것을 깨닫지 못한다.

만일 형체와 도가 하나로 합일한다면 숨길 곳이 없고, 숨김이 없으면 도망함도 없다. 이는 마치 천하를 천하가 있는 그대로 간직해 둔다면 도망할 곳이 없는 것과도 같다. 이는 장자가 의도하고 한 말이다. 《논어(論語)》에서 공자는 시냇물가에서 말하였다.

'가기를 이같이 하다니, 밤낮으로 끊임없이 흐르는구나.'

이는 간단 없이 작용하는 도의 자체가 마치 흐르는 시냇물이 쉬지 않는 것과 같다고 찬탄한 것이다.

이는 공자가 의도하고 한 말이다. 논주는 이 두 문장을 인용하여 물불천을 논증하였다. 그가 의도하고 취한 것은 어리석은 사람이 밤 사이에 도망하는 것을 깨닫지 못했다면 천류한다 해도 천류하지 않는 것이며, 밤낮으로 끊임없이 흘렀다면 흘러가도 간 것이 아님이다.

그 때문에 논문에서 말하기를, '이 두 말씀은 흘러가는 것을 붙잡아 두기 어려움을 감탄한 것일 뿐, 현재를 밀어젖히고 흘러가게 한 것은 아니다'라고 하였던 것이다.

이 말은 천류함을 말한 듯하나 의도한 실제는 천류하지 않는 데에 있었다. 그러므로 윗 문장의 말미에서 훈계하여 말하기를, '성인의 마음을 관찰하려면 일상적인 범부의 허망한 마음으로 말에 집착하여 말의 의미를 해치지 않아야만 종지를 체득했다 말할 만하다'라고 한 것이다.

논주는 천류하는 문장을 인용하여 천류하지 않는다는 의미로 해석하고 결론을 '현재를 밀어젖히고 흘러가게 한 것이 아니다'라고 했다. 그렇다면 중점이 '현재의 사물은 스스로 현재에 있지 과거로부터 지금으로 이르러 오지 않았다'라고 한 한 마디의 말에 있다.

이로써 물불천의 표준을 삼고 사람들이 목전의 그 자리에서 〈물불천론〉의 종지를 통달하여, 끝내 흘러가거나 흘러 오는 모습이 없게 하려 하였던 것이다. 이를 언어의 밖에서 찾는다면 물불천의 오묘한 종지가 환하리라.

【원 문】

何者。人則謂少壯同體。百齡一質。徒知年往。不覺形隨。是以梵志出家。白首而歸。隣人見之曰。昔人尙存乎。梵志曰。吾猶昔人。非昔人也。隣人皆愕然。非其言也。所謂有力者負之而趨。昧者不覺。其斯之謂歟。

【본 문】

왜냐하면 사람들은 '어린 시절과 장성한 때의 몸이 동일하므로 백세가 된다 해도 형질(形質)은 하나이다'라고 말하기 때문이다.

그들은 나이가 젊은 시절의 과거로 흘러간 것만 알았을 뿐, 형체도 나이를 따라 함께 흘러갔다는 점은 몰랐었다[사람이란 동일한 몸의 하나의 형질이긴 하나 늙음과 젊음이 같지 않다. 외형의 모습은 천류하여 변함이 있는 듯하나 실제로 젊은 시절의 얼굴은 스스로 과거 젊은 시절을 따라가 있지 현재의 늙음으로 오지 않았으며, 늙음은 스스로 현재에 머물러 있지 젊음으로 흘러가지 않았다. 이것이 천류하지 않는다는 의미이다].

그러므로 범지(梵志)가 젊은 시절에 출가하여 머리가 하얀 늙은 이의 모습으로 되돌아왔을 때 이웃집 사람들은 그를 보고 이렇게 말하였다.

"지난 젊은 시절의 모습 그대로 있군."

범지는 말하였다.

"나는 지난날 젊은 시절의 사람인 듯하지만 이미 지난날의 사람은 아니다."

이웃집 사람들은 모두 깜짝 놀라면서 그의 말이 틀렸다고 비난하였다 한다.

위에서 '힘센 사람이 걸머지고 도망을 갔는데도 어리석은 사람은 깨닫지 못했다'고 한 것이 이런 경우를 두고 말했으리라.

【주 해】

여기서는 범지의 일을 인용하여 천류해도 천류하지 않음을 해석하고, 이로써 '어리석은 사람은 깨닫지 못한다'고 한 의미를 밝혔다.

범지가 어려서 출가하여 하얗게 센 머리로 되돌아오자 이웃집 사람들이 그를 보고 말하였다.

"지난 시절의 모습이 그대로 있군."

이는 옛날 젊은 시절의 얼굴을 지금의 늙은이로 여긴 것이다. 범지는 그에게 답변하였다.

"나는 옛날 젊은 시절의 사람과 흡사하긴 하나 옛날 사람이 아니다."

범지가 의도하고 말한 것은 젊은 시절은 스스로 옛날에 안주해 있고 현재의 늙음으로 흘러 오지 않았다는 것이다.

어찌 지금의 늙은 모습을 밀치고 과거의 젊음으로 이르게 하겠는가 한 것이었다.

여기에서 사물은 천류하지 않는다는 의미가 매우 분명한데도 이웃집 사람은 이를 몰랐었다. 때문에 깜짝 놀라며 그의 말이 잘못이라고 비난하였던 것이다. 이는 어리석은 사람은 깨닫지 못한다는 의미이다.

나는 어려서부터 이 논문을 읽었다. 나름대로 앞에서의 선람(旋嵐)·강하(江河)·야마(野馬)·일월(日月)의 네 사상이 천류하지 않는다는 의미에 의심을 품은 지가 오래였다.

동묘(同妙) 스님과 함께 포판(浦阪)에서 삼동결제(三冬結制)를 하게 되었다. 이로 인해 이 논문을 거듭 판각하고 교정을 보면서 네 사물이 천류하지 않는다고 한 대목에 이르러 황홀하게도 깨달음이 있어 뛸 듯이 기쁜 마음 금할 길이 없었다.

이로 인해 부처님께 예불을 올렸더니 절을 하는 몸이 일어나거나 허리를 굽히는 모습이 없었다. 주렴을 걷고 밖으로 나와 살펴보았더니 뜰 앞에 서 있는 나무에 홀연히 바람이 불어와 낙엽이 허공에서 어지럽게 날렸으나 잎마다 움직이는 모습이 안 보였다. 이로써 '선람의 바람이 수미산을 무너뜨린다 해도 항상 고요하다'고 한 말을 믿을 수 있었다. 변소에 가서 소변을 보았는데 소변의 흐르는 모습이 보이지 않기에 탄식하며 말하였다.

"진실하구나. 강물이 다투듯이 바다로 흘러들어가도 흐르지 않는다는 말씀이여."

이때에 지난날 《법화경》에서, '생멸하는 세간의 모습이 상주불변하다'고 한 말에 대한 의심을 돌이켜 관찰해 보았더니 의심이 마치 얼음이 녹아 풀리듯하였다.

이로써 알 수 있었다. 이 논의 종지가 그윽하고 은미하여 진실하게 참구하여 실답게 보지 않고 망상의 지견(知見)으로 헤아리려 한다면 모두가 막막한 의심을 면치 못하리라는 것을.

나의 친구 가운데 이 논문은 노장학의 허무사상을 불교적으로 말한 것이라고 반박한 자가 있었다. 내가 의도하기로는 반드시 나의 말을 스스로 믿는 날이 있으리라 여겨진다.

【원 문】

是以如來。因羣情之所滯。則方言以辯惑。乘莫二之眞心。吐不一之殊敎。乖而不可異者。其唯聖言乎。

【본 문】

그 때문에 여래께서는 여러 중생들이 허망한 마음으로 막힌 것 때문에 방편의 말씀을 하여 미혹을 분별하셨다.

둘이 없는 진실한 마음을 타고 하나가 아닌 다른 가르침을 토해 내셨으니, 말씀은 달라도 마음마저 다르다 하지 못할 것은 성인의 말씀 뿐이리라.

【주 해】

여기에서는 성인의 말씀은 달라도 마음은 다르지 않다는 것을 총괄해서 결론지었다.

모든 부처님이 세상에 출현하셨으나 본래 설명할 만한 법이 없었다. 단지 여러 중생들이 집착한 허망한 마음 때문에 중생의 종류를 따라 말씀하시어 그들의 미혹을 분별하고 집착을 타파했을 뿐이다.

여래께서 타신 것은 둘이 아닌 진실한 마음이었고, 그 말씀은 하나가 아닌 다른 가르침이었다. 그 말씀은 어긋난 듯했으나 마음은 실제로 다르다 하지 못할 것은 성인의 말씀뿐이니라. 성인의 말씀은 은미하여 헤아리기 어렵다 했던 것이 바로 여기에 있었다.

【원 문】

故談眞有不遷之稱。導俗有流動之說。雖復千途異唱。會歸同致矣。

【본 문】

그러므로 진리를 담론하시며 사물은 천류하지 않는다는 지적이 있었고, 세속을 인도하시며 사물은 흐르며 움직인다는 말씀이 있었다.

이처럼 천 갈래 길로 다르게 말씀하셨으나, 회합하여 귀결하는 점은 동일하게 이르러 간다.

【주 해】

여기서는 성인의 말씀이 어긋나는 듯하면서도 진실한 마음은 다르지 않다는 의미를 해석하였다.

진리를 담론하면 천류하지 않는다는 말씀이 있으나 그 의도는 세속을 포섭하는 데 있었고, 세속을 인도하면 사물은 유린하며 움직인다는 말씀이 있으나 실제의 의도는 진리로 되돌이키는 데 있다는 말을 하였다.

그러므로 천 갈래 길로 다르게 말씀하시지만 귀결하여 회합하는 지점에 있어선 동일하게 이르러 간다. 이것이 성인의 말씀은 전후가 어긋나는 듯하면서도 진실한 한마음은 다르다고 하지 못하는 까닭이다.

【원 문】

而徵文者。聞不遷。則謂昔物不至今。聆流動者。而謂今物可至昔。旣曰古今。而欲遷之者。何也。

【본 문】

그런데도, 언어 문자에서 따지는 자들은 사물은 천류하지 않는다는 말씀을 들으면 과거의 사물은 현재로 이르러 오지 않는다 말하고, 사물은 움직이며 유전한다는 말씀을 들은 자들은 현재의 사물이 과거에로 이르러 간다고들 말한다.

이미 상대적인 과거와 현재라면 이를 옮기고 싶어하는 것은 무엇 때문인가?

【주 해】

여기서는 미혹한 범부가 언어에 집착하여 근본의 종지를 잃은 것을 드러내었다. 언어 문자에서 따진다 함은 언어 문자에서만 확신을 취하여 말을 따라 이해함을 말한다.

그리하여 사물은 천류하지 않는다는 말을 들으면 과거의 사물이 현재로 흘러 오지 않는다고 말한다. 이는 흡사 종지를 얻은 듯하다가 사물은 유전하며 움직인다는 말을 듣는 데에 이르러선 현재의 사물이 과거로 이르러 간다고 다시 말을 한다. 이미 과거와 현재라고 말을 했다면 과거는 스스로 과거에 안주해 있고, 현재는 스스로 현재에 있다. 그런데도 현재를 옮겨 과거로 이르게 하려 하는 것은 무엇 때문인가?

이는 미혹한 범부가 언어 문자에 집착하여 근본의 종지를 잃어버린 잘못을 책망한 것이다. 과거가 현재로 흘러 오지 않는다는 이치는 보기가 쉽지만 현재가 과거로 이르러 가지 않는다는 말은 가장 밝히기 어렵다.

논주는 바로 지금의 현재가 과거로 천류해 가지 않는다는 것으로써 논문의 주안점을 정하였다. 그리고는 사람들이 현재의 목전에서 사물이 천류하지 않는 실제를 단박 보고 제법의 실상을 분명히 깨닫게 하는 것으로써 논문의 종극(宗極)을 삼았던 것이다.

【원 문】

是以言往不必往。古今常存。以其不動。稱去不必去。謂不從今至古。以其不來。

【본 문】

그러므로 시간이 흘러간다고 말해도 간다고 이해할 필요가 없다. 왜냐하면 과거와 현재가 움직이지 않고 변함없이 존재하기 때문이다.

현재의 시간이 과거로 흘러간다 해서 간다고 이해할 필요가 없는데, 현재로부터 과거로 이르러 가지 않는 것은 과거의 시간이 현재로 흘러 오지 않기 때문임을 말한다.

【주 해】

여기서부터는 범부들이 올바른 이치에 미혹하여 잘못 집착하는 것을 정면으로 부정하였다.

위에서는 사물이 천류하지 않는 점을 논증하였고, 여기서는 시간이 천류하지 않는다는 점을 논증하였다. 일반적으로 간다고 말해도 꼭 간다고 이해할 것은 아닌데, 왜냐하면 시간은 움직이지 않고 과거와 현재가 항상 존재하기 때문이다. 현재의 시간이 과거로 흘러간다 말해도 흘러간다고 이해할 필요는 없는데, 왜냐하면 현재로부터 과거의 시간으로 이르러 가지 않는 까닭은 과거의 시간이 현재로 흘러 오지 않았음을 말했기 때문이다.

【원 문】

不來。故不馳騁於古今。不動。故各性住於一世。

【본 문】

과거의 시간이 현재로 흘러오지 않았기 때문에 과거와 현재의 시간으로 서로가 갈리지 않고, 항상 존재하며 움직이지 않기 때문에 각자의 성품이 한 세대에 안주한다.

【주 해】

여기서는 종지와 그 자체를 결론짓고 귀납하였다.

과거의 시간이 흘러 오지도, 현재의 시간이 흘러가지도 않아 끝내 과거 · 현재 · 미래의 차별적인 모습이 없다. 때문에 시간이 과거와 현재로 갈리지 않는다.

이처럼 움직이지 않고 고요하여 평등일여(平等一如)하기 때문에 각자의 성품이 한 세대에 안주하는 것이다.

【원 문】

然則羣籍殊文。百家異說。苟得其會。豈殊文之能惑哉。

【본 문】

그렇다면, 여러 서적에서 표현한 문자가 다르고 모든 사상가들이 다르게 말한다 해도 귀납하여 회합하는 점만 체득한다면, 어찌 표현한 문자가 다르다 해서 거기에 현혹을 당하겠는가?

【주 해】

여기에서도 언어 문자를 잊고 근본 종지에 회합함을 나타냈다.

모든 경전과 논서에서 표현한 문자와 설명한 언어가 다르다 해도 진여법계의 종지를 얻어 이를 관통한다면 한결같고 진실한 세계로 회귀한다.

무엇 때문에 언어 문자에 현혹을 당하겠는가?

【원 문】

是以人之所謂住。我則言其去。人之所謂去。我則言其住。然則去住雖殊。其致一也。故經云。正言似反。誰當信者。斯言有由矣。

【본 문】

그러므로 사람들이 상주불변하라고 말하는 것을 나는 그것은 무상하게 흘러간다 말하고, 사람들이 무상하게 흘러간다고 말하는 것을 나는 그것은 상주불변하라고 말한다.

그렇다면 무상하게 흘러간다, 상주불변한다 한 말은 다르지만 그것이 이르러 가는 곳은 하나이다. 그러므로 《도덕경(道德經)》에서 말하기를, '올바른 말은 반대되는 듯도 하다. 이를 뉘라서 믿으려 할까' 하였는데, 이 말을 하게 된 까닭이 있었다 하리라.

【주 해】

여기서는 범부의 미혹과 성인의 깨달음이 하나의 근원임을 나타냈다.

사람들은 상주한다 말하는데, 이는 허망한 집착으로 상주한다고 하며, 그리고 상주불변하다고 집착하면 상대적으로 무상(無常)에 떨어진다. 그 때문에 나는 생멸 변화로 흘러간다고 말하여 그들의 집착을 타파한 의도는 상주함이 없다는데 있었지 생멸로 흘러감을 말한 것은 아니다. 지금 흘러간다 말한 것은 그들이 무상한 생사를 상주한다고 집착하였기 때문이다.

내가 그것은 상주한다 말하여 그들의 집착을 타파한 의도는 본래 생사가 없다는 데에 있었지, 상주하여 머물 만하다 함을 말한 것은 아니다. 이는 흘러간다, 상주한다 한 두 말이 그들 집착을 타파하여 이로써 일진상주(一眞常住)의 도리를 나타내지 않음이 없었다. 그러므로 말은 달라도 이치의 귀결점은 하나이다. 이는 바로 노자가 말한 '올바른 말은 반대되는 듯도 한다. 뉘라서 이를 믿으려 할까' 한 경우와 같다.

'이 말을 하게 된 까닭이 있었다 하리라' 하였는데, 이는 미혹과 깨달음이 일진의 상주에서 벗어나지 않고, 따라서 시비가 본래 두 이치가 없음을 말하였다. 주관적인 인식의 사량분별이 끊긴 있는 현상 그대로의 현량(現量)이 드러나면 상대적인 말을 따라서 의미를 취하지 않는다.

【원 문】

何者。人則求古於今。謂其不住。吾則求今於古。知其不去。今若至古。古應有今。古若至今。今應有古。今而無古。以知不來。古而無今。以知不去。若古不至今。今亦不至古。事各性住於一世。有何物而可去來。然則四象風馳。璇璣電捲。得意毫微。雖速以不轉。

【본 문】

왜냐하면[이는 고금이 천류하지 않는다는 것을 묻고 문제를 나타냈다. 요컨대 이는 범부의 미혹에 나아가서 성인의 깨달음을 나타냈다] 일반 사람들은 옛날을 현재에서 구해 보고 옛날을 안주하지 않는다 말들 하기 때문이다[사람들은 현재 가운데서 옛날을 찾아 보다가 찾지 못하면 옛날은 천류했다고 헤아린다. 이는 범부의 미혹이다].

나는 현재를 옛날에서 찾아 보고 현재는 옛날로 흘러가지 않았음을 안다[나는 옛날 속에서 현재를 찾아 보았더니 되지 않았다. 그렇다면 현재가 옛날로 흘러가지 않았음을 안다. 이는 성인의 깨달음이다].

일반인의 견해대로 현재가 옛날로 이르러 갔다면 옛날도 현재로 흘러 와 있어야만 하며, 옛날이 현재로 이르러 왔다면 현재도 응당 옛날로 흘러가 있어야만 하리라[현재와 옛날이 서로 왕래함이 있다면 서로에게 그 자취가 있어야만 된다].

현재에는 옛날이 없기 때문에 이로써 옛날은 현재로 흘러 오지 않았음을 알 수 있고, 옛날에는 현재가 없기 때문에 이로써 현재는 옛날로 흘러가지 않았다는 것을 알 수 있다[여기서는 고금이 천류하지 않는다는 것을 정면으로 제시하였다. 현재 속에 옛날이 없다면 옛날이 현재로 흘러 오지 않았다는 것을 알 수 있고, 옛날 속에 현재가 없다면 현재가 옛날로 흘러가지 않았다는 것을 알 수 있다. 이미 흘러 오고 흘러간 자취가 없다면 고금의 시간적인 전후가 서로 맞닿는 즈음이 끊겼는데 무슨 천류함이 있으랴].

옛날이 현재로 이르러 오지 않았다면 현재도 옛날로 흘러간 것은 아니다[옛날과 현재가 서로 도달하지 못한다].

그렇다면 사물마다 각자의 성품이 한 세대에 안주한다. 무슨 사물이 있어서 흘러가고 흘러 오겠는가[고금이 하나의 즈음으로 맞닿아 있다는 것을 깨달았다면 현상의 법마다가 진상임을 분명히 알리라. 《법화경》에서는 말하기를, '이 법이 자기의 위치에 안주하여 생멸하는 세간의 모습이 상주불변한다'라고 하였다. 이는 사물마다의 성품이 한 세대에 안주하기 때문이다. 무슨 사물이 있어 시간을 따라 거래를 하겠는가]?

이와 같다면 사상(四象)이 바람처럼 달리고, 선기(璇璣)가 번개처럼 걷힌다 해도 은미한 데서 털끝만큼의 그 의도를 체득하면 신속하다 해도 실제론 구르는 것이 아니다.

【주 해】

여기서는 고금(古今)이 천류하지 않는 오묘한 깨달음으로 결론짓고 귀결시켰다.

사상(四象)은 일월성진(日月星辰)이다. 《조론신소(新疏)》에서는 이를 춘하추동(春夏秋冬) 사시절이라 하였다.

'선기(璇璣)'는 《구소(舊疏)》에서 북두칠성 가운데 두 별자리의 이름이라고 하였으나, 나의 의도론 북극성인 듯도 하다. 이들 모두가 정지하지 않고 돌고 구르면서 마치 신속함이 헤아릴 수 없는 번개가 걷히듯 하다.

그러나 털끝만큼의 은미한 데서 천류하지 않는 이치를 깨닫기만 한다면 신속하다 해도 구르지 않으며, 진여법계가 완전하게 밝아지기만 한다면 시방세계가 담연하여 고요히 번뇌가 사라지리라.

여기까지는 한결같이 사물은 천류한다고 보는 미혹한 견해만을 논증했다. 때문에 범부라 하였고, 다음부터는 깨달으면 천류하지 않는다는 것을 논증하였는데, 이는 성인의 경지라 하겠다.

【원 문】

是以如來。功流萬世而常存。道通百劫而彌固。

【본 문】

그러므로 여래의 공덕은 만세에 유전하면서도 항상 존재하며, 도는 영겁(永劫)에 통하면서 더욱 견고하기만 하다.

【주 해】

여기서부터는 깨달으면 성인이 되는 경지를 논변하였다. 그 때문에 성인은 썩어 없어지지 않고 상주불변하여 인과(因果)가 천류하지 않음을 밝혔다.

여래의 공덕이 만세에 유전한다 한 것은 이타(利他)의 실천이 항상 존재해 있는 것이며, 도가 영겁에 통한다 한 것은 자리(自利)의 행이 더욱 견고해진다는 것이다. 만세백겁(萬世百劫)이 지나며 시간이 천류하는 듯하면서도 자리와 이타의 두 가지 행은 썩어 없어지지 않는다는 것이다. 이는 사물이 천류하지 않는 실제이다.

【원 문】

成山假就於始簣。修途託至於初步。果以功業不可朽故也。

【본 문】

비유하자면, 산을 이루는 데는 처음 한 삼태기의 흙을 빌려 완성하고, 먼 길을 떠나는 데는 첫걸음부터 시작하여 목적지에 이르러 가는 것과도 같다.

이는 인에서 과에 이르기까지, 결과를 이루었다 하여 인의 공업(功業)이 썩어 없어지지 않기 때문이다.

【주 해】

여기서는 공자와 노자의 말을 인용하여 인과가 천류하지 않는 의미를 논증하였다.

《논어》에서는 말하기를, '비유하면 산을 만드는데 한 삼태기의 흙을 덮고 나아감도 내가 나아감이다'라고 하였고, 《노자》에서는 말하기를, '천리 길을 가는 것도 첫발부터 시작한다'라고 하였다.

이 두 말은 모두가 시작의 인(因)을 의지해서 끝맺음인 결과(果)를 이룬다 한 의미이다. 만 길 높이의 산을 만드는 데도 한 삼태기의 흙을 빌려서 공을 이루고, 산이 완성되었다 해도 처음에 부었던 한 삼태기의 흙은 없어지지 않는다. 이는 마치 천리의 길을 가려면 첫걸음부터 시작하나 천리 길에 이르고 나서도 첫걸음은 천리의 끝으로 옮겨가지 않는 것과도 같다.

그 때문에 수행의 공부가 성취되어 성인의 경지에 이르러, 자리이타(自利利他)의 수행이 가득찼다 해도 처음 보리의 마음을 냈던 것과 다르지 않다. 이는 《화엄경》에서 말한, '초발심과 필경의 성불한 마음이 두 마음이 아니다' 한 경우와 같다.

수행의 인지(因地)로부터 성불의 결과에 이르기까지 수행마다 인과가 천류하지 않는다.

《유마경》에서는 말하기를, '인지(因地)에서 내가 지은 업(業)을 과지(果地)에서 잊지 않는다' 하였는데, 잊지 않는다면 인과는 썩어 없어지지 않는다. 선악의 인과도 모두 이와 같다.

여기서는 성인의 수행 공덕을 논변하였다.

【원 문】

功業不可朽。故雖在昔而不化。不化故不遷。不遷故則湛然明矣。故經云。三災彌綸。而行業湛然。信其言也。

【본 문】

성인의 공업은 썩어 없어지지 않는다. 그러므로 수행의 인지(因地)는 수행할 때의 과거에 있으면서 변화하지 않고, 변화하지 않기 때문에 과지(果地)로 천류하지 않는다. 천류하지 않기 때문에 담연(湛然)하여 인과가 분명한 것이다. 그러므로 경전에서는 말하기를, '삼재(三災)가 충만하다 해도 수행의 공업은 담연하다' 라고 하였는데, 그 말씀은 믿을 만하구나.

【주 해】

여기서는 성인의 공업이 썩지 않는 것으로써 인과가 천류하지 않는다 한 의도를 해석하였다.

성인의 공업은 썩지 않는다 말한 것은 과거 수행의 인지가 변화하지 않으며, 변화하지 않기 때문에 천류하지 않으며, 천류하지 않기 때문에 수행의 인지와 성불의 결과가 담연하여 평등하게 하나로 맞닿아 있음이 분명하다 하였다. 그리고는 경전에서 인용하여 증거를 대고 자기의 논리를 성립시켰다.

'미륜(彌綸)'은 충만하다는 의미이다. 삼재(三災)가 불어 닥쳐 삼천 대천세계가 무너지는 괴겁(壞劫)은 사물의 천류 가운데서도 극치이다. 그런데도 여래의 수행과 공업은 담연하여 움직이지도 무너지지도 않음을 말하였다.

이는 '큰 겁화(劫火)가 대천세계를 태울 때 나의 이 국토는 안온하기만 하다'고 말한 경우에 해당한다. 즉, 극도로 천류하는 가운데서 극도로 천류하지 않는다 한 말을 징험할 만하다 하리라.

【원 문】

何者。果不俱因。因因而果。因因而果。因不昔滅。果不俱因。因不來今。不滅不來。則不遷之致明矣。復何惑於去留。踟躕於動靜之間哉。

【본 문】

왜냐하면 과(果)는 인(因)과 함께 하지 않기 때문이다.

인은 인 그대로 있는 상태에서 과이며, 인은 인 그대로인 채 과이므로 인은 과거에 사라지지도 않았고, 현재의 과는 과거의 인과 함께 하지 않았으므로 과거의 인이 현재의 과로 오지도 않았다.

과거의 인이 사라지지도 않았고, 현재의 과로 흘러 오지도 않았다면 인과가 천류하지 않는다 한 이치가 분명하다. 다시 무엇 때문에 흘러가고 머무는 데에서 현혹을 당하고, 동과 정의 사이에서 주저하겠는가?

【주 해】

여기서는 총론적으로 결론을 짓고 인과가 천류하지 않는 데로 귀납시켜 〈물불천론〉의 의미를 끝맺었다.

'왜냐하면'이라고 한 것은 인과가 천류하지 않는다 한 의도를 따져 묻고 밝힌 것이다. 과(果)가 인(因)과 함께 하지 않는다 한 것은 인과가 시종 함께 천류하지 않음을 말한다. 인은 인인 채로 과라 한 것은 과가 성립된다 해도 과를 이루는 과거의 인이 사라지지도, 과로 천류해 오지도 않는다 한 것이다.

과가 인과 함께 하지 않았다면 과거의 인이 현재로 흘러 오지 않았고, 흘러 오지 않았다면 과거의 인은 스스로 과거에 안주하여 과로 천류한 듯하지만 실제로는 천류하지 않은 것이다.

인이 과거의 위치에서 사라지지도 않았고, 현재의 과로 흘러 오지도 않았다면 인과가 서로 천류하지 않는다는 이치가 분명하다. 다시 무엇 때문에 가고 머무는 차별적인 모습에 현혹을 당하고, 동과 정의 사이에서 주저하겠는가? 주저한다 함은 되돌아보며 나아가지를 못한다는 의미인데, 즉 머뭇거리며 결단하지 못함을 말한다. 이미 사물은 천류하지 않는다는 이치가 분명해졌는데, 다시 무엇 때문에 흘러가고 흘러오는 시간에 현혹을 당하고 시간을 따라 고요하고 움직이는 세계에서 회의하겠는가?

〈물불천론〉의 대의를 여기에서 결론짓고 귀결시켰다.

【원 문】

然則乾坤倒覆。無謂不靜。洪流滔天。無謂其動。苟能契神於卽物。斯不遠而可知矣。

【본 문】

이와 같다면 천지가 뒤집힌다 해도 고요하지 않다고 말할 수는 없을 것이며, 홍수가 하늘까지 넘실댄다 해도 움직인다고 말할 수는 없으리라. 움직이는 사물에 나아가 천류하지 않는 이치에 나의 정신이 하나로 일치할 수만 있다면 이를 멀지않아 알게 되리라.

【주 해】

여기서는 결론을 지어 범부의 미혹을 책망하고 깨달음을 수행하라고 권하였다.

이미 사물이 천류하지 않는 이치가 분명해졌다면, 하늘이 돌고 산악이 뒤집힌다 해도 고요하지 않다고 말하진 말아야 하며, 홍수가 하늘까지 넘실댄다 해도 움직인다고 말하진 말아야 됨을 말하였다. 이는 범부의 미혹을 책망한 것이고, 다음부터는 수행하도록 권하였다. 즉, 천류하는 사물에 나아가서 천류하지 않는 사물의 이치를 깨닫고 진여의 세계를 볼 수 있다면 눈에 부딪치는 대로가 제법실상의 상주 아님이 없다.

그리하여 일체의 만법에서 움직이며 구를 만한 것은 한 털끝만큼도 없다. 이는 꼭 멀리서 찾지 않아도 현재의 위치에서 알 수 있다.

*나는 어려서부터 《조론》을 읽었다. 《조론》을 읽다가 현상의 사물은 천류하지 않는다고 한 종지에 있어서 멍하여 어찌할 바를 모르고 매양 '선람(旋嵐)의 겁풍(劫風)이 불어와 수미산이 무너진다 해도 항상 고요하다'고 한 등등의 네 구절에 의심을 품었다. 그 뒤 깨닫고 나서야 조공께서 제법의 실상을 심오하게 깨달았다는 것을 알고 확신하게 되었다.

《화엄경》 청량 국사(淸凉國師)의 《대소(大疏)》를 열람하다 〈문명품(文明品)〉에 이르러 '비유하면 강물이 다투듯이 빠른 속도로 달리듯 한다'고 한 데 대해, 청량 국사는 조공의 천류하지 않는다 한 게송을 인용하여 이 경문의 내용을 증명하였다. 이는 청량 국사가 조공의 소견이 부처님께서 가르치셨던 의미와 오묘하게 계합하였다고 추앙했기 때문이었으리라.

나는 언젠가 친구와 이 문제를 이야기한 적이 있는데 나의 의견을 인정해 주지 않았다. 그리고는 되려 조공은 어느 한쪽의 이치만 치우치게 본 외도(外道)라 하면서 불교의 의리를 광대하게 인용하여 조공의 논리를 반박하였었다. 그뿐 아니라, 불법문중의 큰 스님인 운서(雲棲)·자백(紫栢) 같은 덕이 높은 스님들까지도 모두 애써 다투면서 끝내 자기들 학설을 돌이키지 않았다. 내가 《정법안장(正法眼藏)》이란 선서(禪書)를 열람해 보았더니 그 내용 가운데 이러한 부분이 있었다.

즉, 불감화상(佛鑑和尙)이 대중 스님들에게 법문을 하면서 이 문제를 제기하였다.

어떤 스님이 조주(趙州)께 묻기를, '사물이 천류하지 않는 의미는 무엇입니까?' 하였더니, 조주가 양 손으로 물이 흐르는 시늉을 하자, 그 스님은 깨달음이 있었다 하였다.

다시 어떤 스님이 법안(法眼) 스님에게, '육진의 차별적인 모습을 취하지 않고 여여(如如)하게 움직이지 않는다 하였습니다. 어떻게 해야만 육진의 차별적인 모습을 취하지 않고 움직이지 않는 제법실상의 도리를 보게 될까요'라고 물었더니, 법안 스님은 말하기를, '해가 아침에 동쪽에서 뜨더니 저녁엔 서쪽으로 진다네' 하자, 그 스님도 깨달음이 있었다 했다.

이들은 사물이 천류하는 데서 천류하지 않는 실제를 보인 것이다. 여기에서 제법 실상의 도리를 볼 수 있어야만 선람(旋嵐)의 바람이 수미산을 무너뜨린다 해도 본래 항상 고요하며, 강물이 다투듯이 바다로 흘러 들어간다 해도 흐르지 않는다고 말했던 것을 알리라. 혹시 이러하지 못하다면 다시 많은 설명을 해야 하는 수고로움을 면치 못하겠구나.

하늘은 왼쪽으로 돌고 대지는 오른쪽으로 회전하면서 예로부터 지금까지 몇 번이나 지났던가? 해는 날고 달은 달리면서 바다 위로 솟아올랐는가 하면 다시 청산(青山)의 뒤로 진다.

강물의 파도는 아득히 질펀하여 회수(淮水)와 제수(濟水)의 파장이 유유하게 흐르면서 밤낮 없이 푸른 바다로 흘러들어간다.

이윽고 큰 소리로 말하노라. 참선을 하는 모든 선덕(禪德)들이여, 제법이 여여하게 움직이지 않는 도리를 보았느냐? 그러나 조주와 법안 스님은 모두가 선종문하(禪宗門下)의 대덕들로서 부처님의 심인(心印)을 전수했던 큰 스님들이었다. 불감화상은 그들을 추앙하여 대중에게 설법을 하고 천류하지 않는 종지를 발현하기를 마치 밝은 해가 중천에 떠 있는 듯이 하였다.

교의(敎義)의 문자나 지키는 스님으로서 도를 깨닫길 바라는 자가 아니라면 조공이 외도의 견해를 지녔다고 할 수 있겠는가?

이를 기록해서 학자들에게 보여 주는 것은 사물이 천류하지 않는다 한 의미에서 언어 밖의 의미를 깨닫고 스스로 확신을 갖게 되리라 여겨지기 때문이다.

제 2장 不眞空論
본질을 어떻게 이해할 것인가?

부진공론

여기에서는 진여성공이 연회(緣會)의 연기법(緣起法)으로 일어나기 때문에 단멸의 공이 아님을 논변하여 관찰할 대상인 진제(眞諦)의 세계로 하였다.

제목의 부진(不眞)이란 말에는 두 가지 의미가 있다.

첫째는 연회의 유위법은 인연으로 생기하기 때문에 가법(假法)이며, 가법이기 때문에 실제로 존재하지 않고 그 자체는 본래 진여성공인 것이다. 이는 연기의 속제(俗諦)는 진실이 아니기 때문에 성공인 것이니, 이를 속제의 가법은 진실이 아니기 때문에 성공이라 한 의미로서 부진공(不眞空)이라 말한다. 그러나 속제의 가법이라 해도 진여성공이 연기하여 일체 차별적인 현상의 만법을 이루었다. 따라서, 진여성공이 연기한 그 자체는 정말로 공이 아니기 때문에 진여성공의 진제는 진실한 공이 아니라는 측면에서 부진공(不眞空)이라 부른다.

진여의 성공이 연기한 속제의 유위법은 있다 해도 가법으로 존재해 있기 때문에 실유(實有)가 아닌 묘유(妙有)가 되며, 진여의 성공은 단멸의 공이 아니기 때문에 진제의 측면에서는 실공(實空)이 아니라 묘공(妙空)이 된다. 이것이 진공즉묘유(眞空卽妙有)이고 묘유즉진공(妙有卽眞空)으로서 실유(實有)도 아니고 단공(斷空)도 아닌 중도제일의제(中道第一義諦)인 것이다.

묘공(妙空)의 진제로써 《심무론(心無論)》과 《본무론(本無論)》의 두 종파를 타파하였고, 묘유(妙有)인 속제로써 《즉색유현론(卽色遊玄論)》의 한 종파를 부정하였다.

그렇다면 부진공(不眞空)이란 명제는 진제의 성공이 속제의 묘유인 이치를 극진히 하여 진·속이 둘이 아닌 중도의 종지에 오묘하게 계합하였다 하리라. 승조 법사가 현묘하게도 그윽한 중도의 이치를 신령하게 비춰 보지 않았다면 어떻게 이런 경지에까지 이르렀으랴.

【원 문】

夫至虛無生者。蓋是般若玄鑑之妙趣。有物之宗極者也。自非聖明特達。何能契神於有無之間哉。是以至人通神心於無窮。窮所不能滯。極耳目於視聽。聲色所不能制者。豈不以其卽萬物之自虛。故物不能累其神明者也。

【본 문】

지극히 텅 비어 생멸이 없는 중도는[중도제일의제는 인식의 사량으로 분별할 세계가 아님을 지적하였다], 실상반야(實相般若)의 자체에서 일으킨 관조반야(觀照般若)의 작용으로 현묘하게 조감(照鑑)하여 오묘하게 취향하는 곳이며, 유위법인 사물이 종극(終極)으로 여기는 것이다[실상반야의 실지(實智)로 중도의 이치를 관조한다. 그 때문에 관조반야로 현묘하게 조감한다 말하였고, 중도는 실지가 관조반야의 조감을 통하여 귀결하는 곳이기 때문에 오묘하게 취향한다고 말하였다. 이는 진여의 성공이면서도 묘유이기 때문에 공이 아니다. 묘유의 유위법인 사물은 중도로서 종극을 삼는다. 그 때문에 사물은 묘유이지 실유(實有)가 아니며, 실유가 아닌 묘공(妙空)이기 때문에 진공(眞空)이 아니고 진공이 아닌 묘유(妙有)이기 때문에 실유(實有)도 아니다. 이렇게 비공비유(非空非有)의 도리가 오묘하게 중도를 극진히 하였다. 여기서는 종지를 표시하고 종지의 자체를 수립하였으며, 다음에서는 종지에 의지해서 그가 지닌 모습, 즉 덕상을 분별하였다. 이상은 관찰할 대상의 세계를 말하였다].

스스로 성스러운 총명으로 특수하게 통달하지 않았다면 어떻게 유(有)와 무(無)의 사이인 중도에 신령한 정신이 하나로 계합할 수 있었으랴[여기서는 중도의 이치를 주관적으로 관찰하는 사람을 말하였다. 유·무의 사이인 중도의 오묘한 이치는 성인만이 증오할 수 있다. 그 때문에 성스러운 총명으로 홀로 통달한 지혜가 있지 않았다면 어떻게 유·무가 둘이면서도 둘이 아닌 중간의 중도를 깨달아 하나로 계합할 수 있었겠는가라고 말하였다].

그러므로 지인(至人)은 중도의 무궁한 묘취(妙趣)에 현묘하게 조감하는 관조반야의 신령한 마음을 통하여 단공(斷空)이 다한 데에 막히지 않고, 방편반야(方便般若)로서 보고 듣는 데에 이목(耳目)의 종극(終極)을 삼아 들리는 소리나 보이는 색깔이 제압하지 못한다.

어찌 성인은 만물이 스스로 텅 빈 성공의 실상에 나아감이 아니였겠는가? 그 때문에 지인은 사물이 그의 신명에 누를 끼치지 못하는 자인 것이다.

【주 해】

여기에서는 위에서 유·무의 양쪽에 막히지 않는다 한 까닭을 풀이하였다.

'신심(神心)'은 실지반야(實智般若, 실상반야)에서 일으킨 관조반야로 내조(內照)함을 말하는데, 즉 위에서 말한 현감(玄鑑)이며, '무궁(無窮)'은 중도를 말하는데, 즉 위에서 말한 묘취(妙趣)이며, '진공이 다한 데 막히지 않는다[窮不能滯]' 한 것은 단멸의 공[斷空]에 떨어지지 않음을 말한다.

이는 위의 반 구절을 풀이하였는데, 단멸의 공에 막히지 않음을 말하고, 아래에서는 다음의 반 구절을 풀이하였는데 유에 막히지 않음을 말한다. '보고 듣는 데에 이목을 끝까지 한다' 한 것은 방편반야[權智]가 외부에 감응함을 말하는데, '이목성색(耳目聲色)은 연생의 유물(有物)이다.

'극(極)은 종극(宗極)을 말하는데, 방편반야가 외부의 성색에 감응을 하지만 실상반야의 근본을 움직이지는 않는다. 그러므로 성색의 유물에 처한다 해도 성색에 제압되지 않는 것이다.

성인이 이렇게 할 수 있는 것은 어찌 만물이 스스로 텅 빈 성공의 진여에 나아가서임이 아니겠는가? 그러므로 진실하게 존재하지 않는 연회의 사물이 그의 신명에 누를 끼치지는 못한다.

만물의 자체가 본래 성공으로서 텅 비었기 때문에 유물(有物)에 나아가서 진여성공의 이치를 관찰한다. 그 때문에 사물마다 모두 진여이며, 이러한 진여는 관조반야의 현묘한 조감을 통하여 실지반야와 가만히 둘 아닌 하나로 합한다. 따라서, 그의 신명에 누를 끼치지 못하는 것이다.

【원 문】

是以聖人。乘眞心而理順。則無滯而不通。審一氣以觀化。故所遇而順適。無滯而不通。故能混雜致淳。所遇而順適。故則觸物而一。如此　則萬象雖殊。而不能自異。不能自異。故知象非眞象。象非眞象。故則雖象而非象。然則物我同根。是非一氣。潛微幽隱。殆非羣情之所盡。故頃爾談論。至於虛宗。每有不同。夫以不同而適同。有何物而可同哉。故衆論競作。而性莫同焉。

【본 문】

그러므로 성인은 진실한 마음을 타고 만물의 이치를 고르게 순종하면 막히는 곳마다 통하지 않음이 없다[이는 유·무의 양쪽에 막히지 않는다 한 것을 계승하여 이로써 중도에 오묘하게 계합하는 까닭을 밝혔다. 이(理)는 고르게 길들인다[調]는 의미이다. 성인은 한결같이 진실한 마음으로 만물의 이치에 고르게 순종하기에, 사물마다 모두 진여로서 하나의 법도 망정(妄情)에 해당할 만한 것이 없다. 그 때문에 막히는 곳마다 통하지 않음이 없는 것이다].

일진(一眞)의 일기(一氣)인 진실한 마음에 처하여 현실 만법의 변화를 관찰한다. 그 때문에 만나는 사물마다의 이치를 따르며 자적한다[심(審)은 거처한다[處]는 의미와 같고, 일기(一氣)는 일진(一眞)의 의미와 같고, 화(化)는 만법의 변화를 말한다. 일진의 마음을 살피고 여기에 거처하여 만법을 관찰하면 만법마다 모두 진실이어서 만물 모두가 다 자기화된다. 그 때문에 만나는 사물마다의 이치를 순종하면서 자적할 수 있는 것이다].

막히는 사물마다 통하지 않음이 없기 때문에 이류중생(異類衆生)과 혼융하여 일진(一眞)의 순일함을 이룰 수 있고 [혼(混)은 혼융(混融)

을 말하며, 잡(雜)은 이류중생을 말하며, 순(淳)은 일진(一眞)을 말한다. 만법마다 모두 진여이기 때문에 중생들이 진여와 같으며, 중생들이 본래 진여이기 때문에 이류의 중생들과 혼융할 수가 있다. 그렇다면 종일토록 중생을 제도한다 해도 제도할 만한 중생이 보이지 않고 평등하여 분별하는 번뇌가 고요히 사라졌다. 그렇기 때문에 낱낱의 법마다 순일한 진실인 것이다], 만나는 사물마다의 이치를 순종하며 자적하기 때문에 부딪치는 사물마다 진실이다[만나는 사물마다 모두 진여이기 때문에 부딪치는 일마다 일진이다. 때문에 사물마다 일진의 중도로 귀결한다].

이와 같다면, 삼라만상이 다르다 해도 스스로 차이가 나지 않는다[여기서는 삼라만상의 근원이 하나의 일진임을 결론짓고 나타냈다. 진실로 마음과 세계가 일진의 실상과 같기 때문에 만법 모두가 진여이다. 그러므로 스스로 차이가 나지 않는 것이다].

삼라만상이 스스로 차이가 나지 않기 때문에 만상의 형상은 진실로 존재해 있는 형상이 아님을 알 수 있으며, 만상이 진실한 존재로서의 형상이 아니기 때문에 만상이라 해도 만상이 아니다[마음과 세계가 차이가 나지 않기 때문에 만법이 모두 공적하게 차별이 끊겼다. 그러므로 만상은 진실한 모습의 만상이 아니다. 모든 차별적인 모습에 분별하는 번뇌가 고요히 사라졌다면 만법마다 허망하게 헤아리는 망정에 해당하지 않는다. 그러므로 만상이라 해도 차별적인 만상은 아닌 것이다].

이와 같다면 만물과 내가 동일한 근원이며[만물은 육경(六鏡)인 세계를 말하고, 나[我]는 인식의 주관인 마음을 말한다. 동일한 근원이란 마음과 세계가 한결같음을 말한다. 위에서 관조반야와 실지반야가 함께 끊기고 마음과 세계를 둘 다 잊었다 한 것을 풀이하였다], 긍정[是]과 부정[非]이 일기(一氣)의 중도이다[시(是)는 진제를 말하며, 비(非)는 속제를 말하고, 일기(一氣)는 시와 비의 둘이 아닌 진제 · 속제가 중도에 오묘하게 계합하였음을 말한다].

이러한 중도의 경지는 그윽하고 은미하여[이처럼 인식의 대상인 육경의 세계와 인식의 주관인 반야의 지혜를 함께 잊고, 진제와 속제가 상대적으로 의지함이 끊겨 영원히 심오하고 은밀한 경계는 성인만이 증오하여 알 수 있는 것이다], 일반 여러 중생들이 허망하게 헤아리는 망정으로는 극진히 할 바가 사뭇 아니다[위에서 말한 것은 천박한 지혜와 하열한 이해로는 극진히 할 바가 아니다].

그 때문에 요즈음 천박한 지혜로 하열하게 이해를 한 사람들의 담론이 허종(虛宗)에 이르러선 중도의 심오한 이치와는 매양 동일하지 않음이 있는 것이다. 그들이 동일하지 않은 담론으로써 대동(大同)의 중도로 가려 하나 어떤 사물이 있어 그들과 동일해지겠는가? 그러므로 여러 사람들의 의론이 다투듯이 일어났으나 실제의 성품과는 동일할 수가 없었던 것이다.

【주 해】

여기서부터는 이단의 견해[異見] 모두가 타파할 대상이 있음을 서술하여 이 논문을 짓게된 심경을 피력했다.

허종(虛宗)은, 즉 다음에서 인용한 세 종파가 각자 중도의 성품과는 다른 견해를 수립하였기 때문에 논리를 수립할 때마다 동일하지 않음이 있는 것이다. 일반적으로 논리를 수립함은 이를 통해서 진정한 이치를 나타내려 하기 때문이다. 그런데 지금 그들은 동일하지 않은 견해로써 대동(大同)인 중도의 이치로 가려 한다.

그러나 어떤 법이 있어서 그들의 견해와 동일해지겠는가? 이는 각자 자기의 견해를 추구하여 경쟁하듯 허종(虛宗)을 의론했기 때문에 그는 견해가 한결같지 않다. 그 때문에 그들이 논한 허종의 논지도 동일하지 않았다.

요컨대 지극한 중도의 이치로 귀결하려 한다면, 끝내 동일해지지 않는 것이다. 그러므로 마지 못해서 승조 법사는 이 논문을 지어 그들을 타파했던 것이다.

【원 문】

何則。心無者。無心於萬物。萬物未嘗無。此得在於神靜。失在於物虛。

【본 문】

왜냐하면[여러 사람들이 의론했던 것을 따지고 문제를 일으켰다] 심무종(心無宗)을 의논한 자는[우선적으로 진(晋)나라의 도항(道恒)이 지은 《심무론》을 비판하고 타파하였다] 인식의 대상인 만물에 있어서 주관적인 인식의 마음이 없을지언정, 만물은 일찌기 없는 것은 아니다라고 말하기 때문이다[이는 그가 다르게 보고 헤아리는 망정을 서술하였다. 《심무론》을 지은 도항은 만물에 취향해 가는 마음이 없음을 말했을 뿐, 사물의 자체가 진여성공으로서 텅 비었음을 통달하지는 못했다. 때문에 만물은 일찌기 없지 않다고 말한 것이다].

이는 주관적인 정신이 고요하여 번뇌가 없는 데서는 옳았으나 사물의 자체가 성공인 데에 있어선 잘못되었다.

【주 해】

여기서는 그의 잘 잘못을 드러냈다. 마음을 만물에 의탁하지 않는다면 외부 세계의 요동을 당하지 않기 때문에 나의 정신이 고요한 데에 있어선 옳았다. 그러나 만물은 연생으로서의 성공임을 알지 못하였다. 때문에 만물의 자체가 성공임을 알지 못한 데에 있어선 잘못을 저지른 것이다.

왜냐하면, 그의 논지는 주관적인 마음은 공하였으나 육경의 세계는 그대로 실유(實有)로서 존재하여, 이는 중도가 아니기 때문이다.

【원 문】

卽色者。明色不自色。故雖色而非色也。夫言色者。但當色卽色。豈待色色而後爲色哉。此直語色不自色。未領色之非色也。

【본 문】

즉색종(卽色宗)을 의론한 자는[다음으로는 진나라의 도림(道林)이 지은 《즉색유현론(卽色遊玄論)》을 타파하였다. 이를 즉색종이라 한다], 색(色)은 스스로 색이라 여기지 않는다. 그 때문에 색이라 헤아린다 해도 색은 색이 아니다라고 밝혔다[여기서는 그가 망정으로 헤아리는 것을 서술하였다. 즉, 청·황·적·백 등의 색은 스스로 청·황·적·백 등의 색이라고 여기지 않고 단지 사람들이 청·황·적·백 등의 색이라고 이름붙였기 때문에 각자 차별적인 색이 되었음을 말한다. 사람들이 마음으로 이를 헤아리지만 않는다면 여러 가지 색이라 할지라도 그 자체는 색이라는 차별이 없다는 것이다].

이는 색이 스스로 색이라고 여기지 않는 것만 직선적으로 말했을 뿐, 색의 자체가 색이 아님을 아직 알지 못하였다.

【주 해】

여기서는 그가 헤아리는 망정을 서술하고 부정하였다. 그가 말하는 색이란, 색에 있어서는 본래 그대로가 색인데 어찌 사람들이 그것을 청·황·적·백이라고 부르기를 기다린 뒤에야 그러한 색이 되었겠는가?

'이는……직선적으로……' 한 말부터는 그의 잘잘못을 말했다. 이는 색이 스스로 색이라고 여기지 않는 것만 말했을 뿐, 색의 자체가 본래 연생의 성공임을 알지 못하였다.

왜냐하면, 그는 연생의 의타기성(依他起性)에 붙여진 명가(名假)만 알았을 뿐, 의타기성의 자체인 원성실성(圓成實性)의 진실임을 몰랐기 때문에 올바른 논리가 아닌 것이다.

【원 문】

本無者。情尙於無多。觸言以賓無。故非有。有卽無。非無。無亦無。尋夫立文之本旨者。直以非有。非眞有。非無。非眞無耳。何必非有無此有。非無無彼無。此直好無之談。豈謂順通事實。卽物之情哉。

【본 문】

본무종(本無宗)은[여기서는 진나라 축법태(竺法汰)의 본무종을 타파하였다] 정적(情的)으로 무(無)의 경지를 숭상하여 부딪치는 말마다 무(無)에는 공순하게 복종하는 경우가 많다. 그 때문에 속제는 연생이기 때문에 실유가 아니다[非有]라고 말하면 속제의 유가 바로 없는 것이다 라고 하며, 진제의 공은 정말로 없는 것은 아니다[非無]라고 하면 없다 한 개념마저 없다라고 한다[여기서는 그가 망정으로 헤아리는 것을 서술하였다. 그는 감정적으로 무를 숭상하기를 좋아하였다. 그 때문에 부딪치는 일마다에서 꺼내는 말들이 모두 무의 경지에 공손하게 복종을 하였다. 그러므로 속제는 연생이기 때문에 비유(非有)라고 말하면 그 자체가 성공이기 때문에 실유가 아니라는 뜻을 모르고, 있어도 실은 없는 것이다라고 헤아린다. 진제는 진실공이 아니라는 뜻을 모르고, 있어도 실은 없는 것이다라고 헤아린다. 진제는 진실공이 아니고 속제로 연기를 하기 때문에 정말로 없지도 않다[非無]라고 말한 데에 이르러서는 없다 한 개념까지도 없다라고 헤아린다. 그는 유와 무가 함께 없어 모든 것이 텅 비어 현묘하다고 말한다. 그러나 그는 단견(斷見)의 공에 떨어진 것을 모르고 진정한 중도의 이치를 밝히지 못했다. 때문에 올바른 논리는 아닌 것이다].

비유비무(非有非無)의 논리를 수립한 문장의 근본 종지를 연구해 보자.

이는 곧장 비유(非有)이고 속제의 사물은 연생이기 때문에 진실하게 존재해 있지 않다 한 것이며, 비무(非無)는 진공(眞空)이면서 묘유이기 때문에 진실공으로서 없는 것이 아니라는 의미였을 뿐이었다[여기서는 올바른 중도의 이치를 나타냈다. 성인이 수립한 논리의 근본 의도를 자세히 살펴보았더니, 비유(非有)라고 한 것은 사물이 실유가 아님을 나타냈고, 비무(非無)라고 한 것은 무마저 단절된 무가 아님을 나타내었다].

하필이면 비유(非有)라고 했다 해서 속제의 유가 없다고 하였겠으며, 비무(非無)라고 해서 진제의 무마저 없다 하였겠는가? 이는 그저 무를 좋아하는 담론일 뿐이다. 어찌 사물 실제의 이치에 순종하고 통하여, 사물의 실정에 나아갔다 말할 수 있으랴?

【주 해】

'하필이면' 한 데부터는 그의 다른 견해를 배척하였다. 그의 견해가 이와 같긴 했으나 비유비무라고 한 말은 유는 진실한 유가 아니며 무는 진실한 무가 아니라는 의미일 뿐이었다. 다시 무엇 때문에 비유를 헤아리고 집착하여 속제의 유는 절대로 없다 하며,

비무라고 해서 진제의 무는 절대로 없다고 말할 필요가 있겠는가?

이처럼 그의 논지에는 유와 무가 함께 없어 흡사 현묘한 도리인 듯하나, 이는 무를 감정적으로 고상하게 여기고 좋아하는 담론일 뿐 비유비무가 나타낸 진정한 중도의 이치는 통달하지 못했던 것이다. 그렇다면, 어찌 사물의 실제 성품에 순종하고 통달하여, 속제의 사물에 나아가 진여성공의 종지를 밝힌 것에 도달하였겠는가?

이상에선 그들이 이견으로 헤아리는 것을 서술하고 부정하였으며, 다음부터는 〈부진공론〉의 올바른 의미를 서술하고 수립하였다.

【원 문】

夫以物物於物。則所物而可物。以物物非物。故雖物而非物。是以物不卽名而就實。名不卽物而履眞。

【본 문】

사물을 사물이라는 대명사로 이름을 붙인다면 이름을 붙인 사물의 자체는 사물이라 하겠지만 사물을 사물이라 한 명칭이 곧 사물 그 자체는 아니다. 그러므로 사물에 붙인 명칭은 있다 해도 그 명칭에서 사물의 실제 모습을 얻지 못한다.

그 때문에 사물의 실제는 사물의 명칭에 나아가서 사물의 실제를 이루지 못하며, 사물의 명칭도 사물의 자체에 나아가 사물 자체의 진실을 증험하지 못한다.

【주 해】

명칭과 언어로써 진여성공인 진제를 의론하려 하나 진제는 명칭과 언어로 미칠 대상은 아니다. 그 때문에 논지를 꺼내는 시초에서 우선 명칭과 실제의 사물로써 논지의 실마리를 열었다.

자체의 모습이 있는 사물이라고 명칭을 붙인다면 그 명칭을 통해서 실제의 사물에 대해 구체적인 지적이 가능하다.

사물이 아닌 것을 사물이라고 명칭을 붙였다면 그렇게 한다 해도 사물이 아닌 것은 구체적인 자체의 모습이 없이 사물이란 이름이 있을 뿐이다. 이를 비유하면, 거북의 털과 토끼의 뿔과 같아 그 명칭만 있을 뿐 그 명칭에 부합하는 실제의 거북이 털과 토끼의 뿔은 없는 것이다. 이는 부질없는 명칭만 있을 뿐, 실제로는 그 명칭에 해당할 만한 사물은 없다.

그러므로 '사물이라고 명칭을 붙인다 해도 실제의 사물은 아니다'라고 말하였던 것이다. 이를 통해서 관찰해 본다면 뜨거운 불과 차가운 얼음의 명칭을 입으로 말한다 해서 어찌 얼음의 차가운 실제와 불의 뜨거운 실제의 사물이 나의 입에 있겠는가?

이는 실제의 사물이 명칭에 나아가서 사물 실제의 진실을 이루지 못하는 경우이다. 거북의 털과 토끼의 뿔이라고 명칭을 부른다해서 어찌 실제 거북의 털과 토끼의 뿔 명칭에 호응하여 구해지겠는가?

이는 명칭이 사물의 실제에 나아가서 사물의 진실을 증험하지 못한 경우인데, 즉 부르는 명칭에 나아가서 실제의 사물을 얻지 못함을 말한 것이다. 이로써 알 수 있는 것은 세간에서 차별적인 모습이 있는 사물은 모두가 가명(假名)이며, 가명을 통해서 실제의 사물을 증험하지 못한다면 형상 없는 자체는 허구적인 명칭만 있을 뿐이다.

《밀엄경(密嚴經)》에서는 '세간의 여러 가지 색법(色法)은 모습일 뿐 그 나머지는 없다'라고 하였는데, 즉 모습에 의거하여 그 사물의 명칭을 수립하였을 뿐, 그러한 명칭에는 실제의 사물이란 없다.

세간의 모습 있는 사물도 이와 같은데, 하물며 자체의 모습이 없는 진제를 명칭과 논리로서 어떻게 도달하겠는가? 그러므로 다음 문장에서는 말하였다.

【원 문】

然則眞諦獨靜於名敎之外。豈曰文言之能辨哉。然不能杜默。聊復厝言以擬之。試論之曰。

【본 문】

이와 같다면 진제는 절대 홀로 세간의 명칭이 있는 언교(言敎) 밖에서 고요하다. 이를 어떻게 문장과 언교로써 분별할 수 있겠는가?

이와 같기는 하지만 나는 말을 않지는 못하고 부족하나마 다시 논리를 펴서 진제의 경지를 헤아려 보리라. 시험삼아 이를 의론해 보리라.

【주 해】

진제는 텅 비고 고요하여 함께 있는 인식적인 사고와 의론으로 도달하지 못하며, 모습도 모습에 부여된 명칭도 떠났으므로 형상이나 형상을 구성하고 있는 단위로는 설명하지 못한다.

진제는 일상적인 감정을 아득히 멀리 벗어났다. 그러므로 '세간의 명칭이 있는 언교 밖에서 절대 홀로 고요하다'라고 말한 것이다.

진제가 이와 같은데 어떻게 언어문자를 분별할 수 있으랴? 지금은 범부의 미혹한 집착을 타파함으로써 올바른 이치를 나타내려 하였다. 그러므로 말을 그만두지 못하고 부족하나마 다시 논리를 펴서 이를 헤아려 보고 대략 시험삼아 의론한다 하였던 것이다.

이상에선 논문을 쓰게 된 의도를 서술하였고, 다음부터는 본론으로 들어간다.

【원 문】

摩訶衍論云。諸法亦非有相。亦非無相。中論云。諸法不有不無者。第一眞諦也。

【본 문】

《마하연론》에서는 말하기를, '모든 법은 연생의 성공이기 때문에 차별적인 모습이 있지 않으며, 성공이지만 연생이기 때문에 모습이 없지도 않다' 하였고, 《중론》에서는 말하기를, '모든 법은 연기이기 때문에 실유(實有)가 아니고[不有], 연생이기 때문에 실무(實無)도 아니다[不無]'라고 하였다.

【주 해】

여기서는 《마하연론》과 《중론》에서 인용하여 〈부진공론〉의 종지를 정하였다. 《마하연론》에서 '모든 법은 있지도 않고 없지도 않다'고 말한 것을 인용하여, 우선 중도제(中道諦)의 자체를 수립하였다.

'있지 않다[不有]' 한 말은 속제는 연생이기 때문에 진실하게 있지 않은 것이며, '없지도 않다' 한 말은 진제는 묘공(妙空)으로써 속제의 묘유(妙有)를 연기하기 때문에 진실하게 없지도 않다 한 것이다.

왜냐하면 속제는 가유(假有)로서 진실이 아니기 때문에 성공이며, 진제는 속제로 연생을 하기 때문에 정말로 확실하게 단멸한 공이 아니다. 그 때문에 제목을 부진공(不眞空)이라 한 데는 두 가지 의미를 포함하였다고 한 것인데, 이는 유와 무의 상대적인 양쪽을 부정하고 이를 통해 중도를 나타낸 것이다.

그 때문에 논지를 수립하는 시초에서 《마하연론》과 《중론》의 두 논문을 인용하여 논문의 강령인 종지를 단정하였다. 그리고는 중도 제일의제는 유·무의 상대적인 양쪽에서 어느 한쪽에만 소속하지 않았음을 밝혔던 것이다.

다음에는 단정된 종지에 의거해서 빗나간 견해들을 배척하였다.

【원 문】

尋夫不有不無者。豈謂滌除萬物。杜塞視聽。寂寥虛豁。然後爲眞諦者乎。

【본 문】

《중론》에서 '실유(實有)도 아니고[不有], 실무(實無)도 아니다[不無]' 라고 한 말을 연구해 보았더니, 어찌 만물을 씻은 듯이 제거해 버리고 주관적으로는 보고 듣는 것을 막아 버려, 객관과 주관을 텅 비고 고요하게 한 뒤에야 이를 진제라고 말하였으랴?

【주 해】

여기서는 빗나간 오류를 배척하면서 우선 《본무론(本無論)》을 주장한 하나의 종파를 부정하였다.

왜냐하면 본무종의 의미에서는 '속제는 비유(非有)라고 한 말은 있다한 것마저 없다는 의미이며, 진제는 비무(非無)라 한 말은 없다 한 것 마저도 없다는 의미다'라고 말하면서 속제인 유와 진제인 무가 한꺼번에 단절하여 진제의 성공이 연생의 속제로 나타나 모든 변화를 일으키고 있다는 것을 통달하지 못하였다.

그러므로 단멸의 공에 떨어진 것이다. 이러한 단멸의 공은 하나의 법이라 해도 절대로 없다. 그 때문에 '만물을 씻은 듯이 제거했다' 말하였고, 주관적으로는 듣고 보는 의식의 작용이 한꺼번에 끊겼기 때문에 '보고 듣는 것을 막았다'라고 말한 것이다.

옛날 큰스님들께서는 이러한 것을 활달공(豁達空)이라고 불렀는데, 즉 툭 트여서 아무것도 없는 공이란 의미이다. 그 때문에 '텅 비어 고요하다'라고 말한 것이다.

승조 법사가 의도하고 말한 것은 이렇다. 즉, 《중론》에서 '실유도 아니고[不有], 실무도 아니다[不無]' 한 말은 유・무의 상대적인 양쪽을 동시에 부정하고, 이를 통해서 유・무의 어느 한편에도 치우치지 않는 중도제일의제를 나타낸 것이다.

그런데 본무종에서 말한 것처럼 어찌 활달공의 단공(斷空)으로써 진제라 하였겠는가라고 한 것이다.

고덕(古德)은 말하기를, '수미산(須彌山) 만큼이나 큰 유견(有見)을 일으킬지언정 겨자씨만큼의 작은 무견(無見)도 일으키지 말라'라고 하였던 것이다.

영가 현각(永嘉玄覺) 스님은 그가 지은 《증도가(證道歌)》에서 말하기를, '활달공의 단공으로써 인과가 없다고 부정함이여, 거침없이 탕탕하여 재앙을 부르리라' 하였는데, 이 본무종은 다른 종파보다 가장 그 피해가 심하다. 이는 모든 성인들이 꾸짖으셨던 빗나간 견해로서 논파해야 할 대상이었다. 그 때문에 논리를 전개하기 시작한 첫머리에서 통렬하게 배척하고, 사람들이 대승에 대한 올바른 믿음을 급히 일으키게 하려 하였다.

다음에서는 논문의 본론적인 의미를 나타냈다.

【원 문】

誠以卽物順通。故物莫之逆。卽僞卽眞。故性莫之易。性莫之易。故雖無而有。物莫之逆。故雖有而無。雖有而無。所謂非有。雖無而有。所謂非無。如此。則非無物也。物非眞物。物非眞物。故於何而可物。

【본 문】

진실로 사물에 나아가 순통(順通)하기 때문에 사물이 그를 거역할 수가 없고[여기에서는 올바른 의미를 나타냈다. 비유(非有)라고 말한 것은 사물에 나아가 그 이치를 순통함에 있다. 그 때문에 사물마다 이치를 따르면서 거역하지 않는데, 이것을 비유라고 한다], 거짓에 나아가서 바로 진실이기 때문에 본성이 변역될 수가 없다[모든 법은 연생의 허가(虛假)임을 말하였다. 그 때문에 허가의 속제에 나아가 바로 진제이며, 본성을 개역(改易)한 뒤에 진제라 하는 것이 필요치 않은 것이다. 만일 허가의 본성을 개역하고 진제의 진실을 구한다면 이는 색법을 파괴하는 것이며, 진공(眞空)은 아니다. 그 때문에 비무(非無)라 한다].

본성을 변역시킬 수 없기 때문에 없다 해도 있으며[정말로 없는 것은 아니다], 사물이 거역할 수 없기 때문에 있다 해도 없다[정말로 있지는 않다].

있다 해도 없는 것이 이른바 비유(非有)이며[속제는 진실이 아니기 때문에 성공이라고 결론지었다], 없다 해도 있는 것이 이른바 비무(非無)이다[진제는 진실한 공이 아님을 결론지었다].

이와 같다면 사물은 정말로 없는 것이 아니라[단절된 무가 아님을 말하여 그들의 집착을 정면으로 부정하였다], 사실은 진실한 사물이 아니며[사물은 진실한 사물이 아닐 뿐이다. 논문의 의미를 정면으로 드러냈다], 사물은 진실한 사물이 아니기 때문에[진실 아닌 속제의 성공이다. 즉, 제목에서 지칭했던 부진(不眞)이다] 어디에선들 사물이라고 하겠는가[진실한 사물이라 하지 못한다. 제목에서 칭했던 공의 의미이다].

【주 해】

비유비무를 반복해서 의론하고 이로써 부진공의 의미를 해석하여 본무종의 허망한 헤아림을 타파하였다. 대체로 유에 나아가 공을 밝히는 것을 묘공(妙空)이라 말하고, 공에 나아가 유를 밝히는 것을 묘유(妙有)라고 말한다.

제목에서 지칭했던 부진(不眞)이란 한마디의 말은 대승공의 의미를 극진히 한 것이며, 진제의 이치가 여기에서 오묘함의 극치를 이루었다 하리라.

【원 문】

故經云。色之性空。非色敗空。以明夫聖人之於物也。卽萬物之自虛。豈待宰割以求通哉。

【본 문】

그러므로 경에서는 말하기를, '색법이 성공이며, 색을 부수어서 공한 것은 아니다' 하였던 것이다.

이로써 성인이 사물에 있어서 만물 스스로의 성공에 나아갔음을 밝혔다. 어찌 만물을 요리하듯 분석하기를 기다려 통하기를 구했으랴.

【주 해】

여기서부터는 종지에 의거하여 자세하게 분별하고 진 · 속 이제는 둘이 아님을 밝혔으며, 이를 통해 중도제일의제를 환하게 나타냈다. 본론의 문장에는 세 문단이 있는데, 첫 문단에서는 색과 공이 둘이 아님[色空不二]을 밝혔고, 다음의 문단에서는 진 · 속이 둘이 아님[眞俗不二]을 밝혔으며, 세 번째 문단에서는 유 · 무가 둘이 아님[有無不二]을 밝혔다.

지금 본문의 첫 문단에서는 색법의 성품은 스스로 공하여 색법에 있어서 즉시 성공이지, 색법을 부수어 없애서 성공이 아님을 밝혔다. 이는 색과 공이 둘이 아님을 정면으로 나타냈다. 그 때문에 성인은 만법에 나아가서 진여성공을 보며, 만법의 본성은 스스로 공했기 때문에 요리하듯 분석하기를 기다린 뒤에 성공은 아닌 것이다.

그런데도 본무(本無)라고 헤아리는 자들은 단멸의 공에 빠지지 않았다고 할 수 있겠는가?

【원 문】

是以寢疾有不眞之談。超日有卽虛之稱。然則三藏殊文。統之者一也。

【본 문】

그러므로 《유마경》에서는 '진실도 아니고, 실제 있는 것도 아니다' 한 담론이 있고, 《초일명삼매경(超日明三昧經)》에서는 '사물 자체가 바로 성공이다' 한 말이 있다.

그렇다면 삼장(三藏)에서 표현한 문장은 다르다 해도 이를 통괄하는 것은 하나의 이치인 것이다.

【주 해】

여기서는 두 경전에서 인용하여 색공불이(色空不二)의 의미를 증거하였다.

《유마경》에서는 말하기를, '보살이 앓는 병은 진실도 아니고, 실제로 존재하는 것도 아니다' 하였고, 《초일명삼매경》에서는 '우리의 육신이 수가(受假)가 있지 않으면 생명을 보존하지 못하므로 사대육신은 텅 빈 성공이다' 하였다.

비단 이 두 경전에서만 색법은 성공이란 의미를 밝힌 것이 아니라, 삼장교에서 표현한 문자는 다르다 해도 이 모두가 색공이 둘이 아닌 종지를 나타냈다. 그 때문에 '이를 통괄하는 것은 하나의 이치이다'라고 말한 것이다.

【원 문】

故放光云。第一眞諦。無成無得。世俗諦故。便有成有得。

【본 문】

그러므로 《방광반야경》에서는 말하기를, '제일진제(第一眞諦)는 인연을 떠났기 때문에 성취함도 얻음도 없지만, 연생의 세속제(世俗諦)는 연생이기 때문에 문득 성취함도 얻음도 있다'라고 하였던 것이다.

【주 해】

다음으로 진 · 속 이제가 둘이 아님을 밝히려 하면서 우선 경전에서 인용하여 성취함과 얻음의 측면에서 진 · 속 이제를 단정하였다.

진제에는 인연을 떠났기 때문에 성취함과 얻음이 없고, 속제는 연생이기 때문에 성취함도 얻음도 있는 것이다.

【원 문】

夫有得卽是無得之僞號。無得卽是有得之眞名。

【본 문】

얻음이 있는 것이 즉 얻음이 없는 데서 얻음이 있다고 거짓 호칭한 것이며, 얻음이 없는 것이 바로 얻음이 있는 것의 진실한 명칭인 것이다.

【주 해】

여기에서는 진실과 거짓의 편에서 진·속 이제를 나누었다. 진실한 속제가 인연으로 발생했기 때문에 가유(假有)이다. 그 때문에 '거짓 호칭'이라고 말하였다. 안주하여 집착함이 없는 근본으로부터 속제인 일체의 만법이 건립된다. 그러므로 얻음이 없는 것은 얻음이 있는 것의 진실한 명칭인 것이다.

【원 문】

眞名故。雖眞而非有。僞號故。雖僞而非無。

【본 문】

얻음이 없는 것이 얻음이 있는 것의 진실한 명칭이기 때문에 진제가 진실이긴 하나 실제로 존재해 있지 않으며, 얻음이 있는 속제는 얻음이 없는 진제에서 거짓 호칭한 것이기 때문에 거짓이긴 하나 실제로 없지는 않다.

【주 해】

여기서부터는 유 · 무를 쌍으로 부정하는 측면에서 진 · 속이 둘이 아님을 밝히면서 우선 그 까닭을 드러냈다.

실로 속제의 유는 진제의 무를 의지하여 성립하기 때문에 있어도 실제로 있지 않으며, 진제의 무는 속제인 유의 인연을 따르기 때문에 없다 해도 실제로 없는 것은 아니다.

【원 문】

是以言眞未嘗有。言僞未嘗無。二言未始一。二理未始殊。故經云。眞諦俗諦。謂有異耶。答曰無異也。此經直辯眞諦以明非有。俗諦以明非無。豈以諦二而二於物哉。

【본 문】

그러므로 진제를 말하면 일찌기 실제로 있는 것도 아니며[사물이 바로 진제이기 때문에 일찌기 실제로 있지 않다], 속제의 거짓 호칭을 말하면 일찌기 없지도 않다[진제가 인연을 따라 속제를 건립하기 때문에 진제가 실제로 없는 것은 아니다].

유 · 무의 두 가지 말이 애초에 하나는 아니지만 둘이 아닌 이치는 처음부터 다르지 않다[유 · 무의 말은 달라도 종지는 하나이다].

그러므로 경전에서 말하기를, '진제와 속제가 다름이 있다고 말하겠느냐, 차이가 없다[진제와 속제가 둘이 아님을 정면으로 나타냈다]'라고 하였던 것이다.

이 경전에서 곧장 진제를 분별하여 속제는 있다 해도 실제로 있지 않음을 밝혔고, 속제는 진제가 연생한 것이기 때문에 없지도 않다는 것을 밝혔다.

어찌 진·속 이제의 말이 둘이라 해서 진·속이 둘이 아닌 중도마저 둘로 나누겠는가?

【주 해】

《방광반야경》에서부터는 진·속이 둘이 아닌 중도의 종지를 총체적으로 밝혔다. 문장의 끝 '물(物)' 자(字)는 중도의 이치를 지적하였다.

고덕은 말하기를, '진·속 이제는 둘이 아니니 한쪽만을 말한다 해도 각자가 아니다'라고 하였고, 선종(禪宗)에서는 '한 쌍의 외로운 기러기 땅을 박차고 높이 허공을 날으니, 한 쌍의 원앙이 연못가에 홀로 서 있네'라고 하였으며, 조동종(曹洞宗)의 오위빈주(五位賓主)에서는 '정위(正位)와 편위(偏位)가 함께하고 관조의 작용이 동시에 일어난다' 하였다.

이상에서 열거한 말들이 법신향상(法身向上)의 이치를 밝게 드러내긴 했으나, 실제로는 진제인 이(理)와 속제인 사(事)를 중도로 혼융한 진·속이 둘이 아닌 종지를 드러낸 것이다. 속제가 바로 진제에 상즉해 있음을 깨닫는다면 자연히 임제(臨濟) 스님이 제창했던 대기대용(大機大用)을 얻게 되리라.

【원 문】

然則萬物果有其所以不有。有其所以不無。

【본 문】

이처럼 진·속 이제가 둘이 아니라면 만물은 정말로 있다 해도 실제로 있지 않은 까닭이 있으며, 연생의 속제로 있기 때문에 실제론 없지도 않은 이유가 있다 하겠는가?

【주 해】

여기서부터는 유 · 무가 둘이 아님을 세 번 논변하면서, 우선 여기에서 두 번의 말로써 유 · 무가 둘이 아닌 것을 따져 묻고 그에 대한 문제를 일으켰다.

'과(果)'는 결과적으로 '정말로'라는 의미이다. 즉, '만물은 정말로 있어도 실제로 있는 것은 아니며, 연생의 유(有)로나마 있기 때문에 실제로 없지도 않은 것인가'라고 말하여, 우선 이 문제를 따져 묻고 논제를 정하였다. 그리고는 다음 문장의 네 구절로 풀이하였다.

【원 문】

有其所以不有。故雖有而非有。有其所以不無。故雖無而非無。

【본 문】

속제는 있어도 실제로 있지 않은 원인이 있기 때문에 있다 해도 실유는 아니며, 속제의 가유(假有)는 실제로 없지도 않은 까닭이 있기 때문에 진제는 없다 해도 정말로 없는 것은 아니다.

【주 해】

있지도 않지만[不有] 없지도 않은[不無] 의미를 밝혔다. 즉, 속제의 유가 진제의 진공(眞空)이라면 속제는 허깨비로 있는 가유이다. 그 때문에 있다 해도 정말로 있지 않으며, 진공이 속제의 묘유(妙有)로 있다면 진제는 없다 해도 단멸의 공은 아니다.

그러므로 진제는 없다 해도 정말로 없는 것은 아니다. 때문에 다음 문장에서 이 문제의 올바른 의미를 성립시켰다.

【원 문】

雖無而非無。無者不絶虛。雖有而非有。有者非眞有。若有不卽眞。無不夷跡。然則有無稱異。其致一也。

【본 문】

진제는 없다 해도 정말로 없지 않으므로 없다 해도 단절되어 텅 빈 공은 아니며, 속제는 있다 해도 정말로 있지 않으므로 있다 해도 진실하게 있다 한 것은 아니다[이는 연생의 가유이기 때문에 실유는 아니다].

만일 유의 속제가 진실에 상즉한 실유가 아니라면 진제의 무도 유의 자취를 평등하게 쓸어버리고 나서 무는 아니다. 그렇다면 유·무의 칭호가 다르긴 하나, 둘 다 중도제로 이르러 간다는 점에서는 하나의 이치인 것이다.

【주 해】

여기서는 유와 무를 결론짓고 논지를 성립시켜 유·무가 둘이 아닌 의미를 총괄적으로 나타냈다.

즉, 유(有)가 실유가 아니라면 유에 나아가서 무를 관찰해야 되며, 무(無)가 실무가 아니라면 유의 자취를 깎아 없앤 뒤에 무가 아님을 말하였다.

만일 유의 자취를 깎아서 없앤다면 이는 유의 색법을 쪼개어 분석한 것이며, 색법을 쪼개서 단절된 무라면 단멸의 활달공(豁達空)이다. 왜냐하면 진제의 이치는 본래 실유도 실무도 아니기 때문에 유·무의 칭호는 다르나 중도로 이르러 가는 이치는 하나이기 때문이다.

이상으로 진·속 불이를 나타냈고, 다음에서는 경전에서 인용하여 범부의 미혹을 배척하고 이를 포섭하여 중도의 진실로 귀납하였다.

【원 문】

故童子歎曰。說法不有亦不無。以因緣故諸法生。

【본 문】

그러므로 동자가 찬탄하여 말하기를, '설법은 있지도 않고 없지도 않으나 인연 때문에 모든 법이 발생한다' 하였으며,

【주 해】

경전에서 인용하고 증거를 대어 자기의 논지를 성립시켰다. 그리고는 진제를 유도 아니고 무도 아닌 중도로 거두어 귀납시켰다.

《능엄경》에서는 말하기를, '진성(眞性)의 유위공(有爲空)이 연생이기 때문에 속제는 허깨비와 같다. 이는 작위[爲]도 없고 일어나고 소멸함도 없어서 실제가 아닌 헛꽃과 같다'라고 하였는데, 인연으로 생기하기 때문에 속제의 실유도, 진제의 실무도 아닌 것이다.

【원 문】

瓔珞經云。轉法輪者。亦非有轉。亦非無轉。是謂轉無所轉。此乃衆經之微言也。

【본 문】

《영락경(瓔珞經)》에서는 말하기를, '법륜(法輪)을 굴리는 것은 법륜을 굴림이 있는 것도 아니며, 법륜을 굴림이 없는 것도 아니다'라고 하였는데, 이는 굴려도 굴림이 없는 것을 말한다.

이것이 모든 경전의 은미한 말이다.

【주 해】

실제로 설법은 정말로 있는 것도 아니고 정말로 없는 것도 아니다. 그 때문에 설법을 하여 법륜을 굴리나 굴려도 굴릴 대상이 없는 것이다.

모든 대승경전에서 이러한 유·무가 둘이 아닌 중도의 이치를 밝혔는데도 사람들은 그 뜻을 통달하지 못하고 단정적으로 있다는 상견(常見)과 단정적으로 없다는 단견(斷見)에 허망한 마음으로 집착한다. 그 때문에 다음의 문장에서 이를 배척하고 타파한 것이다.

【원 문】

何者。謂物無耶。則邪見非惑。謂物有耶。則常見爲得。

【본 문】

왜냐하면 사물은 실제로 없다라고 말하면 단견(斷見)의 빗나간 견해가 미혹이 아니며, 사물은 실제로 존재해 있다라고 말하면 상견(常見)의 잘못된 견해가 옳기 때문이다.

【주 해】

미혹으로 잘못 집착한 단견과 상견을 배척하려 하면서 우선 수직적으로 이 둘 다 잘못임을 나타냈다. 즉, 제법이 정말로 없다 말한다면 단공에 집착한 빗나간 견해가 미혹이 아니며, 제법이 정말로 있다면 상견에 집착한 자들이 옳게 된다 함을 말하였다.

【원 문】

以物非無。故邪見爲惑。以物非有。故常見不得。然則非有非無者。信眞諦之談也。

【본 문】

현상의 만물은 정말로 없는 것이 아니기 때문에 단견의 빗나간 견해가 미혹이며[여기서는 본무종(本無宗)과 심무종(心無宗)을 정면으로 부정하였다], 사물은 실제로 있지도 않기 때문에 상견이 옳지 않다[여기에서는 《즉색유현론(卽色遊玄論)》을 부정하였다].

【주 해】

그들의 미혹과 잘못된 집착을 부정하여, 이로써 그들의 빗나간 견해를 거두어 진제로 귀결시켰다.

이상에선 세 종류의 불이[三種不二]를 요약하여 비유비무를 반복해서 조사하고 논변하였다. 그리고는 이를 통해 본무·심무·즉색유현론의 미혹한 집착을 제거하였다.

유·무를 쌍으로 부정한 중도에 계합하여 유·무의 양쪽, 즉 단견·상견에 떨어지지 않는다면 진제의 이치는 저절로 나타나리라.

【원 문】

故道行云。心亦不有亦不無。中觀云。物從因緣故不有。緣起故不無。尋理卽其然矣。

【본 문】

그러므로 《도행반야경(道行般若經)》에서는 말하기를, '심의식(心意識)은 있지도 않고 없지도 않다' 하였으며, 《중론》에서는 말하기를, '사물은 인연을 따르기 때문에 정말로 있는 것이 아니며, 실상의 성공이 인연을 따라 일어나기 때문에 진제는 없지도 않다'라고 하였는데, 이치를 깊이 연구해 본다면 그러하리라.

【주 해】

여기서부터 다음의 다섯 번째 본문의 끝에 '부진공(不眞空)의 의미가 여기에서 나타났다' 한 데까지의 한 문단에서는 부진공의 의미를 정면으로 나타냈다.

처음에는 《도행반야경》에서 인용하여 부진공의 의미를 수립하였고, 다음으로 《중론》에서 인용하여 인생의 제법은 자성이 없는 편에서 속제는 진실한 존재가 아님을 밝혔다.

《중론》에서는 말하기를, '인연으로 발생한 모든 법을 나는 즉시 성공이라고 설명하며, 또는 가명(假名)의 유(有)라고 부르며, 또는 중도의 의미로 부르기도 한다' 하였다.

왜냐하면 인연을 따라 발생한 제법은 가유이기 때문에 실유는 아니며, 이미 제법이 인연을 따라 일어났다면 본래는 있지 않았던 법이 현재 있기 때문이다. 그러므로 '정말로 없는 것도 아니다'라고 말하였던 것이다.

제법은 가유의 인연을 따르기 때문에 진실이 아닌 성공의 유이며, 진여성공이 현상의 인연을 따라 일어나기 때문에 정말로 없는 것도 아니다. 그러므로 진제는 진실한 공[眞空]이 아니다.

【원 문】

所以然者。夫有若眞有。有自常有。豈待緣而後有哉。譬彼眞無。無自常無。豈待緣而後無也。若有不自有。待緣而後有者。故知有非眞有。有非眞有。雖有不可謂之有矣。不無者。夫無則湛然不動。可謂之無。萬物若無。則不應起。起則非無。以明緣起 故不無也。

【본 문】

이같을 수 있는 까닭은[여기서부터는 유 · 무가 아님을 논변하였다] 유가 진실한 유라면 유는 스스로 한결같은 상유(常有)인데, 어찌하여 연회(緣會)를 의지한 뒤에 있겠는가?

비유하면, 단견의 진실한 무인 그 무는 스스로 상무(常無)인데 연리(緣離)를 기다린 뒤에 무이겠는가? 유는 그와 같은 것이다. 유가 스스로 유가 아니고 연회를 의지한 뒤에 있다면, 그로 알 수 있는 것은 유가 진실한 유가 아니며, 유가 진실한 유가 아니라면 유라 해도 유라 말하지 못한다는 것이다[이상은 비유를 풀이하였다].

없지 않다[不無] 한 것은 정말로 없다면 변화 없이 담연(湛然)하여 움직이지 않아야만 없다 말할 수 있으며, 이처럼 만물이 아예 없다면 만물은 일어나지 않아야만 하며, 만물이 일어났다면 정말로 없는 무는 아닌 것이다. 이로써 연기를 밝히기 때문에 정말로 없는 실무는 아니다.

【주 해】

여기서는 인연의 편에서 비유비무(非有非無)의 이치를 밝혔다.

유가 실유라고 말한다면 한결같이 스스로 유이지, 연회를 의지한 뒤에 유는 아니다. 이를 비유해 보면 진실한 무도 연리(緣離)를 기다리지 않는 것과 같다. 그런데 지금의 유가 이미 연생을 의지했다면 실유는 아니며, 실무라면 변화 없이 담연하여 움직이지 않아야만 무라고 말할 수 있다.

여기서 담연(湛然)하다 함은 대승시교(大乘始敎)인 법상종(法相宗)에서 진여가 현상 생멸의 인연을 따르지 않는 것으로써 담연하여 변화하지 않는다고 말한다. 그러므로 논주는 이 문장을 드러내어 그들이 담연한 무라고 집착하는 견해를 부정하였다.

논주가 의도하고 말한 것은 진여의 성공이 생멸의 인연을 따라서 일체의 제법을 이루었다면 담연하여 변화하지 않는 무는 아니라 한 것이다. 왜냐하면 진여는 자체의 성공은 변하지 않는 상태에서 생멸의 인연을 따르는 본질적인 측면과 현상적으로 생멸의 인연을 따르면서도 자체의 성공은 변치 않는다는 두 가지 의미가 있기 때문이다.

다음에서는 《마하연론》에서 인용하여 증거를 대고 자기의 논지를 성립시켰다.

【원 문】

故摩訶衍論云。一切諸法。一切因緣 故應有。一切諸法。一切因緣 故不應有。一切無法。一切因緣 故應有。一切有法。一切因緣 故不應有。尋此有無之言。豈直反論以已哉。

【본 문】

그러므로 《마하연론》에서는 말하기를, '일체의 제법은 일체의 인연 때문에 응당 있어야만 하며, 일체의 제법은 일체의 인연 때문에 진실하게 있지도 않아야만 한다. 일체의 무법(無法)은 일체의 인연 때문에 응당 있어야만 하며, 일체의 유법(有法)은 일체의 인연 때문에 진실하게 있지 않아야만 한다'라고 하였다[다음에서는 다른 견해를 배척하였다].

여기에서 말한 유·무의 말을 연구해 보았더니, 어찌 유·무가 상반되는 논리를 서술했을 뿐이겠는가?

【주 해】

여기서는 《마하연론》에서 인용하여 인연의 의미를 거듭 해석하였다. 즉, 현상의 제법이 이미 인연에 소속하였다면 본래 실제하는 유・무가 아님을 말하였다. 이로써 알 수 있는 것은 무가 인연에 소속하였다면 단절된 무는 아니며, 유가 인연에 소속하였다면 실존하는 유는 아니라는 것이다.

《마하연론》에서 했던 이 말을 깊이 연구해 본다면 어찌 유와 무가 상반되는 논리를 폈을 뿐이겠는가? 여기에서 의도한 것은 모든 법이 실유도 아니며 실무도 아닌 비유비무의 의미를 환하게 나타냈을 뿐이다.

실로 부처님께서 말씀하신 인연(因緣)이라는 두 글자는 외도가 가진 단견과 상견의 의혹을 모두 타파하였던 것이다. 그러므로 〈부진공론〉에서는 이를 근간인 주체로 하여 외도의 다른 빗나간 견해를 배척한 것이다.

【원 문】

若應有。卽是有。不應言無。若應無。卽是無。不應言有。

【본 문】

일체의 인연 때문에 속제는 있어야 한다면 이는 바로 있는 것이므로 정말로 없다 말하진 못하며, 일체의 인연 때문에 제법은 없어야 한다면 이는 즉시 없는 것이므로 실제로 있다고 말하진 못하리라.

【주 해】

여기서는 유・무가 상반된 논리를 서술하게 된 의도를 거듭 말하였다. 즉, 제법이 실존으로서의 유라면 없다 말해서는 안 되며,

제법이 실제로 없다면 있다고 말해선 안 됨을 말하였다.

지금 비유비무라고 말한 것은 제법은 연생의 가유로서 진실이 아니기 때문에 비유비무라고 말했을 뿐이다.

다음에는 유・무의 동이 관계를 풀이하였다.

【원 문】

言有。是爲假有 以明非無。借無以辨非有。此事一稱二。其文有似不同。苟領其所同。則無異而不同。

【본 문】

유라 말해도 이는 가유이므로 이로써 실무가 아님을 밝히고, 무를 빌려 실유가 아님을 분별하였다. 이 유・무의 실제 일은 중도인 하나이나 칭호가 둘이다. 유・무를 표현한 문자가 흡사 동일하지 않은 듯 하나 유・무의 동일점만 안다면 차이나는 것마다 동일하지 않음이 없다.

【주 해】

여기서는 유・무의 동이점을 풀이하여 유・무가 둘이 아닌 중도를 밝혔다.

지금 유・무라고 말한 것은 유・무의 개념을 임시로 빌려 이로써 실무가 아니고 실유가 아님을 밝혔다. 즉, 실제하는 유・무가 중도인 일체인데 유・무를 호칭하고 설명하는 것이 흡사 동일하지 않음이 있는 듯도 하다. 굳이 유・무가 일진중도(一眞中道)의 이치임을 깨닫기만 한다면 만법이 진여에서 차이나는 현상마다 동일하지 않음이 없다.

다음에서는 부진공의 의미를 환하게 나타냈다.

【원 문】

然則萬法。果有其所以不有。不可得而有。有其所以不無。不可得而無。

【본 문】

이와 같다면 만법은 있어도 실유가 아닌 까닭이 정말로 있으므로 실유라 하지 못하며, 가유로서 실무가 아닌 원인이 있으므로 실무라 하지 못한다.

【주 해】

여기서는 유·무를 쌍으로 부정함을 분별하여 부진공의 의미를 나타냈다. 즉, 현상의 만법은 실제로 존재해 있지 않은데 어떻게 실제 있다고 억지로 집착하겠으며, 모든 법은 없지도 않은데 어떻게 정말로 없다고 억지로 집착하겠는가 함을 말하였다. 그 때문에 단정적으로 집착하면서 유라 무라 하지 못한다 하였다.

【원 문】

何則。欲言其有。有非眞生。欲言其無。事象旣形。象形不卽無。非眞非實有。然則不眞空義。顯於玆矣。

【본 문】

왜냐하면[유·무를 쌍으로 부정한 것을 따져 묻고 풀이하였다] 있다 말하고 싶으나 있어도 진실한 연생은 아니며, 없다 말하고 싶으나 현상의 사상(事象)이 이미 나타났다.

현상의 사상이 이미 나타났다면 사상은 없지 않으나 이는 진실이 아니므로 정말로 있는 것은 아니다. 그렇다면 부진공의 의미가 여기에서 환하게 나타났다 하리라.

【주 해】

여기서는 비유비무를 쌍으로 나타내고 이를 결론지어 부진공의 의미로 귀납시켰다. 그리고는 이를 통하여 우리가 관찰한 자체를 드러냈다.

만일 실제 있다 말한다면 연회로써 발생한 유이므로 본래 스스로 발생함이 없다. 때문에 진실하게 나온 것은 아니며, 정말로 없다고 말한다면 연기(緣起)가 현상의 사상으로 나타나 인연을 따르면서 일체의 사법(事法)을 이룬다. 그렇다면 정말로 없는 것도 아니다.

이 둘 모두가 진실한 실유·실무가 아니기 때문에 제목을 〈부진공론〉이라고 지칭하였다. 부진공의 의미가 여기에서 환하게 나타난다 하였는데, 실로 진실한 유·무가 아니기 때문에 성공이다. 그러므로 유라 해도 실유가 아닐지언정 단절된 무는 아닌 것이다.

앞에서는 연생의 성공은 진실한 발생이 없다는 측면에서 요약하여 이로써 진실한 유·무가 아님을 밝혔고, 다음에서는 명칭과 실제는 서로 일치함이 없다는 편에서 요약하여 이를 통해 진실한 유·무가 아님을 밝혔다.

【원 문】

故放光云。諸法假號不眞。譬如幻化人。非無幻化人。幻化人。非眞人也。

【본 문】

그러므로 《방광반야경》에서는 말하기를, '모든 법은 진실이 아닌 거짓 호칭이다. 이를 비유하면 꼭두각시와 같아 꼭두각시가 없는 것은 아니지만, 꼭두각시는 진실한 사람이 아니다'라고 하였던 것이다.

【주 해】

여기에서는 경전에서 인용하여 증거를 대고 부진공의 의미를 성립시켰다.

《방광반야경》 제27권에서 말하기를, "수보리야, 명자(名字)는 진실이 아닌 거짓 호칭으로 명 자가 되었을 뿐이다. 명자는 거짓이기 때문에 진실이 아니다."라고 하였는데, 이는 명자는 실유가 아닐 뿐 절대로 없지 않음을 말하였다. 그 때문에 꼭두각시가 꼭두각시로서 없는 것은 아니나 진실한 사람이 아닌 것과 같다.

【원 문】

夫以名求物。物無當名之實。以物求名。名無得物之功。

【본 문】

거짓의 명칭으로써 명칭이 붙은 실제의 사물을 찾아 보아도 명칭에 일치하는 사물의 실제는 없으며, 반대로 실제의 사물로써 명칭을 찾아 보아도 명칭에 실제의 사물을 얻을 수 있는 공능(功能)의 작용이란 없다.

【주 해】

여기서는 거짓 명칭으로써 비유비무를 풀이하였다. 거짓 명칭으로써 실제의 사물을 구한다는 것은 목적(木賊)과 지룡(地龍) 등등의 사물을 부르는 것과 같은 경우인데, 어찌 목적이다 지룡이다 하고 그 명칭을 부른다 해서 진실한 목적과 지룡이 있어 그 명칭에 일치하겠는가?

실제의 사물로써 그에 붙은 거짓 명칭을 찾아 본다는 것은 불과 얼음이란 명칭을 부르는 것과 같은 경우인데, 불과 얼음이란 명칭을 부른다 해서 어찌 명칭을 따라 차가움과 뜨거움의 실제 사물이 자기의 입에 이를 수 있겠는가?

명칭과 실제의 사물은 서로 일치점이 없다는 것을 이를 통해 충분히 알 수 있으리라.

【원 문】

物無當名之實。非物也。名無得物之功。非名也。是以名不當實。實不當名。名實無當。萬物安在。

【본 문】

사물은 명칭에 일치하는 진실한 실제가 없으므로 진실한 사물은 아니며, 명칭은 사물을 얻는 공능이 없으므로 진실한 명칭은 아니다. 그러므로 명칭은 실제의 사물엔 해당이 없고, 실제의 사물은 명칭에 해당하지 않는다.

명칭과 실제가 일치함이 없다면 모든 명칭이 있는 만물의 실제는 어디에 존재하겠는가?

【주 해】

명칭과 실제가 서로 일치함이 없다면 명칭과 사물의 차별적인 모습은 원래 헛것이고, 명칭을 통해서 실제의 사물을 찾아 보아도 얻지 못한다면 무명의 망상[無明妄想]은 실제 있지 않은 것이다.

이는 인식의 주관인 마음과 인식의 대상인 세계가 둘 다 비어 진제와 속제가 상대적으로 성립되지 않는 것이니, 중도의 깊은 종지가 여기에서 환하게 나타난다.

다음에서는 무명의 미혹을 배척하고 중도의 깨달음으로 되돌이켰다.

【원 문】

故中觀云。物無彼此。而人以此爲此。以彼爲彼。彼亦以此爲彼。以彼爲此。

【본 문】

그러므로 《중론》에서는 말하기를, '사물의 자체에는 상대적인 피차가 없는데 사람들이 자기의 주관에 의해서 이쪽을 이쪽이라 하고 저쪽을 저쪽이라고 하나, 상대방에서도 내가 이쪽이라 했던 것을 저쪽이라 하고 내가 저쪽이라고 했던 것을 이쪽이라 한다'라고 하였다.

【주 해】

《중론》 제4에 말하기를, '모든 법의 실제 모습에 상대적 대립 관계인 이쪽과 저쪽이란 없다'라고 하였다.

《중론》에서 의도하고 나타낸 것은 모든 법의 근본은 일진의 중도[一眞中道]로서 원래 피와 차가 없는데 사람들의 주관적인 허망한 집착을 따르기 때문에 시비를 일으킨다 한 것이다.

삼조 대사(三祖大師)는 말하기를, '시비의 취사심(取捨心) 때문에 제법의 실상과 같지 못하다'라고 하였다.

【원 문】

此彼莫定乎一名。而惑者懷必然之志。然則彼此初非有。惑者初非無。

【본 문】

피와 차는 한 편의 명칭으로 단정할 수 없는데도 미혹한 사람은 자기의 주관에 의해 단정한 피차가 필연적이라는 뜻을 품게 된다. 그렇다면 피차는 처음에는 실제로 있지 않았는데 미혹한 사람은 애초에 없지 않았다 하리라.

【주 해】

여기에서는 미혹한 사람이 피차라고 집착하는 것을 둘 다 드러내고 있다. 이를 비유해 보자.

마치 두 사람이 동쪽과 서쪽에서 서로를 마주보고 서서 중간지점의 표적을 동시에 관찰하나, 동쪽에 서 있는 사람은 그 표적이 서쪽에 있다 말하고, 서쪽에 서 있는 사람은 동쪽에 있다 말하는 것과 같다. 중간의 표적에는 실제 동·서가 없음에도 이를 모르고 미혹한 사람은 자기의 주관이 필연적이라고 허망하게 집착들을 한다. 이는 매우 심한 미혹인 것이다. 그러므로 피와 차는 애초에 있지 않는데도 이를 미혹한 사람은 애초에 없지 않다고 하는 것이다. 이를 따라 관찰해 본다면 모든 법은 본래 없었는데 미혹한 사람이 제법을 허망하게 집착하고 이를 단정적으로 있다, 단정적으로 없다 한다 함이 바로 여기에서 서술한 의도이다.

【원 문】

旣悟彼此之非有。有何物而可有哉。故知萬物非眞。假號久矣。

【본 문】

이미 피차가 원래 있지 않았음을 깨달았다면 무슨 피차의 실제하는 사물이 있어서 그를 집착할 만한 것이 있겠는가? 그러므로 제법의 만물은 진실하게 있는 것이 아니라, 거짓으로 만물이라고 호칭하여 부른지가 오래였음을 알아야 한다.

【주 해】

여기서는 깨닫기만 하면 피차의 시비를 둘 다 잊고 스스로 유 · 무의 집착에서 떠난다는 것을 말하였다.

사물의 실제에는 상대적인 피차의 시비란 명자(名字)가 없음을 알았다면 만법은 진실한 유 · 무가 아니라 원래 실제의 의미가 없는 거짓 명칭만 있음을 알리라.

【원 문】

是以成具立强名之文。園林託指馬之況。如此。則深遠之言。於何而不在。

【본 문】

그러므로 《성구경(成具經)》에는 '억지로 명칭을 붙였다' 한 표현이 있고, 원림(園林, 壯子)에서는 지마(指馬)의 비유에 의탁함이 있었던 것이다.

이와 같다면 심오 원대한 말이 불전 이외에도 어디엔들 있지 않으랴.

【주 해】

여기에서는 내전(內典)인 《성구경(成具經)》과 외전(外典)인 《장자》에서 했던 은미한 말을 인용하여 논지를 결론짓고 시비의 말을 잊은 오묘한 중도에 귀속시켰다.

《성구경》에서 말하기를, '모든 법의 객관적인 존재란 실제로는 없는데 억지로 제법이라 명칭을 붙였다' 하였으며, 원림(園林)은

칠원(漆園)인데 장자가 일찌기 이 고을의 관리가 되었었다. 그 때문에 칠원이라는 지명으로써 장자 그 사람을 지적한 것이다.

'지마(指馬)'의 비유는 《장자》 〈제물론(齊物論)〉에 이렇게 나온다.

'자기의 손가락으로써 상대방의 손가락이 손가락이 아니라고 비유하는 것이 아예 손가락 아닌 것으로써 상대방의 손가락이 손가락이 아니라고 비유함만 못하며, 나의 쌍육마(雙陸馬)로써 상대방의 쌍육마가 쌍육마가 아니라고 비유함이 아예 쌍육마 아닌 것으로써 상대방의 쌍육마가 쌍육마가 아니라고 비유함만 못하다. 그렇다면 천지까지도 하나의 손가락처럼 피차의 시비가 생기고, 만물도 하나의 쌍육마처럼 시비가 대립되리라.'

여기에서 장자가 의도하고 한 말은 '시비의 물론(物論)이 절대대동의 원리로 통일되지 않는 것은 사람들이 각자 자기의 주관적인 시비의 견해에 집착했기 때문이다'라고 한 것이다.

손가락으로써 상대방의 손가락이 손가락이 아니라고 비유한 것이라 한 것들은 사람들이 자기의 첫 손가락으로써 상대방의 두 번째 손가락과 비유해 보고 자기의 손가락과 동일하지 않다 하면서 이를 필연적이라 여긴다. 그러나 상대방과 입장을 바꾸어서 관찰해 본다면 두 번째 손가락에 집착하는 상대방은 다시 자기의 첫 손가락으로써 상대방을 부정하리라.

마(馬)는 쌍육마인데 희롱하며 노는 산가지[戱籌]이다. 여기에서 의도한 것도 손가락과 같다.

장자가 의도하고 말한 것은 손가락과 쌍육마에는 본래 피차의 시비가 없는데, 사람들은 허망하게 피차라고 집착하고 자기의 주관적인 입장을 필연적이라 한다. 어찌 미혹이 아니랴? 이 원리로써 비유를 해보자. 제법의 실제 모습에 어찌 자타의 시비가 있으리오만 그런데도 사람들이 미혹 때문에 유·무라고 집착하는 것도 이와 같은 것이다. 군이 시비의 말을 잊고 진여의 이치에 마음이 하나로 계합할 수만 있다면 피차의 상대적인 망정을 잊고 시비가 일제히 끊기리니, 어떤 법이 나의 망정에 해당하겠는가?

《성구경》에서는 범부들이 시비에 집착하는 망상이 원래 성공임을 말하였고, 《장자》에서는 시비에 일정한 주관이 없음을 말하였다. 그러므로 '심오 원대한 말은 어디엔들 있지 않으랴'라고 말하였던 것이다.

【원 문】

是以聖人。乘千化而不變。履萬惑而常通者。以其卽萬物之自虛。不假虛而虛物也。故經云。甚奇世尊。不動眞際。爲諸法立處。非離眞而立處。立處卽眞也。

【본 문】

그러므로 성인은 현상의 모든 변화를 타면서도 자체는 변하지 않고, 중생의 모든 미혹의 세계에 거닐면서도 항상 통하는 자이시다. 왜냐하면 만물 자체의 성공에 나아간 것이지, 공을 빌려 만물을 비우지 않았기 때문이다.

그러므로 경에서는 말하기를, '매우 기이하십니다. 세존이시여, 세존께서는 진제에서 움직이지 않으시고 그 자리에서 속제의 모든 법을 세울 처소로 삼는군요'라고 하였는데, 진제를 떠나지 않고 모든 법을 건립할 처소로 삼았기 때문에 제법을 건립한 곳이 바로 진제인 것이다.

【주 해】

여기에서는 결론을 짓고 중도제일의제로 귀결시켰다.

성인은 진제를 끝까지 증오했기 때문에 이류(異類) 중생의 세계에 천백억의 화신을 나투어 감응한다 해도 진제에서 움직이지 않는다. 그 때문에 모든 변화를 하면서도 자체는 변하지 않으며, 중생세계로 교화하러 들어가지만 번뇌의 장애를 받지 않는다. 그 때문에 모든 미혹에서도 항상 통한다.

왜냐하면 만법이 바로 진제의 성공이어서, 만법을 분석한 뒤에 성공이 아니기 때문이다. 그 때문에 경전에서 인용하여 증거를 대고 자기의 논지를 성립시키면서, 진제에서 움직이지 않고 모든 법을 건립하기 때문에 건립한 곳이 바로 진제라고 한 것이다.

【원 문】

然則道遠乎哉。觸事而眞。聖遠乎哉。體之卽神。

【본 문】

이와 같다면 성인의 중도가 멀다고 하겠는가? 부딪치는 일마다 진제이며, 중도를 체득한 성인이 멀다고 하겠는가? 체득하면 바로 신령해지는 것이다.

【주 해】

여기서는 결론짓고 일심으로 귀결시켜 성인이 중도를 진실하게 증오한 것을 밝혔다.

논문의 처음에 '눈으로 진제를 마주하면서도 깨닫지 못하다' 라고 하였는데, 왜냐하면 도가 목전에 있기 때문에 멀지 않다 하였다. 그러나 믿지 않아 도를 깨닫지 못한다면 중도를 미혹하여 범부가 되고, 깨달으면 성인이 된다.

이로써 알 수 있는 것은 상주하는 제법의 실상을 분명히 깨닫기만 한다면 생사를 단박에 초월하고 영원히 무위법(無爲法)을 증득한다는 점이다. 그러므로 '체득하면 신령하다'라고 말한 것인데, 이는 외부에서 빌린 성질은 아니다.

제 3장 般若無知論
현상과 본질을 어떻게 이해할 것인가?

반야무지론

반야(般若)를 중국에선 지혜(智慧)라 번역한다. 이는 모든 부처님이 법신의 진여에 오묘하게 계합한 실지(實智)이다.

경전에서 말하기를, '모든 부처님의 지혜는 매우 심오하여 인식할 수가 없다' 하였는데, 바로 이러한 실지를 근본지(根本智)라 말하기도 한다.

진여의 법계는 그윽하고 현묘하여 이러한 실지가 아니면 조감할 수 없기 때문에 근본지라고 호칭하는 것이다. 그러나 삼승(三乘)이 동일하게 이 근본지를 타고 수행의 인지(因地)를 삼지만 마음의 크고 작은 정도가 동일하지 않을 뿐이다. 그러므로 부처님만이 근본지의 극치를 증오한 것이다.

앞에서 〈물불천론〉과 〈부진공론〉의 두 논문으로써 진·속이 둘이 아닌 중도의 진제를 나타내어 관찰할 객관의 세계로 하였다. 그리고는 이 반야로써 관찰하는 주관적인 지혜를 삼은 것이다. 즉,

인식으로의 앎이 끊긴 무지(無知)의 반야로써 진·속이 둘이 아닌 중도를 관조하여 이로써 수행의 인지를 삼고, 불생불멸의 열반을 증득하는 것으로써 수행의 결과(結果)를 삼으려 한 것이다.

그 때문에 〈반야무지론〉이 앞의 두 논문 다음에 오고 그 다음엔 〈열반무명론(涅槃無名論)〉이 오게 된 것이다. 그러나 반야는 하나일 뿐이다. 그 작용하는 데 있어서는 셋이 있다.

첫째는 실상반야(實相般若)인데 왜냐하면 반야는 모든 법의 실상이기 때문이며, 둘째는 관조반야(觀照般若)이다. 즉, 중도의 오묘한 마음의 실지로써 중도의 오묘한 이치를 관조하여 중도의 이치와 근본 실지가 평등여일(平等如一)하다. 그 때문에 본질과 현상이 쌍으로 나타나고 방편반야와 실상반야가 동시에 나타난다. 이는 중도의 이치를 관찰하는 인심(因心)과 이를 통해 열반의 결과를 얻는 과덕(果德)이다. 그 때문에 이지(二智)라고 부르며, 세째는 문자반야(文字般若)인데, 모든 부처님이 말씀하신 가르침은 반야에서 유출한 것이다. 그러므로 부처님께서 말씀하신 낱낱의 문자가 모든 진리를 총체적으로 지닌 총지법문(總持法門)을 나타낼 수 있는 것이다.

요컨대, 문자에 나아가 반야의 자체를 밝힌 것인데, 이상 세 가지가 반야의 의미이다. 무지(無知)에는 두 가지 의미가 있다.

첫째는 반야의 자체는 중생의 허망한 망상을 떠났다는 의미인데 반야에는 미혹으로 취하는 앎이 근본적으로 없음을 말하며, 둘째는 진실을 나타내는 의미가 있다. 여기에는 다시 다음의 세 가지 의미가 있다.

첫째 본각(本覺)은 망념을 떠나서 신령하게 앎이 절대 홀로 관조하므로 안다 해도 상대적인 인식의 사고를 통한 앎이 없으며, 둘째는 본각(本覺)을 시각(始覺)할 때 본각을 상대적으로 시각하는 앎이 없는 무지(無知)인데, 즉 본각의 그윽함을 끝까지 추궁하여 본각을 조감함마저 없어진다. 그리하여 본각을 어루만지며 회합한다 해도 연려(緣慮)의 사고가 없기 때문에 상대적으로 의지해서 인식하는 앎이 없음을 말하며, 세째는 문자의 성품은 공하여 아는 것도 알지 않는 것도 아니라는 의미이다.

이처럼 반야의 진실을 나타내는 무지(無知)에는 세 가지 의미가 있긴 하나, 한마디로 요약한다면 관조할 대상인 중도의 진제는 차별적인 모습이 없어 인식의 앎도 없고 관조의 조감도 끊겨, 관조의 자체인 실상반야는 절대 독립한 것이 바로 반야무지의 의미이다.

구마라집 대사는 처음 《대품반야(大品般若)》를 번역하였다. 논주가 이를 근간의 주체로 하여 〈반야무지론〉을 짓고 나집 대사에게 바쳤더니 나집 대사는 말하였다.

"내가 견해로야 그대에게 양보를 하지 않겠지만 견해를 표현한 문학적인 솜씨는 그대에게 양보를 해야겠군."

그 뒤 이 논문이 유전하여 광산(匡山)에 이르렀고 유유민(劉遺民)이 그의 스승인 혜원(慧遠)에게 바쳤더니, 혜원 스님은 찬탄하며 말하였다.

"이런 논문은 일찌기 있지 않았었다."

당시에 이 논문을 본 사람들은 모두가 가슴 속으로 복종하지 않는 자가 없었다 한다.

【원 문】

夫般若虛玄者。蓋是三乘之宗極也。誠眞一之無差。

【본 문】

무지(無知)의 허현(虛玄)한 반야는 삼승(三乘) 모두가 종극(宗極)으로 여기는 것으로서 차이 없는 진실한 진일(眞一)의 마음이다.

【주 해】

여기에서는 반야의 종극(宗極)을 표시했다.

허현(虛玄)은 반야의 무지를 정면으로 나타냈다. 그윽하고 신령한 반야는 상대적인 의존 관계의 인식이 끊겼기 때문에 허(虛)라 말하고, 앎이 없고 관조의 작용마저 끊겼기 때문에 현(玄)이라 말한다.

삼승은 동일하게 이러한 반야를 타고 나왔으나 미혹으로 취하느냐, 취하지 않느냐에 따라서 차이가 있다. 이는 이른바 '마음에 크기의 정도가 있을 뿐이다' 한 것에 해당한다.

실제로 삼승이 근간으로 숭상하는 것은 이런 실지반야로써 극치를 삼는데, 이는 '진 · 속 이제의 대상에 둘로 나눠지 않는 진실한 마음'이라 한 말에 해당한다. 그러므로 '차이 없는 진일(眞一)의 마음'이라 한 것이다.

【원 문】

然異端之論。紛然久矣。

【본 문】

그러나 이단(異端)의 의론이 분분하게 어지러운 지가 오래 되었다.

【주 해】

여기에서는 논문을 짓게 된 근본 의도를 서술하였다.

《논어(論語 : 孟子의 잘못임)》에서 말하기를, '내가 어찌 변론하기를 좋아하겠느냐? 마지 못해서이다'라고 하였는데, 그러므로 논문을 짓게 된 근본적인 의도는 빗나간 견해를 조복받을 올바른 지혜가 밝혀지지 않았기 때문에 어쩔 수 없이 논문을 짓게 되었을 뿐이라 한 것이다.

【원 문】

有天竺沙門鳩摩羅什者。少踐大方。研機斯趣。獨拔於言象之表。妙契於希夷之境。

【본 문】

천축(天竺)의 사문인 구마라집은 어려서부터 방향을 초월한 대방(大方)의 반야도를 실천하여 그 기미를 연구하여 여기에로 취향하였다. 그리하여 홀로 언상(言象)의 밖으로 빼어나 중도의 희이(希夷)한 경지에 오묘하게 계합하였다.

【주 해】

여기서는 법사가 사사(師事)하고 법을 계승한 근본이 있었음을 드러냈다.

범어(梵語)인 구마라집은 동수(童壽)라고 번역한다. 그는 어린 나이에 노련한 큰 덕이 있었기 때문에 동수라는 이름이 있게 되었다.

대사는 본래 서역 지방 구자국왕(龜玆國王)의 조카였다. 그런데 그의 아버지 구마라염(鳩摩羅炎)이 본래 천축 사람이었으므로 지금은 그의 본관(本貫)을 따라 천축 사문이라고 호칭한 것이다. 천축은 신독(身毒)이라고도 음역하고, 또는 인토(印土)라고도 부른다.

그 나라는 다섯 천축국이 있으며, 바라문(婆羅門)이 사는 곳으로서 부처님이 그 곳에서 출생하셨다. 대방(大方)은 반야(般若)를 지적한 것이다.

나집 대사의 학문은 태어나면서부터 이치를 알았었다. 그의 나이 스무 살이 되어 그 나라 국왕을 위해 《반야경론》을 강의하였기 때문에 '어려서부터 대방을 실천하였다'라고 말하였고, 반야의 현묘한 법을 오묘하게 깨달았기 때문에 '기미를 연구하여 여기에로 취향하였다'고 말하였고, 반야는 언어를 떠났기 때문에 '언상의 밖으로 빼어났다'고 말하였고, 모양과 명칭을 떠난 반야의 세계는 견문으로 도달할 바가 아니기 때문에 '희이(希夷)한 세계에 오묘하게 계합하였다'고 말하였다.

'희이(希夷)'라는 두 글자는 《노자(老子)》에서 나왔는데, 오묘하게 깨닫고 생사를 초월하여 홀로 우뚝 섰다는 말이다.

지금 《대품반야경》을 번역하면서 논주가 직접 그의 가르침을 받고 반야의 현묘한 종지에 오묘하게 계합하였기 때문에 이 논문을 짓게 된 것이다.

【원 문】

齊異學於迦夷。

【본 문】

이단의 학문을 가비라국에서 하나로 집합하고,

【주 해】

'제(齊)'는 집합하다[集]의 뜻인데, 《장자》 제물론(齊物論)에서의 제 자(齊字)와 의미가 같다. '가이(迦夷)'는 가유(迦維)라고도 부르며, 부처님이 태어나신 가비라국이다.

부처님이 멸도(滅度)하신 뒤에 이단의 학문이 분분하게 어지럽더니 나집 대사의 명성이 오천축국에 전파되어 대사를 으뜸으로 추앙하는 이가 많았다. 그러므로 '이단의 학문을 집합하였다'라고 말하였다.

【원 문】

■淳風於東扇。將爰燭殊方。而匿耀涼土者。所以道不虛應。應必有由矣。

【본 문】

순수한 가풍을 동쪽에서 드날려 다른 지방을 환하게 밝히려 하면서 양토(涼土)에서 광채를 숨기고 있었던 것은, 도는 헛되게 감응하지 않고 감응하는 데는 반드시 그 이유가 있어야만 했기 때문이다.

【주 해】

여기에서는 나집 대사가 중국에 들어오게 된 유래를 서술하였다. 이때 도안 법사(道安法師)의 명성은 당대를 진동시켰다. 진(秦)나라 임금인 부견(符堅)은 그를 스승으로 존경하면서 성인이라고 호칭하였더니, 도안 법사는 말하였다.

"빈도는 성인이 아닙니다. 소문을 들으오니 구자국에 나집 대사라는 분이 계신다는데 정말로 성인이라고 하더군요."

부견은 그의 말을 듣고 대사를 흠모하는 마음을 마지못하였다. 그리하여 대장군(大將軍) 여광(呂光)을 파견하여 철갑(鐵甲)으로 무장한 군사 십만 명을 거느리고 구자국을 정벌해 나집 대사를 영

접해 오라 하였다.

여광이 군사를 거느리고 구자국에 이르러 그 나라의 도성을 포위했더니, 구자국왕은 말하였다.

"하국(下國)은 대진나라와의 거리가 요원하게 멀어 풍속도 서로 같지 못합니다. 그런데 무었 때문에 정벌을 당하게 되었는지요?"

여광은 말하였다.

"대진의 천왕(天王)께서 군사들에게 왕의 나라를 정벌하라고 명령하신 까닭은 토지의 이익 때문은 아닙니다. 국왕의 나라에 구마라집이 계신다는 소문을 들었기 때문에 그를 모시고 되돌아가 공양하며 받들려는 것이지, 따로 이익을 도모함이 있지는 않습니다."

왕은 말하였다.

"구마라집은 우리나라의 보배입니다. 어떻게 그를 버릴 수 있겠습니까? 그 밖에 다른 것이라면 명령대로 따르겠습니다."

드디어 성문을 닫고 굳게 지키자, 여광은 오랫동안 포위를 하였다. 국왕의 도성이 더욱 위급해지자 나집은 왕에게 청하여 말하였다.

"어찌 빈도 한 사람 때문에 온 나라가 곤욕을 당해서야 되겠습니까? 이는 나라에 이익되는 일이 아닙니다. 원컨대 떠나게 해주십시오."

왕이 그의 청을 들어주지 않자, 나집은 말하였다.

"마침 돌아갈 인연이 되었습니다."

왕은 그의 뜻을 그만두게 할 수가 없어서 이윽고 대사를 보내 여광과 함께 떠나게 하였다. 이를 두고 '순수한 가풍을 동쪽에 드날린다'라고 말하였다.

여광은 양토(凉土)에 이르러 요장(姚萇)이 부견을 시해하고 스스로 왕위에 올라 국호를 후진(後秦)이라 했다는 소문을 들었다. 여광도 양토를 점령하고 스스로 왕이 되어 국호를 서량(西涼)이라 하였다.

그때에 나집 대사는 미쳐 진나라에 들어가지 못하고 서량에 살게 되었다. 여광은 고약한 사람이어서 대사에게 곤욕을 주는 경우가 많았으므로 스스로의 뜻을 나타낼 수가 없었다. 그 때문에 다른 나라, 즉 진나라를 환하게 밝히려 하면서도 나타나지 못하고 서량에 머물러 있게 되었다. 그 때문에 '양토에서 광채를 숨기고 있었다'라고 말하였다.

양토로 오고 나선 곤욕을 당하며 그의 도를 시행하지 못했기 때문에 '도는 헛되게 감응하지 않고 감응하려면 반드시 이유가 있어야만 한다'라고 말하였다.

【원 문】

弘始三年。歲次星紀。秦乘入國之謀。擧師以來之意也。北天之運數其然也。

【본 문】

홍시(弘始) 3년 세차성기(歲次星紀)에 진나라에선 대사를 입국시킬 것을 도모하고, 군사를 거행함으로써 그를 오게 할 의도를 가졌으니, 북천(北天)의 운수가 그러하였으리라.

【주 해】

여기에서는 나집 대사가 시기를 얻어 도를 시행한 유래를 서술하였다.

요장이 부견을 시해하고 재위한 지 8년이 지났으며, 나집 대사도 서량에서 곤욕을 당하고 있었다.

우연히도 귀신이 된 부견이 귀신의 군사를 거느리고 궁전으로 쳐들어가 요장을 찔러 그를 가만히 적중시켰다. 그러자 요장은 피를 한섬 남짓이나 흘리고는 죽었다.

그의 아들인 요흥(姚興)은 왕위를 잇고 나서 황제(皇帝)라는 호칭을 낮추어 천왕(天王)이라고 불렀다. 이는 왕을 천왕이라고 불렀던 주(周)나라의 제도를 존중하고 그를 으뜸으로 여겼기 때문이었다. 즉위한 해 원년(元年)을 홍시(弘始)라고 고쳤다. 축월(丑月)을 성기(星紀)라고 하는데 축월로써 축년(丑年)을 기록하였다.

나집 대사는 서량 땅에서 11년을 지냈다. 그때 진나라의 대궐 뜰에서는 두 나무가 하나로 연결된 나무가 나왔고, 소요원(逍遙園)에서는 냄새나는 파가 향기로운 백지(白芷) 풀로 변하였다. 이로 인해 모두들 '이는 지혜로운 사람이 나라에 들어올 상서로운 조짐이다'라고 말하였다.

진나라 임금인 요홍은 대사가 서량에 있다는 것을 알고 요석덕(姚碩德)을 보내 서량을 정벌토록 하였다. 그때 여광은 이미 죽고 없었으며, 그의 아들인 여륭(呂隆)이 왕위를 잇고 있었다. 진나라의 군사가 이르러 그들을 크게 패주시켰더니, 여륭은 즉시 항복을 하였다. 여륭은 이윽고 표문(表文)을 진나라 임금에게 올리곤 대사를 받들어 모셔왔다. 진나라 임금은 대사에게 정중한 예우를 하였다. 그 때문에 '진나라에서 대사를 입국시킬 것을 도모하고 군사를 거행하여 그를 오게 할 의도를 가졌다' 라고 말한 것이다.

《대품반야경》에서는 말하기를, 《반야경》이 부처님이 멸도하신 뒤에 제일 먼저 남방에 이르고, 다음으로는 서방에 이르고, 다음으로는 북방에 이르러 진단(震旦)에서 크게 성행하리라' 하였는데, 진단은 천축국의 동북에 있다. 그러므로 '북천의 운수가 그러하리라'고 말한 것인데, 이는 법운(法運)과 시수(時數)가 그러할 때를 당했음을 말한다.

【원 문】

大秦天王者。道契百王之端。德洽千載之下。遊刃萬機。弘道終日。信季俗蒼生之所天。釋迦遺法之所仗也。

【본 문】

대진 천왕의 도는 모든 왕들의 으뜸에 계합하였고, 그가 지닌 덕은 천 년 뒤까지 흡족히 적실만 하였다.

바쁜 정사에서도 여유롭게 유인(遊刃)하며 종일토록 불도를 홍통하였다. 그는 실로 말세의 창생(蒼生)들이 어버이로 여기고 석가여래께서 남기신 법이 의지하는 바였다.

【주 해】

여기에서는 시기가 나집 대사가 도를 시행할 운수와 만났음을 밝히고 서술하였다.

요흥은 자칭 천왕이라 하였다. 그 때문에 그 시대 사람들도 모두 그렇게 존대하였다. 모든 왕들은 요순(堯舜) 이래 그때까지의 모든 왕들을 지적하였고, '단(端)은 모든 왕들 가운데 으뜸을 말하는데, 요흥은 무위(無爲)로써 정치를 했기 때문이다. '흡(洽)'은 흡족하게 적셔주다는 의미이다.

승조 법사가 의도하고 말한 것은 불법을 홍대하게 한 덕이 천 년 뒤까지 흐르며 윤택하게 하리라고 하였다.

'유인(遊刃)'이란 말은 《장자》에서 나왔다. 즉, 《장자》에서 '백정이 소를 잡는데, 소의 살결과 뼈 사이를 따라 칼놀림을 함이 광대하게도 여유로운 경지가 있었다'라고 하였다.

여기서는 진왕의 재능과 지혜에 여유가 있어, 모든 정사의 일이 무더기로 교착한다 하여도 맞이하는 대로 문제를 풀어, 광대하게 여유로운 경지가 있었음을 말하였다. 그 때문에 정사를 보면서도 종일토록 불도를 홍통하는 데 방해가 없었던 것이다.

이러한 성스러운 임금은 실로 말세 창생들의 어버이라고 말하였는데, 창생은 갓난아기와 같다는 말이다. 즉, 어리석은 백성을 아무것도 모르는 갓난아기처럼 불쌍히 여긴다는 의미인 것이다.

'하늘'은 부모를 하늘이라 부른다. 즉, 모든 창생들을 양육한 자식처럼 여김을 말한다. 부처님은 멸도하실 때에 이르러 불법을 국왕 대신들에게 유언으로 부탁하였다. 왜냐하면 국왕 대신의 커다란 힘으로 삼보(三寶)를 외호(外護)하지 않으면 불법이 오랫동안 머물기 어렵다고 보았기 때문이다. 그러므로 '석가여래께서 남기신 법이 의지하는 바이다'라고 한 것이다.

이상에서는 법을 홍통하는 임금을 서술하였고, 다음에서는 불법을 홍통하는 일을 서술하였다.

【원 문】

時乃集義學沙門五百餘人於逍遙觀。躬執秦文。與什公參定方等。其所開拓者。豈謂當時之益。乃累劫之津梁矣。

【본 문】

때로 불법의 의미를 배우는 사문 오백여 사람을 소요관(逍遙觀)

에 모아놓고 몸소 한문으로 번역하면서 나집공과 함께 《방등경(方等經)》을 참정(參定)하였다.

그가 개척한 것을 어찌 당시에만 이익되게 하였다고 말하겠는가? 영원토록 나루터가 되리라.

【주 해】

여기서는 진나라 임금이 불법을 홍통한 사건에 대해 서술하였다.

'소요관'은 진나라 임금이 잔치하는 처소였는데, 나집 대사가 진나라에 오자 그를 이곳으로 맞이하고 모든 경전을 번역하게 하였다. 그 뒤 진나라 임금이 나집 대사에게 궁녀를 하사한 것으로 인해 따로 초당(草堂)을 짓고 궁녀와 함께 살게 하였다. 지금의 초당사(草堂寺)가 바로 그 자리이다.

나집 대사가 범어 경전을 중국어로 설명하면 진나라 임금은 직접 한문과 대조하며 번역하였는데, 《방등경》과 여러 경전들은 그가 번역한 경전이다.

'개척'은 국토를 개척했다는 의미와 같다. 왜냐하면 황막한 불법을 처음 개척하였기 때문에 그 당시만 이익되게 했을 뿐만 아니라, 실로 중생을 구제하는 영원한 나루터가 됐다 한 것이다.

【원 문】

余以短乏。曾厠嘉會。以爲上聞異要。始於時也。

【본 문】

나는 재주와 덕이 부족한데도 일찍부터 아름다운 모임에 참여하여 일상에 듣던 것과는 다른 심요(心要)를 위로부터 듣게 됨이 이때부터 시작되었다.

【주 해】

여기에서는 논주가 법을 듣게 된 시기에 대해서 스스로 서술하였다.

'단핍(短乏)'은 겸손의 말인데, 재주와 덕이 부족한데도 주제넘게 아름다운 모임에 참여하여, 위로부터 반야의 현묘한 종지를 듣게 되어, 일상적인 것과는 다른 심요(心要)가 이때부터 시작되었음을 말한다.

이상은 〈반야무지론〉을 짓게 된 유래를 서술하였고, 다음부터는 본론의 종지를 드러냈다.

【원 문】

然則聖智幽微。深隱難測。無相無名。乃非言象之所得。爲試罔象其懷。寄之狂言耳。豈曰聖心而可辨哉。試論之曰。

【본 문】

그렇다면 성인의 지혜는 그윽하고 은미하여 매우 헤아리기 어렵다. 이는 차별적인 모습도 없고 모습에 대한 명칭도 없어, 명칭인 언어나 모습인 형상으로 얻은 바는 아니다.

나의 마음을 형상이 없이 비우고 광언(狂言)에 의탁해 보리니, 어찌 성인의 마음을 논변한다 말하겠는가?

시험삼아 이 문제를 의론해 보겠다.

【주 해】

본론의 시초에서 반야의 이치에 의거하여 자기의 의도를 드러냈다.

논주가 〈반야무지론〉을 지으려 하면서 우선적으로 반야의 현묘한 종지는 언론으로 도달할 바가 아님을 보여 주었다.

경전에서 말하기를, '모든 부처님의 지혜는 인식할 수 없이 매우 심오하여 그 지혜로 통하는 문은 이해하기도, 깨달아 들어가기도 어렵다. 일체의 성문(聲聞)과 벽지불(辟支佛)로서는 알 수 없으며, 불퇴위(不退位)의 보살까지도 헤아리지 못한다'라고 하였다.

그 때문에 '성인의 실지반야는 그윽하고 은미하여 매우 헤아리기 어렵다'라고 말한 것이다. 반야의 자체는 모습과 명칭을 떠났는데 어떻게 언어와 형상으로써 얻어지겠는가? 지금 이러한 반야를 의론하려 하면서 시험삼아 마음에서 형상을 비우고 광언(狂言)에 의탁해 볼 뿐이라 하였다.

'망상(罔象)'이란 말은 《장자》에서 나왔다. 즉, '황제(黃帝)가 적수(赤水) 가에서 놀다가 현주(玄珠)를 잃어버렸다. 그리하여 그의 신하인 지(智)에게 찾으라 하였더니, 찾지 못하였고, 망상(罔象)이란 신하에게 찾으라 하였더니 현주를 찾게 되었다' 하였다.

이는 자기의 마음을 텅 비워야만 근본의 지혜, 즉 반야의 실지와 서로 호응함을 지(智)와 망상(罔象)을 의인화하여 말한 것이다.

'광언(狂言)'도 《장자》에서 나왔는데, 논변이 광대하기만 해서 일상적인 범부들의 마음에 일치함이 없는 말을 말한다. 논주가 자기의 말을 광언이라 한 것은 겸손해서 한 말이다.

논주가 의도하고 말한 것은 시험삼아 광언으로써 헤아려 볼 뿐, 감히 성인의 마음을 논변한다 말함은 아니라 한 것이다.

【원 문】

放光云。般若無所有相。無生滅相。道行云。般若無所知。無所見。

【본 문】

《방광반야경》에서 말하기를, '실제로 존재하는 모습이 없으며, 따라서 생멸하는 모습도 없다'라고 하였고, 《도행반야경(道行般若經)》에서 말하기를, '반야는 인식의 사량분별로 알 대상이 아니며, 상대적으로 볼 수도 없다'라고 하였다.

【주 해】

여기서는 두 경전에서 인용하여 본론의 종지를 단정하였다.

《방광반야경》은 《대품반야경》인데, 나집 대사가 번역한 《구역반야경》과 현장 대사가 번역한 《신역》의 문장이 각기 다르다.

《대품반야경》 제10권에서 말하기를, '반야는 실제로 존재하는 모습이 없다'라고 하였고, 제15권에서 말하기를, '반야바라밀을 어디에서부터 설명해야 하겠는가? 보살도 도무지 얻거나 보지 못하며, 또한 알지도 못한다'라고 하였는데, 여기에서는 논주가 이러한 의미만을 요약해서 인용하였다.

반야의 자체에는 모든 차별적인 모습이 끊겼기 때문에 '실제로 존재하는 모습은 없다'고 말하였고, 번뇌가 고요히 사라져 담연(湛然)하기 때문에 생멸하는 모습이 없으며, 반야의 진실한 지혜가 절대 홀로 관조하기 때문에 인식의 사량분별로 알 대상이 없으며, 반야는 모든 상대적 의존관계가 끊겼기 때문에 볼 대상이 없는 것이다. 반야자체가 이와 같은데 어떻게 명칭과 언어로 도달하겠는가?

다음에서는 종지에 의거하여 반야의 작용을 분별하였다.

【원 문】

此辨智照之用。而曰無相無知者 何耶。果有無相之知。不知之照 明矣。

【본 문】

이 두 경전에서는 실지반야가 관조반야의 작용을 일으키는 것을 말하였는데도 '모습이 없고 앎도 없다'라고 말한 것은 무엇 때문이었겠는가?

차별적인 모습 없이 앎과, 인식의 사량분별로 알지 않고 관조하는 작용이 정말로 있다는 것이 분명하다 하겠다.

【주 해】

여기에서는 실상반야의 자체를 따져 묻고 나타내어 이로써 논문을 펴는 실마리를 삼았다.

'이[此]'는 위에서 인용한 두 경전을 지적한 것이다. 실지반야의 자체에서 관조반야의 작용을 분별하여 이미 실지반야도 있고 관조반야의 작용도 있었다면 그에 상응하는 모습도 있고 앎도 있어야만 한다. 그런데도 두 경전에서 '모습도 없고 앎도 없다' 라고 한 것은 무엇 때문이었겠는가?

경전에서 말한 내용을 따라서 관찰해 본다면 모습을 떠난 앎과 앎이 없이 관조함이 정말로 있다는 것이 분명하다. 그러나 단지 이러한 반야의 자체는 망상인 심의식(心意識)의 사량으로선 도달할 바가 아니다.

【원 문】

何者。夫有所知。則有所不知。以聖心無知。故無所不知。不知之知。乃曰一切知。故經云。聖心無所知。無所不知。信矣。

【본 문】

반야는 무엇 때문에 사량분별로써 아는 세계가 없을까?

일반적으로 인식으로 사량하여 알 대상이 있다면 인식이 미치지 못하는 대상은 알지 못하겠지만[이는 범부의 망정이다], 성인의 마음인 반야는 인식으로써 앎이 없기 때문에 모를 것도 없다.

심의식으로 사량하여 알지 않고 앎을 일체지(一切智)라고 말한다. 그러므로 경전에서 '성인의 마음은 아는 것이 없으며, 알지 못하는 것도 없다'라고 말하였는데, 이는 확신할 만한 말이다.

【주 해】

여기에서는 반야의 자체는 앎이 없다 한 의미를 따져 묻고 밝혔다. 이치를 요약해서 추리해 보자.

일반적으로 인식으로 알 대상의 세계가 있다면 하나의 외연(外緣)에 막힌다. 그렇다면 알지 못할 세계도 있게 된다. 이는 주관적인 인식의 심의식과 그 대상인 육진의 세계가 끊기지 않아 이 둘이 상대적으로 의존한 관계를 잊지 못한 것이다. 이는 범부의 망정이다.

이를 성인의 마음과 비교해서 헤아려 본다면 이와 같지 않다. 왜냐하면 성인의 마음은 허령절대(虛靈絶對)하여 인식할 객관의 세계와 주관인 지혜를 둘 다 잊고 나의 주관과 객관의 대상이 함께 끊겼기 때문이다. 이것을 성인의 마음엔 앎이 없다 한다. 앎이 없이 아는 성인의 마음은 지혜의 광명이 진·속 이제를 보편하게 관조하기 때문에 모를 것도 없다 하였으며, 심의식의 망상으로 알지 않고 진실하게 알기 때문에 일체지(一切智)라고 말하였다.

그러므로 《사익경(思益經)》에서는 말하기를, '성인의 마음은 아는 것도 없고, 알지 못할 것도 없다'라고 하였는데, 이는 확신할 만하다 한 것이다. 성인의 마음은 아는 것이 없기 때문에 알지 못하는 것도 없다. 어떻게 범부의 망정인 심의식의 아는 것으로 여기에 도달할 수 있겠는가?

【원 문】

是以聖人。虛其心而實其照。終日知而未嘗知也。故能默耀韜光。虛心玄鑒。閉智塞聰。而獨覺冥冥者矣。

【본 문】

그러므로 성인은 그 마음에 번뇌의 미혹을 비우고 진실을 관조하여 종일토록 알아도 일찌기 아는 것이 아니다. 그 때문에 말 없이 마음의 광체를 숨기고 번뇌가 텅 빈 마음에서 현묘한 관조반야의 조감(照鑑)을 일으켜, 인식의 지혜와 총명을 사용하지 않고 그윽하게 홀로 깨달은 분이다.

【주 해】

여기서는 성인의 마음에 앎이 없는 이유를 말하였다.

성인은 번뇌인 견사이혹(見思二惑)을 다하지 않음이 없기 때문에 그 마음에 번뇌가 텅 빈 것이며, 진실을 끝까지 추궁하지 않음이 없기 때문에 진실을 관조하는 것이다. 이는 실지반야를 진실을 관조하는 관조반야를 통해 내적으로 증오한 것이다. 내적으로 실지반야를 증오했기 때문에 방편반야, 즉 관조반야가 외연(外緣)에 상응하여 일어난다. 그렇다면 종일토록 안다 해도 인식으로의 앎이 있지 않게 된다.

이처럼 실지반야의 자체와 관조반야의 작용이 쌍으로 동시에 드러나고 방편인 관조반야와 그 자체인 실지가 함께 운행한다. 그 때문에 말 없이 마음의 광체를 숨기고 인식의 앎을 사용치 않으며, 번뇌가 빈 마음으로 현묘하게 외연을 조감하기 때문에 그윽한 곳마다 환하게 밝히지 않음이 없다.

그러므로 움직이며 변화하는 모든 사물에 감응하면 앎은 잊고 관조마저 끊긴다. 그리하여 총명한 지혜를 사용하지 않고 따라서 앎도 있지 않게 된다. 그리고는 내적으로 진여중도의 이치와 그윽히 합치하여 진실한 앎이 홀로 관조한다. 그 때문에 그윽하게 홀로 깨달은 분이라 하였다.

이는 이른바 '앎이 없으나 알지 못하는 것도 없다' 한 경우이다.

【원 문】

然則智有窮幽之鑒。而無知焉。神有應會之用。而無慮焉。

神無慮。故能獨王於世表。智無知。故能玄照於事外。

【본 문】

이와 같다면, 실지반야에는 그윽함을 끝까지 조감하는 관조반야의 작용이 있으나 인식의 사량으로 앎은 없으며[이는 실지반야를 내증한 것이다], 신령한 관조반야는 외연에 감응하여 회합하는 작용이 있으나 사려는 없다[방편반야로 외연에 감응한 것이다].

신령한 관조반야는 인식의 사려가 없기 때문에 세간 밖에서 홀로 가장 존귀할 수 있고, 실지반야는 앎이 없기 때문에 사물 밖에서 현묘하게 관조할 수 있다.

【주 해】

여기서는 관조반야를 분별하여 관조반야와 실지반야 두 지혜를 나타냈다.

실지반야에서 진·속이 둘이 아닌 중도의 이치를 관조하기 때문에 그윽한 중도의 이치를 끝까지 조감하는 관조반야의 작용이 있고, 관조하는 자체인 실지반야는 절대 독립하여 주관적인 심의식의 분별과 인식의 세계인 육경을 둘 다 잊었기 때문에 사량분별의 앎이 없다. '신(神)'은 방편의 작용인 관조반야이다.

방편반야로 정도를 낮추어 모든 중생의 개별적인 상황에 순종하기 때문에 감응하여 회합하는 작용이 있으며, 그 상황을 따라가면서도 생각이 없이 감응하기 때문에 사려가 없다. 사려가 없이 감응한다면 사물이 누를 끼치지 못하기 때문에 세간 밖에서 홀로 존귀할 수 없고 실지로 앎이 없다면 대상의 세계와 마음이 하나로 회합하여 부딪치는 일마다 진실이다. 그러므로 사물 밖에서 관조할 수가 있다.

이 경우 실지와 진여가 계합한 열반의 무위법에 집착하여 안주하지 않고, 생멸의 유위법도 버리지 않아 관조반야와 실지반야가 쌍으로 드러나 진·속 이제를 일제히 관조한다. 이것이 성인의 마음이다.

【원 문】

智雖事外。未始無事。神雖世表。終日域中。所以俯仰順化。應接無窮。無幽不察。而無照功。斯則無知之所知。聖神之所會也。

【본 문】

실지반야가 사물 밖이긴 하나 현묘한 관조의 작용을 일으키므로 애초에 사물이 없는 것은 아니며, 신령한 관조반야가 세간 밖에서 홀로 존귀하나 종일토록 세계 속을 떠나지 않고 있다. 그 때문에 정도에 따라 현실의 변화에 순종하면서 무궁하게 모든 중생들을 응접(應接)하며, 그윽한 중도의 이치를 끝까지 살피지 않음이 없으나 관조하는 공능(功能)의 작용은 없다.

이는 성인의 실지가 앎이 없이 아는 것이며, 성인의 신령한 관조반야로써 실지에 회합하는 까닭이다.

【주 해】

여기서는 실지반야와 관조반야를 함께 운행하는 까닭을 풀이하고 논지를 성립시켰다.

부딪치는 사물마다 진실이기 때문에 실지반야가 사물 밖이긴 하나 관조의 작용을 일으키므로 애초에 사물이 없는 것은 아니며, 신령한 관조반야가 세간 밖에서 홀로 존귀하나 중생을 제도하는 공능의 작용을 버리지 않았기 때문에 종일토록 세계 속을 떠나지 않고 있는 것이다.

이러한 두 반야로 진·속 이제를 일제히 관조하기 때문에 성인은 중생의 정도에 맞추어 상황에 따라 화하는 것이다. 그러므로 관조반야는 무궁하게 사물을 응접하나 사물이 누를 끼치지 못하고, 실지는 그윽한 중도의 이치를 끝까지 살피지 않음이 없으나 관조하는 공능의 작용은 없다.

이것이 성인의 실지는 앎이 없이 아는 이유로서 성인의 실지와 신령한 관조의 마음이 그윽히 하나로 회합하는 까닭이다. 이러한 이치로써 성인의 마음을 관찰한다면 반야의 깊은 뜻이 환해지리라.

【원 문】

然其爲物也。實而不有。虛而不無。存而不可論者。其唯聖智乎。

【본 문】

그러나 반야의 자체는 진실이긴 하나 정말로 모습이 있지는 않으며, 번뇌가 텅 비긴 하였으나 실지로 없지도 않다. 있는 그대로 간직해 둘 뿐 시비의 의론을 하지 못할 것은 성인의 지혜일 뿐이리라.

【주 해】

여기서는 반야의 자체는 상대적인 유·무가 끊겼음을 거듭 밝혔다.

반야는 본래 진실한 자체가 있으나 단지 차별적인 모습이 없으므로 보지는 못한다. 그 때문에 '진실이긴 하나 정말로 있는 것은 아니다'라고 말하였으며, 허령(虛靈)하여 번뇌가 고요히 사라지긴 했으나 관조의 작용은 변함없이 그러하다.

그러므로 '번뇌가 텅 비긴 했으나 실지로 없지도 않다'라고 말하였다. '있는 그대로 간직해 둘 뿐 시비의 의론을 하지 못한다' 한 말은 그 의미를 《장자》에서 인용하였다. 즉, 《장자》의 〈제물론〉에서는 '우주의 밖은 성인이 있는 그대로 간직해 둘 뿐, 이러쿵저러쿵 시비의 의론을 하지 않는다' 하였다.

논주는 이로써 반야의 경지는 일반 사람의 망정으로 알거나 볼 수 있는 세계가 아님을 밝혔다. 그러므로 있는 그대로 간직해 둘 뿐 시비의 의론이 불가능한데, 왜냐하면 언론으로는 그 경지에 도달하지 못하기 때문이다.

【원 문】

何者。欲言其有。無狀無名。欲言其無。聖以之靈。

【본 문】

무엇 때문에 반야는 유·무에 소속되지 않을까?

반야를 있다 말하려 하면 꼴도 명칭도 없으며, 없다고 말하려 하면 성인은 이로써 신령하기 때문이다.

【주 해】

여기서는 반야가 유·무에 소속되지 않음을 밝혔다.

반야는 자체의 모습이 있다 말하려 하면 모습으로 나타난 꼴이 없으므로 모습에 명칭을 붙이지 못하며, 그것은 없다 말하려 하면 성인은 모든 상황을 현묘하게 조감하면서 빠짐 없이 응용한다. 그러므로 상대적인 유·무로써 이름 붙이지 못한다.

【원 문】

聖以之靈。故虛不失照。無狀無名。故照不失虛。

【본 문】

성인은 반야로써 신령하기 때문에 마음에 번뇌가 텅 비었으나 관조의 작용을 잃지 않고, 관조의 작용은 있으나 형상도 명칭도 없기 때문에, 관조의 작용을 한다 해도 실지 자체의 텅 빈 마음을 잃지는 않는다.

【주 해】

여기서부터는 실지반야의 고요함과 관조반야의 작용이 하나의 근원이므로 반야의 자체와 그 작용이 쌍으로 드러나고, 방편과 실제가 아울러 나타남을 밝혔다.

자체가 텅 비어도 관조의 작용을 잃지 않는다면 고요하면서도 항상 관조하는 것이 된다. 그러므로 자체의 실지는 관조의 작용을 떠나지 않았고, 관조의 작용을 일으켜도 자체의 텅 빈 실지를 잃지 않는다면 관조하면서도 항상 고요하여 작용이 자체를 떠나지 않게 된다.

【원 문】

照不失虛。故混而不渝。虛不失照。故動以接麤粗。

【본 문】

관조하면서도 텅 빈 자체를 잃지 않기 때문에 만물과 혼융하면서도 담연한 자체의 실지는 변하지 않는다.

자체가 텅 비었어도 관조의 작용을 잃지 않기 때문에 걸핏하면 세간에 나타나 중생을 제접(提接)한다.

【주 해】

여기서는 방편의 관조와 실지반야가 아울러 나타남을 밝혔다.

관조의 작용을 일으키면서도 텅 빈 자체의 실지를 잃지 않기 때문에 방편의 관조반야로 외부의 세계에 감응하여 만물과 하나로 혼융하지만 그 자체는 변치 않고 담연하다. '투(渝)'는 변화한다는 의미이다.

자체의 실지는 텅 비어도 관조의 작용을 잃지 않기 때문에 실지를 내적으로 증오하였어도 중생을 제도하는 일을 버리지 않게 된다.

'추(麤)'는 삼계에 몸을 나타내어 중생의 종류를 따라서 감응해 주는 것을 말한다.

그러므로 관조의 작용이 더욱 깊어질수록 반야의 작용은 더욱 광대해지는 것이다.

【원 문】

是以聖智之用。未始暫廢。求之形相。未暫可得。

【본 문】

그러므로 성인의 실지가 일으키는 관조의 작용은 처음부터 잠시도 폐지하지 않았지만, 이를 구체적인 형상에서 찾아 본다면 잠시나마도 얻지 못한다.

【주 해】

여기서는 실지의 고요함과 관조의 작용이 동시인 의미를 성립시키고 결론지었다.

방편과 실지가 둘이 아니기 때문에 성인은 우주 만유에 가득차고 사생(四生)의 중생 속에 스며들어 단 일념(一念)에도 중생의 세계를 버리지 않는다. 그러나 실지반야가 작용하는 현상의 자취를 정말로 찾아 본다면 얻지 못한다.

【원 문】

故寶積日。以無心意而現行。放光云。不動等覺而建立諸法。所以聖迹萬端。其致一而已矣。

【본 문】

그러므로 《보적경(寶積經)》에서는 말하기를, '심의식의 사량분별 없이 전오식(前五識)으로 현행(現行)한다' 하였고, 《방광반야경》에서는 말하기를, '등각(等覺)에서 움직이지 않고 모든 만법을 건립한다'라고 하였다.

그러므로 성인이 감응한 자취는 만 가지 단서나 되지만 이르러 간 이치는 하나의 중도일 뿐이다.

【주 해】

여기서는 두 경전에서 인용하여 고요한 실지와 관조의 작용이 하나의 근원이라는 의미를 성립시키고 결론지었다.

가령 성인이 심의식의 조작으로 안다면 구체적인 형상이 있어서 그것을 얻을 수 있겠지만, 심의식의 사량분별 없이 전오식(前五識)으로 현행하기 때문에 삼계에 출현하시는 몸은 물 속에 어린 달처럼 실체가 없고, 설법은 골짜기에서 일어나는 메아리와도 같다.

이처럼 성인의 출현하신 몸을 볼 수 있고 그의 설법을 들을 수는 있지만, 그 실제를 찾아 본다면 얻지 못한다.

성인께서는 등각(等覺)의 위치에서 움직이지 않고 현상의 제법을 건립하기 때문에, 그 자리를 떠나지 않은 상태에서 법계에 충만하다. 그러므로 성인이 감응한 자취는 만 가지 단서이나 모두가 진여에 계합한 법신(法身)이 충만하게 퍼져 있을 뿐이다.

그러므로 '그 이르러 가는 이치는 하나의 중도일 뿐이다'라고 말했던 것이다.

【원 문】

是以般若可虛而照。眞諦可亡而知。萬動可卽而靜。聖應可無而爲。斯則不知而自知。不爲而自爲矣。復何知哉 復何爲哉。

【본 문】

그러므로 반야는 텅 비었으나 관조의 작용이 가능하며, 중도의 진제는 모습이 없어도 알 수가 있으며, 움직이면서 변화하는 현상의 모든 사물은 그 속에 나아가 고요할 수 있으며, 성인의 감응은 심의식의 작위가 없이 작위가 가능하다.

이는 알지 않으면서도 스스로 알며, 작위하지 않으면서도 스스로 작위하는 것이다. 다시 무슨 사량분별의 앎이 있겠으며, 무슨 인위적인 작위가 있겠는가?

【주 해】

여기서는 반야는 고요함과 관조가 둘이 아니므로 유·무를 긍정적으로 간직하기도 하고 부정적인 측면에서 동시에 끊기도 하여, 긍정과 부정이 서로가 하나의 중도로 융합하였음을 총제적으로 결론지었다.

이상 논변한 성인의 마음은 이처럼 자체와 작용이 쌍으로 드러난다. 그러므로 반야의 자체는 지극히 텅 비었지만 텅 빈 데에 나아가서 관조의 작용이 가능하다.

'망(亡)'은 단절이란 의미이다. 중도인 진제의 세계는 유·무의 모습이 끊기긴 했으나 끊긴 모습에 나아가서 중도의 이치를 알 수 있다. 움직이면서 변화하는 모든 현상이 분분하게 어지럽긴 하나 변화 속에 나아가서 고요할 수 있으며, 성인의 감응은 심의식의 작위가 없긴 하나 작위 없는 데 나아가서 작위할 수 있다.

이와 같다면 성인의 지혜는 알지 않으면서 스스로 알고, 작위하지 않는 상태에서 스스로 작위하게 된다. 왜냐하면 유·무를 동시에 간직하기도, 끊기도 하면서 간직과 끊음이 서로서로 하나의 중도로 융합하였기 때문에 자체와 작용이 둘이 아닌 것이다.

본문의 처음 '그러므로 반야는 텅 비었으나 만 가지로 움직이는 현상에 나아가서 고요할 수 있다' 까지는 유·무를 쌍으로 간직하였고, 그 다음부터는 유·무가 쌍으로 끊긴 이치를 나타냈다. '다시 무슨 사량분별의 앎이 있어 알겠으며, 다시 무슨 작위가 있겠는가' 하였는데, '성인의 마음은 앎도 없고, 작위도 없다' 한 것은 정말이었다 한 것이다.

이상으로 〈반야무지론〉의 본론은 끝이 났다. 다음부터는 문답을 통하여 의심을 결판하였는데, 열여덟 문단이 있다.

【원 문】

難曰。夫聖人眞心獨朗。物物斯照。應接無方。動與事會。物物事照。故知無所遺。動與事會。故會不失機。會不失機。故必有會於可會。知無所遺。故必有知於可知。必有知於可知。故聖不虛知。必有會於可會。故聖不虛會。旣知旣會。而曰無知無會者。何耶。若夫忘知遺會者。則是聖人無私於知會。以成其私耳。斯可謂不自有其知。安得無知哉。

【본문 및 주해】

따져 물어 보겠다[성인의 마음은 한결같이 앎이 있는데도 그 앎을 의식적으로 뽐내지 않을 뿐이다 하는 생각에서 이 문제를 따진 것이다. 앞에서 말하기를, '성인의 실지는 중도의 그윽한 이치를 끝까지 조감하나 앎이 없고, 신령한 관조반야를 외연에 감응하여 회합하는 작용은 있으나 사량분별의 사려는 없다'라고 하였기 때문에, 이 두 구절을 포섭하여 문제를 일으킨 것이다.

질문한 자가 의도하고 말한 것은 성인의 실지반야는 앎이 있고 관조의 작용으로 외연과 회합함도 있는데, 무엇 때문에 앎도 없고 회합함도 없다고 말하는가? 성인은 앎이 있어도 이를 의식하며 뽐내지 않을 뿐이다 한 것이다].

'성인의 진실한 마음은 홀로 명량하여 사물마다를 관조하면서 일정한 방향이 없이 응접(應接)한다.

움직였다 하면 현상의 사물과 회합하여 모든 사물을 관조한다. 그러므로 모든 대상의 세계를 일제히 관찰하여 빠짐없이 안다.

움직였다 하면 사물과 회합하여, 그 때문에 감응하여 회합했다 하면 외연의 상황을 잃지 않는다. 외연에 회합하여 그때 그때의 상황을 잃지 않기 때문에 반드시 회합할 만한 상황을 가려서 회합하며, 빠짐없이 알기 때문에 반드시 알 수 있는 마음으로 알 만한 세계를 안다.

반드시 알 만한 세계를 알기 때문에 성인은 부질없이 아는 것은 아니며, 회합할 만한 상황을 가려서 회합하기 때문에 성인은 헛되게 회합하지 않는다[이미 앎이 있고 회합함이 있다면 반드시 알 만하고 회합할 만한 대상의 세계가 있음을 말하였다. 이는 앎이 부질없이 아는 것이 아니며, 회합이 헛되게 회합함이 아니다. 다음에서는 이 문제를 정면으로 따졌다].

이처럼 이미 알고 이미 회합하였는데도 성인의 마음은 앎도 없고 회합함도 없다라고 말하는 것은 무엇 때문인가[여기에서는 정면으로 따져 물었다. 이미 앎도 있고 회합함도 있는데 없다라고 말하니 어찌 오류가 아니겠는가 하고, 다음에서 자기 논리의 타당성을 서술하였다]?

만일 성인이 앎을 잊고 회합함을 빠뜨렸다면 이는 성인이 앎과 회합에 사사로움이 없음으로써 자기의 사사로움을 이루었을 뿐이다[여기서는 자기의 입장을 구제하는 논리를 서술하였다. 만일 앎과 회합을 잊는 것으로써 자기 논리를 방어하며 구제한다면 이럴 경우 성인은 앎과 회합이 있긴 하나 이를 뽐내고 믿으면서 자기의 능력으로 여기지 않을 뿐이다. 그리하여 반대로 자기의 앎과 회합하는 명예를 무심 속에서 이룰 뿐임을 말하였다.

개인적인 사사로운 사욕이 없이 완전한 사사로움을 이룬다 한 말은 《노자》에서 나왔다. 《노자》에서는 말하기를, '자기의 몸을 뒤로 돌리지만 몸이 앞서가고, 자기의 몸을 소외해 버리지만 몸은 존재하며, 자기의 몸을 귀하게 아끼지 않지만 몸은 도리어 생존한다'라고 하였다. 즉, 성인은 자기의 앎과 회합을 뽐내면서 자기의 사사로운 개인적 욕심을 부리지 않는다. 그 때문에 사람들이 앎과 회합을 그에게 되돌리게 되는데, 실제로는 앎과 회합이 없는 것은 아니다].

이럴 경우 스스로 자기의 앎을 소유하지 않는다 말할지언정 어떻게 앎이 없을 수 있겠는가[여기에서는 논리를 한 바퀴 돌려 논주를 부정하였다. 만일 논주가 자기 입장을 구제하면서 말하기를, '성인은 자기의 앎과 회합함을 믿고 뽐내면서 자기의 장점으로 여기지 않는다. 이는 성인 스스로가 자기의 앎을 소유하지 않는다 말할지언정 어떻게 앎이 없다고 말할 수 있겠는가'라고 하였다. 다음의 답변에서는 알아도 앎이 없는 모습의 편에서 답변하였다]?

【원 문】

答曰。夫聖人功高二儀而不仁。明逾日月而彌昏。豈曰木石瞽其懷。其於無知而已哉。誠以異於人者神明。故不可以事相求之耳。子意欲令聖人不自有其知。而聖人未嘗不有知。無乃乖於聖心。失於文旨者乎。何者。經云。眞般若者。淸淨如虛空。無知無見。無作無緣。斯則知自無知矣。豈待返照。然後無知哉。若有知性空而稱淨者。則不辨於惑智。三毒四倒亦皆淸淨。有何獨尊於般若。若以所知美般若。所知非般若。所知自常淨。故般若未嘗淨。亦無緣致淨 歎於般若。然經云般若淸淨者。將無以般若體性眞淨。本無惑取之知。本無惑取之知。不可以知名哉。豈唯無知名無知。知自無知矣。是以聖人。以無知之般若。照彼無相之眞諦。眞諦無兎馬之遺。般若無不窮之鑑。所以會而不差。當而無是。寂怕無知。而無不知者矣。

【본 문】

그에 대해 답변하겠다[진제는 모습이 없지만 알 수 있는 것으로써 답변하였다. 우선 논리적으로 이치를 수립하였다].

성인의 자비하신 공로는 천지보다도 높지만 사랑한다고 여기지 않고, 밝음은 일월을 능가하지만 더욱 어둡다[자비의 공로가 천지보다 높다 한 것은 방편지의 관조로써 사물에 감응함을 말하고, 밝음이 일월을 능가한다는 것은 실지반야로 중도의 진제를 증오함을 말한다. 성인은 사물에 감응한다 해도 작위 없이 감응하기 때문에 사랑한다고 의식하지 않고, 인식으로 사례를 하지 않고 알기 때문에 그 자체인 실지는 더욱 어두운 것이다].

어찌 목석처럼 그 마음을 눈멀게 하여 앎이 없는 것으로써 끝날 뿐이겠는가[여기서는 성인의 앎이 없음은 무정물과 다름을 간별하였다. 앎이 없다고 말하나 목석과 동일하지 않다고 말하였다]?

실로 성인이 일반 사람들과 다른 점은 신명(神明) 때문이다. 그러므로 사상(事相)으로써는 찾지 못할 뿐이다[여기서는 유정인 중생들과 다르다고 간별하였다. 성인은 앎이 있다 말한다 해도 범부가 망정으로 앎이 있는 것과는 같지 않다].

그대의 의도로는 성인이 스스로 자기의 앎을 뽐내며 소유하지 않을지언정 성인은 미상불 앎이 있다라고 하고 싶어한다[여기서는 질문한 사람의 의도를 되풀이하여 살펴보았다].

그대가 이것으로써 옳다고 여긴다면 성인의 마음에 어긋나서 논문의 깊은 뜻을 잃음이 없겠는가[성인의 마음을 몰랐을 뿐만 아니라 논문의 종지마저 잃었다고 총체적으로 싸잡아서 책망하였다]?

무엇 때문에 그대가 잘못 되었는가 하면 경전에서 말하기를, '진실한 반야는 허공처럼 청정하여 앎도 볼 수도 없으며 조작도 반연함도 없다'라고 하였기 때문이다. 이는 안다 해도 자체엔 앎이 없음을 말한다. 어찌 도리켜 관조하여 단절되어 없기를 기다린 뒤에야 앎이 없겠는가[여기서는 경전에서 인용하여 증거를 대고 자기의 논리를 성립시켰다. 반야에는 미혹의 번뇌로 취하는 앎이 없을 뿐, 진실한 앎마저 끊겨서 없는 것은 아니다.

《대품반야경》 등의 문장에서 그 의미만을 인용하였다. 즉, 진실한 반야는 허망한 번뇌를 떠나 있으므로 그 자체엔 실날 만한 육진도 끊겼다. 그러므로 허공처럼 청정하며, 견사이혹(見思二惑)의 번뇌로 취하여 알지 않기 때문에 앎도 없고 견해도 없으며, 유위법이 아니기 때문에 조작도 반연도 없다. 이러한 이치로써 관찰한다면 반야의 진실한 앎은 홀로 관조하여 알아도 자체엔 앎이 없을 뿐이다. 어찌 신령하게 밝은 반야를 끊어 없애기를 기다린 뒤에 앎이 없겠는가]?

만일 반야는 앎이 있다 해도 그 자체는 성공이라 해서 청정하다라고 말했다 한다면[여기에서는 그가 논리를 돌려서 자기의 입장을 구제하는 것을 되풀이했다. 만일 그가 반야(般若)는 확실하게 앎이 있긴 하나 자체의 성품이 공하였기 때문에 허공처럼 청정하다고 경전에서 말했다 함을 말한 것이다], 이는 이혹(二惑)과 반야의 지(智)를 분간하지 못한 것이다[여기서는 그의 논리를 되받아 책망하였다. 즉, 그가 반야는 성공이기 때문에 청정하다 말했다 한다면 미혹과 지혜를 분별하지 못한 것이다.

왜냐하면 미혹의 번뇌도 성공이기 때문인데, 그렇다면 무엇 때문에 유독 반야만 청정하다고 칭찬하였겠는가라고 말하였다].

삼독(三毒)과 사전도(四顚倒)까지도 모두가 청정하리라. 무엇 때문에 유독 반야에만 홀로 존귀함이 있겠는가[만일 반야는 성공이기 때문에 청정하다고 말했다 한다면 삼독과 사전도까지도 모두가 성공이므로 청정하다 해야만 한다. 이와 같다면 반야의 진실과 미혹의 허망을 분간하지 못하는데 무엇 때문에 반야에만 홀로 존귀함이 있겠는가]?

가령, 반야가 알 대상인 진제가 청정하다 하여 이로써 반야를 청정하다고 찬미했다고 말한다면[여기서는 상대방이 논리를 돌려 자기의 입장을 구제하는 것을 서술하였다. 반야가 알 대상인 진제가 청정하다 하여 이 때문에 반야가 청정하다 말했다 한다면 한 것이다], 반야가 알 대상인 진제는 반야의 자체가 아니다[진제는 관찰할 대상의 세계이며, 반야는 주관적으로 관찰하는 마음이다. 주관적인 반야와 관찰할 세계인 진제는 하나가 아니므로 반야는 아닌 것이다].

알 대상인 진제는 자체가 항상 청정하다. 그러므로 반야가 일찌기 청정한 것은 아니다[진제가 청정하기 때문에 반야도 청정하다 했다 말한다 하자. 그러나 진제 자체에는 원래 항상 청정함이 있다. 지금 원래 청정한 진제가 상대적으로 관찰할 대상이 되었다면 상대적인 의존관계를 아직 잊지 못한 것이다. 이럴 경우 상대적 의존관계 때문에 반야가 청정하지 못하게 되는데, 청정한 진제가 반대로 반야에 누를 끼치게 된다].

만일, 진제가 청정했던 반야에 누를 끼쳤다면 진제의 청정 때문에 반야가 청정하다는 찬탄을 이르러 오게 할 이유는 없는 것이다. 그러나 경전에서 말한 '반야가 청정하다' 했던 것은 어찌 반야의 자체 성품은 진실청정하여 본래 이혹(二惑)으로 취하는 앎은 없으며, 이혹으로 취하는 앎이 본래 없다 해서 진실한 앎으로써마저 명칭하지 못한다 함은 아니였으리라[여기서는 경전에서 말한 의미를 정면으로 해석하였다. 반야가 청정하다 했던 것은 반야의 성품은 청정하여 이혹으로 취하는 앎은 본래 없으며, 이혹으로 취하는 앎이 없다 해서 진실한 앎으로써마저 명칭하지 못한다 함은 아니었다. 단지 허망한 앎이 없을 뿐, 진실한 앎마저 없지 않음이 이와 같은 것이다].

어찌 아무것도 모르는 무지(無知)로써 반야는 무지라고 말하였겠는가? 알아도 스스로 앎이 없는 것이다[무엇 때문에 유독 단절된 무지로써 무지라고 하였겠는가? 실로 반야의 진실한 앎에는 본래 이혹으로 허망하게 앎이 없었을 뿐이다].

그러므로 성인은 앎이 없는 반야로써 모습 없는 중도의 진제를 관조하여, 진제는 삼승을 빠뜨림이 없고, 반야는 진제를 끝까지 조감하지 않음이 없다.

그러므로 관조반야는 회합하여 어긋남이 없고, 일치하여도 이를 옳다고 의식함이 없으며, 실지반야는 고요하게 앎이 없으면서도 모르는 것도 없다.

【주 해】

여기에서는 상대방이 질문했던 의도를 결론적으로 답변하였다.

즉, 실지반야에서 일으키는 관조반야는 망상으로 앎이 없고, 관조할 대상인 진제의 이치는 모습이 없다. 앎이 없는 실지로 모습이 없는 진제의 이치를 관조하기 때문에 주관인 마음에도 같고 객관인 대상에도 같아서 한결 같은 중도가 일제히 공평하다. 그러므로 진제인 중도의 이치엔 삼승이 증득한 심천의 자취가 끊긴 것이다.

토끼와 말은 삼승 심천의 비유이다. 그러나 반야는 남김없이 철저하게 관조하기 때문에 끝까지 조감하지 않음이 없다.

이와 같기 때문에 방편의 관조반야는 모든 상황에 감응하여 회합하면서 어긋나지 않고, 부딪치는 일마다 중도의 이치와 일치하면서도 이를 의식적으로 옳다고 여김이 없다.

실지반야는 고요히 움직이지 않고 담박하여 작위가 없다. 그 때문에 앎이 없지만 모르는 것도 없는 것이다.

성인의 지혜는 이와 같다. 어찌 자기의 앎을 뽐내지 않는 것으로써 무지라 하겠으며, 다시 단절되어 아무것도 모르는 무정물의 무지로써 앎이 없다 하겠는가?

【원 문】

難曰。夫物無以自通。故立名以通物。物雖非名。果有可名之物。當於此名矣。是以卽名求物。物不能隱。而論云。聖心無知。又云。無所不知。意謂。無知未嘗知。知未嘗無知。斯則名教之所通。立言之本意也。然論者欲一於聖心。異於文旨。尋文求實。未見其當。何者。若知得於聖心。無知無所辨。若無知得於聖心。知亦無所辨。若二都無得。無所復論哉。

【본문 및 주해】

따져 보자[여기서는 이상 논변했던 두 가지 명제가 서로 위배한다는 점을 들어 따지고 물었다. 질문한 사람은 속제의 차별적인 측면에서 명칭으로 명칭의 실제 사물을 찾아 봄으로써 명칭과 실제가 서로 어긋나는 논리라고 힐난하였다. 다음에서는 두 명칭이 이치를 따라 성립하는 것으로써 답변하였다].

사물은 자체로써 소통하지 못한다. 그 때문에 명칭을 수립하여 사물을 소통한다[사물은 본래 명칭이 아니나 명칭에 의지하여 사물의 실제에 도달한다 하였다].

사물은 명칭이 아니긴 하나 명칭을 붙일 만한 사물이 정말로 있어야만 그러한 명칭에 일치할 수 있다[명칭은 헛된 것을 불러들이지 않고 반드시 사물이 있어야만 부르는 명칭에 일치할 수가 있다. 마치 갑·을을 부르면 그 명칭에 해당하는 사람이 있어야만 응답하는 경우와도 같다].

그러므로 명칭에 나아가 실체의 사물을 찾아보면 사물이 숨지를 못한다[여기에서는 자기의 논리를 수립하였다. 속제의 측면에서 명칭이 있으면 반드시 그에 해당하는 사물이 있는 것으로써 힐난하였다. 즉, 반야는 진실한 실제가 있는데도 앎이 없다고 말하는 것은 이는 부질없이 명칭만 있을 뿐 실제는 없는 것이다. 다음에서 거듭 힐난하였다].

그런데도 논문에서는 말하기를, '성인의 마음은 앎이 없다' 하였고, 다시 '모르는 것이 없다'라고 말하였다[여기서는 이 두 명제가 서로서로 위배함을 드러냈다].

나의 의도를 말해 보겠다. 반야는 앎이 없다고 말했다면 앎은 아니며, 앎은 무지가 아니다.

이러한 논리는 명분 있는 가르침에서 통용되는 것이며, 논리를 수립하는 근본 의도이기도 하다[따진 사람의 의도는 반야가 무지라고 말했다면 일찌기 앎이 있는 것은 아니며, 앎이 있다고 말했다면 무지는 아니다. 이는 명분 있는 가르침에서 논리를 수립하는 깊은 뜻이라 하였다].

그런데도 논문을 지은 사람은 성인의 마음을 하나의 중도로 만

들고 싶어하여 논문을 수립하는 깊은 뜻과는 차이가 났다. 논문을 연구해 보고 그 실제 알맹이를 찾아보았더니 그러한 논리의 온당성은 보이지 않는다[여기서는 정면으로 서로 위배한다 하였다. 즉, 성인의 마음이 하나라면 명제가 차이가 나서는 안 된다 하였다].

왜냐하면 앎이 성인의 마음에 계합했다면 무지는 변론할 필요가 없으며, 무지가 성인의 마음에 일치하였다면 앎 역시 변론할 필요가 없으며, 앎과 무지 이 둘 모두가 성인의 마음에 계합하지 못하였다면 다시 논변할 필요는 없으리라[여기에서는 성인의 마음은 단정코 하나에 위치해야 한다는 점을 묻고 따졌다. 즉, 앎이 성인의 마음에 계합했다면 앎이 없다는 말은 불필요하며, 무지가 성인의 마음에 계합하였다면 앎이 있음은 말할 필요가 없고, 앎이 있는 것과 앎이 없는 무지가 모두 계합하지 못하였다면 다시 논문을 지어 두는 일은 없어야 한다. 그런데 성인의 마음은 알아도 앎이 없다라고 말하니, 이 두 마디의 말은 서로가 위배하며 모순이 된다. 어찌 올바른 논변이라 하겠는가 하였다].

【원 문】

答曰。經云。般若義者。無名無說。非有非無。非實非虛。虛不失照。照不失虛。斯則無名之法。故非言所能言也。言雖不能言。然非言無以傳。是以聖人。終日言， 而未嘗言也。今試爲子狂言辨之。夫聖心者。微妙無相。不可爲有。用之彌勳。不可爲無。不可爲無。故聖智尊焉。不可爲有。故名教絶焉。是以言知不爲知。欲以通其鑒。不知非不知。欲以辨其相。辨相不爲無。通鑒不爲有。非有。故知而無知。非無。故無知而知。是以知卽無知。無知卽知。無以言異。而異於聖心也。

【본문 및 주해】

그 문제에 대해서 답변하여 말하겠다[이 두 가지 명제가 순조롭게 성립되는 것으로써 답변하였다. 모습이 없는 진제의 측면에서 관찰하기 때문에 명칭으로써 실제를 찾지 못함을 알아야 한다는 것으로써 그를 부정하였다].

경전에서는 말하기를, '반야의 의미는 명칭이 없고 설명할 수도 없으며, 실유도 아니고 실무도 아니며, 진실한 알맹이도 아니고 헛되고 부질없는 것도 아니다. 텅 비었지만 관조의 작용을 잃지 않고, 관조의 작용을 하면서도 텅 빈 실지를 잃지 않는다'라고 하였다.

이러한 반야는 명칭이 없는 법이다. 그러므로 언어로써 말할 수 있는 것은 아니다[여기서는 경전에서 인용하여 논리를 수립함으로써 상대방의 힐난을 부정하였다. 그러나 힐난한 사람은 명칭으로써 실제를 구하였다. 그 때문에 유지(有知) · 무지(無知)가 서로 위배하는 것으로써 따졌는데, 지금 논주는 경전에서 의미를 인용하여 말하였다.

즉, 반야는 명칭이 없기 때문에 실제로서 구하지 못하며, 설명할 수가 없기 때문에 말로써 반야의 실제를 얻지 못하여 유 · 무 · 허 · 실(有無虛實) 모두 아니라 하였다. 단지 자체가 텅 비긴 하였으나 관조의 작용을 잃지 않고, 만유에 관조의 작용이 감응하긴 하나 진제의 즈음을 떠나지 않았다. 이는 명칭이 없는 법으로서 원래 원어로는 전하지 못한다].

언어로는 표현하지 못하지만 그러나 언어를 빌리지 않으면 전할 수가 없다. 그러므로 성인은 종일 말을 해도 일찌기 말을 하지 않았다.

지금 시험삼아 그대를 위하여 광언(狂言)으로 이 문제를 논변해 보겠다[도는 본래 말이 없지만 언어가 아니면 나타나지 못한다. 성인은 말이 끊긴 도에 거처한다. 그러므로 종일토록 말을 한다 해도 일찌기 말을 하지 않았다. 지금 말이 끊긴 성인의 도를 시험삼아 광언으로 논변해 보겠다 하였는데, 이는 논변을 해도 실제는 말이 없다는 뜻이다].

유 · 무의 명칭이 쌍으로 끊긴 성인의 마음은[다음에서 질문자에게 정면으로 답변하고, 처음에는 성인의 마음은 유 · 무가 쌍으로 끊긴 것을 나타냄으로써 명칭을 부정하고 버렸다] 미묘하여 차별적인 모습이 없으므로 있다 하지 못하며[성인의 마음인 실지반야는 모습을 떠났으므로 속제를 명칭으로 구하는 데는 비교되지 않는다], 작용할수록 더욱 부지런히 움직이므로 없다 하지 못한다[방편지의 관조반야가 감응의 작용을 일으켜 사물의 마땅함을 잃지 않고 회합하므로 외도의 단멸한 공에는 견주지 못한다].

없다 하질 못하기 때문에 성인의 실지는 존재하며[신령한 앎이 홀로 관조한다], 있다 하지도 못하기 때문에 명교(名教)가 단절되었다[성인의 마음은 텅 비었으나 사물을 관조한다. 관조의 위대한 작용이 분명하지만 언어의 설명으로는 도달하지 못하며, 명칭과 언어의 길이 끊겼다].

그러므로 안다 말해도 앎이라 하지 못함은 그 조감하는 작용을 소통시키려 함 때문이며[텅 비었으나 관조를 한다. 때문에 안다 말해도 정말로 앎이 존재해 있는 것은 아니다. 단지 지 자(知字)를 빌려 조감하는 작용을 깨우치고 소통시킬 뿐이다], 몰라도 모르는 것이 아니라 한 것은 그 모습을 논변하고 싶어서일 뿐이다[모른다고 말하나 단절된 무지는 아니다. 단 무 자(無字)를 빌려 미혹으로 취하여 아는 모습이 없음을 논변했을 뿐이다].

미혹으로 취하여 앎이 없는 모습을 분별해 보면 아예 없지를 않으며[허망으로 아는 모습이 없을 뿐 진실한 앎이 단절되어 없는 것은 아니다], 조감하는 작용을 소통시켜 보면 있는 것도 아니다[텅 비었으나 사물을 관조하기 때문에 취할 만한 앎이 있는 것은 아니다].

취할 만한 앎이 있지 않기 때문에 알아도 앎이 없으며[진제를 관조하는 자체는 텅 비었기 때문에 알아도 취할만한 앎이 있지는 않다], 진실한 앎이 없지 않기 때문에 미혹의 앎이 없이 진실하게 안다[앎이 없지도 않다 말한 것은 허망한 앎이 없기 때문에 진실한 앎은 더욱 관조의 작용을 한다 한 것이다].

그러므로 앎이 바로 무지이며, 무지가 즉시 앎이므로 유지·무지의 말이 다르다 해서 성인의 마음에 차이는 없는 것이다[실로 성인의 마음은 진제를 끝까지 추궁하고 미혹이 다하여, 진실한 앎이 홀로 관조하면서 유·무의 양변에 떨어지지 않는다. 어찌 유·무를 동시에 부정한 데에 의탁한 말 때문에 성인의 마음이 달라지겠는가]?

【원 문】

難曰。夫眞諦深玄。非智不測。聖智之能。哉玆而顯。故經云。不得般若。不見眞諦。眞諦則般若之緣也。以緣求智。智則知矣。

【본문 및 주해】

물어보자[연회(緣會)로 앎을 찾는 문제로써 따졌다. 즉, 진제는 관조해야 할 객관인 소연(所緣)의 경지이다. 이미 대상으로서의 소연이 있다면 단정코 주관적인 능연(能緣), 즉 소연을 반연하는 지혜가 상대적으로 있으므로 앎이 없지 않음을 말한다].

진제는 심오하고 현묘하여 반야의 지혜가 아니면 헤아리지 못한다. 성인의 지혜로 관조할 수 있는 작용으로서의 능력이 여기에서 환하게 나타난다[지혜가 아니면 진제를 관조하지 못함을 말하였다].

그러므로 경전에서는 말하기를, '반야를 얻지 못하면 진제를 보지 못한다'라고 하였던 것이다. 진제는 능연인 반야로 반연할 소연(所緣)이다[진제의 경지와 반야의 앎이 분명하다].

소연의 진제로써 능연인 반야의 지혜를 찾아 본다면 반야는 진제를 앎이 있다[진제는 소연의 경지가 되고, 반야는 능연의 지혜가 된다. 소연의 진제로써 능연의 반야를 찾아 본다면 반야는 진제를 안다. 어찌 앎이 없다 하겠는가? 여기서는 주관인 마음과 객관인 경지가 상대적으로 의존하여 성립한 것으로써 따져 물었다].

【원 문】

答曰。以緣求智。智非知也。何者。放光云。不緣色生識。是名不見色。又云。五陰淸淨。故般若淸淨。般若卽能知也。五陰卽所知也。所知卽緣也。夫知與所知。相與而有。相與而無。相與而無 故物莫之有。相與而有。故物莫之無。物莫之無故。爲緣之所起。物莫之有。故則緣所不能生。緣所不能生。故照緣而非知。爲緣之所起。故知緣相因而生。是以知與無知。生於所知矣。何者。夫智以知所知。取相故名知。眞諦自無相。眞智何由知。所以然者。夫所知非所知。所知生於知。所知旣生知。知亦生所知。所知旣相生。相生卽緣法。緣法故非眞。非眞。故非眞諦也。故中觀云。物從因緣有。故不眞。不從因緣有。故卽眞。今眞諦曰眞。眞則非緣。眞非緣。故無物從緣而生也。故經云。不見有法 無緣而生。是以眞智觀眞諦 未嘗取所知。智不取所知。此智何由知。緣智非無知。但眞諦非所知。故眞智亦非知。而子欲以緣求智。故以智爲知。緣自非緣。於何而求知。

【본문 및 주해】

답변해 주겠다[여기서는 진제가 소연이 아니므로 반야는 앎이 없는 것으로써 답변하였다. 의도하고 말할 것은 진제는 연회(緣會)를 떠나 모습이 없기 때문에 이를 관조하는 반야도 앎이 아니라 한 것이다].

그대는 연회로써 반야를 구했으나 반야는 앎이 아니다[여기서는 상대방이 힐난한 것을 되풀이해서 그의 잘못을 배척하였다. 즉, 그대는 연회에 나아가서 반야를 찾지만 그러나 진제는 연회를 떠났기 때문에 반야도 앎이 아님을 말하였다].

왜냐하면 《방광반야경》에서 말하기를, '색온(色蘊)을 반연하지 않고 나오는 식(識)을 색온을 보지 않음이라 말한다' 하였고[《방광반야경》에서는 말하였다. 오음(五陰)의 인연으로써 분별식을 일으키지 않는 것을 오음을 보지 않음이라 말한다 하였는데, 이는 오음 때문에 분별을 일으키지 않는 자는 색온인 몸과 분별하는 심법을 떠났으므로, 때문에 몸과 마음의 모습을 보지 않음을 말한다. 이는 연회를 떠나서 아는 것은 연회로써 구하지 못한다 한 것이다], 또 '오음이 청정하기 때문에 반야가 청정하다'라고 하였다[청정은 공(空)의 다른 이름이다. 오음이 본래 공하였기 때문에 반야도 공하며, 반야가 공한다면 연회를 떠났으므로 앎이 있지 않다].

반야는 주관적인 앎이고 오음은 알 객관인데, 알 객관은 바로 연회이다[여기서는 반야의 앎과 소연의 연회를 해정(楷定)하여 반야는 연회를 떠났기 때문에 앎이 없음을 밝혔다. 연회로써 앎을 찾는다면 지금 반야는 능연(能緣)의 앎이며, 오음은 소연(所緣)의 경계이다.

그런데 지금 오음이 본래 공하다고 말했다면 알아야 할 소연은 아니며, 소연이 이미 공이라면 능연인 반야 또한 공이다. 반야가 공이라면 알아야 할 소연인 오음이 있지 않으므로 반야의 관조와 보아야 할 오온이 모두가 공이다. 그러므로 반야에는 알아도 앎이 없다 한 것은 연회의 외연을 따르지 않을 뿐이기 때문임을 알아야 한다].

주관적으로 아는 마음은 알아야 할 객관의 경계와 서로 함께 동시적으로 의존하여 존재하고, 서로 함께 일시에 없다. 서로 함께 없기 때문에 주관인 마음과 객관의 진실한 경계는 실제의 모습이 있을 수가 없으며, 서로 함께 있기 때문에 마음과 경계는 정말로 없을 수가 없다[마음과 경계가 대립하기 때문에 상대적인 의존 관계가 없지 않다].

마음과 경계가 없을 수 없기 때문에 허망한 외연을 따라서 주관·객관이 일어나며[마음과 경계를 잊지 못하면 허망한 외연이 이럴 경우에 일어난다], 마음과 경계는 정말로 있을 수가 없기 때문에 외연의 경계가 주관인 마음을 내게 하지 못한다[마음과 경계를 둘 다 잊으면 관조하는 반야의 자체가 독립하여 경계를 의지하여 있지 않고, 외연을 빌려서 나오지 않는다].

외연을 의지하여 마음이 일어나기 때문에 주관적인 앎과 객관의 외연이 서로 의지해서 발생한다[외연을 의지하여 일어난 허망한 마음이기 때문에 마음과 경계를 잊지 못하고, 앎과 외연이 서로 의지하여 나온다. 이는 허망일 뿐 결코 진실이 아니다. 다음에서는 쌍으로 결론짓고 해석하여 이를 성립시켰다].

그러므로 허망한 앎과 진지(眞知)인 무지(無知)는 진실과 허망에 동시에 통하는 알 경계[所知境]에서 나온다[위에서 마음과 경계가 서로 의존해서 있기 때문에 허망한 마음으로 객관의 모습을 취하고, 그러므로 허망한 앎이 있으며, 진지한 외연의 경계를 떠났기 때문에 앎이 없다 한 것을 풀이하고 성립시켰다. 이것이 망지의 앎과, 진지의 무지가 모두 마음과 경계를 의지하여 망지로 경계를 취함과 진지로 취하지 않음이 없을 뿐이다].

무엇 때문에 망지와 진지는 동시에 진·망에 통하는 소지경(所

知境)에서 나올까? 진실한 지혜가 주관적인 앎과 알 객관의 경계 때문에 대상의 모습을 취하였다. 그러므로 망지라고 말한다[주관의 지와 객관의 소지경이 있기 때문에 망지라고 말한다].

진제는 본래 취할 만한 모습이 없다. 진실한 지혜가 무엇을 따라서 진제의 모습을 알겠는가[진제는 차별적인 모습을 떠났기 때문에 진실한 지혜는 앎이 없는데, 진제에는 외연의 경계가 없기 때문에 반야의 진지에는 망지가 없는 것이다. 다음에서 진지와 망지를 각각 분별하였는데, 처음에는 망지를 분별하였다].

진지와 망지가 각각 있게 된 까닭은 알아야 할 허망한 소지경의 경계는 본래 공하기 때문에 본래 알 대상이 아니다. 허망한 소지경은 허망한 앎에서 나오며, 허망한 소지경이 허망한 앎을 내면 허망한 앎이 상대적으로 허망한 소지경을 낸다.

허망한 소지경과 허망으로 아는 마음이 상대적으로 발생했다면 상대적으로 발생한 것은 인연법이다[마음과 경계가 서로 의지하여 인연으로 발생하였다. 그러므로 상대적인 의존관계를 잊지 못하는데, 이는 인연법인 것이다].

인연으로 발생한 법이기 때문에 진실이 아닌 가유(假有)이며, 진실이 아닌 가유이기 때문에 진제는 아닌 것이다[질문했던 사람은 진제로써 소연의 경계를 삼았다. 지금 논주는 답변을 통해서 인연으로 발생한 것은 허망한 가유의 법이며 진제가 아닌데 어찌 소연경이 되랴 하였다].

그러므로 《중관론》에서도 말하기를[진지와 망지를 총체적으로 증거하였다], '사물은 인연을 따라 있기 때문에 진실하게 있지 않으며[여기서는 연생은 허망한 법임을 증거하였다], 인연을 따라 있지 않기 때문에 바로 진실이다[인연을 떠난 성공이라야만 진실임을 증거하였다. 다음에서는 진제를 나타냈다]'라고 하였다.

지금 진제를 진실이라고 말했다면 진실은 허망한 인연을 빌려서 나오지 않는다.

진제는 허망한 인연을 빌려서 나오지 않기 때문에, 인연이 아닌 진제로부터 반야의 앎이 나올 수는 없는 것이다[앞에서 질문했던 사람은 진제를 소연의 경계로 하기 때문에 주관인 반야에도 진제를 앎이 있다고 하였다. 지금 논주는 답변하기를, '진제는 인연을 떠났으며, 인연을 떠난 진제가 어떻게 반야의 앎을 낼 수 있겠는가'라고 하였다.

본문에서의 종연(從緣)은 종비연(從非緣)이라고 말해야만 하는데, 한 법도 인연 아닌 진제를 따라서 발생함은 없다는 것을 말하였다. 논주가 의도하고 책망한 것은 질문한 사람이 진제는 허망한 인연을 떠났다는 이치는 통달하지 못하고 허망한 마음으로 헤아렸다 한 것이다].

그러므로 경에서는 말하기를, '인연이 아닌 데서 발생하여 있는 법을 보지 못했다'라고 하였던 것이다`[윗 문장의 의미를 증거를 대고 성립시켰다. 인연이 아니고서는 사물을 낼 수가 없다면 진제는 인연을 떠났으므로 반드시 반야에게 앎을 내게 하지 못한다].

그러므로 진실한 반야로 중도의 진제를 관조하며 소지경인 진제를 취하진 않는다[진실한 반야로 진제를 관조하여 이를 대상으로 취하고 소지경으로 삼지는 않음을 말하였다].

진실한 반야가 소지경인 진제의 모습을 취하지 않는데, 이 반야가 무엇을 따라서 알겠는가[진실한 반야가 소지의 경계를 취하지 않았다면 이 반야가 무엇을 따라서 알겠는가 함을 말하였다]?

그러나 반야가 소지경을 앎은 없으나[여기서는 허물을 부정하였다. 즉, 진실한 반야는 소지경인 진제의 모습을 취하지 않을 뿐, 앎의 자체마저 단절되어 있는 것은 아님을 말하였다. 실로 반야는 절대 홀로 관조함으로써 알기 때문에 소지경을 상대적으로 의지함은 없는 것이다], 단지 진제는 소지경이 아닐 뿐이며[진제는 차별적인 모습이 없으므로 알 객관의 경계는 아닐 뿐이다], 그러므로 진실한 반야도 앎은 아니다 [진제가 소지경의 모습이 아니기 때문에 진실한 반야는 앎이 아니다. 이 두 구절은 반야무지의 오묘함을 극진하게 결론지었다. 다음에서는 반대로 책망하였다].

그런데도 그대는 허망한 인연법으로써 반야를 찾으려 하였다. 그 때문에 실지반야로써 안다 하였으나[그러나 반야는 분별이 없고, 허망으로 아는 것은 분별이 있다. 분별이 있는 허망한 앎을 분별이 없는 반야라고 한다면 진실과 허망이 분간이 되지 않는데 무엇으로써 질문을 일으킬 수 있겠는가 라고 하였다], 인연은 본래 인연이 아닌 진제가 아닌데 어디에서 앎을 구하겠는가[질문한 사람의 의도는 인연으로써 앎을 구하였기 때문에 논주는 지금 진제는 인연을 떠난 것으로써 답변하였다. 그러나 허망한 인연이란 인연이 아닌 진제는 아닌데 어디에서 앎을 구하겠는가 라고 하였다. 이는 소지경인 진제와 주관인 반야를 쌍으로 잊어, 주관 · 객관이 일제히 끊긴 것이다. 반야의 현묘한 종지가 여기에서 오묘함을 극치로 하였다]?

【원 문】

難曰。論云不取者。爲無知故不取。爲知然後不取耶。若無知故不取。聖人則冥若夜游。不辨緇素之異耶。若知然後不取。知則異於不取矣。

【본문 및 주해】

따져보자[앞에서는 소지경을 허망한 마음으로 취하지 않고 안다고 하였다. 지금은 유지(有知)와 무지(無知)를 취하지 않기 때문에 모두 잘못이라 하여, 유지와 무지를 쌍으로 연관시켜 따졌다].

논문에서는 말하기를, '소지경을 취하지 않는 것은[논문을 되풀이하여 거듭 따졌다] 소지경을 취하는 허망한 앎이 없는 무지이기 때문에 소지경을 취하지 않는다'라고 하였다. 그렇다면 소지경이 인연법의 허망임을 안 뒤에 취하지 않는 것인가[자기의 논리를 수립하여 명제를 정하고 다음에서 따졌다]?

만일 소지경을 앎이 없기 때문에 취하지 않았다면 성인은 어둡기가 깜깜한 밤에 거니는 것처럼 흑백의 다름을 분별하지 못하리라[여기서는 백치처럼 어리석은 무지이다].

만일 소경이 인연법의 허망임을 안 뒤에 취하지 않는다면 허망임을 아는 것은 취하지 않는 것과는 다르리라[만일 소지경이 허망임을 앎이 있다면 취할 대상으로서 허망이 아닌 사물이 상대적으로 있게 된다. 이는 이미 허망임을 앎이 있기 때문에, 허망이 아닌 진제를 취하지 않고 안다 말하기는 어렵다 하였다. 이상에서는 마음과 경지가 둘이 다르다는 것을 가지고 따졌고, 다음에서는 이에 대해 논주가 마음과 경지가 하나로 합하는 것으로써 답변하였다].

【원 문】

答曰。非無知故不取。又非知然後不取。知卽不取。故能不取而知。

【본문 및 주해】

답변해 주겠다[유·무를 쌍으로 부정하고 취하지 않음으로써 답변하였다].

백치처럼 어리석게 앎이 없는 무지이기 때문에 소지경을 취하지 않는 것은 아니며, 소지경이 허망임을 안 뒤에 취하지 않는 것도 아니다[유지 · 무지를 모두 부정하고 취하지 않았다].

관조의 앎이 바로 취하지 않음이다. 그러므로 소지경의 상대적인 모습을 취하지 않고도 홀로 진실하게 아는 것이다[여기서는 앎과 알면서 취하지 않음을 둘 다 긍정하였다. 아는 곳 그 자리에서 소지경을 취하지 않기 때문에 소지경을 취하지 않고도 안다 말하였다].

【원 문】

難曰。論云不取者。誠以聖心不物於物。故無惑取也。無取則無是。無是則無當。誰當聖心。而云聖心無所不知耶。

【본문 및 주해】

따져 보자[위에서 마음과 경지를 쌍으로 부정하는 말을 들었기 때문에 마음과 경지를 취하지 않으면 유지 · 무지가 함께 단멸의 공을 이룬다는 편에서 따졌다].

논문에서는 말하기를, '소지경의 모습을 취하지 않는 것은 진실로 성인의 마음은 소지경의 진제를 사물의 모습으로 집착하여 취하지 않기 때문이다. 그러므로 미혹으로 소지경을 취함은 없다'라고 말하였다[이상에서는 논리를 수립하였고, 다음에서는 따지는 문제를 전개하였다].

미혹의 마음으로 소지경을 취함이 없다면, 취하지 않음을 옳다고 긍정하는 의식도 없을 것이며[긍정인 시(是)는 사물이 틀리지 않고 옳다고 인가(印可)함을 말한다. 즉, 사물을 인가하는 주관적인 마음인 것이다], 옳다고 긍정하는 의식이 없다면 마음이 소지경의 진제에 일치함도 없으리라[일치한다는 당(當)은 사물에 감응하여 어긋나지 않고, 감응하는 주관적인 바탕이 빗나가지 않는다는 의미인데, 즉 소지(所知)의 경계에 일치함을 말한다].

그렇다면 뉘라서 성인의 마음에 해당하겠는가[알 만한 소지경이 없다면 뉘라서 성인의 마음에 해당하겠으며, 일치할 만한 소지경이 없다면 어찌 단멸의 공이 아니랴 하였다]?

그런데도 '성인의 마음은 모르는 것이 없다' 라고 말하겠는가[성인의 마음에 일치할 만한 소지경이 없다면 알 대상이 없는 단절된 공이다. 그런데도 모르는 것이 없다고 말하였으니 어찌 오류가 아니랴 하였다]?

【원 문】

答曰。然無是無當者。夫無當則物無不當。無是則物無不是。物無不是。故是而無是。物無不當。故當而無當。故經云。盡見諸法。而無所見。

【본문 및 주해】

그 질문에 대해서 답변해 주겠다[긍정[是]과 일치[當]를 혼합해서 답변하였다].

그대가 따진 주관적인 긍정도 없고, 일치할 객관도 없다 한 말이 옳긴 하나, 성인의 마음이 일정한 소지경의 모습에 일치함이 없다면 일치하지 않음이 없으며[일치한다는 것은 마음에 일치하는 객관의 경계이다. 하나의 소지경이 마음에 일치한다면 그 나머지의 소지경은 막혀서 두루 통하지 않겠지만 일정한 소지경이 마음에 일치함이 없다면 소지경이 고요하고 마음이 공하여 진실한 마음이 임의대로 보편하게 알게 된다. 그러므로 사물마다 일치하지 않음이 없는 것이다], 대상을 옳다고 인가하면서 주관적으로 취하는 마음이 없으면 사물마다 옳지 않음이 없다[대상을 옳다 긍정하고 주관적으로 그를 취하는 마음이 없다면 주관의 마음엔 허망의 번뇌가 비고, 소지경은 차별적인 모습이 고요히 끊겨 만법마다가 모두 진실이다. 그러므로 사물마다 옳지 않음이 없는 것이다].

사물마다 옳지 않음이 없기 때문에 옳다 해도 따로 옳음이 없으며[소지경이 심의식의 그림자일 뿐이라는 것을 분명히 안다면 마음과 경계를 둘 다 잊고 시비가 일제히 끊긴다. 그러므로 옳다 해도 옳음이 없는 것이다], 객관의 사물마다 주관에 일치하지 않음이 없기 때문에 주관인 마음에 소지경이 일치한다 해도 따로 일치함은 없다[소지경의 상분(相分)이 심의식의 그림자일 뿐이라면 마음 밖에 따로 별개로 존재하는 세계란 있을 수가 없다. 심의식의 그림자인 소지경은 심의식의 견분(見分)과 함께 반연한다. 그러므로 소지경을 관조한다 해도 소지경인 만법은 모두가 성공이다. 그 때문에 일치해도 일치함이 없는 것이다].

그러므로 경전에서는 말하기를, '모든 법을 끝까지 다 본다 해도 볼 대상이 없다'라고 말하였던 것이다[현상의 만법이 심의식의 그림자인 상분(相分)일 뿐이라면 변계소집(遍計所執)의 망정에 일치할 만한 하나의 법도 없다. 그러므로 의타기(依他起)의 모든 법을 다 본다 해도 볼 대상이 없는 것이다].

【원 문】

難曰。聖心非不能是。誠以無是可是。雖無是可是。故當是於無是矣。是以經云。眞諦無相。故般若無知者。誠以般若無有有相之知。若以無相爲無相。有何累於眞諦耶。

【본문 및 주해】

따져 보자[마음과 세계가 함께 끊겼다는 말을 듣고 드디어는 속제의 유를 버리고 진제의 무로 들어갔는가 하고 의심하였다].

성인의 마음은 주관적으로 옳다고 긍정하지 않는 것이 아니다. 옳게 여김이 없는 것으로써 옳게 여긴다[성인의 마음은 속제의 유를 버리는 것으로써, 이를 종지로 받아들이고 서술하였다].

옳게 여김이 없는 것이 옳게 긍정함이기는 하다고 인정해 주자. 그러므로 옳게 여김이 없는 것을 옳게 여기고 거기에 일치하게 된다[옳게 여기는 유로써 옳게 여김이 없는 무로 들어갔다고 여겼다].

이는 실로 반야는 허망한 유상(有相)을 앎이 없기 때문이다[여기에서는 경문의 정의를 해석하였고, 다음에서는 경문을 잘못 이해한 것으로써 거듭 힐난하였다].

만일 무상(無相)으로써 반야의 무상을 삼는다면 무상인 반야에 무슨 누를 끼침이 있겠는가[그가 의도하고 말한 것은 만일 허망의 가유법인 유상이 반야에서 누를 끼친다면 지금 무상으로써 반야의 무상을 삼는데, 다시 반야에 무슨 누가 되겠는가 하였다. 이는 반야의 진실한 앎이 대상이 끊긴 자리에서 절대 홀로 관조한다는 것을 통달하지 못하였다. 그러므로 단절된 무상으로써 반야라고 한 것이다]?

【원 문】

答曰。聖人無無相也。何者。若以無相爲無相。無相卽爲相。捨有而之無。譬猶逃峰而赴壑。俱不免於患矣。是以至人。處有而不有。居無而不無。雖不取於有無。然亦不捨於有無。所以和光塵勞。周旋五趣。寂然而往。怕爾而來。恬淡無爲。而無不爲。

【본문 및 주해】

그 질문에 답변해 주겠다[유를 버리고 단절된 무로 들어가는 것으로써 질문을 하자 무의 모습까지 함께 잊어버린 것으로써 답변하였다].

성인은 무상까지도 없다[질문한 사람은 반야를 단절된 무의 모습으로 알고 취하였고, 논주의 답변은 무의 모습까지도 없다 하여 질문한 사람의 의도에 총체적으로 답변하였다].

무의 모습까지도 무엇 때문에 부정되는가? 만일 단절된 무의 모습으로써 반야의 무상을 삼는다면[만일 반야를 무의 모습이라고 알고 그에 집착한다면 마음이 집착하고 안주할 대상이 있지만, 성인의 마음은 이와 같지 않다]. 무상이라고 알고 집착하는 모습이 바로 유상이 된다[만일 무상을 취하여 집착한다면 그 무상이 또 모습을 이룬다. 영가(永嘉) 스님은 말하기를, '유를 버리고 공에 집착함도 병통이긴 일반이다' 라고 하였다].

유상을 버리고 무상으로 가는 것을 비유해 보면 높은 산봉우리를 피하여 바다로 들어가는 것과 같아 양쪽 모두가 환란을 면치 못한다[이를 비유하면 물에 빠져 익사하는 것을 피하여 불 속으로 뛰어드는 것과 같다. 이는 외도의 단절된 공이다. 성인의 마음이 어찌 이와 같겠는가? 다음에서는 성인의 마음은 집착이 없음을 서술하였다].

그러므로 지인(至人, 성인)은 유에 처하여도 유에 집착하지 않고, 무에 거처해도 무에 집착하여 안주하지 않는다[성인은 유·무에 거닐기는 하나 유·무에 집착하여 안주하지 않는다. 이는 양쪽인 유·무의 이변에 안주하지 않는다 한 말에 해당한다].

유·뮤를 취하여 집착하지 않지만, 그러나 유·무를 버리지도 않는다[상대적인 유·무에 안주하지도 않고 유·무가 아닌 중도에도 안주하지 않는다].

그러므로 진로(塵勞)의 세계에서 마음의 광채를 조화시키고 《노자》에서 말하기를, '자기의 광채를 조화시켜 세속과 함께 한다' 하였다), 오취(五趣)의 세계를 두루 돈다[이는 작위할 수 있음을 말한다].

그리하여 고요하게 가고[근본의 즈음에서 움직이지 않고 일체의 세간에 감응하여 나타난다], 담박하게 와[모든 사물의 변화에 천류하지 않고 유·무가 끊긴 세계에 마음이 합하였다], 편안하고 담담하여 작위가 없으면서도 작위하지 않음이 없다[성인은 집착하여 안주함이 없는 것으로써 마음을 삼는다. 어떻게 이를 상대적인 유상과 무상으로서 비교하고 헤아리겠는가].

【원 문】

難曰。聖心雖無知。然其應會之道不差。是以可應者應之。不可應者存之。然則聖心。有時而生。有時而滅。可得然乎。

【본문 및 주해】

따져 보겠다[방편의 관조반야는 대상의 상황에 따라 생멸을 한다는 점을 들어 따졌는데, 이는 동정에 한결같이 여여함을 통달하지 못한 것이다. 그 때문에 이 논리를 수립하여 따진 것이다].

성인의 마음은 허망을 취하는 앎이 없긴 하나, 그러나 외연에 감응하여 상황에 회합하는 방편의 도는 어긋나지 않는다[여기서는 논문의 종지를 받아들였다].

그러므로 감응해 줄 만한 상황에 감응을 해주고, 감응해선 안 될 것은 있는 그대로 둔다[여기에서는 성인의 마음이 상황의 가부를 간택함이 있으리라고 의심하였다. 때문에 상황에 따라 감응의 마음이 나옴도 있고 사라짐도 있다고 여겼던 것이다].

이와 같다면 성인의 마음은 때로는 발생해 나오고 때로는 사라짐도 있다. 이와 같다 할 수 있겠는가[감응하는 마음이 나와도 본래 나옴이 없다는 것을 분명히 알지 못하였다. 때문에 이 논리를 수립하여 따졌다]?

【원 문】

答曰。生滅者。生滅心也。聖人無心。生滅焉起。然非無心。但是無心心耳。又非不應。但是不應應耳。是以聖人應會之道。則信若四時之質。直以虛無爲體。斯不可得而生。不可得而滅也。

【본문 및 주해】

답변을 해 주리라[성인의 마음은 본래 생멸(生滅)이 없는 것으로써 답변하였다].

생멸하는 것은 생멸하는 마음이다[이는 범부의 마음이다. 성인이 어찌 이와 같겠는가].

성인은 심의식이 없는데 생멸이 어디에서 일어나겠는가[생멸이 없는 성인의 마음을 진실하게 나타냈다]?

그러나 무정물인 목석처럼 마음이 없는 것은 아니다. 다만 생멸하는 심의식으로써 마음을 삼음이 없을 뿐이며, 또 대상에 감응하지 않는 것이 아니다. 감응하지 않음으로써 감응할 뿐이다[느낌을 따라서 감응할 뿐, 사물을 의식적으로 맞이하거나 전송하는 마음이 없다].

그러므로 성인의 방편이 관조반야로 외연에 감응하여 회합하는 도는 춘하추동 사시절이 무심하게 어김없이 운행하는 실제처럼 확실하다[질(質)은 실제의 의미이다. 성인의 마음은 조건 없이 사물에 감응하기 때문에 느낌이 부딪치기만 하면 바로 사물에 통한다. 이는 마치 골짜기에서 울리는 메아리와 물 속에 어린 달과도 같다. 그 때문에 사시절의 실제처럼 확실하여 적시에 감응함을 잃지 않는다].

곧장 경지가 고요하고 번뇌가 사라진 허무(虛無)로써 자체를 삼을 뿐이다. 이는 발생한다 하지 못하고 사라진다 하지도 못한다[경계가 고요하고 번뇌가 사라진 진여로써 외연을 따라 감응해서 나타난다. 그러므로 성인의 마음엔 본래 생멸이 없는 것이다].

【원 문】

難曰。聖智之無。惑智之無。俱無生滅。何以異之。

【본문 및 주해】

따져 보자[성인의 마음은 생멸이 없다는 말을 듣고 미혹과 반야가 함께 공함을 통달하지 못했다. 그 때문에 이 문제로써 거듭 힐난한 것이다].

성지(聖智)가 없고, 혹지(惑智)도 없어[앞에서 말하기를, '성지는 미혹으로 취하는 앎이 없다' 하였다. 그 때문에 혹지도 성지처럼 없는 것이라고 의심하였다], 근본실지(根本實智)인 성지(聖智)와 후득권지(後得權智, 관조반야)인 혹지(惑智)가 모두 생멸이 없다면 무엇으로써 이를 다르다고 하겠는가[성지인 근본실지는 신령하게 조감하며 홀로 관조하여 본래 스스로 앎이 없다. 그러므로 성지는 앎이 없다고 말하였다.

혹지인 후득권지는 무명(無明)을 관조하고 타파하여 허망한 미혹이 본래 공하였다. 그 때문에 미혹으로 취하는 앎이 없다.

이 둘 모두가 앎이 없다면 없다고 한 의미를 어떻게 분별해야 할지 식별하지 못하겠다 하였다. 그 때문에 여기에서 질문을 하였다]?

【원 문】

答曰。聖智之無者 無知。惑智之無者 知無。其無雖同。所以無者異也。何者。夫聖心虛靜。無知可無。可曰無知。非謂知無。惑智有知。故有知可無。可謂知無。非曰無知也。無知。卽般若之無也。知無卽眞諦之無也。是以般若之與眞諦。言用卽同而異。言寂卽異而同。同故無心於彼此。異故不失於照功。是以辨同者同於異。辨異者異於同。斯則不可得而異。不可得而同也。何者。內有獨鑒之明。外有萬法之實。萬法雖實。然非照不得。內外相與。以成其照功。此則聖所不能同。用也。內雖照而無知。外雖實而無相。內外寂然。相與俱無。此則聖所不能異。寂也。是以經云。諸法不異者。豈曰續鳧截鶴。夷嶽盈壑。然後無異哉。誠以不異於異。故雖異而不異也。故經云。甚奇世尊。於無異法中。而說諸法異。又云。般若與諸法。亦不一相。亦不異相。信矣。

【본문 및 주해】

답변해 주리라[먼저 지혜와 미혹을 쌍으로 분별하여 공의(空義)의 심천을 보여 주었다].

성지가 없다 함은 앎이 없다 함이고[진실한 앎으로 홀로 관조하여 마음과 경계를 둘 다 잊었기 때문에 앎이 없는 무지라고 말하였다], 혹지가 없다는 것은 허망한 앎이 본래 없다 함이다[방편의 관조반야는 미혹으로 취하는 허망한 앎은 본래 없음을 관조하여 타파하였다. 때문에 없음을 안다고 말하였다].

이 둘이 없음은 동일하나 없는 원인은 다르다[성지는 천연적으로 앎이 없으므로 관조의 공능을 빌리지 않으며, 혹지는 관조의 수행을 의지해서 얻는다. 그 때문에 없다 한 의도는 동일하나 그 원인은 다른 것이다].

무엇 때문에 이 둘이 동일하지 않겠는가？ 성인의 마음은 번뇌가 텅비고 고요하여 무지를 알 만한 것도 없으므로 무지(無知)라는 말은 가능하나 미혹이 없음을 관조하여 안다[知無]함을 말한 것은 아니다[성인의 진실한 마음은 홀로 명랑하여 고요히 움직이지 않아 허망한 법이란 절대로 없다. 그 때문에 무지라고 알 만한 것도 없어 무지라 말함은 가능하나 지무(知無)라고 말해서는 안 된다 하였다].

혹지는 관조의 작용으로 앎이 있다. 그 때문에 허망한 미혹이 본래 없음을 안다. 이는 허망한 미혹이 본래 없음을 조파(照破)하여 안다는 말은 가능해도 성지의 무지를 말함은 아니다[후득권지는 미혹을 관조하는 작용을 일으켜 미혹의 허망이 본래 성공임을 요해한다. 이는 허망이 본래 없음을 안다 말함은 가능해도 본래의 무지를 알 만한 것도 없다 말하지는 못한다].

성지의 무지는 반야의 무지이며[반야에는 본래 모든 허망이 끊겼기 때문에 혹지의 지무(知無)라고 설명하지 못한다], 혹지의 지무(知無)는 진제의 무지이다[지무란 진제에는 허망한 앎이 없음을 말한다].

그러므로 반야와 진제는[여기서부터는 반야인 마음과 진제인 경계를 합하여 밝혔다. 성지의 고요함과 혹지의 관조작용의 동이점을 호합하였는데, 우선 동이를 쌍으로 밝혔다], 혹지의 작용을 말한다면, 성지의 고요함과 동일하면서 다르고[고요한 성지에 나아가서 혹지의 관조를 일으킨다], 성지의 고요함을 말한다면, 혹지의 다름에 나아가 동일하다[관조의 작용에 나아가 고요하다].

고요함은 혹지의 다름에 나아가 동일하기 때문에 피차에 무심하며[피차는 마음과 경지이다. 혹지의 작용이 다른 데 나아가서 성지의 고요함과 동일하다면 마음과 경계가 쌍으로 끊긴 것이다], 작용은 성지의 고요함에 나아가 다르기 때문에 관조하는 공능을 잃지 않는다[경계와 반야가 분명하다].

그러므로 성지의 고요한 측면에서 분별하면 작용의 다름에 나아가서 동일하며[동일하지 않은 혹지의 작용과 성지의 고요함이 동일하다], 혹지의 작용이 다른 측면에서 분별하면 동일한 성지의 고요함에서 관조의 작용이 다르다[성지의 고요함이 다르지 않는데 나아가서 관조의 작용이 다르다. 이는 마음과 경계를 함께 간직하고 관조의 작용이 동시인 것이다].

이는 성지의 고요함과 혹지의 작용을 다르다 하지 못하고 동일하다 하지도 못한다[고요함과 작용이 함께 쌍으로 끊겼다. 그러므로 동이로써 명칭을 단정하지 못한다].

무엇 때문에 고요함과 작용을 동이로써 명칭하지 못하는가? 성지의 고요함 안엔 절대 홀로 작용하며 조감하는 밝음이 있고[관조하는 자체인 성지가 독립함은 고요이다], 밖으로는 만법의 진실이 있기 때문이다[만법이 모두 진실임은 작용이다].

밖으로 있는 만법이 진실이긴 하나 관조의 작용이 아니면 그 실제를 얻지 못한다[만법이 진실이긴 하나 실지의 관조가 아니면 그 진실인 진제를 얻지 못한다].

안으로는 성지의 마음과 밖으로는 진실인 만법의 경계가 서로 함께 하면서 관조의 공능을 성취한다[실지는 진실한 만법의 경계를 얻어야만 관조의 작용이 전체로 나타나고, 경계인 만법은 실지를 얻어야만 진상(眞常)이 홀로 드러난다. 그러므로 안으로는 성지의 마음과 밖으로는 진실한 만법의 경계가 서로 함께 관조의 공능을 이룬다 말하였던 것이다].

이는 성지의 고요함이 관조의 작용과 동일하지 못함이니 작용이며[만법의 경계가 아니면 성지가 나타날 수 없다. 그러므로 동일하지 못하다], 안으로는 만법의 진실을 관조하는 작용으로서의 공능이 있긴 하나 앎이 없다[상대적으로 의지하는 앎은 있지 않다].

밖으로의 만법이 진실이긴 하나 진실은 모습이 없다[제법의 실제 모습은 성공이므로 차별적인 모습으로썬 찾지 못한다. 그 때문에 모습이 없다고 말하였다].

내적으로 성지와 외적으로 만법의 진실이 고요하여[내적으로 성지는 앎이 없고 외적으로 만법의 진실한 경계는 모습이 없다. 그러므로 고요하다 말하였다], 이 둘이 서로 함께 없다[내적으론 성지의 마음이 공하기 때문에 객관인 경계가 고요하며, 경계가 고요하기 때문에 마음도 따라서 공적하다. 그러므로 마음과 경계가 서로 함께 하나의 중도로 일제히 공평한 것이다].

이는 성지의 고요함이 관조의 작용과 다르지 못한 것이니, 고요함이다[고요하다면 마음과 경계가 쌍으로 없어진다. 그 때문에 고요함이 관조의 작용과 다르지 않은 것이다].

그러므로 경에서는 말하기를, '모든 작용하는 차별적인 법이 실상반야의 고요함과 다르지 않다'라고 하였던 것이다. 이는 어찌 학의 긴다리를 절단하여 짧은 오리 다리에 잇고, 산악을 깍아서 골짜기를 메운 뒤의 다름이 없음을 말하였겠는가[고요함이 작용과 본래 다르지 않음을 인용하여 증거하였다.

《대품반야경》에서 말하기를, '모든 법은 차별적인 모습이 끊겨 고요로서의 하나의 모습도 아니고, 작용으로서의 다른 모습도 아니다'라고 하였다. '어찌……말하였겠는가'는 고요가 작용과 다르지 않음을 인용하고 풀이하였다.

《장자》에서 말하기를, '오리의 다리가 짧다 해도 이어주면 근심하고, 학의 다리가 길다 해도 절단하면 슬퍼한다'라고 하였다. 이는 천연적으로

길고 짧게 태어났으므로 재제하여 가지런하게 할 필요가 없음을 말하였다. 산은 높고 골짜기는 낮아 본래 스스로 일정하다. 그러므로 높은 산악을 깎아서 낮은 골짜기를 메울 필요는 없다.

논주가 이를 인용한 의도는 모든 법의 당체가 진상으로서 본래 차별이 없다한 것이다. 이는 《법화경》에서 '이 법이 법의 위치에 안주하여 생멸하는 세간의 모습이 상주불변의 진상이다' 한 말에 해당하는 것으로서 인위적인 조작을 의지한 뒤에 일제히 공평함은 아니다.

진 · 속 이제에 둘로 나눠지 않는 실지반야로써 진 · 속 이제가 하나의 진실인 세계를 관조하였기 때문에 만법마다 본래 다르지 않은 진상임을 말하였다. 이는 자연히 작용이 본래의 실상과 다르지 않은 것이지 인위적으로 안배한 뒤에 다르지 않은 것은 아니다]?

고요의 동일함이 작용의 다름에서도 다르지 않기 때문에 작용이 다르다 해서 고요의 동일함마저 다르진 않다[경계가 다르다 해서 그 마음마저 다르지 않다. 때문에 경계가 마음을 따라서 하나이며, 하나의 동일함이 경계의 다름에 나아가서 동일하기 때문에 작용은 달라도 고요한 동일함은 다르지 않다고 말하였다].

그 때문에 경에서 말하기를, '매우 기이하십니다, 세존이시여. 다름이 없는 실제법 가운데서 모든 법의 다름을 설명하시는군요'라고 하였던 것이다[일진법계를 의지해서 한량없는 차별법문을 연설하셨다. 그러므로 '다름이 없는 실제법 가운데서 모든 다른 법을 설명한다'라고 말하였다].

또 말하기를, '반야와 모든 법은 하나의 모습도 아니고, 다른 모습도 아니다'라고 하였는데, 이는 확신할 만하다 하겠다[하나도 아니고 다르지도 않음을 인용하여 증명하였다. 《대품반야경》에서 말하기를, '세존이시여, 무엇 때문에 다름이 없는 법 가운데서 모든 법의 다름을 연설하십니까'라고 하였고, 또 말하기를, '모든 법은 모습이 없어 하나의 모습도 아니고, 다른 모습도 아니다'라고 하였다.

이로써 알 수 있는 것은 모든 법이 무에서 하나이나 유에선 다르다라고 단정하는 것은 외도의 빗나간 견해라는 점이다. 제법을 반야로써 관찰해 본다면 하나도 아니고 다르지도 않다. 실상반야의 이치가 여기에서 극치를 이루었다 하리라].

【원 문】

難曰。論云。言用則異。言寂則同。未詳。般若之內。則有用寂之異乎。

【본문 및 주해】

따져 보자[고요함과 작용에 대해서 듣고 나더니 드디어는 이것이 둘이 있는가 하고 의심하였다. 그 때문에 따져 물었다].

논문에서는 말하기를, '작용을 말하면 고요와 다르고, 고요를 말하면 작용과 동일하다' 라고 하였는데, 자세히 모르겠다. 반야의 안에 고요와 작용의 다름이 있는지를[동정이 하나의 근원임을 통달하지 못하였기 때문에 고요와 작용이 양쪽으로 다른가 하고 의심하였다].

【원 문】

答曰。用卽寂。寂卽用。用寂體一。同出而異名。更無無用之寂。而主於用也。是以智彌昧。照逾明。神彌靜。應逾動。豈曰明昧動靜之異哉。故成具云。不爲而過爲。寶積曰。無心無識。無不覺知。斯則窮神盡智。極象外之談也。卽之明文。聖心可知矣。

【본문 및 주해】

그에 대해 답변하겠다[고요와 작용이 하나의 근원으로 이르러 감으로써 답변하였다].

작용의 다름이 바로 고요의 동일함이며, 고요가 바로 작용과 상즉 관계이다. 작용과 고요는 동일한 근원에서 나왔으나 명칭이 다르다[동일한 데서 나왔으나 이름이 다르다는 말은 《노자》에서 나왔다. 《노자》의 의도는 유·무가 하나의 현묘함에서 동일하게 나왔다 하였다. 여기서 논주가 의도하고 말한 것은 고요와 작용의 한마음이 근본인데, 동과 정의 편에서 다르게 말했을 뿐이라 하였다].

작용 없는 고요함이 따로 작용의 주체가 되는 것은 없다[고요의 자체에 반드시 관조의 작용이 있어, 이는 마치 밝은 거울과 같아 광명한 거울에서 관조의 작용이 없지 않은 것과 같음을 말하였다].

그러므로 성지가 고요히 어두울수록 관조의 작용은 더욱 밝아지고[여기서는 실지반야에서 일어난 관조반야로 진여의 이치를 관조하여 소지경인 진제가 끊겼음을 말하였다. 그러므로 성지는 더욱 고요하게 어두운 것이며, 고요하게 어두울수록 실지의 진실한 밝음이 더욱 발현하므로 관조가 더욱 밝다라고 하였다. 이는 고요의 실지에 상즉한 관조의 작용이다], 신령한 관조 반야가 실지에서 고요할수록 감응의 작용은 더욱 움직인다[실지가 더욱 고요하기 때문에 방편의 작용도 일정한 방향에 국한되지 않는다. 여기서는 작용이 자체를 떠나지 않았음을 말하였다. 그 때문에 '감응의 작용은 더욱 움직인다'라고 하였다].

어찌 작용하면 밝고 고요하면 어두움이 다르다고 말하겠는가[고요와 작용이 둘이 아닌 일심임을 총체적으로 결론지었다]?

그러므로 《성구경(成具經)》에서 말하기를, '작위하지 않으면서 지나치게 작위한다' 하였고[이는 방편의 관조반야가 실상반야에 상즉한 관조반야임을 증명하였다], 《보적경(寶積經)》에서 말하기를, '사량분별하는 심의식이 없지만 깨달아 알지 않음이 없다[여기서는 허망한 사량분별을 떠난 실지반야를 증명하여 실지의 고요함에 상즉한 관조의 작용을 나타냈다]라고 하였던 것이다. 이는 신령한 관조반야의 작용으로 사물의 진실을 끝까지 조감하고 실지반야로 진여의 이치를 극진히 관조한 사상(事象) 밖으로 극치에 이른 담론인 것이다[두 경전에서 인용하고 해석하여, 고요와 작용이 일심에 근본한 극치로서 사상 밖의 담론임을 쌍으로 밝혔다].

이러한 이치로써 나아가 논문의 종지를 밝힌다면 성인의 마음을 알리라[이로써 관찰한다면 모든 의심이 얼음녹듯 하리라].

1. 유유민 서문부(劉遺民書問附)

*유유민(劉遺民)이 편지로 질문한 것을 부록으로 붙인다.

【원 문】

遺民和南。

【본 문】

유민(遺民)은 화남(和南) 하노이다.

【주 해】

《조론신소(新疏)》를 조사해 보았더니, 공(公)의 이름은 정지(程之), 자(字)는 중사(仲思), 다른 호는 유민이라 불렀는데, 이 말은 그 시대에 소외된 백성임을 의미한다. 그는 팽성(彭城) 사람이며, 한(漢)나라 초원왕(楚元王)의 후예이다.

외적으로는 제자백가서를 잘하였고, 내적으로는 불교의 이치를 연구하였다. 일찌기 시상(柴桑) 고을의 현령이 되었으며, 그때 환현(桓玄)의 역모가 싹트는 조짐을 보고 탄식하여 말하였다.

"진(晋)나라의 왕실은 반석 같은 견고함이 없고, 억조창생들에게는 누란(累卵)의 위태로움이 있구나."

이로 인해 유생(儒生)인 차종(次宗)·종병(宗炳)·주속지(周續之)

등 당대의 명사들과 함께 세속을 버리고 여산(廬山)으로 가서 혜원 스님을 사사하였다.

그들은 당시 십팔현(十八賢)이라 불렸으며, 여산에서 백련사(白蓮社)를 결사(結社)하고 정진하면서 나라에서 부르는 명령도 아랑곳하지 않았다.

당시 태위(太尉)였던 유유(劉裕)가 그의 소박한 목적이 충막(沖邈)함을 보고 그를 고상하게 예우하였다.

그때 도생 법사(道生法師)가 관중 지방의 장안으로 들어가 나집대사에게 배우면서 논주와는 막연한 친구 사이로 지냈다.

도생이 남쪽 여산으로 되돌아가서 〈반야무지론〉을 꺼내어 여산 백련사 결사 대중들에게 보여 주었더니, 유민이 이를 보고 탄복을 하였다. 이로 인해 혜원 스님께 드렸더니 혜원은 한탄하며 말하였다.

"이런 논문은 일찌기 있지 않았었다."

이 편지의 내용은 유유민이 질문한 것이긴 하나 혜원의 심오한 의도를 대변한 것이기도 하다.

【원 문】

頃餐徽聞。有懷遙佇。歲末寒嚴。體中如何。音寄壅隔。增用抱蘊。弟子沈痾草澤。常有弊瘵耳。因慧明道人北遊。裁通其情。

【본 문】

지난날에 공의 아름다운 명성을 듣고 그리워하면서 멀리서 바라본지가 오래입니다. 한 해가 저물어 가는 엄동설한에 몸은 어떠하신지요. 서로의 소식이 막혀 그리운 마음만 더욱 쌓일 뿐입니다.

제자는 초야에서 깊이 병들어 늘 아픈 몸으로 지내다가, 혜명도인(慧明道人)이 북쪽으로 유학을 떠난 것으로 인해 겨우 나의 정을 통합니다.

【주 해】

반야의 심오한 종지를 물으려 하면서 우선 문안과 흠모하는 회포를 서술하였다. 즉, 지난날 공의 아름다운 명성을 듣고 마치 목마르고 배고픈 사람이 음식을 얻은 것과 같았다. 그러므로 찬(餐)이라 말하였다. 뵙기를 원하는 그리움이 있었으나 뵙지는 못하고 멀리서 상상으로 바라보며 기다렸다. 때는 한 해가 끝나갈 무렵의 겨울인데 공의 도체는 어떠한지 자세히 모르겠다. 그러나 편지를 부탁해 띄울 만한 사람이 부족하여 매일 같이 사모하는 정만 더욱 쌓여갔다. 도리켜 생각해 보니, 병든 몸으로 초야에 누워 멀리까지 찾아가 직접 방문하지 못하여 그리운 정이 전달되지 못하였다. 요즈음에서야 혜명도인이 북쪽으로 유학을 떠나기 때문에 겨우 한 번 나의 정을 통할 수 있었음을 말하였다.

여기서는 직접 뵙지는 못하고 상상으로 그리워하는 마음이 이와 같음을 서술하였다.

【원 문】

古人不以形疏致淡。悟涉則親。是以雖復江山悠邈。不面當年。至於企懷風味。鏡心象跡。佇悅之勤。良以深矣。緬然無因。瞻霞永歎。順時愛敬。冀因行李。數有承問。

【본 문】

옛 사람들은 외형의 소속된 모습이 소원하게 멀다 하여 서로의 사이를 담담하게 여기지 않고 깨달음의 세계에서 거닐기만 하면

친근하게 지냈습니다. 그러므로 강산의 거리가 아득히 멀어 당년에 뵙지는 못했습니다만 공의 도풍(道風)과 법미(法味)를 그리워하고, 거울 같은 마음으로 상적(象跡)을 관조해 주심을 바라보는 데에 이르러서는 오랫동안 지배하며 기대하는 마음이 날로 깊어만 갑니다.

아득히 멀리 떨어져 직접 뵐 수는 없다 해도 멀리 북쪽에 드리워진 연하(煙霞)를 바라보며 장탄식을 합니다. 때로 사랑하고 존경하는 저의 마음을 따라 길을 떠나는 사람 편에 자주 소식 주시기를 바라옵니다.

【주 해】

여기서는 뵙지 못하고 사모하는 정을 서술하였다. 옛 사람들은 외형으로 드러난 자취가 소원하다 하여 서로 사모하는 마음까지 무관심하게 담담한 데에 이르진 않았다. 굳이 서로가 마음만 깨달음의 세계에 일치하면 멀리 떨어져 있다 해도 친근하였다. 그러므로 산천이 아득히 멀어 지난날 서로의 얼굴을 대면하지 못했다 해도 도풍과 법미를 사모하고, 거울 같은 마음으로 외형의 상적을 관조하기를 바라는데 이르러서는 항상 마음 속에서 벗어나지 않았다. 그러므로 오랫동안 부지런히 기대하는 마음이 매일같이 더욱 깊어만 갔다. 이는 상상으로만 간절히 흠모하기 때문이다.

나의 개인적인 마음은 아득히 떨어져 있다 해도 잊진 않지만, 한 번 뵐 기회가 없어 멀리 북쪽 관중지방의 진령(秦嶺)에 낀 연하를 바라보며 더욱 장탄식을 할 뿐이다. 때로 사랑하고 존경하옵는 저의 마음을 잊지 마시고 길을 왕래하는 사람이 있거든 자주 소식을 전해 주십사라고 서술하였다.

【원 문】

伏願彼大衆康和。外國法師休納。

【본 문】

그곳에 계신 대중들은 건강하고 화기로우시며, 외국에서 오신 나집법사께서도 아름다운 복을 받으시기를 엎드려 원하옵니다.

【주 해】

여기에서는 축원을 하였다. 외국 법사께서는 항상 복과 경사를 아름답게 받으시라고 축원한 것이다. 논주가 번역하는 도량에 있었기 때문에 대중에게 문안을 드리고 근본 스승인 나집 대사에게까지 문안을 드린 것이다.

【원 문】

上人以悟發之器。而遘兹淵對。想開究之功。足以盡過半之思。故以每惟乖闊。憤愧何深。

【본 문】

스님께서는 깨달음이 발현한 그릇으로써 나집 대사의 깊고도 오묘하심을 마주하며 만나셨습니다. 상상해 보니 반야를 연구하여 깨달으신 공부가 나머지 미진했던 과반의 생각을 다했으리라 여겨집니다. 그러므로 서로의 거리가 너무 떨어져 저와 어긋남을 생각할 때마다 분하고 부끄러운 마음이 어찌 그리도 깊어지는지요.

【주 해】

여기서는 논주가 다행히도 나집 대사를 만난 것을 찬탄하고 도리켜 생각해 보니 자신의 처지가 부끄럽다 하였다.

깨달음이 발현한 그릇이란 논주가 나집 대사를 만나기에 앞서 인도스님이 범본(梵本)《선바라밀경(禪波羅蜜經)》을 가지고 진나라에 왔었는데, 논주는 인도 스님에게서 선(禪)의 비결을 전수받고 깨달은 바가 있었음을 말한다. 그 때문에 논주를 깨달음이 발현한 그릇이라고 칭찬하였다.

깊숙하고 오묘함을 마주했다 함은 나집 대사의 깊고도 오묘한 생각을 지적한 것이다.

논주는 이미 선의 이치를 깨달았고, 다시 이러한 훌륭한 스승을 만났으니, 나의 상상으로는 반야를 참구하여 깨달은 공부가 나머지 과반의 생각을 다하였으리라 하였는데, 이는 완전히 끝까지 깨달았음을 말한다. 그러므로 유유민공이 이를 흠모했으나 그 법회에 참예하지 못한 것은 거리가 너무 떨어져 있어 스스로 어긋났기 때문이니, 분하고 부끄러운 마음이 어찌 그리도 깊어지는지요 라고 하였다.

【원 문】

此山僧清常。道戒彌勵。禪隱之餘。則惟研惟講。恂恂穆穆。故可樂矣。弟子旣以遂宿心。以覩玆上軌。感寄之誠。日月銘至。

【본 문】

이곳 산승들은 변함없이 청아하고 도계(道戒)를 더욱 가다듬습니다. 안온하게 선정(禪定)에 드는 여가에 불교의 이치를 연구하고 간론을 합니다. 순순(恂恂)하게 공경하고 목목(穆穆)하게 화기로와 즐거워할 만합니다.

제자는 오랫동안 마음먹었던 일을 이루어 이러한 최상의 모범을 보게 되었습니다. 진실로 감사하는 마음 변치 않으리라 일월(日月)을 두고 맹세해 새깁니다.

【주 해】

이는 유민공이 법려(法侶)들의 아름다운 모임에 참예하게 된 것을 경하스럽게 여긴다는 말을 스스로 서술한 것이다.

도계(道戒)는 계(戒)이고, 안온한 선정은 정(定)이고, 연구하고 강의하는 것은 혜(慧)로서 계 · 정 · 혜 삼학(三學)을 갖추었음을 말한다. 이렇게 삼학이 정미 근엄하고 육화(六和)를 공경히 닦으며 평소의 소원을 이루었다. 그리하여 이 아름다운 모범을 보았으니 진실로 감사하는 마음 일월처럼 변치 않으리라고 마음에 새긴다 하였다.

【원 문】

遠法師頃恒履宜。思業精詣。乾乾宵夕。自非道用潛流。理爲神御。孰以過順之年。湛氣若玆之勤。所以憑慰既深。仰謝逾絶。

【본 문】

혜원 법사께서는 요즈음 변함없이 알맞게 실천하시며 선사(禪思)와 도업(道業)의 조예가 정미하십니다. 그런데도 밤낮으로 쉬지 않으시니, 스스로 도의 작용이 마음에서 가만히 흐르고, 지극한 이치로 신령하게 거느리지 않는다면 어떻게 육순이 지난 나이에 담담한 기상으로 이처럼 부지런히 하시겠습니까?

그 때문에 그 분을 의지하고 위로받는 마음 더욱 깊어지오며, 도를 흠앙하고 세속을 하직함이 날로 더욱 멀어지기만 합니다.

【주 해】

여기에서는 혜원공의 고상하심을 찬술하고, 그분에게 의탁할 뜻을 기술하였다.

알맞게 실천하신다 함은 행동이 변함 없이 알맞음을 말한다. 선사와 도업이 정미 근엄하여 심오한 경지에 도달하였지만 그런데도 밤낮으로 쉬지 않고 게으름을 피우지 않는다.

이러한 지조 있는 행동은 도의 작용이 마음에서 가만히 흐르고 지극한 이치로 신령하게 일상 생활을 거느리지 않는다면 어떻게 육순이 지난 나이에 맑은 기상이 이처럼 정미하고 부지런하겠는가?

대사께서 이와 같으시므로 몸을 의탁하고 마음의 위안을 받으면서 평소의 소원을 다 이루게 되었다. 그 때문에 도를 흠앙하고 세상을 하직하는 마음이 날이 갈수록 더욱 단절되기만 한다 하였는데, 이는 또 유민공이 크게 경하스럽게 여기는 바라 하였다.

【원 문】

去年夏末。始見生上人示無知論。才運清儁。旨中沈允。推涉聖文。婉而有歸。披味殷勤。不能釋手。直可謂浴心方等之淵。而悟懷絕冥之肆者矣。若令此辨遂通。則般若衆流。殆不言而會。可不欣乎。可不欣乎。

【본 문】

지난해 늦여름에야 도생 스님이 가지고 와서 보여 준 〈반야무지론〉을 처음 보았습니다.

그 재능과 운치는 청아 준수하였고, 깊은 종지는 진실 합당하여, 경문을 추리하고 해석함에 있어서 말은 곱고 취향하는 종지는 귀결점이 있었습니다.

이를 펴 보고 깊이 연구하기를 은근히 하면서 차마 손에서 놓지를 못하였습니다. 이는 곧장 《방등반야경》의 연못에 마음을 목욕하고 아득히 경험적 지식이 끊긴 세계에서 마음을 깨달았다고 할만하였습니다.

이 논문에서 논변한 이치를 통하게만 한다면 반야에로 모든 흐름이 흘러드러온다는 것은 말하지 않아도 알 것입니다. 기쁘고 기쁘지 않겠습니까?.

【주 해】

여기에서는 논문을 얻게 된 연유를 서술하였다. 즉, 도생 스님에게 〈반야무지론〉을 얻어 보았더니 그 재능은 청아 준수하였고 이치는 심오 진실하게 합당하였다. 이를 통해 경문을 추리하고 해석한 말은 고왔고 종지는 취향해 가는 귀결점이 있었다. 논문을 펴 보며 깊이 연구해 보았더니, 은근한 마음이 거듭거듭 이러러 차마 손에서 놓지를 못하였다.

반야의 현묘한 종지는 모든 강물의 흐름이 바다로 흘러들어가는 것과 같고, 사람들은 그 바닷물에 목욕을 하는 것과도 같다. 모든 강물에 목욕을 하고 나선 반야의 경지에 마음을 씻었고, 이를 통해 만법의 종지를 체득하고 났더니 반야는 경험적 지식의 세계가 아니었다. 그 때문에 '아득히 경험적 지식이 끊긴 세계' 라고 호칭하였다.

가령 이 논문을 한 번 통하기만 한다면 반야가 모든 강물의 흐름, 즉 모든 다른 논리의 학설을 이끌어들인다는 것을 말하지 않아도 알게 되리라 함을 말하였다.

‘기쁘지 않겠느냐’고 거듭 말한 것은 경하로운 마음 뛸 듯이 기뻤음을 말한다.

【원 문】

夫理微者辭險。唱獨者應希。苟非絶言象之表者。將以存象而致乖乎。意謂答以緣求智之章。婉轉窮盡。極爲精巧。無所間然矣。但暗者難以頓曉。猶有餘疑一兩。今輒題之如別。想從容之暇。復能麤爲釋之。論序云。般若之體。非有非無。虛不失照。照不失虛。故曰。不動等覺而建立諸法。下章云。異乎人者神明。故不可以事相求之耳。又云。用卽寂。寂卽用。神彌靜。應逾動。夫聖心冥寂。理極同無。不疾而疾。不徐而徐。是以知不廢寂。寂不廢知。未始不寂。未始不知。故其運物成功化世之道。雖處有名之中。而遠與無名同。斯理之玄。固常所彌昧者矣。但今談者。所疑於高論之旨。欲求聖心之異。爲謂窮靈極數。妙盡冥符耶。爲將心體自然。靈怕獨感耶。若窮靈極數。妙盡冥符。則寂照之名。故是定慧之體耳。若心體自然。靈怕獨感。則羣數之應。固以幾乎息矣。夫心數旣玄。而孤運其照。神淳化表。以慧明獨存。當有深證。可試爲辨之。疑者。當以撫會應機睹變之知。不可謂之不有矣。而論旨云。本無惑取之知而未釋。所以不取之理。謂宜先定聖心。所以應會之道。爲當唯照無相耶。爲當咸覩其變耶。若覩其變。則異乎無相。若唯照無相。則無會可撫。旣無會可撫。而有撫會之功。意有未悟。幸復誨之。論云。無當則物無不當。無是。則物無不是。物無不是。故是而無是。物無不當。故當而無當。夫無當而物無不當。乃所以爲至當。無是而物無不是。乃所以爲眞是。豈有眞是而非是。至當而非當。而云當而無當。是而無是耶。若謂至當非常當。眞是非常是。此蓋悟惑之言本異耳。固論旨所以不明也。願復重喩。以祛其惑矣。論至日。卽與遠法師詳省之。法師亦好相領得意。但標位似各有本。或當不必理盡同矣。頃兼以班諸有懷。屢有擊其節者。而恨不得與斯人同時也。

【본문 및 주해】

은미한 진리를 표현한 말은 험난하고[반야의 이치는 은미하기 때문에 논문으로 표현된 말이 험난하다] 홀로 부르짖는 자에겐 호응하는 사람이 드뭅니다[뛰어난 고전 음악에 화답하는 자가 드문 것과 같다].

굳이 언상(言象)이 단절된 밖에서 계합한 사람이 아니라면[자(者)는 적임자를 가리킨다. 만일 마음이 언상의 밖으로 초월한 사람이 아니라면 단정코 알지 못한다] 언상만을 간직한 채 근본의 이치에 어긋나게 될 것입니다[언상을 잊고 깊은 종지를 체득하지 못한 사람이라면 반드시 언상을 집착함으로써 그 이치를 어기게 된다].

저의 의도를 말해 보겠습니다. 논문에서 인연으로써 지혜를 구한다[以緣求智]는 문장은 완전(婉轉)하게 끝까지 추궁하여 극히 정묘하였으므로 허물을 엿볼 틈이 없었습니다[여기서는 앞의 논문과 이치가 완전하여 엿볼 틈이 없었다 하였다].

단지 이치에 어두운 사람으로선 단박 깨닫기가 어려워 한둘의 의심이 남아 있습니다. 지금 의심났을 때마다 따로 쓰오니 한가한 여가에 대략 해석해 주시리라 여겨집니다[이상은 의심하게 된 유래를 서술하였고, 다음에서는 의심을 본론으로 서술하였다].

논서(論序)에서 말하기를, '반야의 자체는 비유비무(非有非無)하여[진제와 속제가 쌍으로 끊겼다] 자체는 텅 비었으나 관조의 공능을 잃지 않고, 관조의 공능을 일으키면서도 자체의 텅 빔을 잃지 않는다[고요와 관조가 동시이다]. 그러므로 등각(等覺)에서 움직이지 않고 모든 법을 건립한다 말했었다'고 하였으며, 다음 문장에서 말하기를, '성인이 일반 사람과 다른 것은 신명(神明)이다. 그러므로 사상(事相)으론 구하지 못한다' 하였고, 다시 말하기를, '관조의 작용이 자체 실지의 고요와 상즉하였고, 고요가 작용에 상즉하였다. 신령한 관조반야는 더욱 고요하나 감응할수록 움직인다[여기서는 권지(權智)의 문장을 서술하였고, 다음에서는 논문의 의도에로 나아갔는데, 우선 권지와 실지를 쌍으로 표시하였다]'라고 하였습니다.

일반적으로 성인의 마음은 그윽하게 고요하여 이치의 극치에 이르면 무(無)와 동일합니다[여기에서는 실지반야의 의도를 서술하였다].

이러한 성인의 마음은 자체는 빠르지 않으면서도 작용은 빠르고, 느릿느릿하지 않으면서도 느릿느릿하게, 즉 상황에 알맞게 작용합니다[여기에서는 방편반야인 권지의 의도를 서술하였다].

그러므로[다음부터는 권지와 실지가 하나로 일치한다는 점을 풀이하고 성립시켰다], 관조의 앎 때문에 실지의 고요함을 폐지하지 않고[권지가 실지에 상즉하였다], 실지의 고요함이 권지의 앎을 폐지하지 않습니다[실지가 권지에 상즉하였다].

이는 실지가 처음부터 고요하지 않음이 아니며, 관조가 애초에 알지 않음이 아닙니다[권지와 실지가 쌍으로 드러나고 이 두 지혜가 동시에 운행한다].

그러므로 사물을 운행하고 공업(功業)을 성취하여, 세상을 교화하는 도가 속제인 유명(有名) 가운데 처해 있다 하나 실제로는 완연하게 진제의 무명(無名)과 동일하다 하였습니다[실지의 고요함과 관조의 공능이 동시이다. 그 때문에 권지는 상황에 따라 세상을 교화하나 완연하게 실지의 이치와 그윽히 합치한다. 그러므로 이 두 반야는 다름이 없다는 것을 말하였다. 이상은 논문의 의도가 미묘함을 거듭 서술하였고, 다음에서는 이치에 미혹한 사람은 현묘한 종지를 분명히 알지 못함을 서술하였다].

이러한 현묘한 이치는 실로 일반 사람들에겐 더욱 어두운 것입니다[이상에서는 논문에서 수립한 권지와 실지가 다르지 않음을 서술하였고, 다음부터는 의심을 꺼내어 이 두 지혜의 자체는 다르다는 것을 질문하고 따졌다].

지금 이 문제를 담론하는 자는 공의 고상한 논문의 종지에 의심이 일어나 성인의 마음은 다르다는 점을 찾고자 합니다[논문에서는 성인의 마음은 그윽히 하나로 합치하였다고 말하였다. 때문에 지금 의심을 하는 사람은 권지와 실지를 조사해 봄으로써 성인의 마음은 다르다는 것을 찾은 것이다. 그 때문에 다음에서는 이 두 지혜의 자체는 다르다고 정면으로 따진 것이다].

성인의 마음에는 이 두 지혜가 다르지 않다 하신 까닭은, 실지는 진제의 허(虛)를 끝까지 증오하고 속제의 상수(象數)를 극치까지 단절하여 오묘함을 극진히 하고 그윽히 부합하였기 때문입니까[이는 정면으로 따지는 의도이다. 공께서 말한 두 지혜가 다르지 않다 한 것은 반야가 진제의 공(空=虛)을 끝까지 증오하고 속제인 유위법의 상수를 모조리 끊어 오묘함을 다하고 그윽히 부합하여 하나가 되었기 때문인가 하였는데, 이는 실지는 진제에 계합하여 속제가 단절된 문제를 따졌다]?

아니면 마음의 자체는 자연스럽게 신령하고 담박하여 홀로 감응하기 때문입니까[여기서 따진 의도는 반야의 작용은 진제의 진공을 끝까지 증오하고 속제의 상수를 극치까지 단절한 데에 있지 않고 마음의 자체가 텅비고 고요하여 무의 모습[無相]이 절대 홀로 존재함인가를 말하였다. 여기에서 따진 것은 권지는 없는 것인가 하고 의심하였다. 이상에서는 자기의 의심을 펴고 질문을 수립하였으며, 다음에서는 논문의 허물을 드러내었다]?

만일, 진제의 진공을 끝까지 증오하고 속제의 상수를 극치까지 단절하여 오묘하게 극진하고 그윽히 부합하였다면[마음과 세계가 하나로 합치하였다면 고요함과 관조라는 두 가지 명칭을 두어서는 안 됨을 말하였다], 고요와 관조라는 명칭이 원래 정(定)과 혜(慧)의 자체일 뿐입니다[그러나 고요와 관조의 두 가지 명칭이므로 자체와 작용이 하나가 아니라면 이를 통해서 이루어지는 정과 혜, 즉 실지의 고요를 통해서 이루어지는 선정과, 관조의 작용을 통해서 이루어지는 지혜가 둘이다. 이처럼 정과 혜가 둘이라면 이 둘의 자체인 고요와 작용도 둘이다. 작용으로 일어난 정과 혜가 둘이라면 이 둘의 자체인 고요와 작용도 둘이다. 그렇다면 어떻게 실지인 마음과 관조의 대상인 세계가 하나로 합치했다고 말할 수 있겠는가? 이것은 두 가지 명칭이므로 하나의 자체라고 해서는 안 된다고 하였다].

만일, 마음의 자체는 자연스럽게 신령하고 고요하여 절대 홀로 감응한다면[이는 앞에서 말했던 신령과 관조반야를 일으키나 더욱 고요하다 한 것이다. 이는 관조의 작용을 절대 하나인 실지로 되돌이켜 속제의 자취가 끊겼으므로 실지의 자체는 있어도 관조의 작용은 없다. 어떻게 여기에 권지가 있을 수 있겠는가], 속제의 뭇 상수에 감응하는 작용이 거의 쉬게 될 것입니다[만일 자체만 있고 작용이 없다면 권지가 단절되었는데 다시 감응할수록 더욱 움직인다라고 어떻게 말할 수 있겠는가? 이상에서는 권지와 실지를 쌍으로 따졌고, 다음에서는 무지(無知)에 대해서 가만히 따졌다].

마음과 상수(心數)가 현묘하였다면 고요하여 앎의 작용이 없을 것입니다. 그런데도 다시 말하기를, '홀로 운행하며 관조의 공능을 일으키고[그러나 관조의 작용을 일으켰다면 아는 것인데 무엇 때문에 반야는 무지라고 말하였는가], 신령한 관조반야는 속제의 변화 밖에서 순일하여 밝은 지혜가 절대 홀로 존재한다[신령한 관조반야가 변화하는 만물 밖에서 순일하고 편안함을 말하였다. 이는 속제의 감응이 단절된 것인데도 지혜의 밝음이 절대 홀로 존재한다 하였다. 그렇다면 감응이 있어서는 안 되며, 감응이 있다면 만물 밖에서 홀로 존재하는 실지의 지혜와 속제에 감응하는 관조의 지혜라는 두 개의 앎이 있게 된다. 이처럼 두 앎이 있다면 하나의 앎은 진제를 관조하고, 또 하나의 앎은 속제를 밝힌 것이 된다. 그런데 어떻게 반야는 앎이 없다라고 말할 수 있겠는가라고 하였다']라고 하셨습니다. 이 문제에 대해서 공께서는 심오하게 증득하심이 있으실 것입니다. 시험삼아 변론해 주시기를 바랍니다[위에서 권지와 실지가 둘이 아니며, 진지(眞智)는 앎이 없다 한 것을 변론해 달라하였다. 다음에서는 불취(不取)의 문제를 따졌다. 의도하고 말한 것은 실지는 취하지 않는 것이 가능하지만, 권지는 앎을 취하지 않는 것이 아니라 하였다].

아마도 관조반야로 어루만지고 회합하면서 상황에 따라 감응하고 변화를 마주보는 앎은 있지 않다고 말해서는 안 될 듯도 싶습니다[권지는 상황에 따라 감응해 주므로 단정코 앎이 있다는 것을 말하였다].

그런데도 논지(論旨)에서 말하기를, '본래 번뇌의 미혹으로 취하는 앎은 없다[本無惑取之知][본론에서 권지는 혹취의 앎은 없다고 말하였다]'라고 하였습니다.

그러나 권지가 미혹으로 취하지 않는 이치가 이해가 되지 않는군요[의도하고 말한 것은 권지는 상황에 따라 감응하면서 반드시 앎이 있어야만 한다. 앎이 있으면 반드시 대상을 취함이 있어야 하는데도 취하지 않는다고 말하였다. 그 때문에 이해가 가지 않는다 하였다. 다음에서는 심이(心異)의 문제를 함께 따졌다].

저의 의도를 말해 보겠습니다. 우선적으로 다음의 두 마디 말로써 성인의 마음이 감응하여 회합하는 도의 원인을 당정해야 된다고 여겨집니다.

성인의 마음은 무상(無相)의 속제를 관조하기 때문입니까[위에서 권지는 대상에 대한 앎을 취함이 있다고 말하였다. 그 때문에 지금 단적으로 권지에만 나아가서 성인의 마음은 둘이 있다고 따진 것이다. 즉, 권지는 사물을 관찰하면서 사물의 자체가 성공일 뿐 본래 차별적인 모습이 없는 무상(無相)임을 요해하는 것인가 하였다. 여기에서는 사물의 무상을 살피고 단정하였다]?

아니면 속제의 변화하는 모습을 모두 보기 때문입니까[권지가 사물에 감응하여 모든 변화에는 다 차별적인 모습이 있다는 것을 보기 때문인가? 여기서는 유상(有相)을 살피고 단정하였으며, 다음에서는 이 문제를 따졌다]?

만일 권지가 모든 유상의 변화를 본다면 무상과는 다르며[모든 변화에 어루만지고 알만한 모습이 있다면 무상과는 다름을 말하였다], 성공인 무상만을 관조한다면 사물에 회합하여 어루만질 만한 것이 없게 됩니다[성인의 마음이 성공의 실상만을 관조한다면 모든 세계가 고요하므로 회합하여 어루만지고 알 만한 것이 없음을 말하였다].

무상은 회합하여 어루만질 만한 것이 없습니다. 그런데도 성인의 마음은 어루만지고 회합하는 공능이 있다 하심을 저의 의도론 깨닫지 못하겠습니다. 이 문제를 다시 가르쳐 주시기를 바랍니다.

[무상의 성공은 회합하여 어루만질 만한 것이 없다면 상황에 따를 조건이 단절되었으므로 취하지 않는다 한 말이 가능하다. 그런데도 다시 어루만지며 회합하는 공능이 있다고 말하였다. 어루만지며 회합하는 공능이 있다면 무엇 때문에 취하지 않는다고 말하였는가?

그가 의도하고 말한 것은 성인의 마음이 하나라면 단정코 하나를 얻으면 한 편에서는 잃을 것이며, 만일 진·속 이제를 함께 얻는다면 권지와 실지가 둘로 다르다 하였다. 그 때문에 여기서 이 문제를 따지고 다음에서는 당(當)의 문제에 대해 따지면서 먼저 의심나는 문장부터 들었다].

논에서 말하기를, '주관에 일치함이 없다면[無當] 사물마다 일치하지 않음이 없고[物無不當], 주관적으로 옳게 여김이 없다면[無是] 사물마다 옳게 여기지 않음이 없다[物無不是].

사물마다 옳게 여기지 않음이 없기 때문에 옳아도 옳다고 여김이 없고, 사물마다 일치하지 않음이 없기 때문에 일치해도 일치함이 없다[이상은 논문에서 인용하였고, 다음에서 시(是)와 당(當)을 인정하였다]'라고 하였습니다.

일치함이 없이 사물마다 일치하지 않음이 없는 것이 지극하게 일치[至當]하는 까닭이며, 옳게 여김이 없이 사물마다 옳지 않음이 없는 것이 진실한 옳음[眞是]이 되는 원인입니다[이상은 시와 당을 인정하였고, 다음에서는 이 둘이 서로 위배됨을 따졌다].

어떻게 주관적으로 진실한 옳음이 있는 데도 옳음이 아니겠으며, 객관적으로 지극하게 일치함이 아닐는지요. 그런데도 '일치하나 일치함이 없고, 옳아도 옳음이 없다'라고 말씀하십니까[이상에서는 이 둘이 서로 위배한다고 따졌고, 다음에서는 자기의 입장을 옹호하고 상대를 부정하였다]?

만일 지극한 일치는 일상적인 일치가 아니며, 진실한 옳음은 일상적인 옳음이 아니라고 말씀하신다면, 이는 깨달음과 미혹에서 나오는 말이 본래 차이가 나기 때문일 것입니다[지극한 일치와 진실한 옳음은 깨달은 사람의 견해이고, 일상적인 일치와 일상적인 옳음은 미혹한 사람의 집착이다. 그 때문에 말이 동일하지 않으며, 그 의미가 결판나지 않는다 하였다].

이는 실로 논지를 밝히지 못하는 이유입니다. 이 문제를 거듭 깨우쳐 주시어 저의 미혹을 버리게 해 주십시오[의심을 결단해 주시길 청하고, 다음에서는 따짐으로써 자기의 의도를 결론지었다].

논문이 도착하던 날에 혜원 법사와 함께 자세하게 살펴보았으며, 법사께서도 공의 의도를 알아차리고 좋아하셨습니다. 그러나 종문을 표시한 위치가 각자에게 근본이 있는 듯하여[혜원 법사는 법성종(法性宗)이었고 나집 대사는 실상종(實相宗)이었다. 그 때문에 각자에게 근본이 있다 하였다], 아마도 반드시 이치마저 동일하진 않은 듯도 하였습니다[이 한마디 말로써 혜원과 유유민이 진실하지 못하게 이치를 보았다는 것을 충분히 볼 수 있으리라].

요즈음에 뜻이 있는 여러 동지들에게 함께 나누어 주고, 여러 차례 뜻을 감상하고 그 취향하는 귀결점을 아는 자가 있었습니다. 그러나 이 사람과 동시에 함께 보지 못함을 한스러워 하였습니다.

2. 답 유유민 서(答劉遺民書)

*유유민에게 답장하는 글이다. 답서는 두 폭의 편지가 있었는데, 앞의 편지는 단문이고, 뒷 편지는 장문 이었다.

【원 문】

不面在昔。佇想用勞。慧明道人至。得去年十二月疏幷問。披尋返覆。欣若暫對。涼風屆節。頃常如何。貧道勞疾多不佳耳。信南返不悉。八月十五日。釋僧肇疏答。

【본문 및 주해】

지난날 뵙지 못하였을 때 오랫동안 기다리며 상상하느라고 마음이 피로하였습니다[유유민과 지난날부터 대면하지 못했기 때문에 수고롭게 기다리며 상상했을 뿐이라고 말하였다].

혜명도인(慧明道人)이 찾아와 지난해 십이월 소(疏)와 편지를 받아 보았습니다[유민공이 앞전의 편지를 혜명에게 부탁하여 부쳐 왔었다].

소와 편지를 펴고 반복해서 살펴보았더니 잠시나마 대면하듯이 기뻤습니다. 서늘한 바람이 불어오는 계절인데 요즈음 일상생활은 어떠하신지요? 빈도는 병든 몸으로 아름답지 못한 일들이 많을 뿐입니다. 심부름꾼이 부탁한 편지를 가지고 남쪽으로 되돌아갔을

지 모르겠군요.

8월 15일에 석승조는 소(疏)에 답합니다.

【원 문】

服像雖殊。妙期不二。江山雖緬。理契則鄰。所以望途致想。虛襟有寄。君既遂嘉遯之志。標越俗之美。獨恬事外。歡足方寸。每一言集。何嘗不遠。喻林下之雅詠。高致悠然。清散未期。厚自保愛。每因行李。數有承問。願彼山僧無恙。道俗通佳。承遠法師之勝常。以爲欣慰。雖未清承。然服膺高軌。企佇之勤。爲日久矣。公以過順之年。湛氣彌厲。養徒幽巖。抱一沖谷。遐邇仰詠。何美如之。每亦翹想一隅。懸庇霄岸。無由寫敬。致慨良深。君清對終日。快有悟心之歡也。即此大衆尋常。什法師如宜。秦王道性自然。天機邁俗。城塹三寶。弘道是務。由使異典勝僧。方遠而至。靈鷲之風。萃於玆土。領公遠舉。乃千載之津梁也。於西域還。得方等新經二百餘部。請大乘禪師一人。三藏法師一人。毗婆沙法師二人。什法師於大石寺出新至諸經。法藏淵曠。日有異聞。禪師於瓦官寺教習禪道。門徒數百。夙夜匪懈。邕邕肅肅。致可欣樂。三藏法師於中寺出律藏。本末精悉。若覩初制。毗婆沙法師於石羊寺出舍利弗阿毗曇胡本。雖未及譯。時問中事。發言新奇。貧道一生。猥參嘉運。遇玆盛化。自恨不覩釋迦祇桓之集。餘復何恨。而慨不得與清勝君子同斯法集耳。生上人頃在此。同止數年。至於言話之際。常相稱詠。中途還南。君得與相見。未更近問。惘悒何言。威道人至。得君念佛三昧詠。并得遠法師三昧詠及序。此作興寄既高。辭致清婉。能文之士。率稱其美。可謂游涉聖門。扣玄關之唱也。君與法師。當數有文集。因來何少。什法師以午年。出維摩經。貧道時預聽次。參承之暇。輒復條記成言。以爲註解。辭雖不文。然義承有本。今因信持一本往南。君閑詳。試可取看。來問婉切。難爲郢人。貧道思不關微。兼拙於筆語。且至趣無言。言必乖趣。云云不已。竟何所辨。聊以狂言。示訓來旨耳。疏云。稱聖心冥寂。理極同無。雖處有名之中。而遠與無名同。斯理之玄。固常彌昧者。以此爲懷。自可忘言內得。取定方寸。復何足以人情之所異。而求聖心之異乎。疏曰。談者謂窮靈極數。妙盡冥符。則寂照之名。故是定慧之體耳。若心體自然。靈怕獨感。則羣數之應。固以幾乎息矣。意謂。妙盡冥符。不可以定慧爲名。靈怕獨感。不可稱羣數以息。兩言雖殊。妙用常一。迹我而乖。在聖不殊也。何者。夫聖人玄心默照。理極同無。旣曰爲同。同無不極。何有同無之極。而有定慧之名。定慧之名。非同外之稱也。若稱生同內。有稱非同。若稱生同外。稱非我也。又聖心虛微。妙絶常境。感無不應。會無不通。冥機潛運。其用不勤。羣數之應。亦何爲而息耶。且夫心之有也。以其有有。有不自有。故聖心不有有。不有有。故有無有。有無有故。則無無。無無故。聖人不有不無。不有不無。其神乃虛。何者。夫有也無也。心之影響也。言也象也。影響之所攀緣也。有無旣廢。則心無影響。影響旣淪。則言象莫測。言象莫測。則道絶羣方。道絶羣方。故能窮靈極數。窮靈極數。乃曰妙盡。妙盡之道。本乎無寄。夫無寄在乎冥寂。冥絶故虛以通之。妙盡存乎極數。極數故數以應之。數以應之。故動與事會。虛以通之。故道超名外。道超名外。因謂之無。動與事會。因謂之有。因謂之有者。應夫眞有。强謂之然耳。彼何然哉。故經云。聖智無知而無所不知。無爲而無所不爲。此無言無相寂滅之道。豈曰有而爲有。無而爲無。動而乖靜。靜而廢用耶。而今談者。多卽言以定旨。尋大方而徵隅。懷前識以標玄。存所存之必當。是以聞聖有知。謂之有心。聞聖無知。謂等太虛。有無之境。邊見所存。豈是處中莫二之道乎。何者。萬物雖殊。然性本常一。不可而物。然非不物。可物於物。則名相異陳。不物於物。則物而卽眞。是以聖人。不物於物。不非物於物。不物於物。物非有也。不非物於物。物非無也。非有所以不取。非無所以不捨。不捨故妙存卽眞。不取故名相靡因。名相靡因。非有知也。妙存卽眞。非無知也。故經云。般若於諸法。無取無捨。無知無不知。此攀緣之外。絶心之域。而欲以有無詰者。不亦遠乎。請詰夫陳有無者。夫智之生也。極於相內。法本無相。聖智何知。世稱無知者。謂等木石太虛無情之流。靈鑒幽燭。形於未兆。道無隱機。寧曰無知。且無知生於無知。無無知也。無有知也。無有知也。謂之非有。無無知也。謂之非無。所以虛不失照。照不失虛。怕然永寂。靡執靡拘。孰能動之令有。靜之使無耶。故經云。眞般若者。非有非無。無起無滅。不可說示於人。何則。言其非有者。言其非是有。非謂是非有。言其非無者。言其非是無。非謂是非無。非有非非有。非無非非無。是以須菩提。終日說般若。而云無所說。此絶言之道。如何以傳。庶參玄君子。有以會之耳。又云。宜先定聖心。所以應會之道。爲當唯照無相耶。爲當咸覩其變耶。談者似謂無相與變。其旨不一。覩變則異乎無相。照無相則失於撫會。然則卽眞之義。或有滯也。經云。色不異空。空不異色。色卽是空。空卽是色。若如來旨。觀色空時。應一心見色。一心見空。若一心見色。則唯色非空。若一心見空。則唯空非色。然則空色兩陳。莫定其本也。是以經云非色者。誠以非色於色。不非色於非色。若非色於非色。太虛則非色。非色何所明。若以非色於色。卽非色不異色。非色不異色。色卽爲非色。故知變卽無相。無相卽變。羣情不動。故教迹有異耳。考之玄籍。本之聖意。豈復眞僞殊心。空有異照耶。是以照無相。不失撫會之功。覩變動。不乖無相之旨。造有不異無。造無不異有。未嘗不有。未嘗不無。故曰。不動等覺而建立諸法。以此而推。寂用何妨。如之何謂覩變之知。異無相之照乎。恐談者脫。謂空有兩心。靜躁殊用。故言覩變之知。不可謂之不有耳。若能捨已心於封內。尋玄機於事外。齊萬有於一虛。曉至虛之非無者。當言至人終日應會。與物推移。乘運撫化。未始爲有也。聖心若此。何有可取。而曰未釋不取之理。又云。無是。乃所以爲眞是。無當。乃所以爲至當。亦可如來言耳。若能無心於爲是。而是於無是。無心於爲當。而當於無當者。則終日是。不乖於無是。終日當。不乖於無當。但恐有是於無是。有當於無當。所以爲患耳。何者。若眞是可是。至當可當。則名相以形。美惡是生。生生奔競。孰與止之。是以聖人。空洞其懷。無識無知。然居動用之域。而止無爲之境。處有名之內。而宅絶言之鄉。寂寥虛曠。莫可以形名得。若斯而已矣。乃曰。眞是可是。至當可當。未喩雅旨也。恐是當之生。物謂之然。彼自不然。何足以然耳。夫言迹之興。異途之所由生也。而言有所不言。迹有所不迹。是以善言言者。求言所不能言。善迹迹者。尋迹所不能迹。至理虛玄。擬心已差。況乃有言。恐所示轉遠。庶通心君子。有以相期於文外耳。

【본문 및 주해】

옷을 입은 겉모습이 다르긴 합니다만 오묘한 깨달음을 기약함은 둘이 아닙니다[옷을 입은 겉모습은 유생과 불자가 같지 않지만 오묘하게 깨닫기를 기약하는 마음만은 본래 둘이 아니라고 하였다].

강산이 아득히 멀긴 해도 진리에 마음이 하나로 일치하면 바로 이웃입니다[강산이 멀다 해도 외형을 잊고 근본의 이치에 계합한다면 만리가 멀지 않다 하였다].

그 때문에 먼 길을 바라보고 상상을 하면서 텅 빈 마음으로 그대에게 의탁합니다[유민공과 정신이 하나로 합하였기 때문에 먼 길을 바라보면서 빈 마음으로 의탁함이 있음을 말하였다].

그대는 이미 가둔(嘉遯)의 목적을 이루어[가둔은 《주역(周易)》 둔괘(遯卦)의 효사(爻辭)이다. 또는 비둔(肥遯)이라고도 말하는데, 고상하게 은일하였음을 말한다] 세속을 초월한 아름다움을 표시하고 홀로 현상 밖에서 편안하니, 그 기쁨이 마음에 충만하리라 여겨집니다[여기에서는 유공이 광산(匡山)의 백련사(白蓮寺)에서 은일의 목적을 이루고 육진세속을 초월한 아름다운 명성을 표시하였으며, 그리하여 세상을 초월한 즐거움을 홀로 즐기니, 그 기쁨이 마음속에 충만하리라고 기뻐하였다].

남쪽에서 온 사람과 모여서 한번이라도 말을 할 때마다 어찌 일찌기 그곳 임하(林下)의 고아한 읊조림을 깨닫지 않았겠습니까[남쪽에서 찾아온 사람과 한 번 대화하는 사이에도 미상불 멀리서나마 임하의 고아한 읊조림을 알아차렸다 하였는데, 수시로 백련결사한 명공(名公)들의 저작을 깨달았음을 말한다]? 고상한 이치가 유연(悠然)하기만 하였습니다[여기서는 명공들의 여러 저작 내용을 듣고 그들의 고상한 생각을 알았으며, 이를 유연하게 상상하게 된다 하였다].

회포를 청아하게 흩어버린 모임을 기약하지 못하오니[백련결사 가운데 청승군자(淸勝君子)들의 소산한 회포를 흠모하긴 하나 그 아름다운 모임을 기약하지 못함을 말하였다] 몸을 후하게 보애(保愛)하시고 길을 왕래하는 사람이 있거든 자주 소식이나 받들게 해주십시오.

그곳 산승은 무고하옵시며 도사(道士) · 속인들까지도 모두가 아름답기를 원하옵니다[앞의 유공의 편지에서 대중들은 편안하시라는 문안에 답례하였다. 백련결사 가운데는 벼슬아치와 거사들이 있었기 때문에 도속을 함께 위문하였다].

혜원 법사께서 승상(勝常)하시다는 소식을 모셔 들으오니[여기에서는 앞의 편지에서 외국 법사에게 문안을 드린데 대해 답례하였다] 기쁜 마음으로 위로가 됩니다.

청아한 모범을 뫼시진 못하였으나 고상하신 규범을 마음 속에 간직하고 부지런히 바라보고 기다린 날이 오래입니다[혜원공을 우러러 흠모하는 정을 서술하였다. 이처럼 청아하신 규범을 받들어 모시진 못하였으나 마음 속에 간직하고 덕을 그리워하면서, 그 분의 고상한 자취를 우러르고 흠모하는 마음은 하루 정도가 아니라 하였다].

공께서는 육십이 지난 나이인데도 담담한 이상을 더욱 가다듬고[다음부터는 요즈음 혜원공이 아름답게 실천하신다는 정황에 대해 답변하였다. 유민공은 편지에서 원공의 담담한 기상이 이처럼 근면하시다고 말하였다. 그 때문에 찬탄하여 말하기를, '육십이 지난 나이인데도 맑은 기상을 더욱 가다듬고 평소보다 더욱 근엄하다' 하였다. 이는 늙을수록 더욱 씩씩해야 된다고 말한 경우와 같다] 그윽한 바위에 숨어 제자들을 기르십니다.

마음을 하나로 응집시키고 텅 비우시니 원근 지방의 사람들이 우러러 칭찬하고 읊조립니다. 어떤 아름다움이 그만 하겠습니까[원공의 아름다움을 능가할 사람이 없다고 찬탄하였다]?

하늘의 한쪽 끝 아득히 먼 곳에서 머리를 들고 바라볼 때마다[머리를 들고 원공을 바라보았으나 각자 하늘 한쪽 끝에 있음을 말하였다. 소안(霄岸)은 천제(天際)라는 의미와 같은데 하늘 끝 아득히 먼 곳에서 그의 그늘에 의탁함을 말한다] 공경하는 마음 표할 인유가 없으니 [그립고 흠모하는 마음의 공경을 펼 인유가 없다 하였다], 비분강개한 마음 진실로 깊어지기만 합니다[아득히 멀리서 상상만 할 뿐 미쳐 뵙지를 못하므로 강개한 사념이 실로 깊다 하였다].

그대는 청아한 규범을 종일토록 마주하면서 깨달음의 환희가 있으리니 통쾌도 하시겠군요[유민공이 의지하고 위로받는 마음이 깊다 말한데 대해서 답례하였다.

원공의 고상하심을 흠모하기는 하나 미쳐 뵙지 못함이 한스러우며, 그대는 다행히도 종일토록 청아한 규범을 마주하고, 깨달음의 통쾌함도 있으리라고 말하였다].

이곳 대중들도 변함없이 잘 지내오며 나집 법사께서도 여의(如宜)하십니다[나집에 대한 유민공의 문안에 답례하였다].

진왕(秦王)은 도성(道性)을 천연적으로 타고 나시어[여기서부터는 국왕이 외호(外護)하여 삼보(三寶)가 융성함을 서술하였다] 천기(天機)는 세속을 초월하셨습니다[진왕의 도(道)로 향하는 천성은 일부러 노력하지 않아도 능하였고, 천기는 세속을 초월하여 나라를 소유한 것으로써 영화롭게 여기지 않는다 하였다].

그는 삼보를 성곽이나 참호(城塹)처럼 외호하시며 불도 홍통하시기에 힘을 기울리십니다[나라의 일 때문에 누가 되지 않고 종일 도를 홍통함을 말하였다].

이로 인해 이역(異域)의 불전(佛典)과[법보(法寶)인데, 즉 다음에서 서술한 서역에서 새로 도착한 법보의 경전이다] 뛰어난 스님들이[승보(僧寶)인데, 즉 다음에서 서술한 모든 대사들이다] 사방 멀리서 찾아와 [서쪽 천축의 먼 곳에서 찾아왔다 하였다] 영취산(靈鷲山)의 가풍이 이 국토에 모였습니다[부처님께서는 영취산에 거처하시면서 가풍을 드날리셨는데, 나집 대사가 관중지방으로 들어와 삼보가 이 국토에 모였다 하였다].

영공(領公)께서[지법령(支法領)인데 혜원공의 제자이다] 먼 길을 떠나신 것은 천재(千載)의 나루터가 될 것입니다[지법령이 서역으로 가서 불경을 가져 왔기 때문에 먼 길을 떠났다 말하였다].

그가 서역에서 되돌아와서야 새로운 경 이백 여 부의 《방등경(方等經)》을 얻게 되었습니다[혜원공이 지법령에게 서역으로 가서 경전을 가져오라 하였는데 가져온 것이 《방등경》 등 여러 불전이었다. 《신소(新疏)》를 조사해 보았더니 《화엄경》 범본도 지법령이 가져왔으나 정전(正傳)이 없는 것이 한스럽다 하였다].

대승 선사(大乘禪師) 한 사람과[그 선사의 이름은 불타파타라(佛陀婆陀羅)이며, 각현(覺賢)이라고 번역한다. 각현은 선업(禪業)을 계빈국(罽賓國)의 불대선(佛大仙)에게 배웠다. 홍시(弘始) 중에 진나라로 들어와 와관사(瓦官寺)에서 선도(禪道)를 교습하였다.

강남 지방의 혜엄(慧嚴)·혜관(慧觀)과 관중 지방의 현고(玄高) 등이 모두 대사를 따라 수업하였다. 논주도 그 가운데 있었기 때문에 유민공이 편지에서 깨달음이 발현한 그릇이라고 그를 호칭하였던 것이다] 삼장법사(三藏法師) 한 사람과[이름은 불야다라(佛若多羅)이며, 요흥(姚興)이 그를 상빈(上賓)의 예로써 대접하고 《십송률(十誦律)》을 번역하라 하였으나 끝내지 못하고 죽었다] 비바사 법사(毗婆沙法師) 두 사람을 청하여[한 사람의 이름은 담마야사(曇摩耶舍)이며, 한 사람의 이름은 담마굴다(曇摩掘多)이다. 그들은 《비바사론》을 훌륭하게 통하였기 때문에 비바사 법사로 불렸다] 나집 법사가 대석사(大石寺)에서 서역에서 새로 도착한 여러 경전을 역출(譯出)하였습니다[모든 경전은 서역의 여러 법사들이 싸가지고 왔거나 혹은 지법령(支法領)이 가져온 것인데 이 모두가 일시에 도착하였기 때문에 새로 도착하였다고 말하였다].

그 법장(法藏)은 심오광대하여 매일같이 새롭게 들음이 있습니다. 대승 선사는 와관사에서 선도(禪道)를 교습하시어 수백 명의 문도들이 밤낮으로 게으름을 피우지 않습니다. 화기롭고 공경스러워 기쁜 마음으로 즐길 만합니다[이를 통해서 알 수 있는 것은 달마대사가 건너오기 이전에 선도가 시행되었으며, 선업(禪業)을 닦아 깨달은 바가 있었다. 그의 논지를 관찰해 보면 그윽하고 현묘한데 그가 깨닫지를 않았으며 어떻게 이런 경지에 이르렀겠는가].

삼장 법사께서는 중사(中寺)에서 사중금계(四重禁戒) 등 근본율장(根本律藏)과 그 나머지 지말적인 율장을 정미하고 극진하게 역출하십니다. 마치 옛날 여래께서 최초로 계율을 제정하던 날을 보는 듯합니다.

비바사 법사는 석양사(石羊寺)에서 소승논서인 《사리불아비담론(舍利弗阿毗曇論)》 범본을 역출하십니다. 아직 미처 다 번역하지 못하였으나 수시로 하는 문답이 실사(實事)에 적중하여 꺼내는 말이 신기할 뿐입니다[이상은 요즈음 번역장에 들어온 모든 경전과 서역에서 찾아온 모든 법사들을 서술하였다. 이는 한 시대의 융성한 불법의 운을 보기에 충분하기에 특별히 들려 준 것이다].

빈도의 일생에 외람되게도 이런 아름다운 운수에 참예하고 성대한 교화를 만나게 되었습니다. 한스러운 것은 석가여래 기원정사의 집회를 직접 뵙지 못한 것일 뿐, 그 나머지야 무엇이 한스럽겠습니까[논주 스스로 경축하였다. 즉, 시대는 청아하고 도는 소통하며, 총명한 임금은 불법을 홍통하고 진실한 스님은 일을 주관하며, 성인의 경전은 먼 곳에서 찾아오고 훌륭한 친구들은 구름처럼 모였으니, 한 시대의 융성함이라고 말할만하다. 이런 아름다운 운수에 참예하고 성대한 교화를 만났으니 어찌 그리도 다행스러운지. 한스러운 것은 기원정사에서 부처님의 법회를 직접 받들지 못한 것일 뿐, 그 나머지야 무엇이 유감이겠는가라고 하였다]?

그리고 슬픈 것은 청승(淸勝)하신 군자와 이 법회를 함께하지 못한다는 점입니다[여기서는 유민공과 이 법회를 함께하지 못하는 점이 실로 슬프다고 하였다].

도생 스님은 지난날 여기에 있으면서 함께 여러 해를 머물렀습니다[나집의 문하 제자에서 도생(道生) · 승조(僧肇) · 도융(道融) · 승예(僧叡)를 사철(四哲)이라고 불렀다. 그 시대에 그들의 성대함을 찬미하여 말하기를, 실정을 통한 데는 도생과 도융이 상수였고, 정미하게 논리를 따지는 데는 승예와 승조가 제일이라고 하였다. 혹은 관공(觀公)을 제일이라고 말하기도 하였다].

그와 대화를 하는 즈음에 이르러서는 항상 칭찬하며 노래하다가[영(詠)은 지송(持誦)의 의미이다. 항상 광산(匡山) 백련사(白蓮寺)의 성대함을 칭송했음을 말한다] 도중에 남쪽으로 되돌아갔습니다[《열반경》을 번역하다가 천제(闡提)는 불성(佛性)이 없다는 의미에 이르러서 도생은 말하였다.

"굼실굼실 움직이며 살아 있는 모든 유정류에는 불성이 있다 하였다. 천제는 불법을 믿지는 않지만 어느 땐가는 선근(善根)이 발현한다. 무엇 때문에 불성이 없다고 말했겠는가? 아마도 범본《열반경》의 전부가 아직 도착하지 않아서 그러했으리라."

대중들 모두가 그의 말을 긍정하지 않자, 도생은 이윽고 번역장을 떠났다. 때문에 도중에 남쪽으로 되돌아갔다고 말하였다].

그대는 그를 만나보았겠지만[유민공이 보내 온 편지에 도생 스님이

가지고 와 보여 준 〈반야무지론〉을 처음 보았다고 말했기 때문에 그를 보았으리라고 말하였다]. 다시는 가까이서 문안을 드리지 못하였습니다. 망연하고 답답한 마음 어떻게 말로 표현하겠습니까[도생이 떠난 뒤로 다시는 가까이서 문안을 드릴 수가 없어 마음이 망연하고 답답하다 하였다. 즉, 사모하고 잊지 못함을 말하였다]?

백련사에서 위도인(威道人)이 찾아와 그대가 지은 《염불삼매영(念佛三昧詠)》과 원법사께서 지은 《삼매영》과 그 서문을 얻어 보았습니다[유민공은 《염불삼매시》를 지었으며, 혜원공도 《염불삼매시》를 짓고 다시 그 시에 대한 서문을 지었다. 위도인이 이를 가지고 왔기 때문에 한 번 볼 수가 있었다 하였다].

이 작품에 의탁한 감흥이 높아 표현한 문장도 청아하고 완미(婉微)하였습니다[여기에서는 《염불삼매영》의 작품을 찬미하였다. 작품에 의탁한 감흥이 높아 문사도 청아하며 생각도 완미하다 하였다].

관중 지방에서 문장을 잘하는 선비들도 모두가 따라서 그 아름다움을 칭찬하였습니다. 이 문장은 성문(聖門)을 거닐고 현관(玄關)을 두두리고 나서 창도(唱導)하였다고 말할 만하였습니다[그가 문장으로 불교의 이치를 발휘했다고 칭찬하였다. 그 때문에 공자 성인의 문하를 섭렵하고 법계 현관을 두드리고 나서 창도한 것이지, 부질없는 담론이 아니라고 하였다].

그대와 혜원 법사는 여러 권의 문집이 있을 터인데도 보내 오는 것은 무엇 때문에 그리도 적은지요[《염불삼매경》과 서문을 보았기 때문에 공과 원공에겐 문집이 많으리라는 것을 알았다. 그런데도 공이 보내 온 것은 무엇 때문에 적은가라고 하였다].

집 법사께선 오년(午年)에[홍시(弘始) 8년 세차병년(歲次丙年)] 《유마경(維摩經)》을 역출하였습니다. 빈도는 이때 참예하여 강의를 들었습니다[나집 대사가 《유마경》을 번역하면서 동시에 범본을 강의하였기 때문에 때에 참예하여 강의를 들었다고 하였다].

강의에 참예하여 모시는 여가에 집법사가 설명하신 말씀을 그대로 조리 있게 기록하여[강설에 참예한 여가에 나집 대사가 말씀하신 그대로를 조리 있게 기록하였다 했다] 주해(註解)를 만들었습니다[여기서는 《유마경》의 주해가 조법사의 솜씨에서 나오긴 했으나 그 의미는 나집 대사의 말씀에 근본하였음을 말하였다].

표현한 말은 문채롭지 못하나 그 의미를 계승한 근본이 있었습니다[논주가 스스로 겸사하였다. 《유마경》 주해의 말은 문체롭지 못하나 의미를 계승한 근본은 나집 대사라고 하였다].

지금 편지를 가지고 가는 사람에게 한 본을 지니고 남쪽으로 가게 하였습니다. 그대는 문장에 익숙하고 의리를 자세히 살피시므로 시험삼아 살펴보시길 바랍니다[이상은 피차 한 번 왕래한 일을 서술하여 마음의 정을 통하였다. 다음부터는 질문해 온 것을 꺼내고 서술하였다].

보내오신 질문은 완미하고 절실하였습니다만[유민공의 다섯 가지 질문은 문장이 완미하고 그 의미는 절실하였음을 말하였다] 제가 영인(郢人)이 되긴 어렵군요[논주가 스스로 겸하하였다. 즉, 유공에게 맞수가 되기 어려움을 말하였다. 영인에 대한 사건은 《장자》에서 나왔다. 영 땅 사람이 그의 코 끝에 파리날개 두께만큼 진흙을 바르고 장석(匠石)더러 그 흙을 깎아 내라 하였다. 목수인 장석은 씽씽 바람이 일게 도끼를 휘둘러 그 흙을 다 깎아 냈으나 코를 상하지 않았으며, 영 땅 사람은 서 있는 채로 모습이 흐트러지지 않았다고 말하였다.

이는 장석처럼 오묘하게 도끼를 휘두르는 사람도 찾기 어렵지만 영 땅 사람처럼 서서 모습을 잃지 않기도 어렵다는 것으로서 상대방을 알아차리고 그의 경지에 일치하기 어려움을 말하였다].

빈도의 사고는 은미한 이치에 통관(通關)해 들어가지 못하였고, 겸하여 문장으로 표현하는 데도 졸렬한 솜씨입니다[사고만 이치에 깨달아 들어가지 못했을 뿐 아니라, 겸하여 문자에도 졸렬하다 하였다].

또 지극한 취향인 중도는 말이 끊겼으며, 말을 했다 하면 반드시 그 취향에 어긋나게 됩니다[지극한 이치는 말이 없는데, 말이 나오면 이치를 잃는다 하였다].

그런데도 시끄럽게 떠들어댄다면 끝내 어떻게 논변하겠습니까[말은 진리에 도달하지 못하는데 변론한들 무엇이 이익되랴 하였다]?

부족하나마 허망한 말로써 보내오신 깊은 뜻에 보답하겠습니다[《장자》에서 말하기를, "나는 너에게 허망하게 말해 주리니 너도 허망하게 듣는 것이 어떻겠느냐"고 하였다].

소(疏)에서 말하기를, "성인의 마음은 그윽히 고요하여 이치가 극치에 가면 무(無)와 동일하다. 유명(有名)의 속제 가운데 처한다 해도 아득히 무명(無名)과 함께 동일하다.

이러한 현묘한 이치는 실로 일반 사람들에겐 더욱 어두워 알지 못한다[이는 유공이 보내 온 소문(疏文)에서 인용했던 논문의 문장을 되풀이하였다]라고 하였습니다.

공께서 이러한 경지를 가슴 속에 간직하셨다면 표현한 말을 잊고 그 뜻을 마음 속으로 체득하여 마음 속에 취하고 단정해야 할 것입니다[여기서는 그가 체득한 것을 인정해 주고 스스로 말을 잊고 내증(內證)하여 일심에 취정(取定)해야 한다고 하였다].

다시 무엇 때문에 일반 사람의 인정함이 다르다 하여 성인의 마음마저 다르게 찾으려 하십니까[여기서는 그가 말을 잊지 못하고 다시 일반 사람의 망정으로 성인의 마음마저 다르게 구하느냐고 책망하였다]?

소에서 말하기를, "이 문제를 담론하는 유유민은 말하겠습니다. 진제의 진공을 끝까지 증오하고 속제의 상수를 극치까지 단절하여 오묘함이 극진하고 그윽히 부합하였다면 실지의 고요한 명칭과 권지의 관조라는 명칭이 원래 정혜(定慧)의 자체일 뿐입니다. 만일 마음의 자체가 인위적인 조작 없이 본래 자연스럽게 신령하고 고요하여 절대 홀로 감응한다면 속제인 뭇 상수에 대한 감응이 실로 거의 쉬게 될 것입니다"라고 하였습니다.

공께서 의도하고 말한 실지반야가 오묘하게 극진하고 그윽하게 부합하였다면[마음과 경지가 하나로 합치했다면 고요와 관조가 쌍으로 단절된다], 차별적인 정과 혜라는 두 법으로써 명칭을 삼아서는 안 되며, 공께서 신령하고 고요하여 절대 홀로 감응한다 말했다면, 신령한 마음은 상대적인 의존관계가 끊겼으므로 속제인 뭇 상수에 대한 감응이 끊겼다고 말해서는 안 될 것입니다.

그렇다면 공께서는 이상의 두 가지 말이 다르긴 해도 오묘한 작용은 변함 없이, 즉 관조의 작용에 관계 없이 하나여서, 나라는 주관적인 자취에서 상대적으로 어긋날지언정 성인의 경지에 있어선 공께서 하신 두 말씀이 다르지 않다는 것을 모르신 것이 됩니다[이상은 그의 미혹함을 의도적으로 책망하였다].

무엇 때문에 이 두 가지 말은 차이가 없을까요[우선 정과 혜가 동일한 근원임을 밝혔다]?

성인의 고요한 자체인 현묘한 마음은 말없이 관조의 작용을 하면서 이치가 극치에 이르면 무(無)와 동일합니다[극치까지 관조하면 유·무를 둘 다 잊고 동일의 진실한 근원이다].

이미 이치가 극치에 이르러 무와 동일하다 말했다면 동일한 경지는 극치 아님이 없습니다[이미 동일한 근원이라면 극치 아님이 없다 하였다. 다음에서는 그의 미혹함을 책망하였다].

어떻게 무와 동일한 극치에 정·혜라는 두 법의 명칭이 있겠습니까[여기서는 본론의 의미를 꺼냈다. 다음에서는 그가 의심을 간직하고 말했던 정혜가 이미 하나라면 무엇 때문에 논문에서 고요는 작용에 상즉했다고, 작용은 고요에 상즉했다고 말했는가 한 데 대해서 풀이하였다]?

정과 혜라는 명칭은 무와 동일한 밖에서 이루어진 칭호가 아닙니다[고요와 관조가 동일한 근원이었다면 정·혜도 본래 동일한 자체임을 알아야 한다. 어떻게 무와 동일한 밖에서 따로 정·혜의 명칭을 호칭하였겠는가라고 말하였다].

정과 혜라는 명칭이 무와 동일한 내부에서 나왔다면 존재해 있는 명칭은 동일한 경지는 아니며[만일 정·혜라는 명칭이 동일한 내부에서 나왔다면 일반적으로 명언(名言)을 건너기만 하면 진실한 자체가 아님을 말하였다], 정·혜라는 명칭이 동일 밖에서 나왔다면 그 명칭은 나의 마음, 즉 반야의 자체에 있는 것은 아닙니다[동일 밖에서 억지로 정·혜의 명칭을 호칭했다면 이는 미혹한 사람이 허망으로 집착하여 나에게 있다 한 것이지, 반야의 자체 속에는 본래 정·혜라는 두 가지 명칭이 없음을 말하였다.

이상은 정·혜가 둘이 아님을 답변하였고, 다음에서는 권지의 감응이 쉬지 않음을 답변하였다].

또 성인의 마음은 텅 비고 은미하여 일상적인 세계가 오묘하게 단절되었습니다[오묘하게 극진하고 그윽히 부합하였다. 여기서는 실지가 작위가 없음을 말하였고, 다음에서는 권지의 감응이 쉬지 않음을 말하였다].

느낌이 다가오면 감응하지 않음이 없고 회합하면 통하지 않음이 없습니다.

묘지(妙智)의 그윽한 기미가 가만히 운행하면서 그 작용이 인위적으로 수고롭지 않습니다[권지가 오묘하게 감응하면서 이처럼 작위하지 않음이 없다].

속제인 뭇 상수에 대한 감응이 무엇 때문에 쉬겠습니까[이상은 실지는 작위가 없고 권지의 감응은 쉬지 않음을 밝혔다. 다음에서는 이 두 지혜가 다르다 한 데 대해 답변하면서, 마음이 다르다 함에 정면으로 답변하였고, 겸하여 유지(有知)를 소통시켰다. 우선 허망한 정을 표시했다]?

범부의 허망한 마음으로 있다 한 것은 있는 것 때문에 그것은 있다고들 합니다[이는 상대적인 인연의 의존관계가 있은 뒤에 있는 것이다].

범부가 있다 한 것은 본래 실제로 있는 것은 아닙니다[상대적인 인연의 의존관계로 있기 때문에 자체가 실제한 것은 아니다]. 그 때문에 성인의 마음은 자체가 실제 있지 않는 것으로써 있다고 합니다[여기서는 진실을 나타냈다. 성인의 마음은 상대적인 인연을 떠났기 때문에 실유(實有)가 아닌 것으로써 있다 한다].

실제 있지 않는 것으로써 있다 하기 때문에 있다 해도 실제의 자체가 있는 것은 아닙니다[연생(緣生)을 빌리지 않기 때문에 있다 해도 실제 있는 것은 아니다].

있다 해도 실제 있는 것은 아니기 때문에 상대적으로 실제 없는 것도 없습니다[이미 속제가 실유(實有)의 유가 아니라면 진제도 실무(實無)의 무는 아니다].

실제 없는 것도 없기 때문에 성은 실유의 유도 아니고[不有] 실무의 무도 아닙니다[不無][유·무가 쌍으로 단절하여 유·무가 하나로 맞닿는 즈음에 마음이 그윽히 합하였다].

이처럼 불유불무(不有不無)의 중도라야만 그 신령한 권지의 자체인 실지가 텅 비게 되는 것입니다[유·무를 쌍으로 단절하였다면 텅 비고 신령하여 절대 홀로 관조하면서 중도에 오묘하게 일치한다].

무엇 때문에 그러할까요[다음에서는 그가 따지는 문제에 나아가서 바로 소통시켰다. 즉, 성인의 마음은 다르다는 질문에 대해서 정면으로 답변함으로써 유·무를 쌍으로 부정하였다]?

유·무는 마음의 영향(影響)이며[영은 형상에 비유하였고, 향은 언어에 비유하였다], 언상(言象)은 영향이 반연하는 것이기 때문입니다[사량분별의 영향은 본래 실재한 법이 없다. 다음에서는 유·무를 쌍으로 부정함을 보였다].

마음의 영향인 유·무가 단절되었다면 마음에 영향이 없게 되고, 영향이 없어졌다면 언상으로 그 마음을 헤아릴 수가 없습니다[마음의 그림자인 상분(相分)을 반연하는 견분(見分)이 단절되었다면 언상으로는 그러한 마음에 도달하지 못한다].

언상으로 헤아릴 수가 없다면 절대의 도에는 상대적인 모든 방향이 단절됩니다[그렇다면 마음의 자체는 상대적인 인식의 한량이 끊긴다].

절대의 도에는 모든 상대적인 방향이 단절되었기 때문에 진여를 끝까지 증오하고 속제의 상수를 극치까지 단절합니다[진공을 끝까지 추궁한다면 이치가 극치에 이르고, 속제의 상수를 극치까지 단절한다면 변계소집(遍計所執)의 허망이 다한다].

진제의 진공을 끝까지 증오하고 속제의 상수를 극치까지 단절함을 오묘하게 극진함[妙盡]이라고 말합니다[객관의 세계에서는 진과 망이 쌍으로 없어지고, 주관적인 마음에는 시비가 일제히 끊겼다].

오묘하게 극진한 도는 의탁함이 없는데 근본하였습니다[신령하고 신령하여 상대적인 의존관계가 끊겼기 때문에 의탁함이 없다고 말하였다].

의탁함이 없는 것은 그윽히 고요함에 있기 때문입니다[방편반야와 실지반야가 하나의 마음이며, 고요함과 관조가 하나이다].

오묘하게 극진한 도는 그윽히 단절되었기 때문에 텅 빈 것으로써 통합니다[통한다는 것은 도달한다는 의미이다. 그윽히 고요한 도의 자체는 유 · 무가 지극히 단절되어 차별적인 모습이 끊겼음을 말한다. 만일 하나의 허자(虛字)를 빌려서 도달시키지 않는다면 사람들이 무엇으로써 이러한 경지를 깨닫겠는가].

오묘하게 극진한 도는 속제의 상수를 극치까지 단절함 때문에 있습니다[진제를 끝까지 추궁하지 않는다면 허망이 다하지 않고, 속제의 허망이 다하지 않으면 진제가 극치에 이르지 못한다].

속제의 상수를 극치까지 단절하였기 때문에 상수로써 감응합니다[만물과 회합하여 자기가 되었다. 그러므로 속제의 상수를 극치까지 단절하였다 말하였고, 삼라만상의 상수에 분신(分身)하여 감응하기 때문에 상수로써 감응한다 하였다].

상수로써 감응하기 때문에 움직였다 하면 사상(事象)과 회합합니다[권지로 사물에 감응하여 느낌이 다가오면 바로 통하기 때문에 움직였다 하면 사상과 회합한다 말하였다].

텅 빈 것으로써 도달하여 통하기 때문에 오묘하게 극진한 도는 명칭 밖으로 통합니다[실지로는 진여의 이치를 증득하여 명칭을 떠나고 차별적인 모습이 단절되었다. 그 때문에 도는 명칭 밖으로 초월하였다고 말하였다. 다음에는 관조의 유지(有知)를 함께 소통시켰다].

도는 명칭 밖으로 초월하였으므로 그 때문에 무(無)라고 말하고[단지 명칭과 차별적인 모습을 떠났을 뿐 단멸의 공은 아니다], 움직였다 하면 사상(事象)과 회합하기 때문에 이를 유(有)라고 말합니다[감응이 대상의 상황에 따라 나타난다. 그 때문에 있다 해도 실유(實有)는 아닌 것이다].

움직였다 하면 사상과 회합하기 때문에 있다[有]라고 말하는 것은 진실하게 있지 않는 것[非眞有]을[본문에서 부 자(夫字)는 비 자(非字)로 보아야 함] 억지로 유(有)라고 말했을 뿐입니다. 중도의 일심이야 어찌 이와 같겠습니까[상황이 서로 의지해 있는 것은 진실하게 있는 것이 아니다. 단지 억지로 그렇게 표현했을 뿐이다. 적멸한 일심이야 어찌 움직인다 해서 있다고 하겠는가]?

그 때문에 경에서는 말하였습니다[여기서는 반야의 무지를 인용하여 증거를 댔다].

'성인의 지혜는 앎이 없지만 알지 못하는 것도 없으며, 작위함이 없지만 작위하지 않음이 없다[여기서는 《반야경》의 여러 문장에서 의미만을 인용하여, 성인의 마음은 권지와 실지가 다르지 않고 권지의 유지(有知)와 실지의 무지(無知)가 본래 하나로 일치함을 증명하였다]'라고.

이는 무언무상(無言無相)인 적멸의 도입니다. 어찌 앎이 있다고 해서 실제한 앎이 있고 앎이 없다 해서 실제로 앎이 없어서, 관조의 작용으로 움직이면 고요한 실지를 어기고 실지의 고요함이 관조의 작용을 폐지하겠습니까[여기에서는 이치에 의거하여 그의 미혹함을 책망하고 이상의 의미를 결론지었다]?

그런데도, 지금 이 문제를 담론하는 공께서는[여기서부터는 관조의 유지(有知)에 대해 정면으로 답변하고 성인의 마음을 잠정적으로 답변하였다] 표현한 말에 나아가서 근본의 종지를 단정한 경우가 많습니다[말을 잊고 이차에 화합하지 못한 미혹을 책망하였다].

이를 비유하면 상대적인 방향을 초월한 대방(大方)을 찾으면서 한쪽 모서리를 구하며 [《노자》에서 말하기를, '대방은 모서리가 없다'고 하였다. 적막하고 충허[寂漠沖虛]한 반야를 차별적인 유지와 무지로 구하는 것이 마치 대방을 찾으면서 한쪽 모서리를 구하는 것과 같음을 말하였다]. 과거의 경험적인 지식을 품고 그로써 현묘함을 표시함과도 같은데[과거의 경험적인 지식(前識)이란 《노자》에서 말하기를, '과거의 경험적인 지식은 본질적인 도에서는 부화(浮華)한 것이며, 이는 어리석음의 시초이다'라고 하였다. 즉, 분별혹취(分別惑取)로 아는 것을 말한다], 이를 간직하곤 그것이 꼭 당연하다고 집착합니다[허망한 집착을 당연하다고 한다].

그러므로 성인은 앎이 있다는 말을 들으면 성인은 마음이 있다 말하고, 성인은 앎이 없다는 말을 들으면 허공과 같다고 말합니다[깜깜해서 아무것도 모름을 말한다].

그리하여 유지·무지의 상대적인 세계에서 이변(二邊)에 떨어진 견해를 간직합니다. 어찌 유·무가 둘이 아닌 중도에 처했다고 하겠습니까[이상은 유·무의 이변에 치우친 견해를 책망함으로써 성인의 마음은 유·무가 다르지 않음을 밝혔고, 다음은 중도를 제시하였다]?

무엇 때문에 유·무가 다르지 않을까요[무의 공(空)과 유의 가(假)

를 따져 밝히고 이로써 중도를 나타냈다. 먼저는 공이고 다음은 가이다]?

만물의 외형적인 모습이 다르긴 하지만 자성은 본래 변함없는 하나입니다[만물의 자성은 성공이기 때문에 변함없는 하나이다].

이를 실제하는 만물이라고 해서는 안 됩니다[만물은 인연으로 발생하여 자성이 없으므로 실제하는 사물이라고 칭하지 못한다. 여기서는 공의 의미를 제시하였다].

그러나 만물은 사물이 아닌 것도 아닙니다[자성이 없는 성공에서 인연으로 발생했기 때문이다. 여기서는 속제의 유(有)인 가(假)의 의미를 제시하였다].

만물을 실제한 만물로 취하는 마음이 있으면[위의 물 자(物字)는 사물을 취하는 주관적인 마음이며, 아래의 물 자(物字)는 취할 대상의 세계이다] 그 명칭과 모습이 다르게 나열됩니다[미혹하면 주관·객관을 잊지 못하기 때문이다].

만물을 만물로써 취하지 않는다면[주관과 객관을 둘 다 잊었기 때문이다], 만물이 바로 진실입니다[외형의 명칭과 모습을 취하지 않는다면 만물은 의타기(依他起)의 허깨비 아님이 없다. 그 때문에 사물에 나아가서 바로 진실인 것이다. 다음은 중도를 정면으로 제시했다].

그러므로 성인은 만물을 만물로 취하는 마음이 있지 않으며, 만물을 만물로 취하지 않음도 아닙니다. 만물을 만물로 취하지 않기 때문에 만물은 실제로 있는 것은 아니며[한마음도 일어나지 않으면 만법은 스스로 공적하다], 만물을 만물로써 취하지 않는 것도 아니기 때문에 만물은 정말로 없는 것도 아닙니다[삼라만상의 세계가 단박 전체의 현량(現量)으로 나타난다. 공과 유를 둘 다 잊었기 때문에 유·무의 이변이 스스로 끊겼다. 여기서는 일심의 편에서 중도를 나타냈고, 다음에서는 세계의 편에서 중도를 나타냈다].

만물은 실제로 있는 것이 아니기 때문에 취하지 않으며[만법은 본래 공적하여 취할 만한 것이 없다], 실제로 없는 것도 아니기 때문에 버리지 않습니다[만법마다가 진여의 성공에 상즉했기 때문에 한 법도 버리지 않는다].

한 법도 버리지 않기 때문에 오묘한 존재가 바로 유지(有知)는 아니며[인식으로 알 만한 세계가 없다], 오묘한 존재가 바로 진여이기 때문에 무지(無知)도 아닙니다[만법은 마음의 그림자일 뿐이다. 그러한 만법을 진실하게 관조하는 마음은 절대 독립하였다. 그 때문에 무지도 아니다].

그러므로 경에서는 말하기를[인용을 하여 이를 증명하였다], '반야는 모든 법에 있어서 취함도 없고 버림도 없으며, 앎도 없고 모름도 없다[반야는 주관 · 객관을 둘 다 잊었음을 증명함으로써 중도를 나타냈다]'라고 하였던 것입니다.

이러한 반야는 사량분별로 반연하는 밖에서[망상의 세계를 초월하였다] 심의식(心意識)의 망상이 끊어진 세계입니다. 그런데도 유지 · 무지로써 따지는 것은 실정과는 너무 거리가 멀다 하지 않겠습니까[그의 미혹한 집착을 총체적으로 책망하였다]?

나열했던 유지(有知)와 무지(無知)를 따져 봅시다.

범부 망상으로 일어나는 지혜는 육진의 차별적인 모습 내에서 극치의 한계를 이룹니다[여기서 말하는 지혜는 육추지상(六麤智相)인 망상지를 말한다. 즉, 사량분별의 경험적인 지식을 말한다. 분별적인 경험적 지식은 명칭과 모습을 의지해서 일어남을 말하였다].

그러나 만법은 무상(無相)의 성공입니다. 성인이 무엇 때문에 인식의 사량분별로 알겠습니까[만법은 성공의 무상이므로 성인의 마음에 해당할 만한 대상의 세계가 없다. 그런데도 무엇을 알겠는가]?

세상에서 말하는 무지(無知)란 목석이나 허공과 같은 무정물의 종류입니다[세상 사람들은 반야의 무지를 무정물과 동일시한다].

반야는 신령하게 조감하고 그윽한 곳까지 환하게 밝힙니다. 일념의 조짐이 나타나기 전에 나타난 도에는 개별적인 상황이 숨을 수가 없습니다[반야의 진실한 지혜는 영명하게 조감하면서 그윽한 곳까지 환하게 비추지 않음이 없다. 일념의 망상이 일어나기 이전에 시방삼세를 완전하게 밝히고 만법을 철저하게 비춰 본다. 그 때문에 도에는 개별적인 상황이 숨을 수가 없다고 하였다].

그런데도 어떻게 무지(無知)라고 말할 수 있겠습니까[이처럼 영명한 정변지(正遍知)인데도 어떻게 무지라고 말하겠는가? 다음에서는 유·무의 한쪽에 치우친 것에 대해 풀이하였다]?

그리고 무지(無知)는 상대적인 유지(有知)에서 일어나므로[아래의 무 자(無字)는 유 자(有字)의 잘못된 글자이다. 의당 무지는 유지에서 일어난다고 말해야만 한다. 무지라는 견해는 유지에서 일어난다. 이 둘은 상대적이므로 실제로는 유·무가 함께 없는 것이다], 이를 보편의 중도적인 관점에서 본다면 무지(無知)도 없고, 유지(有知)도 없는 것입니다[유·무라는 두 견해를 쌍으로 쓸어버리고 유·무가 성립하지 않는다 하였다. 다음에서는 유·무를 쌍으로 부정하고 나타냈다].

유지가 없는 것을 비유(非有)라고 말하고[이는 실지의 고요한 자체이다], 무지가 없는 것을 비무(非無)라고 말합니다[이는 관조의 고요한 작용이다].

그 때문에 자체가 비었으나 관조의 공능을 잃지 않고[고요하면서도 항상 관조한다], 관조의 작용을 일으키면서도 자체 실지의 허

(虛)를 잃지 않습니다[관조하면서도 항상 고요하다].

이러한 반야는 담연(淡然)하게 영원히 고요하여[담연하게 상주한다] 유를 집착하지도 않고, 무에 구속당하지도 않습니다[유·무에 떨어지지 않는 이 같은 중도는 일반 사람들의 망정이 오묘하게 단절되었다].

누구라서 관조의 작용이 움직인다 해서 실제로 있게 하겠으며, 실지의 자체가 고요하다 해서 정말로 없게 할 수 있겠습니까[움직여도 유에 집착하지 않고, 고요해도 무에 집착하지 않는다]?

그러므로 경에서 말하기를, '진실한 반야는 비유비무(非有非無)이다. 실유로 일어남도 없고 실무로 사라짐도 없으므로 사람들에게 설명을 통해 제시해 주지 못한다[일체가 모두 부정되기 때문에 설명을 통해서 보여 주지 못한다]'라고 하였던 것입니다.

경전에서는 무엇 때문에 그렇게 말했을까요? 비유하고 말한 것은 실유가 아님을 말한 것이지[일반적으로 부처님이 말씀하신 비(非)는 상대방의 허물을 부정하여 그의 집착을 타파해 주기 위한 말이지 부정으로서 실제한 법은 아닌 것이다. 그리고 비유라고 말한 것은 실유한다고 집착하는 사람의 허물을 막아 주어 실유가 아니라고 부정해 주는 것일 뿐이다], 아예 있지 않았음을 말한 것은 아닙니다[단절된 무를 말한 것은 아니다].

비무라는 말은 단절된 무가 아님을 말한 것이지, 무가 아닌 유를 말한 것은 아닙니다[실유를 말한 것은 아니다].

비유는 비유(非有)·비비유(非非有)를 말한 것이지, 실무(實無)로서의 비유는 아니며, 비무는 비무(非無)·비비무(非非無)를 말한 것이지, 단절된 무를 말한 것은 아닙니다.

이 같은 사구(四句)를 떠나고 나면 백비(百非)는 스스로 버려지게 됩니다. 그러므로 수보리존자(須菩提尊者)는 종일토록 반야를 설법했으면서도 끝내 한마디도 설명한 바가 없다라고 말했던 것입니다.

이처럼 언어가 단절된 도를 사량분별인 경험적인 지견으로서야 어떻게 전할 수 있겠습니까[말이 끊긴 도는 경험적 지식인 지견(知見)으로 인식할 세계가 아니다. 그러니 어떻게 전수할 수 있겠습니까]?

현묘한 경지에 참예한 군자께서는 이를 알아차리시길 바랍니다[말을 잊은 사람들이 마음으로써 회합할 수 있다. 이상으로 권지와 실지를 쌍으로 회통시키는 것은 끝났다. 여기에서 적조(寂照)와 유무(有無)에 대한 두 가지 의심을 모두 소통시켰다. 다음에서는 불취(不取)의 문제에 대해 따로 답변하였다. 우선 성인의 마음이 다르다는 문제에 대해서 자세하게 답변하였다].

또 말씀하시기를, '우선적으로 성인의 마음이 감응하여 회합하는 도를 단정해야만 하겠다. 성인의 마음은 무상성공(無相性空)의 사물만을 관조하기 때문인가, 아니면 유상(有相)의 변화하는 사물을 모두 보기 때문인가'라고 하였습니다[여기에서는 그가 질문해 온 것을 서술하였다. 앞에서 유민공이 질문하기를, 권지는 대상을 취함이 있다 하면서 두 가지 문제를 설정하였다. 즉, '성인의 마음은 만법의 성공무상만을 관조하기 때문인가, 아니면 권지는 사물에 감응하여 그 변화를 보면서 모두가 유상이기 때문인가'라고 질문해 온 이상의 두 가지 의도 가운데 첫째의 질문은 취함이 있다 함이고, 두 번째 질문은 성인의 마음은 둘로 다르다는 점이었다. 지금은 우선 성인의 마음이 다르다 한 데 대해 답변하였고, 뒤에서는 취하지 않는다는 점에 대해 답변하였다. 다음에서는 그가 질문했던 의도를 드러냈다].

이 문제를 담론하신 공께서는 성공의 무상과 유상의 변화가 그 근본 종지가 하나가 아닌 듯도 하군요. 그리하여 유상의 변화를 보면 무상과는 다르고, 무상을 관조하면 유상을 어루만지며, 그 상황에 회합하는 작용을 잃게 된다 함을 말씀하신 듯도 합니다[다음에서는 그가 한쪽에 막혔음을 책망하였다].

이와 같다면 성인의 마음이 진실에 상즉했다는 의미에 대해 막힘이 있는 듯도 합니다[그가 질문했던 성인의 마음은 실지와 관조의 두 지혜가 무상과는 다르며, 무상을 관조하면 상황에 감응하지 못하므로 유상과는 다르게 된다. 이는 공과 유를 쌍으로 관조하지 못한 것이다. 그 때문에 진실에 상즉한 의미에 막혔다고 책망한 것이다].

《반야심경》에서 말하기를, '색(色)이 공(空)과 다르지 않고, 공이 색과 다르지 않다. 색이 바로 공이며, 공이 바로 색이다'라고 하였습니다[여기서부터는 정면으로 답변하면서 우선 《반야심경》에서 인용하여 이치를 단정하고, 색과 공이 상즉관계인 것으로써 논주의 의도를 수립하였다. 다음에서는 반대로 그에게 질문하였다].

만일 질문해 오신 뜻대로 하면 색과 공을 관찰할 때 한쪽 마음으로는 색을 보고 한쪽 마음으로는 공을 봐야만 할 것입니다[여기서는 미혹으로 막힌 것을 나타냈고, 다음에서는 경문의 내용과 어긋남을 드러냈다].

가령, 한쪽 마음으로 색을 본다면 색일 뿐 공은 아닐 것이며, 즉 색즉시공(色卽是空)이 아닐 것이며, 한쪽 마음으로 공을 본다면 공일 뿐 색은 아닐 것입니다. 이와 같다면 공과 색이 양쪽으로 진열하여 《반야심경》 가운데서 논리를 수립한 근본 의도를 정할 수가 없을 것입니다[다음에서는 《반야심경》의 의도를 풀이하였다].

그 때문에 《반야심경》에서 말했던 것은 색온(色蘊)을 색(色)이라고 집착하는 것을 부정했을 뿐[범부가 색이 실유라고 집착하기 때문에 그 집착을 비(非)라는 부정으로써 그 집착을 타파했던 것이다] 색이 아닌 비색(非色)을 실제의 색이 아니라고 부정한 것은 아닙니다[위의 비색(非色)은 부정하여 타파함을 말하고 아래의 비색은 허공을 말한다. 색이라고 집착하는 것을 타파했을 뿐, 허공을 색이 아니라고 부정하고 타파한 것은 아님을 말하였다].

만약 허공인 비색을 색이 아니라고 부정했다면[반대로 풀이하였다. 만일 허공을 부정하고 타파했다면이라고 말했다], 태허(太虛)는 색상(色相)이 아닙니다. 색상이 아닌 허공을 무엇 때문에 밝혔습니까[허공은 이미 색상이 아닌데 타파한들 무슨 뜻을 발현하겠는가? 다음은 순리대로 해석하였다]?

가령 색을 비색의 공이라고 했다면[위의 비색은 공이다. 공으로써 색상을 타파했음을 말한다], 비색의 공은 색과 다르지 않습니다[이는 공불이색(空不異色)이다].

비색인 공이 색과 다르지 않다면[위의 공불이색(空不異色)을 되풀이 했다], 색이 바로 비색인 공이 됩니다[공불이색(空不異色)을 분명히 알았다면 색즉시공(色卽是空)이 된다. 다음에서는 《반야심경》에 의거해서 이치를 회통하였다].

그러므로 유상(有相)의 변화가 바로 성공의 무상(無相)이며[유상의 변화를 볼 때 바로 무상의 성공에 도달한다], 성공의 무상이 바로 유상의 변화임을 알아야 합니다[성공의 무상일 때에 무방하게도 유상의 변화를 본다 하였다].

여러 중생들이 처해 있는 개별적 상황과 그들이 느끼는 망정(妄情)이 동일하지 않습니다. 그 때문에 부처님께서 남기신 가르침의 자취가 차이가 있을 뿐입니다[무상의 성공에 집착한 자가 있기 때문에 유상의 변화를 본다 설법하였고, 유상의 변화를 본다고 집착하는 자가 있기 때문에 무상인 성공이라고 설법하였다].

현묘한 전적을 참고해 보고[성인이신 부처님의 경전] 성인이 설법하신 의도에 근본해 본다면 어찌 실지와 권지에 따라서 마음이 다르고, 공과 유의 두 세계를 다르게 관조하겠습니까[어찌 한쪽 마음으로 무상의 성공을 관조하고, 한쪽 마음으로는 유상의 변화를 관조한다고 말하는가]?

그 때문에[다음은 마음을 의지해서 세계를 관조하는 편에서 이는 다르지 않다는 것을 나타냈다] 무상을 관조한다 해도, 실지는 어루만지며 회합하는 권지의 공능을 잃지 않고, 실지에 상즉한 권지로 유상의 변동을 본다 해도 권지는 무상인 실지의 종지를 잃지 않습니다. 권지에 상즉한 실지는 유상의 변화에 나아간다 해도 무상의 성공과 다르지 않고[생사의 유상으로 간다 해도 무상의 본제에서 움직이지 않는다], 무상으로 나아간다 할지라도 유상과 다르지 않아[열반을 증득한다 해도 중생 제도하는 일을 버리지 않는다], 실유(實有)도 아니고 실무(實無)도 아닙니다. 그 때문에 경전에서는 '등각(等覺)에서 움직이지 않고 제법을 건립한다'라고 말하였던 것입니다. 이로써 유추해 본다면 고요의 자체와 관조의 공능이 무엇 때문에 서로 방해가 되겠습니까? 그런데도 무엇 때문에 유상의 변화를 앎이 무상을 관조함과 다르다고 말할 수 있겠습니까[이치에 의거하여 그의 미혹함을 책망하였다. 이상은 마음이 다르다는 질문에 자세하게 답변을 끝냈고, 다음에서는 취하지 않는 문제에 대해서 간략히 답변하였다]?

아마도 이 문제를 담론하신 공께선 공과 유를 둘로 관조하는 마음에 실지의 고요함과 관조의 작용이 다르다고 말하는 듯도 싶군요. 그 때문에 유상의 변화를 보는 앎은 유지(有知)가 아니라고 말해서는 안 된다고 말하였을 것입니다[이상에서는 그의 미혹한 집착을 드러냈고, 다음에서는 앞의 의심을 바로 소통시켜 주었다].

마음 속으로 집착하는 자기의 주관적인 견해를 버리고 사상 밖에서 지극한 이치를 찾아야 합니다. 만법이 한결같이 순수한 진여의 세계임을 평등하게 관찰하면서 지극히 텅 빈 무상법신(無相法身)은 일체처에 보편하므로 단절된 무가 아님을 깨달아야만 합니다. 이렇게 할 수 있는 사람이라면 지인(至人, 성인)은 종일 감응하고 회합하여 만물과 함께 추이(推移)하면서, 적절한 시기를 타고 만물의 변화를 어루만진다 해도 처음부터 앎이 있는 것은 아니다라고 말하게 될 것입니다[종일 중생을 제도한다 해도 제도할 만한 중생이 보이지 않는다. 이것이 바로 유・무를 평등하게 관찰하고 권지와 실지가 동시에 운행하는 것이다. 다음에서는 결론지어 답변하고 반대로 책망하였다].

성인의 마음은 이와 같습니다. 무슨 취할 만한 것이 있겠습니까? 그런데도 취하지 않는다 한 이치가 이해가 되지 않는다고 말씀하십니까?

또 말씀하시기를, '옳다고 인정함 없음[無是]이 진실한 옳음[眞是]이며, 일치한다고 의식함 없음[無當]이 지극한 일치(至當)다' 라고 말씀하셨는데, 이는 공께서 보내 온 말씀 그대로입니다[이상은 그가 편지에 보내 온 의도를 인정해 주었고, 다음에서는 허망한 정을 잊은 경계를 제시했다].

만일 옳다는 데에서 무심하여 옳음이 없는 데서 옳다 하고[시(是)는 사물을 인가(印可)하는 마음이다. 옳음이 없는 데서 옳다고 인가한다면 관조의 작용을 일으킨다 해도 항상 고요하다], 일치함에 무심하여 일치함 없는 데서 일치할 수 있어야만 합니다[일치한다 함은 마음에 일치하는 경계이다. 일치함이 없는 데서 일치한다면 고요하면서도 항상 관조의 공능을 일으킨다].

이렇게 할 수 있는 사람이라면 종일 옳다고 인가한다 해도 옳음 없는 고요한 마음을 어김이 없고[옳다고 인가함을 어기지 않으면 심공(心空)이다], 종일 대상의 세계가 내 마음에 일치한다 해도 일치함 없음을 어기지 않습니다[일치함을 어기지 않는다면 대상의 세계가 고요하다].

다만 염려스러운 것은 옳음이 없는 데서 옳다고 집착하는 마음이 있고, 일치함 없는 데서 일치한다고 집착하는 마음이 있을까 염려스러운데, 그 집착하는 마음 때문에 병통이 될 뿐입니다. 왜냐하면 마음으로는 진실한 옳음을 옳다고 집착하고 대상의 세계에서는 지극히 일치함을 일치한다고 집착한다 합시다[이는 마음과 세계를 잊지 못한 것이다].

그렇다면 옳다, 일치한다는 명상(名相)이 나타나고[마음을 일으켜 대상을 취하고 집착하기 때문에 명상이 일어난다], 아름다움과 추악하다는 상대적인 분별심이 일어나[아름다움은 취하고 추악함은 버리는 허망한 마음이 일어나면 사랑과 증오의 기미가 발동한다], 끝없는 망상이 경쟁하듯 대상의 세계로 달리게 될 것입니다[대상을 반연하고 세계를 취하면서 그를 쫓느라고 쉬지 못한다].

누구라서 그것을 중지시켜 주겠습니까[자기의 마음이 허망하게 요동을 치면 놔라서 그것을 중지시켜 주겠는가? 이것이 집착하는 병통이다]?

그 때문에 성인은 그 마음을 텅 비우고 사량 분별적인 선험적 앎이 없습니다[성인의 마음은 태허를 포괄하여 모든 세계가 고요하다].

그리하여 일상생활의 세계에 살고 있지만 마음은 무위의 세계에 머물고, 유명(有名)의 안에 있으면서도 언어가 단절된 곳에 의탁합니다[비록 작위하나 자체는 작위하지 않는다].

고요하고 텅 비어 외형의 명칭으로는 얻을 수 없습니다[허망한 마음을 초월하고 경험적인 지식을 떠나 사량분별로 알 바가 아니다].

성인의 마음은 이와 같을 뿐입니다. 그런데도 공께서는 성인의 마음은 진실한 옳음을 옳게 여기고 지극하게 일치함을 일치한다고 여긴다 말씀하시니, 그대의 고아한 뜻을 나는 깨닫지 못하겠군요[성인은 마음과 세계를 둘 다 잊었다. 그런데도 옳음과 일치함으로써 성인의 마음을 구하려 한다. 때문에 보내 온 깊은 뜻을 모르겠다 하였다].

아마도 진실한 옳음을 옳다 여기고, 지극하게 일치함을 일치함이라고 하는 것은 범부들이 그렇게 말했으리라 여겨집니다. 성인의 마음은 일반 사람들이 허망한 마음으로 헤아리는 것처럼 그렇지를 않습니다. 어떻게 그와 같겠습니까[범부의 허망한 마음으로 성인의 마음이 반드시 그러리라고 하겠지만 범부들이 어떻게 성인의 마음을 알겠는가 라고 말하였다. 이상으로 잠정적으로, 또는 정면으로 나타내서 질문했던 다섯 가지 문제에 대해 총체적인 답변을 끝냈다. 다음에서는 말을 떠난 경지를 결론지어 제시하였다]?

말과 자취가 일어남은 다른 갈래의 길이 생기는 이유입니다[명칭을 연구하고 그 모습에 집착한 사람들은 말에 의지하여 그 의미를 취한다. 그리하여 분별하는 허망한 마음이 일어나 올바른 지혜가 어두어진다].

말에는 말로 표현하지 못할 절대의 도가 그 이면에 있고, 자취에는 자취에서 구하지 못할 것이 있습니다[예를 들면, 토끼는 토끼의 발자국에 있지 않고, 물고기는 물고를 잡는 통발이 아닌 것과 같다].

그 때문에 훌륭한 말로써 말을 하는 사람은 말로써는 표현하지 못할 본질적인 도를 구하고, 훌륭한 자취로써 자취를 찾는 자는 자취로는 드러내지 못하는 것을 찾습니다[말의 근본 의미만 체득하면 말은 잊고 물고기만 잡으면 통발을 버린다].

말과 자취가 끊긴 지극한 이치는 텅 비고 현묘하여, 이를 마음속에 비교하고 헤아리면 벌써 그 이치와는 어긋나게 됩니다. 하물며 마음을 표현한 말의 경우야 어떻겠습니까?

공께서 보여 주신 질문의 내용은 명칭과 모습을 잊지 못하였으므로 이치와는 더더욱 멀어질까 염려스럽군요. 마음을 통한 군자께서는 문자 밖에서 서로의 만남을 기약하시길 바랍니다[말을 잊은 사람만이 그 의도를 체득할 수 있고, 사려를 쉰 사람만이 마음에 통할 수 있다. 가령 말에 집착하여 변론을 다투면서 시끄럽게 시비를 한다면 무슨 이익이 있으랴].

제 4장 涅槃無名論
깨달음의 결과

열반무명론

* 〈열반무명론〉이란 여기서 논술한 것이 열반에 대한 문제이기 때문에 이로써 제목을 삼았다.

'열반(涅槃)'이란 범어인데 '원적(圓寂)'이라 번역한다. 오주(五住)의 번뇌가 끝까지 다한 것을 원(圓)이라 한다. 이는 번뇌가 고요히 사라진 일심의 다른 명칭이며 청정법신의 진실한 자체이지, 육신의 죽음을 말하는 것은 아니다.

삼세의 모든 부처님들이 헤아릴 수 없는 세월 동안 수행한 원인 때문에 이 적멸한 일심의 자체를 증오한 결과를 법신(法身)이라 말하고, 광대한 세월에 걸쳐 수행한 원인만큼 결과의 보답을 받는 것을 보신(報身)이라 말하며, 상황에 따라 중생들에게 이익을 주는 것을 화신(化身)이라 말한다.

일체의 모든 부처님은 다 삼신(三身)을 갖추어 법신을 자체로 삼고, 화신으로써 감응의 작용을 한다. 그리하여 중생의 느낌이 있으면 나타나고 느낌이 없으면 은둔한다. 은둔하여 나타나지도 않고 일심으로 원만히 귀결하여, 화신감응의 작용을 거두고 법신의 자체로 귀결하는 것을 입멸(入滅)이라 말한다. 이를 열반이라 지칭하며, 육신의 생사를 말하는 것은 아니다.

이렇게 적멸한 일심은 오주의 번뇌장(煩惱障)이 덮지 못한다. 그 때문에 원(圓)이라 말하고, 이종생사가 그를 붙들어매지 못하기 때문에 적(寂)이라 말한다.

교리에서는 화신의 출현과 법신이 은둔하는 편에서 네 종류의 열반이 있다고 설명한다.

첫째는 자성열반(自性涅槃)이다.

바로 이러한 일심(一心)을 법신이라 부른다. 법신이 일체의 처소에 보편하여 현상제법의 자체가 되는 것을 자성본래적멸(自性本來寂滅)이라 말한다. 이는 부처님이 계시거나 부처님이 계시지 않거나에 관계없이 성상(性相)이 상주불멸(常住不滅)하여 일체중생이 멸도(滅度)이므로 다시 새삼 번뇌가 사라지지 않는다. 그 때문에 자성열반이라 말한다.

둘째는 유여의열반(有餘依涅槃)이다. 이는 삼승(三乘)이 증오한 것을 말하는데, 즉 성문・연각(聲聞・緣覺)의 무명(無明)을 아직 다하지 못한 깨달음과, 소승(小乘)인 아라한(阿羅漢)의 변역생사(變易生死)가 아직 없어지지 못한 깨달음과, 대승(大乘) 보살이 깨달은 진여의 이치가 아직 완전하지 못함을 말한다. 이 셋의 경우는 모두가 유여의열반이다. 그 때문에 이도 역시 열반이라고 지칭한다.

세째는 무여의열반(無餘依涅槃)이다. 수행을 끝까지 완성한 부처님이 허망한 번뇌망상을 다하고 진여의 이치를 끝까지 추궁하여 법신의 자체와 화신의 작용이 둘이 아닌 경지로서 이를 또한 증오할 위 없는 대열반과[所證無上大涅槃果]라고도 말한다. 그 때문에 무여의열반이라 부른다.

네 번째는 무주처열반(無住處涅槃)이다. 일체의 성인은 속제인 유위(有爲)에 거처하지도 않고 진제인 무위(無爲)에 집착하지도 않는다. 유・무의 이변 어느쪽에도 집착하지 않고, 유・무가 둘이 아닌 중도에도 안주하지 않아 유위의 변화에 감응함과 무위의 고요함이 둘이 아닌 경지를 총괄해서 열반이라 부른다. 그 때문에 이를 무위에 안주함도 유위에 처함도 없는 무주처열반이라고 말한다.

이러한 네 종류의 열반의 명칭은 자체와 작용의 측면에서 호칭했을 뿐, 실제로 일심에는 네 종류의 명칭과 그 모습이 모두 고요하다. 그 때문에 열반은 무명(無名)이라고 말하였다.

이는 생사와 열반 모두를 얻지 못한다고 한 것에 해당한다. 그 때문에 열반은 무명이라고 말하였다. 이는 불생불멸하여 상주불멸하는 일심을 모두 총칭한 것이다.

앞에서 〈물불천론〉과 〈부진공론〉으로써 관찰할 대상의 세계로 삼았고, 〈반야무지론〉으로써 관찰하는 주관적인 지혜를 삼았다.

이상의 세 논문은 모두가 수행의 인지가 되고, 여기의 열반무명은 수행의 인지를 통해 증오한 결과이다. 그 때문에 열반무명으로써 논문을 지었던 것이다.

【원 문】

奏秦王表。

【본 문】

진왕께 올리는 표문.

【주 해】

나집 대사가 입멸하자 논주는 그를 추모하는 마음을 마지못하였다. 그 때문에 〈열반무명론〉을 지어 이로써 나집 대사가 증오한 열반의 덕(德)은 부처님의 덕과 다르지 않다고 칭찬함으로써 그를 찬양하였던 것이다.

앞의 〈반야무진론〉에서 열반을 증오하는 주관적인 지혜로써 수행의 인지를 삼고 열반으로써 증오할 객관을 삼긴 했으나 그가 의도한 실제는 나집 대사를 위해 발의한 것이다.

논문이 완성되자 이에 대한 표문(表文)을 진왕에게 올렸다. 때문에 제일 먼저 표문을 서술한 것이다.

【원 문】

僧肇言。肇聞。天得一以淸。地得一以寧。君王得一以治天下。伏惟。陛下。叡哲欽明。道與神會。妙契環中。理無不統。游刃萬機。弘道終日。威被蒼生。垂文作則。所以域中有四大。而王居一焉。

【본 문】

승조는 말씀드리옵니다[인주(人主)를 상대하면서 자신을 신하라고 호칭하지 않은 것은 자신을 세속 밖의 사람으로 자처했기 때문이다. 이는 《주역》 건괘(蹇卦)의 효사(爻辭)에서 '왕후를 섬기지 않고 자기의 일을 고상히 한다' 말했던 경우에 해당한다. 천자가 존귀한 신분이긴 했으나 신하의 예우로써 그를 대접하지 않았던 것이다].

승조는 들으오니, '하늘은 하나[一]을 얻어 맑고, 대지는 하나를 얻어 안녕하고, 군왕은 하나를 얻어 천하를 다스린다'고 하였습니다[이상의 말은 《노자》에서 인용하였다. 하나란 대도의 근원을 말한다. 《노자》는 자연을 종지로 하여 대도라고 하였고, 논문에서는 일심을 종지로 하였다. 이는 문장은 동일하나 그 의미는 다른 것이다].

엎드려 생각하오니, 폐하께옵서는 성스럽고[叡], 공경하옵고[欽], 덕을 밝히사[明] 도는 신령한 정신과 회합하고[도란 열반의 대도를 말한다. 진왕은 열반의 대도에 오묘하게 계합하였기 때문에 정신과 회합하였다고 말하였다] 환중(環中, 진리)에 오묘하게 계합하여[《장자》에서 말하기를, 문의 지도리가 원의 중심을 얻어 무궁한 변화에 대처한다 하였다. 진왕은 중도를 오묘하게 깨달았음을 말하였다], 이치를 통괄하지 않음이 없으십니다[일심을 깨달으면 이치를 통괄하여 포섭하지 않음이 없다].

만기(萬機)[임금은 매일같이 만 가지 상황의 정사가 있다]에 유인(游刃)하시면서도[이 말은 《장자》에서 나왔다. 백정이 소를 잡으면서 닥치는 대로 거리낌없이 해부하였다고 했다. 이로써 오묘한 지혜로 사물에 감응하면 사물마다 이치로 다스려지지 않음이 없는 데에 비유하였다], 도를 종일토록 홍통하십니다[만기의 정사 때문에 불도를 홍통함에 방해를 받지 않음을 말하였다].

위덕(威德)은 창생들을 뒤덮고 도의 문채로움을 드리워 법칙을 지으셨습니다. 그 때문에 '역중(域中)에 사대(四大)가 있는데 왕이 그 가운데 하나에 거처한다'라고 말하였던 것입니다.

【주 해】

여기서는 진왕이 일심을 오묘하게 깨닫고 요순의 덕까지 갖추었다고 찬미하였다.

《상서(尙書=書經)》에는 말하기를, '예철(叡哲)하신 순임금의 덕이며, 흠명(欽明)하신 요임금의 덕이다'라고 하였는데, 진왕은 요순의 덕을 갖추었을 뿐만 아니라, 열반중도의 오묘한 이치에 계합하여 이를 일심으로 거두어 회합하였음을 말하였다. 그 때문에 매일같이 만기의 정사에 감응할지라도 무방하게도 종일 불도를 홍통할 수 있었던 것이다. 그는 무력을 사용하였고, 문민(文民)의 정치를 일으켜 그 세대의 총명한 임금이 되었다. 그 때문에 '역중(域中)의 사대(四大)에서 왕이 그 가운데 하나에 거처한다'라고 하였다.

이 말은《노자》에서 나왔는데,《노자》에서 '천대(天大)하고 지대(地大)하고 왕역대(王亦大)' 라고 하였다.

이는 그의 덕을 찬탄한 것이다.

【원 문】

涅槃之道。蓋是三乘之所歸。方等之淵府。渺漭希夷。絶視聽之域。幽致虛玄。殆非羣情之所測。

【본 문】

열반의 도는 삼승이 귀의하는 바이며[삼승이 동일하게 열반을 증득하기 때문에 귀의하는 바라고 말하였다],《방등경(方等經)》의 깊숙한 창고입니다[심오한《방등경》의 이치가 끝내 여기에로 취향한다. 때문에 깊숙한 창고라고 말하였다].

이는 끝없이 광대하고 희이(希夷)하여 성색(聲色)을 떠났습니다. 보고 들을 수 있는 세계가 단절되었고[경험적인 지식을 초월하였다] 그윽한 이치는 허현(虛玄)하여[그윽하고 오묘한 이치는 허령(虛靈)하여 상대가 끊겼다} 어떤 천박한 식견으로 헤아릴 바가 아닙니다.

【주 해】

여기서는 열반의 도는 삼승의 여러 성인들이 취향해 귀의하는 바라고 찬탄하였다. 열반의 자체는 명상이 단절되어 경험적인 지식(見聞)으로는 도달하지 못한다. 이는 그윽하고 현묘하여 상대적인 의존관계가 끊겼기 때문에 천박한 식견으로는 헤아리지 못한다 하였다.

【원 문】

肇以人微。猥蒙國恩。得閑居學肆。在什公門下十有餘載。雖衆經殊致。勝趣非一。然涅槃一義。常以聽習爲先。肇才識闇短。雖屢蒙誨喩。猶懷疑漠漠。爲竭愚不已。亦如似有解。然未經高勝先唱。不敢自決。

【본 문】

승조는 신분이 보잘것 없는 사람으로서 주제넓게도 나라의 은혜를 입었습니다. 학문하는 전당인 번역장에 한가하게 거처하면서 십여년간을 나집공의 문하에서 있었습니다{조공은 열아홉에 나집을 뵙고 서른 둘에 죽었다}.

여러 경전이 이르러 가는 곳이 다르고 수승한 취향이 하나가 아니였습니다. 그러나 열반 하나의 의미를 항상 우선적으로 듣고 익혔습니다. 다만, 승조는 재능과 식견이 어둡고 부족하여 여러 차례의 가르침을 받긴 했어도 의심을 품고 막막(漠漠)하기만 하였습니다.

그러나 어리석음을 다하여 쉬지 않은 덕분에 마치 이해함이 있는 듯도 하였습니다. 그러나 열반의 도를 부르짖었던 고상하고 훌륭한 사람에게 인증(印證)을 거치지 못하였기 때문에 감히 스스로 옳다고 결정하진 못합니다.

【주 해】

여기서는 논주가 법을 체득하게 된 유래를 서술하였다.

열반이라는 하나의 의미에 있어서 각고의 노력을 하여 깨달은 바가 있는 듯도 하였다. 그러나 고명하고 수승한 지혜를 지닌 사람에게 인증(印證)을 거치지 못하였다. 그 때문에 감히 스스로 옳다고 결단하지 못함을 말하였다.

【원 문】

不幸什公去世。諮參無所。以爲永慨。

【본 문】

불행하게도 나집공께서 세상을 떠나심으로써 자문하고 참구할 곳이 없어서 이를 영원히 개탄스럽게 여깁니다.

【주 해】

여기서는 나집공의 삼업(三業)이 입멸하고 나선 자문하고 의심을 결단할 인유가 없음을 말하였다. 이 사람을 다시는 볼 수 없기 때문에 영원히 개탄스럽다 하였으며, 그 까닭에 이 논문을 짓게 된 것이다.

【원 문】

而陛下聖德不孤。獨與什公神契。目擊道存。快盡其中方寸。故能振彼玄風。以啓末俗。

【본 문】

그러나 폐하께옵서는 성스러운 덕 때문에 홀로 외롭지 않으셔 유독 나집공과 함께 정신이 계합하셨습니다. 말을 꺼내기 이전에 눈빛이 부딪치는 곳에 도를 간직하여 쾌활하였습니다. 그 때문에 현묘한 가풍을 떨치시어 말세의 세속을 개도하셨습니다.

【주 해】

여기서는 진왕이 천부적으로 성스러운 지혜를 타고나 홀로 나집공과 함께 마음이 딱 들어맞아 말하기 이전에 오묘하게 깨닫고, 나집의 가풍을 힘써 진작함으로써 말세의 풍속을 개도하였음을 말하였다.

논주가 의도하고 말한 것은 나집공이 죽기는 했으나 다행히도 진왕이 계시어 마음이 정확히 합할 만하다 하였다.

【원 문】

一日。遇蒙答安城侯姚嵩書。問無爲宗極。

【본 문】

하루는 우연히도 안성후(安城侯)인 요숭(姚嵩)이 편지로 질문한 무위(無爲)로써 종극(宗極)을 삼는 문제에 대해 답장하신 글을 보게 되었습니다.

【주 해】

요숭도 진나라의 종친권속이다. 진왕이 이 일이 있기에 앞서 조서를 내려 말하기를, '도는 무위로써 종극을 삼는다'라고 하였다.

그러자 요숭이 이 문제를 따지면서 말하였다.

“자세히 모르겠습니다. 도가 무위로써 아무런 작위가 없다면 무엇으로써 자체를 삼는지를 밝혀주십시오.”

이는 열반은 무위의 도라고 했기 때문에 이렇게 질문했던 것이다. 진왕의 답변에는 많은 말이 있었으나 본론에서 인용했던 것은 열반을 바로 말하였던 것이다. 그 때문에 다음에서는 그가 답변했던 의미를 인용하여 논문을 발현하는 실마리를 삼았던 것이다.

【원 문】

何者。夫衆生所以久流轉生死者。皆由著欲故也。若欲止於心。卽無復於生死。旣無生死。潛神玄默。與虛空合其德。是名涅槃矣。旣曰涅槃。復何容有名於其間哉。

【본 문】

폐하께서 답장하신 글은 이런 의미로 씌어 있었습니다.

‘무엇 때문에 도는 무위로써 종극을 삼는가? 중생들이 오랫동안 생사에 유전하는 까닭은 모두가 욕구에 집착하기 때문이다. 만일 마음에서 욕심을 중지하기만 한다면 다시는 생사가 없게 된다. 생사가 없고 나면 현묘하고 적막한 곳에 정신이 잠겨 열반의 덕이 허공과 함께 합치한다. 이를 열반이라고 부른다. 이미 열반이라고 말하였다면 다시 그 사이에 유명(有名)을 어떻게 용납하겠는가?’

【주 해】

여기서는 요숭이 질문한 무위로써 종극을 삼는 문제에 대해 진왕이 답변한 말을 인용하였다. 그리고는 열반은 무위로써 종극을 삼는다고 지적하고 나서 결론을 무명으로써 귀결하였다. 이는 논주가 이 논문을 시작한 원인이다.

진왕은 이렇게 의도하고 말하였다.

즉, '생사는 유위법이며, 이를 집착하고 욕심을 부리는 것이 그 원인이 된다. 그 때문에 삼계에 생사윤회하는 괴로운 과보를 받는다. 만일 마음에서 욕심이 중지된다면, 생사가 영원히 단절된다. 생사가 단절하여 없게 되면 마음을 수고롭게 하는 사례가 영원히 쉰다. 적막한 곳에 정신이 잠겨 모든 유위의 생사가 끊긴 무위가 허공과 더불어 그 덕을 합한다. 이를 열반이라고 부른다. 그러나 열반의 도는 이와 같을 뿐이다. 어찌 그 사이에 유명을 용납하겠는가'라고 하였다. 그 때문에 열반을 무명으로써 호칭하였다.

【원 문】

斯乃窮微言之美。極象外之談者也。自非道參文殊。德侔慈氏。孰能宣揚玄道。爲法城塹。使夫大教卷而復舒。幽旨淪而更顯。尋玩殷勤。不能暫捨。欣悟交懷。手舞弗暇。豈直當時之勝軌。方乃累劫之津梁矣。然聖旨淵玄。理微言約。可以匠彼先進。拯拔高士。懼言題之流。或未盡上意。庶擬孔易十翼之作。豈貪豊文。圖以弘顯幽旨。輒作涅槃無名論。論有九折十演。博采衆經。託證成喩。以仰述陛下無名之致。豈曰關詣神心。窮究遠當。聊以擬議玄門。班喩學徒耳。論末章云。諸家通第一義諦。皆云。廓然空寂。無有聖人。吾常以爲太甚徑庭。不近人情。若無聖人。知無者誰。實如明詔。實如明詔。夫道恍惚窅冥。其中有精。若無聖人。誰與道游。頃諸學徒。莫不躊躇道門。怏怏此旨。懷疑終日。莫之能正。幸遭高判。宗徒幢然。扣關之儔。蔚登玄室。眞可謂法輪再轉於閻浮。道光重映於千載者矣。今演論之作旨。曲辨涅槃無名之體寂。彼廓然排方外之談。條牒如左。謹以仰呈。若少參聖旨。願勅存記。如其有差。伏承指授。僧肇言。

【본문 및 주해】

이는 성경(聖經)에서 은미하게 말씀하신 아름다움을 추궁하여 사상(事象) 밖으로 끝까지 초월한 담론입니다[여기서는 진왕의 열반무명에 대한 말을 칭찬하였다].

원래 폐하의 도가 문수 보살의 근본지(根本智)에 참예하고, 자씨(慈氏) 보살과 덕이 같지 않았다면, 누구라서 현묘한 도를 선양하여 불법을 성곽과 참호처럼 외호(外護)할 수 있었겠습니까[문수 보살의 지혜와 자씨 보살의 자비에 계합하지 않았더라면 어떻게 오묘한 도를 크게 선양하여 삼보를 외호할 수 있었겠는가라고 말하였다]?

열반의 커다란 가르침을 웅크렸다가 다시 펴게 하고, 그윽한 종지가 단절되었다가 다시 환하게 나타나게 하였습니다[의도하고 말한 것은 열반의 커다란 가르침이 나집공을 얻어 밝게 천명되었다. 지금 나집공이 죽고 나선 열반의 오묘한 종지가 이미 단절되었다. 지금 다행히도 진왕이 이를 발명하였기 때문에 웅크렸다가 다시 펴지고 단절되었다간 다시 나타났다라고 말하였다].

연구를 은근히 깊이 하면서 잠시도 손에서 떼지를 못하였습니다. 이를 깨달은 기쁨은 마음 속에 교차하여 저절로 춤을 추는 것도 의식하지 못할 지경입니다. 어찌 당신의 훌륭한 모범만큼 되겠습니까? 영원한 미래까지 나루터가 될 것입니다[논주는 열반의 법을 경축하며 기뻐하는 마음을 기술하였다. 이 말은 일시의 고아한 모범이 될 뿐만 아니라, 영원한 미래의 나루터가 되리라고 말하였다].

그러나 성인이 말씀하신 종지는 심오하고 현묘하여, 그 이치는 은미하고 말은 간략합니다. 이는 선배로서 오랫동안 배운 사람에게 법 답게 가르침을 받아 고상한 인재들을 구재해야 됩니다. 언어로 쓰인 것에 집착하는 무리들이 폐하의 의도를 극진히 알지 못할까 염려스럽군요

공자가 《주역(周易)》에 십익(十翼)을 지었던 것을 헤아려 보고 거기에 가깝도록 논문을 지었습니다. 이는 어찌 풍성한 문장을 탐내서였겠습니까[그 문장을 풍부하게 함으로써 아름다움을 과시하려 함은 아니었다고 하였다]?

열반의 그윽한 종지를 크게 나타내려고 〈열반무명론〉을 짓게 되었습니다. 논문에는 구절십연(九折十演)이 있습니다[《주역》의 십익을 본받았다].

여러 경전에서 광대하게 채택하고, 그 의미에 의탁하여 인증(印證)하고 비유를 이루어, 폐하께서 천양하신 무명의 이치를 우러러 기술하였습니다. 그러나 어찌 성신(聖神)하신 마음의 관문을 통과하여 나아갔다 하겠으며, 고원하여 필연적으로 당연한 이치를 궁구했다고 말할 수 있겠습니까? 부족하나마 열반 현문(玄門)을 의론하신 법칙을 본받아 후학의 무리들에게 나누어 주고 그들을 깨우치려 할 뿐입니다. 폐하께옵서 요숭에게 답장하신 논의 끝장에는 말하였습니다.

여러 대가들은 제일의제(第一義諦)를 통하면 모두가 확연(廓然)하게 공적하여 성인마저도 없다라고 말들 합니다[요즈음 시대의 모든 학자들은 승의제(勝義諦)의 공적함에는 성인이 있다는 것도 용납하지

않는다고 망상으로 헤아린다 하였다].

'나는 항상 이 문제를 너무 지나치게 경정(逕庭)하여[《장자》에서 나온 말이다. 지나치게 실정과는 아득히 멀다는 것을 말한다] 인정에 가깝지 않다고 여긴다. 가령 성인이 없다면 성인이 없다는 이치를 아는 자는 누구이겠는가'라고 하셨습니다['나는 항상'이라는 말부터는 진왕이 요숭에게 답장한 말이다. 확연공적하여 성인마저도 없다는 여러 대가들의 학설은 제일의제의 근본 이치와 어긋난다. 그들의 말은 아득히 실정과는 거리가 멀어 인정에 가깝지 않다. 그들의 말대로 성인이 없다면 성인이 없는 이치를 아는 자는 누구이겠는가? 반드시 성인이 있어 그러한 이치를 증득한다 하였다].

이는 실로 폐하의 총명하신 가르침과 같고, 실로 총명하신 가르침과 같사옵니다[여기서는 논주가 진왕의 이치 있는 담론이 실제의 이치에 일치한다고 인가했다. 그 때문에 거듭 그를 칭찬하였다].

'도는 황홀(恍惚)하고 요명(窈冥)하여 그 가운데는 정(精)이 있다'라고 하였습니다[이 두 말은 《노자》에서 출전하였다. 《노자》에서 말하기를, '황홀한 그 가운데 도의 물성(物性)이 있고, 요명한 그 가운데 정(精)이 있다' 하였다. 여기 《노자》에서 의도한 것은 정자(精者)가 성인이라고 지적한 것인데, 이는 이치에 온당하지 못하다].

가령 그들의 말대로 성인이 없다면 누가 도와 함께 노닐겠습니까[의도하고 말한 것은 성제제일의(聖諦第一義)를 주관적으로 증득하는 사람이 성인이며, 증득할 대상인 성제제일의 가운데 성인이 있는 것은 아니라 하였다. 다음의 개종(開宗) 제 1에서는 부처님이 세간에 화신으로 출현하면 유여의열반이라 하고, 법신으로 은둔하면 무여의열반이라 하여 사물에 따라 거짓으로 붙인 명칭일 뿐이라고 말하였다. 그 때문에 열반의 도와 함께 노닌다 라고 말하였다]?

요즈음 여러 학도들은 도의 문전에서 주저하면서 이종지를 불쾌하게 여기지 않음이 없었습니다. 종일토록 의심을 품고 있는데도 그들을 바로잡아 줄 수가 없었습니다[한 시대의 배우는 사람들이 성인마저도 없다는 말을 듣고 모두가 머뭇거리며 나아가지 못하고, 입도의 문에서 이 이치를 결탁하지 못하였다. 그 때문에 종일 의심을 품었는데도 그들을 바로잡아 줄 사람이 없었던 것이다].

다행히도 폐하의 높으신 판단을 만나 종도(宗徒)들이 획연(劃然)하였으며[획연은 비단을 찢는 소리이다. 다행히도 진왕은 성인은 계신다는 논변으로 고원하게도 이 문제를 판결하였다. 그 때문에 종도들의 의심이 획연하게 모두 파열되었음을 말하였다], 입도(入道)를 하려고 문을 두드리는 무리들이 울연히 성대하게도 현실(玄室)에 올랐습니다[일시의 학인들이 진왕의 논변을 듣고 의심이 모두 결판이 났으며, 문을 두드리고 도에 들어가는 사람들이 울연하게 승당입실(昇堂入室)하였음을 말하였다].

이는 진실로 법륜(法輪)이 염부세계에 거듭 구르고, 도광(道光)이 천년의 뒤까지 거듭 비춘다고 말할 만합니다[당시에 의심했던 것을 결판해 줄 수도 없었고, 이 문제를 담론하는 자가 있다 하더라도 꼭 신임을 받는 것은 아니었다. 그런데 다행히도 왕의 말씀이 낚시줄 풀리듯 질서정연하게 나옴을 만났다. 그 때문에 그의 말을 으뜸으로 추앙하지 않음이 없었다. 한마디 말의 무게가 법륜이 거듭 구르고 도광이 거듭 비추게 한다고 말할 만하다 하였다].

지금 폐하의 논을 부연해서 지은 논지는 그들이 열반무명의 자체는 아예 고요하게 쉬어 확연하다고 배척하는 방외(方外)의 담론을 자세하게 논변하려 함 때문입니다[방외(方外)는 세속 밖에서 소요유함을 말한다. 불교를 배우는 사람들과 당시의 흐름에 따르는 무리들이 확연함을 종지로 하여 성인마저도 없다고 하는 자들이 있었다. 이윽고 그들은 단견을 일으키고 성인은 절대로 없다고 말하기까지 하였다. 그 때문에 성인은 방편으로 나타난 것이지 진실로 나타난 것은 아니라고 배척하면서 인과를 뽑아 없애고는, 올바르게 수행하는 사람들더러 모습에 집착했다고 하면서 이를 수치스럽게 여기게 되었다. 이 때문에 그들은 시끄럽게 떠들면서 자신들이 도를 체득하였다고 여겼으나 이를 올바르게 잡아줄 사람이 없었다. 지금 다행히도 진왕이 요숭에게 답장한 편지에서 '만일 성인이 없다면 누가 도와 함께 노닐겠는가' 라고 말하였다. 이 한 마디의 말에는 편견(偏見)을 지닌 무리들의 빗나간 말을 단박에 쉬게 하였으며, 시끄럽게 떠드는 자들이 잠잠하여 아무 소리가 없게 하였던 것이다. 그 때문에 이를 거듭 부연하여 폐하의 총명하신 가르침을 돕는다 하였다].

폐하의 논지를 조목조목 되풀이하여 기록하기를 위와 같이 하여 삼가 우러러 바치옵니다. 만일 폐하의 성스러운 뜻에 조금이라도 합하시거든 칙명으로 기록하여 간직하기를 원하오며, 어긋남이 있으면 엎드려 가르침을 받겠습니다.

승조는 말씀드리옵니다[이 논문을 바치자 진왕이 보고 나서 답장으로 은근이 빠짐없이 찬탄하였다. 칙명으로 이를 베껴 쓰라 하고 여러 자질(子姪)들에게 나누어 주라 하였다. 그는 인주(人主)에게 이처럼 정중하게 추앙을 받았던 것이다].

【원 문】

泥曰。泥洹。涅槃。此三名前後異出。蓋是楚夏不同耳。云涅槃。音正也。

【본 문】

니왈(泥曰) · 니원(泥洹) · 열반(涅槃), 이 세 명사는 전후에 다르게 역출되었다.

이는 범어의 표준말과 사투리가 같지 않아서인데 열반이라고 함이 옳은 표준 발음이다.

1. 구절십연자(九折十演者)

* 절(折)은 절변(折辨)을 말하는데 유명(有名)이 수립한 질문이며, 연(演)은 부연한다는 의미인데 무명(無名)이 이치를 소통함을 말한다. 즉, 유명이 수립한 질문은 아홉 문제가 있고, 무명이 부연한 이치는 열 가지가 있음을 말한다. 그 의도가 대체로 열반유명으로써 질문하면 열반무명으로써 답변하여 이로써 무명을 나타낸 것이다.

제 1. 개종(開宗)

* 열반무명의 정의를 개시(開示)하여 다음에서 질문에 답변하는 강종(綱宗)을 삼았는데, 이는 사론(四論)의 종본의(宗本義)와 같다. 〈열반무명론〉의 대지(大旨)가 여기에서 벗어나지 않는다.

우선 〈열반무명론〉의 이치를 나타내려고 열반유명을 표시하여 종본이 의지함을 나타냈다. 교설에서는 네 종류의 열반이 있다고 설명하였다. 지금은 그 가운데에서 두 명칭만을 지칭하였다.

왜냐하면 사종열반 가운데 자성(自性) 열반으로써 이치를 요약하고, 무주처(無住處) 열반으로써 실천을 요약하였는데, 이 둘은 그 덕목에 의한 명칭만 있을 뿐, 실제는 없기 때문이다. 그 때문에 이 둘은 논변이 필요치 않다.

지금 무여의열반과 유여의열반 두 열반은 주관적인 사람의 편에서 명칭을 붙였다. 즉, 무여의열반은 여래께서 증득하신 것이며, 유여의열반은 삼승이 증득할 객관의 법이다. 지금 논문에서 지적한 것은 부처님의 응연(應然)이 아직은 다하지 않아 명칭도 있고 그에 대한 실제도 있는[有名有實] 것으로써 종본의 의지를 삼으려 하였다. 그 때문에 이 논문에서는 두 종류의 열반만을 지칭하였던 것이다.

지금 논주가 수립한 의도를 자세히 살펴보았더니, 진왕의 '성인이 없다면 누구라서 도와 함께 노닐겠는가'라고 했던 가르침을 이에 앞서 존경하였다. 그리하여 이로써 빗나간 종파[邪宗]에서 '확연하여 성인마저도 없다'고 한 무리들을 타파함으로써 논을 발현할 단서를 삼았다.

지금은 두 종류의 열반, 즉 무여의열반과 유여의열반을 표시하여 이로써 논문 종본의 의지할 곳으로 삼았다. 이는 열반의 이치를 주관적으로 증오하는 사람, 즉 여래와 삼승인은 실재가 있고, 증오할 이치는 무명임을 말한다. 그 때문에 이 두 열반의 덕목을 의지하여 논지를 수립하였던 것이다.

【원 문】

無名曰。經稱有餘涅槃。無餘涅槃者。秦言無爲。亦名滅度。無爲者。取乎虛無寂寞。妙絶於有爲。滅度者。言其大患永滅。超度四流。斯蓋是鏡像之所歸。絶稱之幽宅也。而曰有餘無餘者。良是出處之異號。應物之假名耳。余嘗試言之。夫涅槃之爲道也。寂寥虛曠。不可以形名得。微妙無相。不可以有心知。超羣有以幽升。量太虛而永久。隨之弗得其蹤。迎之罔眺其首。六趣不能攝其生。力負無以化其體。潢漭惚恍。若存若往。五目不覩其容。二聽不聞其響。冥冥窅窅。誰見誰曉。彌綸靡所不在。而獨曳於有無之表。然則言之者失其眞。知之者反其愚。有之者乖其性。無之者傷其軀。所以釋迦掩室於摩竭。淨名杜口於毗耶。須菩提唱無說以顯道。釋梵絶聽而雨華。斯皆理爲神御。故口以之而默。豈曰無辯。辯所不能言也。經云。眞解脫者。離於言數。寂滅永安。無始無終。不晦不明。不寒不暑。湛若虛空。無名無說。論曰。涅槃非有。亦復非無。言語道斷。心行處滅。尋夫經論之作。豈虛搆哉。果有其所以不有。故不可得而有。有其所以不無 故不可得而無耳。何者。本之有境。則五陰永滅。推之無鄉。以幽靈不竭。幽靈不竭。則抱一湛然。五陰永滅。則萬累都捐。萬累都捐。故與道通洞。抱一湛然。故神而無功。神而無功。故至功常存。與道通洞。故沖而不改。沖而不改。故不可爲有。至功常存。故不可爲無。然則有無絶於內。稱謂淪於外。視聽之所不曁。四空之所昏昧。恬焉而夷。怕焉而泰。九流於是乎交歸。衆聖於是乎冥會。斯乃希夷之境。太玄之鄉。而欲以有無題榜。標其方域。而語其神道者。不亦邈哉。

【본문 및 주해】

무명(無名)은 말한다[열반의 이치를 소통하여 유명의 질문에 답변하는 사람을 가설하였다. 이는 사마상여(司馬相如)의 자허부(子虛賦)에 등장하는 자허(子虛)와 무시공(無是公)과 같다. 즉, 실재하지 않는 것을 의인화(擬人化)시킨 것이다].

경전에서 유여의열반, 무여의열반이라고 호칭한 것을 중국말로 번역하면 무위(無爲), 또는 멸도(滅度)라고 부른다[범어에서는 열반이라는 하나의 명칭일 뿐인데, 번역하면 이러한 두 가지 의미가 있다].

무위는 허무적막(虛無寂寞)하여[명칭을 떠나고 모습마저 단절되었다] 유위법이 오묘하게 단절한 데서 그 의미를 취하였고, 멸도는 대환(大患)이 영원히 사라져[《노자》에서 말하기를, '나에게 큰 근심거리[大患]가 있는 까닭은 나의 육신이 있기 때문이다'라고 하였다. 지금은 이종생사인 분단생사와 변역생사를 지적하였다. 열반에는 이종생사가 영원히 없어졌기 때문에 대환이 영원히 사라졌다고 말하였다] 사류(四流)를 초월하여 건넜음을 말한다[사류(四流)는 욕류(欲流) · 유류(有流) · 견류(見流) · 무명류(無明流)를 말하는데, 이 넷은 이종생사의 근본이다]. 이는 거울과 거울 속에 비춰진 모습[鏡像]이 귀결하는 바이며[경상(鏡像)은 《능가경(楞伽經)》에서 말하기를, '비유하면 밝은 거울에 여러 색상(色象)이 나타나는 것과도 같다. 현식(現識)의 나타남과 은둔함도 이와 같다'라고 하였다.

이는 일체중생의 신심(身心)과 세계가 모두 유식(唯識)에서 나타난 것으로써, 신심은 팔식(八識)의 영상(影像)인 상분(相分)일 뿐임을 말하였다. 이러한 영상의 상분을 거두어 유식성으로 귀결시키면 원래 진여(眞如)이다. 그 때문에 영상으로 귀결하는 바라고 하였다] 칭위(稱謂)가 끊긴 그윽한 집이다[열반은 명칭이 끊겼기 때문에 칭위가 끊겼고, 모습마저 떠났기 때문에 그윽한 집이라고 말하였다].

그런데도 유여의열반, 무여의열반이라고 말하는 까닭은[이미 명칭과 모습을 떠났는데도 유여의·무여의열반이라고 말하는 것은] 실로 유여의의 출현과 무여의의 은둔에 따라서 다르게 호칭하였으며, 사물에 감응하는 거짓 명칭일 뿐이다[열반이라 말하는 것은 일진법계인 법신의 자체일 뿐이다. 이 법신을 증득하면 부처라고 호칭한다. 이러한 부처님은 중생의 상황에 따라 반드시 감응하며, 감응하면 몸을 나타내 설법을 한다. 그 때문에 출현한다 하였다. 중생과 인연이 다하면 은둔하여 출현했던 모습을 거두고 법신의 진실한 자체로 되돌아간다. 그 때문에 은둔한다는 의미에서 처(處)라고 하였다.

그러므로 일체의 모든 부처님은 몸이 출현하는 것으로써 유생(有生)이라 하고, 인연이 사라지는 것으로써 열반이라 한다. 그러나 사라진다 해도 원래 사라지지 않았었음은 사뭇 몰랐다 하리라. 이는 다른 나라에서 부처가 되면 다시 다른 부처님의 이름이 있는 경우인데, 이른바 사물의 감응에 따라서 임시로 붙인 이름인 것이다].

나는 시험삼아 이 문제를 말해 보리라[다음에서는 열반무명의 종지를 정면으로 자세하게 논변하였다].

열반의 도는 적요허광(寂寥虛曠)하여[그 자체는 적멸이다] 형명(形名)으로써는 얻지 못하며[명자(名字)의 모습을 떠났다], 미묘하고 무상(無相)하여 유심(有心)으로써는 알지 못한다[심의식의 망상으로 반연하는 모습을 떠났다].

모든 유위법을 초월하여 그윽하게 오르고[높이 삼계(三界)를 초월하여 이혹(二惑)을 끊지 않음이 없다] 그 한량이 태허처럼 영구하다[무위법을 영원히 증득하여 진여를 극치까지 증오하지 않음이 없다].

따라가도 그 자취를 얻지 못하고[미래가 다하도록 끝이 없다] 맞이해도 그 머리를 조망(眺望)할 수가 없다[과거에도 시작이 없었다].

육취(六趣)의 세계로도 그 삶[生]을 포섭하지 못하고[오주(五住)의 번뇌가 끝까지 다하였기 때문이다] 야밤에 힘센 사람이 걸머지고 도망한다 해도, 즉 조화가 은밀하게 옮겨 간다 해도 그 자체를 변화시킬 수는 없다[이종생사가 영원히 없어졌기 때문이다].

황망(潢漭)하고[물이 끝이 없는 모습이다. 왕양(汪洋)하여 가이 없음을 말한다] 황홀(恍惚)하여[비유비무(非有非無)이므로 단정적으로 명칭하지 못함을 말한다] 존재하는 듯[나와도 나온 것이 아니다] 흘러가는 듯하다[사라져도 사라진 것은 아니다].

오목(五目)으로는 [육안(肉眼)·천안(天眼)·법안(法眼)·혜안(慧眼)·불안(佛眼)을 말한다] 그 모습을 보지 못하며[꼴도 없고 모습도 없어 색상(色相)을 떠났기 때문에 살펴보아도 보이지 않는다], 이청(二聽)으로는[육이(肉耳)와 천이(天耳)를 말한다] 그 메아리를 듣지 못한다[음성을 떠났기 때문에 듣지 못한다 하였다].

명명요요(冥冥窅窅)한데 뉘라서 보고 뉘라서 깨닫겠는가[명명하여 보지 못하며, 요(窅)는 심오한 모습이다. 요요하여 엿보지 못한다].

충만하여 존재하지 않는 곳이 없다. 그러나 절대 홀로 유·무의 밖으로 초탈하였다. 이와 같다면 이를 말하는 사람은 그 진실을 잃게 되고[말이 나오면 그 이치를 잃는다] 그것을 아는 사람은 반대로 어리석어진다[인식의 지혜로 알 바가 아니다].

이를 소유하는 자는 그 자성을 어기게 되고[열반이 있다고 집착한다면 적멸한 자체를 어기게 된다], 없다고 무시하는 자는 그 몸을 상하게 된다[법신이 오도(五道)에 유전하는 것을 중생이라 부른다. 만일 이러한 법신이 없다고 집착한다면 단멸의 공에 떨어지게 된다].

그 때문에 석가는 마갈타국(摩竭陀國)에서 방문을 걸어 잠그었고[부처님이 처음 성도하여 이십일일을 사유에 잠기시어 설법을 하지 않았다], 정명(淨名)은 비야리(毗耶里)에서 입을 다물었으며[문수 보살이 유마 거사에게 불이법문(不二法門)을 묻자 유마 거사는 말이 없었다], 수보리가 설법 없음을 창도(唱導)하여 도를 나타내자, 석범(釋梵)은 설법 듣는 것이 단절된 것으로써 꽃비를 내렸다[수보리가 바위 속에서 가만히 앉아 있었는데 제석천(帝釋天)은 꽃을 흩으고, 뿌리면서 반야를 훌륭하게 설법하시는군요라고 말하였다. 이는 수보리 존자는 설법이 없는 것으로써 설법을 하였고, 제석천은 들은 것 없이 설법을 들었다].

이들 모두는 이치를 정신으로 거느렸던 것이다[말하지 않는 도는 증득해야만 알 수 있다].

그러므로 입이 이 때문에 말이 없었던 것이다. 어찌 논변이 없다고 말할 수 있겠는가? 논변으로는 말하지 못하는 것이다[사변(四辯)으로도 그 꼴을 담론하지 못한다].

경에서 말하기를, '진실한 해탈은 언어와 상수(象數)를 떠나서 적멸하게 영원히 편안하다[생멸이 이미 사라졌기 때문이다].

시작도 없고 끝도 없으며[생멸이 아니기 때문에 시작도 끝도 없다], 어둡지도 않고 밝지도 않다[적광(寂光)이 항상 관조하여 상대적인 어둠과 밝음에 소속되지 않는다].

춥지도 않고 덥지도 않은 것이[생멸로 천류하는 법이 아니므로 시분(時分)에 소속되지 않는다. 그 때문에 춥지도 않고 덥지도 않은 것이다] 마치 허공과도 같아[법신(法身)은 청정하여 담연하게 항상 고요하기가 마치 허공과도 같다] 명칭도 없고 설명할 수도 없다[모습을 떠났기 때문에 명칭이 없으며, 언어를 떠났기 때문에 설법할 수도 없다. 이는 《열반경》과 《유마경》 등등에서 의미만을 인용하였다] 라고 하였다.

《중론(中論)》에서는 말하기를, '열반은 실유(實有)하지 않으나,

역시 실무(實無)도 아니다. 언어의 길이 끊기고 심의식의 망상이 진행하는 곳이 사라졌다[입으로는 말하지 못하기 때문에 언어의 길이 끊겼고, 심의식으로는 사량분별하지 못하기 때문에 심의식의 진행하는 곳이 사라졌다]'라고 하였다.

경전과 논서에서 수립했던 근본 의도를 연구해 보자. 이것이 어찌 허구이겠는가[허구의 가공적인 담론이 아님을 말하였다]?

정말로 실유가 아닌 까닭이 있었다. 그 때문에 실재로 있게 하지 못하며, 실무가 아닌 까닭이 있었다. 그 때문에 정말로 없게 하지도 못한다. 열반은 무엇 때문에 실유도 아니고, 실무도 아니겠는가?

유위법의 세계에 근본하여 연구해 본다면 오음(五陰)이 영원히 사라졌고[열반은 생사에 소속되지 않는다. 그 때문에 생멸의 오음이 영원히 사라져 정말로 있게 하지 못하며, 사라지면 생사의 괴로움을 떠나는데 이는 열반사덕(涅槃四德) 가운데 열반의 낙덕(樂德)이다], 무위법의 세계에서 추측해 보았더니 그윽하고 신령함이 다하지 않았다[경험적인 지식[見聞]이 단절되긴 했으나 그윽하고 심오하여 신령한 앎이 홀로 관조하면서 지극한 진상이 존재한다. 이는 사덕(四德) 가운데 진실한 아덕(我德)이다].

그윽하고 신령함이 다하지 않았다면 일진(一眞)을 안고 담연하며[일진의 경지가 담연하여 항상 고요하다. 이는 열반의 진실한 상덕(常德)이다], 오음이 영원히 사라졌다면 모든 누[萬累]를 다 버리기 때문이다[생사를 영원히 떠났다면 모든 미혹이 함께 소멸한다. 이는 열반의 진실한 정덕(淨德)이다].

모든 누를 다 버렸기 때문에 도와 함께 환하게 통하고[미혹이 청정하기 때문에 내적으로 그윽한 이치와 그윽히 합치한다] 일진을 안고 담연하기 때문에 신령하게 작용하나 공로는 없다[열반의 자체는 항상 고요하지만 오묘한 작용이 일정한 방향에 제한 없이 일어난다. 그 때문에 신령하게 작용하여 일정한 공로가 없다].

신령하게 작용하면서 공로가 없기 때문에 지극한 공로는 항상 존재하고[무심하게 감응하기 때문에 공업(功業)은 썩지 않고 영원히 유전한다], 도와 함께 환하게 통하기 때문에 충막(沖寞)하여 자체가 변개하지 않는다[미혹이 다하고 진여를 끝까지 추궁했기 때문에 충막하고 심오하여 자체가 변칠 않는다].

충막(沖寞)하여 자체가 변치 않기 때문에 실재로 있다 하지 못하며[자체가 텅 비어 변치 않기 때문에 있다 하지 못한다], 지극한 공업(功業)이 항상 존재하기 때문에 정말로 없다 하지 못한다[인연을 따라 감응하여 나타나면서 끝없이 중생을 이롭고 즐겁게 하기 때문에 없다 하지 못한다].

이와 같다면[명상을 떠났음을 총체적으로 결론지었다] 유·무가 마음 속에서 단절하였고[자체는 지극한 진실이고 고요함과 작용이 하나의 근원이기 때문에 마음 속에서 유·무가 단절하였다], 칭위(稱謂)가 외부에서 끊겼다[명자(名字)를 덧붙이지 못한다. 그 때문에 칭위가 끊겼다].

보고 듣는 것으론 도달하지 못하고[색성(色聲)이 아니기 때문에 시청이 미치지 못한다], 사공천인(四空天人)의 경지론 이를 이해하지 못하여 깜깜하고 어둡다[사공천인은 미혹하여 알지 못한다. 그러므로 어둡다 하였다]. 염담(恬淡)하여 평이하고[평등일여하다] 고요하고 태연하다[고요하면서도 항상 관조하여 그윽한 곳까지 조감하지 않음이 없다].

구류(九流)가 여기에로 교대로 귀의하고[구류는 세 곳의 구류학파가 아니며, 구계중생(九界衆生)을 지적한 것이다. 열반은 일체중생의 본원이기 때문에 교대로 귀의한다 하였다], 모든 성인들이 여기에서 그윽하게 회합한다[시방제불 구경의 처소이다. 그 때문에 그윽히 회합한다고 말하였다].

이는 희이(希夷)한 세계이며[경험적인 견문의 세계가 아니다], 태현(太玄)의 처소이다[현묘하고 또 현묘하기 때문에 태현(太玄)이라고 말하였다].

그런데도 유의 세계로 나오고, 무의 세계로 들어가는 것으로써 명제(名題)를 삼고 그 처소를 지적하여[열반을 모든 성인이 출생입사(出生入死)하는 명칭으로 삼고 유·무의 명제로 표시하여 그 처소를 지적함을 말하였다], 이로써 신령한 열반의 도를 얻었다고 말하는 자는 열반의 경지와는 아득히 멀지 않겠는가?

제 2. 핵체(覈體)

* 여기서는 유명(有名)이 질문을 일으켰는데, 구절(九折) 가운데 첫 번째이다.

앞의 개종(開宗) 제 1에서 말하기를, '열반의 자체는 실유도 아니고 실무도 아니다'라고 하였다. 그 때문에 지금 이 문제를 절변(折辯)하여, '그렇다면 열반의 자체는 끝내 어디에 있는가'라고 하였다. 그러므로 핵체라고 말하였다.

즉, 열반의 실체는 유여의와 무여의의 명칭에 나아가서 있는 것이며, 무명(無名)은 아니라고 따졌음을 말하였다.

【원 문】

有名曰。夫名號不虛生。稱謂不自起。經稱有餘涅槃無餘涅槃者。蓋是返本之眞名。神道之妙稱者也。請試陳之。有餘者。謂如來大覺始興。法身初建。

【본 문】

유명(有名)은 말한다[명가(名家)는 명칭에서 열반의 의미를 조사해 보고 명칭의 실제를 따졌다. 그 때문에 상대방의 입장을 꺾고 질문을 일으킨 것이다].

명호(名號)는 부질없이 나오지 않는다[명칭이 있으면 반드시 그 명칭에 걸맞는 실제가 있는데, 어찌 실제는 없는데 이름이 나타나겠는가 함을 말하였다].

칭위(稱謂)는 스스로 일어나지 못한다[일반적으로 명칭은 스스로 명칭을 붙이지 못하고, 반드시 사람들이 명칭을 붙일 만한 것이 있음을 보기 때문에 그에 따른 명칭이 붙게 된다].

경전에서 유여의열반, 무여의열반이라고 호칭했던 것은 근본으로 되돌아가는 진실한 명칭이며[이는 부질없는 헛된 칭호가 아니라고 하였다], 신령한 열반의 도를 묘하게 호칭한 것이다[신령한 도는 오묘하여 그를 호칭할 수가 없다. 그 때문에 열반이란 명칭을 붙였는데, 이것이 오묘한 호칭이다].

시험삼아 이 문제를 진술해 보리라[열반을 조사해 보았더니, 유여의열반과 무여의열반이라는 명칭이 있었다. 이는 열반에 명칭이 있는 것이다. 무엇 때문에 열반엔 명칭이 없다고 말하는가? 우선 유여의열반을 논변하여 질문을 일으켰다].

유여의열반이란 대각(大覺)이 처음 일어나고, 법신(法身)이 최초로 건립됨을 말한다.

【주 해】

여기에서는 유여의열반을 의지하여 열반의 명칭을 단정하였다.

우선 여래 · 대각 · 법신 · 열반의 과덕(果德)을 들어 인지수행(因地修行)의 유여의를 나타냈다. 다른 곳에서의 유여의열반은 모두가 삼승인이 증오한 이치는 원만하지 못하고, 이혹(二惑)을 끊음이 극진하지 못한 편에 의지해서 말하였다.

지금 이 논문 가운데서는 부처님의 과덕으로 중생을 이롭게 하는 유여의의 인연이 다하지 않은 편에서, 홑으로 이것만을 요약하여 설명하였다. 논문의 의미를 자세히 살펴보았더니, 여기서 말하는 열반은 권교(權敎)의 삼십사심(三十四心)으로 번뇌인 결사(結使)를 끊고 성불한 과호(果號)였다.

이는 권교인 소승에서 보는 부처님이지, 법신과 보신이 하나로 그윽히 합치한 극과(極果)는 아니다. 논문에서는 소승의 견해인 부처님을 출생입사(出生入死)가 있다 한 데에 의지해서 질문을 수립하였던 것이다.

지금 말하는 여래(如來)는 십호(十號) 가운데 하나로서, 여실한 도를 타고 삼계(三界)로 오신 것을 말한다. 대각(大覺)은 과덕에 나아가 수립한 명칭인 바, 여래는 자각(自覺)과 각타(覺他)와 각행(覺行)이 빠짐없이 원만함을 말한다. 이러한 삼각(三覺)이 원만하기 때문에 대각이라고 지칭한다. 그러나 삼각이 원만한 이 대각은 실교(實敎)의 삼신 가운데 원만보신(圓滿報身)을 말한다.

지금 논문에서는 권교에서 말하는 부처님도 역시 대각이라고 지칭하는데, 이는 총체적인 과덕의 편에서 요약한 것이다. 여기서 말하는 법신은 청정법신이 아니라 권교의 부처님이다. 즉, 오분향(五分香)으로 성취한 법신인데, 오분향이란 계향(戒香)·정향(定香)·혜향(慧香)·해탈향(解脫香)·해탈지견향(解脫知見香)을 말한다. 이 다섯 가지 법으로 훈습하여 성취한 몸인 것이다.

대각이 처음 일어났다 함은 부처님의 응화신(應化身)이 최초로 출현하여, 즉 최초로 정반왕궁(淨飯王宮)에 태자의 몸으로 태어나 육년 동안 고행을 하다가 녹야원(鹿野苑)에서 처음 정각(正覺)을 성취했던 역사적인 사실을 지적한 것이지, 출생하기 이전 보리장(菩提場)에서 대각을 성취하였음을 말한 것은 아니다.

【원 문】

澡八解之淸流。憩七覺之茂林。

【본 문】

팔해(八解)의 맑은 시냇물에서 목욕을 하고 칠각(七覺)의 무성한 숲에서 휴식을 하였다.

【주 해】

여기서부터는 불과(佛果)를 이미 성취했던 것을 바로 들고 나서 이를 통해 인지에 수행했던 과정을 반대로 나타냈다.

팔해(八解)는 다음과 같다.

1. 내유상외현색(內有相外現色)
2. 내무색상외현색(內無色相外現色)
3. 정해탈(淨解脫)
4. 공처정(空處定)

5. 식처정(識處定)

6. 무소유처정(無所有處定)

7. 비비상처정(非非相處定)

8. 멸수상정(滅受想定)

이상의 팔해는 이혹(二惑)을 끊는 능력이 있기 때문에 마치 맑은 시냇물이 빨래하고 씻는 작용이 있는 것과도 같다.

'게(憩)'란 휴식을 말한다. 칠각지(七覺支)는 택법(擇法)·진(進)·염(念)·정(定)·희(喜)·사(捨)·의(倚)를 말한다.

이 칠각법을 여래께서는 원만하게 수습하고 나서 그 가운데서 안일하신다. 그 때문에 마치 무성한 숲 아래서 휴식을 취하는 것과 같다 하였다.

이상은 불과(佛果)의 원만함을 말하였고, 다음부터는 수행의 인지(因地)가 원만함을 나타냈다.

【원 문】

積萬善於曠劫。蕩無始之遺塵。

【본 문】

모든 선업(善業)을 영원한 세월에 걸쳐 쌓고 무시이래(無始以來)의 무명 진로(塵勞)를 남김 없이 세척하였다.

【주 해】

여기서는 부처님이 인지의 수행에서 광대겁(曠大劫) 이래로 모든 선업을 광대하게 수행하셨음을 찬탄하였다.

'탕(蕩)'은 세척(洗滌)한다는 의미인데, 무시이래의 무명번뇌를 남김 없이 세척하였다고 하였다.

【원 문】

三明鏡於內。神光照於外。

【본 문】

삼명통(三明通)은 내부에서 비추고 신광(神光)은 외부를 관조하였다.

【주 해】

부처님은 안으로는 삼명통을 증득하였는데, 과거의 숙명명(宿命明)과 미래의 천안명(天眼明)과 현재의 누진명(漏盡明)을 말한다.

이러한 삼명통을 갖추었기 때문에 삼세를 분명히 안다. 그리하여 중생의 상황에 따라 조감하고 설법하면서 그들에게 알맞게 자세하고도 극진하게 한다.

【원 문】

結僧那於始心。終大悲以赴難。

【본 문】

처음 발심한 마음에서 승나(僧那)를 맺고 끝내는 대비의 마음으로써 중생의 팔난(八難)을 구제하러 간다.

【주 해】

범어의 승나(僧那)는 번역하면 홍서(弘誓)이며, 보살이 최초로 발심하면 우선적으로 사홍서원(四弘誓願)의 마음을 내는 것을 말한다. 그러므로 '처음 발심한 마음(始心)'이라고 말하였다.

성불한 데에 이르러서는 오로지 중생의 이익이 되는 사업만을 한다. 그 때문에 '어려움에 다다른다'고 하였는데, 즉 팔난(八難)을 구제함을 말한다.

【원 문】

仰攀玄根。 俯提弱喪。

【본 문】

우러러 현근(玄根)을 부여잡고 아래로는 약상(弱喪)을 이끌어,

【주 해】

수행의 인지 가운데서 위로는 불과(佛果)를 구하여 실지반야로써 진여의 이치를 증득한다. 그 때문에 '우러러 현근(玄根)을 부여잡는다'고 말하였다.

방편반야로는 중생들을 교화한다. 그 때문에 '아래로는 약상(弱喪)을 이끈다'라고 말하였다. 즉, 중생들이 생사에 빠져 미혹함이 마치 어려서 집을 잃고 유랑하는 사람과 같기 때문에 약상이라고 말하였다.

【원 문】

超邁三域。 獨蹈大方。

【본 문】

삼역(三域)은 삼계(三界)를 말하는데, 부처님은 삼계를 멀리 초월하고 높이 무위법을 증득하였음을 말한다. '대방(大方)'은 증오할 진여의 이치에 비유하였다.

소승에서는 실달 태자가 성불한 것만을 인정하기 때문에 '홀로 밟았다'라고 말하였다.

【원 문】

啓八正之平路。坦衆庶之夷途。

【본 문】

팔정도(八正道)의 평탄한 길을 열고 중서(衆庶)의 빗나간 길을 평탄하게 하였다.

【주 해】

'팔정(八正)'은 팔정도(八正道)인데, 정견(正見)·정사유(正思惟)·정어(正語)·정업(正業)·정명(正命)·정정진(正精進)·정념(正念)·정정(正定) 등을 말한다. 부처님을 따라서 중서(衆庶)를 개도하는데, '서(庶)'는 얼(孼)의 의미이며, 모든 이견(異見)을 지닌 외도들을 가리킨다.

'이도(夷途)'는 사도(邪途)라고 해야만 하며, 이는 부처님만이 평탄하게 할 수 있다.

【원 문】

騁六通之神驥。乘五衍之安車。

【본 문】

육신통(六神通)을 신령한 천리마를 달리듯하고 오연(五衍=五乘)의 편안한 수레를 타셨다.

【주 해】

부처님이 육신통으로 중생들을 몰고 가는 것이 마치 신령한 준마, 즉 천리마를 달리는 것과 같다고 하였다.

오연의 '연(衍)'은 범어로 연나(衍那)인데, 승(乘)이라고 번역한다.

삼계 내의 인승(人乘)·천승(天乘)과 삼계를 벗어난 출세간의 삼승을 합하면 오승(五乘)이 된다. 부처님은 이들의 상황에 따라 감응하여 설법을 하면서 중생들을 싣고 운반하여 두려움 없는 열반의 처소에 이르게 한다. 그 때문에 '편안한 수레' 라고 말하였다.

【원 문】

至能出生入死。與物推移。

【본 문】

출생(出生)하고 입사(入死)하는 경지에까지 이르러 중생들과 함께 추이(推移)하였다.

【주 해】

여래는 상황 따라 감응하여 중생들을 이롭게 하면서 중생들의 느낌이 있으면 나타나고 인연이 다하면 사라짐을 말하였다. 그 때문에 '출생입사(出生入死)'라고 말하였으며, 그들의 상황에 알맞게 수순(隨順)하기 때문에 '추이(推移)'라고 말하였다.

초사(楚辭)에서 말하기를, '성인은 세속과 함께 추이하여 사물에 응체(凝滯)되지 않는다'라고 하였다.

【원 문】

道無不洽。德無不施。

【본 문】

도는 흡족하게 적시지 않음이 없었고 덕은 시행하지 않음이 없었다.

【주 해】

한결같은 비를 뿌려 보편하게 윤택시켜 충만하게 흡족시키지 않음이 없었으며, 삼단(三檀), 즉 재보시(財布施)・법보시(法布施)・무외보시(無畏布施)를 평등하게 베풀어 중생들을 이롭게 하지 않음이 없었다.

【원 문】

窮化母之始物。極玄樞之妙用。

【본 문】

만물의 시초(始物)에서 화모(化母)를 끝까지 추궁하고, 오묘한 작용에서 현추(玄樞)를 극치까지 하였다.

【주 해】

'화모(化母)'는 조화에서 만물이 나오는 것을 말한다. 이로써 인연으로 나오는 만법에 비유하였는데, 일체의 모든 법은 인연을 따라 나옴을 말한다. 그 때문에 '만물의 시초[始物]'라고 말하였다.

'현묘한 지도리[玄樞]'는 실지반야이고, '오묘한 작용'은 방편반야이다. 실지반야에 상즉한 방편반야이기 때문에 '극치(極)'라고 하였다.

【원 문】

廓虛宇於無疆。耀薩雲於幽燭。

【본 문】

한량없는 데서 우주가 확연히 텅 비었고, 빛나는 살운야(薩雲若)

로 그윽한 곳까지 환하게 밝혔다.

【주 해】

마음과 세계를 확연하게 밝히고 법계의 한량을 투철하게 사무쳤다. 그 때문에 '한량이 없다'라고 말하였다.

범어의 '살운야'는 일체지(一切智)라고 번역한다. 일체지로써 미진(微塵)의 세계를 모두 관조하여 중생들의 심수(心數)를 다 본다. 그 때문에 '그윽한 곳까지 환하게 밝힌다'라고 말하였다.

【원 문】

將絶朕於九止。永淪太虛。

【본 문】

구지(九止)에서 조짐을 끊고 영원히 태허(太虛)로 빠져 들었다.

【주 해】

위에선 인연 따라 감응하면서 중생을 이익되게 함을 말하였고, 여기에서는 인연이 다하여 입멸함을 말하였다.

'짐(朕)'은 조짐을 말하는데, 만물이 처음 싹트는 은미한 조짐이다. '구지(九止)'는 육범(六凡)과 삼승(三乘)의 구계지(九界地)인데, 지(地)는 부처님의 행리(行履)이다. 지금은 중생 교화의 인연이 이미 다하여 교화했던 세계에서 자취를 끊고 태허로 영원히 빠져들어가려 함이다. 이는 무여의열반을 가리킨다.

【원 문】

而有餘緣不盡。餘迹不泯。

【본 문】

그러나 남은 인연이 있어 다하지 않으면 남은 자취도 끊기지 않는다.

【주 해】

중생을 제도할 인연이 다하지 않으면 교화하여 인도한 자취가 원만하지 못하다. 그 때문에 '끊기지 않는다'고 말하였다.

【원 문】

業報猶魂。聖智尙存。此有餘涅槃也。

【본 문】

업보(業報)는 오히려 망상의 정혼(精魂)이고, 성지(聖智)는 그대로 존재한다. 이는 유여의열반이다.

【주 해】

여기에서 한두 마디의 말을 조사해 보았더니, 이 논문 가운데서 질문한 유여의열반은 천태교(天台教)에서 수립한 사교(四教), 즉 장・통・별・원(藏通別圓) 가운데 소승 삼장교의 과두불(果頭佛)을 지적한 것이었다.

이는 오주지(五住地)의 번뇌 가운데 지말(枝末) 번뇌인 견일처주지(見一處住枝)와 욕애주지(欲愛住地)와 색애주지(色愛住地)와 유애주(有愛住)인 사주지(四住地)의 번뇌를 동일하게 제거한 이곳에 있어선 사교(四教)마다의 과두불(果頭佛)이 나란히 같다 한 것에 해당한다.

만일 오주지 가운데 근본번뇌인 다섯 번째 무명주지를 조복받기만 하면 소승의 삼장교는 사교 가운데서 가장 하열한 경지가 된다. 왜냐하면 근본무명을 다 끊지 못하고 이숙식(異熟識)이 아직 다 공적하지 못했기 때문이다. 즉, 삼장교의 과두불은 소승사과(小乘四果)의 마지막인 아라한과(阿羅漢果)인 것이다. 그 때문에 '업보는 오히려 망상의 정혼이다'라고 하였고, 이 경지에서는 아직도 지혜로써 미세한 구생아집(俱生我執)을 끊어야만 하기 때문에 '성지는 그대로 존재한다'라고 말하였던 것이다.

'업보의 정혼과 성지'의 둘 모두를 유여의열반으로써 질문을 수립했던 것은 이 때문인 것이다.

【원 문】

經云。陶冶塵滓。如鍊眞金。萬累都盡。而靈覺獨存。

【본 문】

경에서 말하기를, '진로(塵勞)의 찌꺼기를 도태시키고 녹여 없애기를 용광로에서 진금(眞金)을 단련하듯 한다. 그리하여 모든 번뇌의 누(累)를 다버리고 신령한 깨달음이 홀로 존재한다'라고 하였다.

【주 해】

여기서는 유여의열반에 대해 결론을 짓고 그 증거를 경전에서 인용하였다.

진로의 찌꺼기 편에서 말한다면, '도(陶)'는 도(淘)로 썼어야만 하는데 씻음을 말하며, '야(冶)'는 용광로에서 도야하여 녹이는 것을 말한다. 진로의 찌꺼기는 번뇌를 비유하였으며, 이를 도태하기를 마치 진금(眞金)을 녹이려면 먼저 용광로의 더러운 때를 제거하는 것처럼 한다고 하였다.

【원 문】

無餘者。謂至人教緣都訖。靈照永滅。廓爾無朕。故曰無餘。

【본 문】

무여의열반이란 지인(至人)이 중생 교화의 인연이 다하고 신령한 관조가 영원히 사라져, 확연하여 조짐이 없음을 말한다. 그 때문에 '무여의(無餘依)'라고 말한다.

【주 해】

여기서부터는 무여의열반을 말하였다.

성인은 중생이 처한 상황과 그들을 교화함이 서로가 맞부딪치기 때문에 삼계에 응화신(應化身)을 나타내고, 상황과 가르침이 함께 다하기 때문에 빛나는 광채를 거두고 신령한 관조가 영원히 사라진다. 영원히 사라진다 함은 감응과 감응했던 자취가 함께 단절한다 함이다. 그 때문에 확연하여 조짐이 없기가 마치 장작이 다 타면 불도 꺼지는 것과 같다. 그러므로 '무여의열반'이라고 말하였다.

【원 문】

何則。夫大患莫若於有身。故滅身以歸無。勞勤莫先於有智。故絶智以淪虛。

【본 문】

왜냐하면 대환(大患)은 육신이 살아 있는 것보다도 더 큰 것이 없다. 그 때문에 육신을 소멸하여 무(無)로 되돌아가며, 근로(勤勞)

는 지혜가 있는 것보다 우선하는 것은 없다. 그러므로 지혜를 끊고 태허로 윤몰(淪沒)하기 때문이다.

【주 해】

'왜냐하면'이라 한 다음부터는 무여의열반에 들게 된 원인을 묻고 풀이하였다.

육신과 지혜는 진로의 누를 끼친다. 그 때문에 이 둘을 함께 소멸하여 없게 한 것인데, 이것이 무여의열반이다. 이는 바로 소승의 견해이다. '대환은 육신이 있는 것보다 큰 것이 없다' 하였는데, 《노자》에서는 말하기를, '나에게 큰 근심거리가 있는 까닭은 나에게 육신이 있기 때문이다. 나에게 육신이 없다면 나에게 무슨 근심거리가 있겠는가'라고 하였다.

왜냐하면 자기의 육신을 근심하고 염증을 느끼기 때문에 몸을 소멸시켜 무(無)로 되돌아가기 때문이다.

또 말하기를, '성인의 지혜를 끊어 버려야 한다'라고도 하였는데, 이는 지혜 때문에 육신의 형체가 수고로움을 말한다. 그 때문에 지혜를 끊고 허무로 빠져들어간다. 그러므로 마음이 편안하여 진로의 누가 없는 것이다.

【원 문】

然則智以形倦。形以智勞。輪轉修途。疲而弗已。

【본 문】

이와 같다면 지혜는 형체 때문에 권태롭고, 형체는 지혜 때문에 근로하면서 먼 생사의 길을 윤회전변하는 피로함이 그치지 않는다.

【주 해】

지혜는 인식으로 분별하여 집착하고 취하며(分別執取相), 형체는 육근(六根)과 육식(六識)과 육진(六塵)이 회합하여 이혹(二惑)을 일으키고 삼업(三業)을 짓는다. 그 때문에 생사에 윤회전변하면서 영원토록 본성으로 되돌아오지 못하는 까닭은 육신과 마음의 허물인 것이다.

【원 문】

經曰。智爲雜毒。形爲桎梏。淵默以之而遼。患難以之而起。

【본 문】

경에서는 말하기를, '지혜는 잡독(雜毒)이고, 형체는 질곡(桎梏)이다. 심오하여 말 없는 도가 이 때문에 요원하게 멀어지고, 환란이 이 때문에 일어난다'라고 하였다.

【주 해】

여기서는 지혜와 형체가 진로의 누가 되는 원인을 경전에서 인용하여 증거하였다.

여기서 말하는 지혜란 《기신론(起信論)》에서의 육추지상(六麤智相)을 말한다. 이러한 육추지상으로 분별하고 집착하고 취하는(分別執取相) 것이 무명삼독번뇌(無明三毒煩惱)의 근본이 된다. 그 때문에 잡독(雜毒)이라 하였다.

'질곡(桎梏)'은 형틀인데 형체가 누를 끼치는 것에 비유하였다. '질(桎)'은 발을 구속하고, '곡(梏)'은 손을 결박하는 형틀이다. 형해(形骸)가 본성을 자유롭지 못하게 구속함도 이와 같다. 이는 호오의 감정으로 분별하면 변계소집의 허망한 마음이 나옴을 말한다.

심오하고 말 없는 열반의 이치와 멀어져 생사의 괴로운 환란이 이 때문에 일어난다. 이는 육추지상의 허물이다. 그 때문에 성인은 형체와 지혜를 버리며, 그 까닭에 진로의 누를 면할 수가 있는 것이다.

【원 문】

所以至人灰身滅智。捐形絶慮。內無機照之勤。外息大患之本。

【본 문】

그 때문에 지인은 회신멸지(灰身滅智)하여 형체를 버리고 사려를 끊는다. 그리하여 안으로는 중생의 상황에 따라서 관조해 주는 수고로움이 없고, 밖으로는 큰 근심의 근본인 육신이 쉬게 된다.

【주 해】

성인은 육신의 형체와 분별의 지혜가 누를 끼친다는 것을 안다. 그 때문에 몸을 불 꺼진 재처럼 하여 허무로 되돌아감으로써 그 형체를 버리고, 분별의 지혜를 소멸하여 태허에 빠져 들기 때문에 외연(外緣)을 잊고 사려를 단절한다.

사려를 단절하기 때문에 안으로는 중생들의 상황에 따라서 관조하는 근로의 수고로움이 없으며, 형체를 버리기 때문에 밖으로는 큰 근심거리의 근본인 육신을 쉬고, 몸과 마음을 둘 다 잊는다. 그 때문에 큰 근심거리가 영원히 쉬고 생사를 단박에 초월하게 된다.

【원 문】

超然與羣有永分。渾爾與太虛同體。

【본 문】

초연하여 모든 삼계이십오유(三界二十五有)와는 영원히 분야가 나뉘고, 혼연(渾然)하여 태허와 동체가 된다.

【주 해】

형체와 지혜가 함께 없어졌다면 생사가 영원히 단절하여 삼계를 높이 초월한다. 그 때문에 모든 삼계이십오유와 영원히 분야가 나뉘고, 일진법계로 되돌아가 감응의 자취가 단절하였기 때문에 태허와 동체이다.

【원 문】

寂焉無聞。泊爾無兆。冥冥長往。莫知所之。其猶燈盡火滅。膏明俱竭。此無餘涅槃也。經云。五陰永盡。譬如燈滅。

【본 문】

고요하여 소리의 들림이 없고, 담박(淡泊)하여 조짐이 없다. 명명(冥冥)하게 영원히 떠나 그가 간 곳을 모른다.

이는 마치 등불이 다하여 불이 꺼지면 기름과 밝음이 함께 다하는 것과 같다. 이것이 무여의열반이다.

경에서는 말하기를, '오음(五陰)이 영원히 다한 것을 비유하면 등불이 꺼진 것과 같다'라고 하였다.

【주 해】

여기서는 결론을 짓고 무여의열반의 모습으로 소속시켰다.

열반의 자체는 음성이 없기 때문에 고요하여 들리는 소리가 없고, 색깔이 없기 때문에 담박하여 조짐이 없으며, 경험적인 지식

(見聞)이 끊겼기 때문에 명명하게 영원히 떠나 그가 간 곳을 모른다 말하였다. 지자(之字)는 간다(往)는 의미와 같다.

형체와 지혜가 함께 끊겼기 때문에 등불이 다하여 불이 꺼지면 기름과 밝음이 함께 다하는 것과 같으며, 형체와 지혜를 남김없이 다했기 때문에 '무여의열반'이라고 말하였다.

다음에서는 경전에서 인용하여 이를 증거하였는데, 이는 소승 편공(偏空)의 열반이다.

논문에서 유명이 의도하고 절변(折辯)한 말은 모두가 소승의 편에서 견해를 일으켰기 때문에 문제를 따졌고, 그에 대한 무명의 답변은 대승의 올바른 의미로써 그들 편공의 집착을 타파하였다.

【원 문】

然則有餘可以有稱。無餘可以無名。無名立。則宗虛者欣尙於沖默。有稱生。則懷德者彌仰於聖功。斯乃誥典之所垂文。先聖之所軌轍。

【본 문】

이와 같다면 유여의열반은 유명(有名)으로써 호칭할 만하고, 무여의열반은 무명(無名)으로써의 명칭이 가능하다.

열반무명이 성립하면 허무를 숭상하는 자는 기쁜 마음으로 충허심묵(沖虛深默)한 경지를 숭상하게 되고, 열반유명의 명칭이 나오면 부처님의 덕을 그리워하는 자들이 성인의 공덕을 더욱 우러러보게 된다. 이는 성경고전(聖經誥典)에서 후세에 드리운 문장이며, 선대 성인들의 궤철(軌轍)인 것이다.

【주 해】

여기서는 유명(有名)과 무명(無名)의 이익을 들어서 질문했던 의

도를 결론지으려 하였다.

이상과 같이, 유여와 무여의 학설은 유명이든 무명이든 간에 모두가 지적하여 구체적으로 진술할 만하다. 가령 무명이 성립하면 허무를 숭상하는 소승들로 하여금 기쁜 마음으로 충묵허무(沖默虛無)의 이치로 취향하게 하고, 유명을 호칭하게 되면 부처님의 성덕을 그리워하는 대승들로 하여금 그 공덕을 더욱 관찰하게 하기에 합당하다. 이는 유명과 무명 모두가 이치를 잃지 않는다고 찬탄하였다.

이는 성경고전(聖經誥典)에서 드리우신 문장이며, 선대의 성인이 무명으로 은둔하고 유명으로 나타나면서 중생을 교화했던 궤철이었다. 그 때문에 다음 문장에서 그를 책망하여 말하였다.

【원 문】

而曰有無絶於內。稱謂淪於外。視聽之所不暨。四空之所昏昧。使夫懷德者自絶。宗虛者靡託。無異杜耳目於胎殼。掩玄象於霄外。而責宮商之異。辯玄素之殊者也。

【본 문】

그런데도 유·무는 안에서 끊겼고, 칭위는 외부에서 윤몰하여, 보고 듣는 것으론 도달하지 못하고 사공천(四空天)의 경지로도 깜깜하게 어둡다고 말하는가? 그리하여 성덕을 그리워하는 자들이 스스로 끊기게 하고 허무를 숭상하는 자들이 의탁할 곳이 없게 하였다.

이는 이목을 태각(胎殼) 속에서 막아 버리고, 현상(玄象)을 하늘 밖에서 가리우곤, 궁음(宮音)·상음(商音)의 차이를 따지고, 현색(玄

色) · 소색(素色)의 다름을 분별하는 사람과 다름이 없다 하리라.

【주 해】

여기서는 열반무명의 본론을 가리켜 이치에 어긋남을 지적하였다. 유명이 질문하여 의도하고 말했던 것을 말해 보자.

유명(有名)을 호칭하면 성덕을 그리워하는 자들이 귀의할 바가 있게 되고, 무명(無名)이 성립하고 나면 허무를 숭상하는 자들이 의탁할 바가 있게 된다.

그런데, 지금 본론에서처럼 유 · 무를 쌍으로 단절하고, 칭위를 함께 잃었다 하자. 이와 같다면 성덕을 그리워할 분야가 끊기게 되고, 허무를 숭상하는 자들이 의빙할 곳이 없게 된다. 이를 현묘한 세계라고 말하긴 하나 견문(見聞)으로 경험할 세계는 아니다.

이는 이목을 태각(胎殼) 속에서 막아 버리고 눈뜬 봉사, 멀쩡한 귀머거리가 되는 것과 무엇이 다르겠는가?

'현상(玄象)'은 해와 달을 가리킨다. 그리고 다시 일월의 광채를 어두운 밤처럼 가리우고 귀로는 궁음 · 상음을 분별하고, 눈으로는 현색 · 소색을 구별하라고 책망하는 것과 무엇이 다르겠는가? 이는 실제의 이치와는 너무 멀다 하지 않겠는가?

【원 문】

子徒知遠推至人於有無之表。高韻絶唱於形名之外。而論旨竟莫知所歸。幽途故自蘊而未顯。靜思幽尋。寄懷無所。豈所謂朗大明於冥室。奏玄響於無聞者哉。

【본 문】

그대는 한갓 지인(至人)을 유 · 무의 밖으로 추앙할 줄만 알아

고상한 운치의 주장이 형체와 명분의 밖에서 단절하였다. 그리하여 논지는 끝내 귀결할 바를 알 수가 없다.

열반의 그윽한 길이 이 때문에 온축(蘊畜)되고 가리워 환하게 드러나지 못하게 되었다. 고요히 생각하고 그윽하게 연구해 보았으나 회포를 의탁할 곳이 없다. 이를 어떻게 어두운 방에 대명(大明)을 밝히고, 현묘한 음향 소리를 듣지 못하는 자에게 연주한다고 말할 수 있겠는가?

【주 해】

여기서는 논지가 이치에 어긋남을 결론짓고 책망하여 이익이 없음을 밝혔다. 즉, 유명은 무명에게 이렇게 말하였다.

'그대가 말하는 열반의 도는 유·무와 칭위의 밖으로 초월하여 벗어났다고 말한다. 이는 한갓 성인의 세계를 고상하게 추앙하여 형체와 명칭이 아득히 끊겼음만을 알았을 뿐이다. 그리하여 논지의 취지가 끝내는 귀결할 바를 알 수 없게 하였다. 열반의 그윽하고 오묘한 길이 이로부터 온축되고 덮여 환하게 발현하지 못하게 되었다.'

그리곤 유명가(有名家)는 말하였다.

'나는 이 문제를 고요히 생각하고 그윽하게 연구해 보았으나 회포를 의탁할 곳이 없었다. 이는 이른바 크게 밝은 열반의 도가 겹겹이 어두운 방을 밝히고 모두 함께 보게 하는 것은 아니며, 현묘한 음향을 소리의 들림이 끊긴 경지에서 연주하여 모두가 함께 듣게 하는 것은 아니다.'

이는 밝히려 했으나 반대로 어두워지고, 이치를 소통시키려 했으나 도리어 막혔음을 말하였다.

제 3. 위체(位體)

* 위(位)는 둔다(安)는 뜻과 같으며, 또는 성립한다는 의미이기도 하다.

유명이 유 · 무를 떠나고 유 · 무의 칭위가 단절된 열반의 자체를 조사해 보았으나 회포를 의탁할 곳이 없다 하였다. 그 때문에 무명이 이 문제에 대해 답변함으로써 그를 제 위치에 두게 된 것이다. 그리고는 성인은 유여의로 출생하지도 않았고, 무여의로 입사하지도 않았음을 밝혔다.

그러나 유여의와 무여의열반으로 호칭하는 것으로 법신이 인연을 따라 은둔하기도 하고, 나타나기도 하는 이치임을 그에게 답변하였다.

【원 문】

無名曰。有餘無餘者。蓋是涅槃之外稱。應物之假名耳。

【본 문】

무명은 말한다[유명의 질문에 의거하여 답변하였다].

유여의 · 무여의라고 함은 열반 외부에 대한 호칭이며, 사물의 감응에 따라 붙이는 거짓된 임시의 명칭일 뿐이다.

【주 해】

앞에서 유명이 질문하기를, '유여의 · 무여의열반은 신령한 도에 대한 오묘한 호칭이며, 근본으로 되돌아가는 진실한 명칭이다' 라고 하였다. 그 때문에 지금 답변한 의도에서는 곧장 사물에 감응하는 덕목에 따라 붙이는 거짓 명칭일 뿐이다 하여 이로써 그를 부정하였던 것이다. 바로 이 한 마디의 말이 그의 미혹함을 모두 버리게 하였다.

【원 문】

而存稱謂者封名。志器象者耽形。名也極於題目。形也盡於方圓。方圓有所不寫。題目有所不傳。焉可以名於無名。而形於無形者哉。

【본 문】

그런데도 칭위를 간직한 자는 그 명칭에 갇히고, 상기(象器)에 뜻을 둔 사람은 외형의 형체를 탐낸다.

명칭이란 제목에서 극치를 이루고, 형체는 방원(方圓)에서 다한다. 방원으론 묘사하지 못함이 있고, 제목은 전하지 못하는 바가 있다. 어떻게 무명(無名)에 명칭을 붙이고, 무형(無形)을 형체로 나타낼 수 있겠는가?

【주 해】

여기서는 질문한 사람이 명칭과 형체를 허망하게 집착하는 망정을 부정하였다.

칭위는 명칭이고, 형체는 모습(相)이다.

그러나 명칭과 모습은 견분(見分)과 상분(相分)이 자증분(自證分)을 의지해서 일어나는 의타(依他)의 연기(緣起)이다. 이는 환유(幻有)의 성공인데도 범부는 변계소집(遍計所執)의 허망한 마음으로 실유(實有)라고 집착한다.

만일 범부의 허망한 마음으로 명칭에 갇히고 모습에 뜻을 두는 경우라면 변계소집의 집착을 아직 잊지 못했기 때문이다. 그러므로 명칭이란 허구적인 제목의 칭호를 초월하지 못하고, 형체는 가유(假有)인 장단방원(長短方圓)의 형상을 벗어나지 못한다.

만일, 의타기성이 가유인 환유임을 분명히 안다면 변계소집의 자체가 공적해진다. 그리하여 원성실성(圓成實性)은 명칭과 모습을 떠난다.

이와 같다면 형체의 모습으로는 나타내지 못할 바가 있고, 명칭으로는 전하지 못할 것이 있다. 이를 변계소집의 허망한 마음과 그에 따른 견해를 초월해서 떠났음이라 하는데, 이는 일반 사람의 허망한 마음으로 인식할 세계는 아닌 것이다.

형체도 없고 명칭도 없는 열반의 도를 어떻게 형체와 명분으로 찾을 수 있으랴? 열반무명의 의미가 여기에서 환하게 나타났다 하리라.

【원 문】

難序云。有餘無餘者。信是權寂致敎之本意。亦是如來隱顯之誠跡也。但未是玄寂絶言之幽致。又非至人環中之妙術耳。子獨不聞正觀之說歟。維摩詰言。我觀如來無始無終。六入已過。三界已出。不在方。不離方。非有爲。非無爲。不可以識識。不可以智知。無言無說。心行處滅。以此觀者。乃名正觀。以他觀者。非見佛也。

【본 문】

질문했던 서문에 말하기를, '유여의와 무여의는 실로 유명의 방편과 무명의 고요함으로 가르침을 수립한 근본 의도이며, 여래께서 은둔하고 나타난 진실한 자취이다[이상은 그의 견해대로 놓아 주었고, 다음에서는 이를 부정하였다]'라고 말하였다.

이는 아직 현묘하게 고요하여 언어가 단절된 그윽한 이치는 아니며 또 지인이 환중(環中=道)에 처한 오묘한 도는 아니다[이는 성인이 중생에게 감응하여 교화하면서 은둔하고 나타나는 자취일 뿐, 근원적인 하나의 중도로 되돌아가 자취가 끊긴 도가 아니라고 말하였다].

그대는 유독 정관(正觀)에 대한 설명을 듣지도 못했던가?

유마힐(維摩詰)은 말하기를, '내가 여래를 관찰해 보았더니, 시작도 없고 끝도 없었다. 육입(六入)을 지났고, 삼계를 벗어나서 상대적인 방향에 존재하지도 않고, 방향을 떠나지도 않았다. 유위법도 아니고 그렇다고 무위법도 아니었다. 그는 식(識)으로선 식별이 불가능 했으며, 분별지(分別智)로 알 수도 없었다. 언어로 설명할 수 없었으며, 심의식(心意識)이 진행하는 곳도 사라졌다. 이로써 여래를 관찰하는 사람을 정관(正觀)이라 부르고, 이와는 다르게 관찰하는 사람은 부처를 보는 것이 아니다'라고 하였다.

【주 해】

여기서는 여래의 법신인 진여실제는 삼세를 초월하고 육근의 분별을 통한 인식을 떠났다. 삼계를 초월하여 일체의 처소에 보편하면서 일정한 방향이 없다.

유·무를 분별하는 데에 소속하지 않으므로 사고하거나 의론할 세계는 아니다. 어떻게 유여의와 무여의의 거짓 명칭을 호칭하여 말하는 것으로써 그에 대한 인식을 극진히 하겠는가에 대하여 정면으로 제시하였다.

【원 문】

放光云。佛如虛空。無去無來。應緣而現。無有方所。

【본 문】

《방광반야경》에서는 말하기를, '부처님은 허공과 같아 가는 것도 없고, 오는 것도 없다. 인연 따라 감응하여 나타나지만 일정한 방향이 없다'라고 하였다.

【주 해】

이상의 의미를 인용하여 증거를 댐으로써 네 종류의 열반 가운데 자성열반(自性涅槃)을 나타냈다.

경전에서는 말하기를, '부처님의 진실한 법신은 마치 허공과 같다. 사물에 따라 감응하여 나타난 형체는 물 속에 어린 달과 같다'라고 하였다. 그 때문에 '인연 따라 감응하되 일정한 방향이 없다'라고 말하였던 것이다.

【원 문】

然則聖人之在天下也。寂莫虛無。無執無競。導而弗先。感而後應。

【본 문】

이와 같다면 성인이 천하에 계신다 해도 적막허무하기만 하다. 집착도 없고, 생사니 열반이니 하는 언쟁(言諍)도 없다. 인도하여도 앞서지 않고, 중생들의 느낌이 부딪쳐 온 뒤에야 감응한다.

【주 해】

여기서는 윗 경문의 의미를 계승하여 무주열반(無住涅槃)을 밝혔다. 게송에서는 말하기를, '법신은 일체의 처소와 일체의 중생과 국토에 보편하게 있다'라고 하였다. 그 때문에 '천하에 계신다' 말하였다.

또 '시간적으로 삼세에 모두 존재하면서 남김이 없고, 또한 얻을 만한 형상도 없다'라고 하였다. 그 때문에 '적막허무'라고 말하였다.

'경(競)'은 언쟁(諍)이다. 생사를 설명하는 언쟁이 있다가도 열반을 설명하는 언쟁이 없기도 하다. 그리하여 생사와 열반 둘 모두를 얻지 못한다. 그 때문에 '집착도 없고, 언쟁도 없다'라고 말하였는데, 이는 부처님의 진신(眞身)을 말하였고, '인도해도 앞서지 못한다' 한 등의 말은 응신(應身)이 인연을 따름을 말하였다.

부처님의 진신은 고요하여 움직이지 않기 때문에 '인도해도 앞서지 못한다'라고 하였고, 응신은 느낌이 부딪쳐 오면 이윽고 천하의 일에 통하기 때문에, 그러므로 '느낌이 부딪쳐 온 뒤에야 감응한다'라고 말하였다.

【원 문】

譬猶幽谷之響。明鏡之像。對之弗知其所以來。隨之罔識其所以往。恍焉而有。惚焉而亡。動而逾寂。隱而彌彰。出幽入冥。變化無常。

【본 문】

이를 비유해 보자. 그윽한 골짜기에 일어나는 메아리와, 밝은 거울 속에 비추는 형상과도 같다. 그를 마주해도 그가 온 까닭을 모르고, 그를 따라가도 그가 가는 원인을 알 수가 없다.

그는 황홀하게 있다간 황홀하게 없어진다[이는 거울과 그에 비춘 그림자의 비유를 풀이하였다].

움직일수록 더욱 고요하고, 은둔하면 더욱 나타난다. 그윽한 곳에서 나왔다가 그윽한 곳으로 들어가는 변화가 일정함이 없이 무상하다.

【주 해】

여기서는 무주처 열반의 의미를 비유로써 정면으로 나타냈다.

골짜기와 거울은 허명담적(虛明湛寂)한 법신의 자체에 비유하였고, 거울에 임하여 자기의 모습을 비추는 것과 골짜기에서 소리쳐 부르는 소리는 감응할 기연(機緣)에 비유하였으며, 거울 속에 비춘 모습은 부처님의 현신(現身)에 비유하였고, 골짜기의 메아리는 설법에 비유하였다.

'오는 까닭을 모른다' 함은 유여의열반에 안주하지 않음이고, '가는 원인을 모른다' 함은 무여의열반에 안주하지 않음을 말한다.

이는 마치 강물에 달이 비추면서 강물의 방향에 따라 각자 감응해 주긴 하나 실제 달의 본체는 담연한 것과도 같다. 그 때문에 '움직일수록 더욱 고요하다'고 말하였고, 모든 구멍에 바람이 불면 모든 메아리가 각자 다르게 일제히 일어나지만 골짜기 자체는 더욱 텅 비었다. 그 때문에 '은둔하면 더욱 나타난다'라고 말하였다.

이것이 유여의로 나오고, 무여의로 들어감이 그윽하여 헤아릴 수 없으며, 변화가 일정함이 없는 까닭이다. 이 때문에 무주열반이라고 부른다.

【원 문】

其爲稱也。因應而作。顯迹爲生。息迹爲滅。生名有餘。滅名無餘。

【본 문】

유여의 · 무여의라는 명칭은 감응 때문에 일어난다. 자취가 나타나면 생(生)이고, 자취가 쉬면 멸(滅)이다.

생을 유여의열반이라 말하고, 멸을 무여의열반이라 부른다.

【주 해】

여기선 유여의 · 무여의라는 명칭이 사물의 감응에 따라 붙여진 거짓 명칭일 뿐임을 풀이하였다. 그 때문에 '감응 때문에 일어난다'라고 말하였다. 나타나서 교화하는 것이 생(生)이고, 유여의열반이라 말하며, 인연이 쉬는 것을 멸(滅)이라 하는데, 멸을 무여의열반이라고 부를 뿐이다.

【원 문】

然則有無之稱。本乎無名。無名之道。於何不名？。

【본 문】

이와 같다면 유여의와 무여의란 명칭은 무명에 근본하였다.

열반 무명의 도를 어느 곳에선들 이름 붙이지 못하랴?

【주 해】

유여의와 무여의는 사물에 감응한 자취일 뿐이며, 무명이 근본이다. 유 · 무의 명칭은 무명을 근거로 해서 나왔다.

무명의 근본으로부터 유 · 무의 자취를 드리웠다면 어느 곳엔들 이름 붙이지 못하겠는가? 유 · 무의 자취에 집착하여 근본 무명의 도리에 어두워서는 안 된다.

【원 문】

是以至人。居方而方。止圓而圓。在天而天。處人而人。原夫能天能人者。豈天人之所能哉。果以非天非人。故能天能人耳。

【본 문】

그러므로 지인은 방(方)에 거처하면 방의 모습으로 나타나고, 원(圓)에 머물면 원의 모습으로 나타나며, 하늘에 있으면 하늘이 되고, 인간에 처하면 인간이 된다.

하늘일 수도 있고, 인간일 수도 있는 자를 근원적으로 살펴보았더니, 어떻게 하늘과 인간이 그렇게 할 수 있었겠는가? 결과적으로 하늘도 아니고, 인간도 아니었기 때문에 하늘일 수도, 인간일 수도 있었던 것이다.

【주 해】

성인은 무명법신(無名法身)의 자체에 안주하면서 일정한 방향에 구애 없이 일어나는 감응의 작용은 세계마다 나타나지 않음이 없음을 말하였다. 이를 어떻게 하늘과 인간이 할 수 있었겠는가?

성인은 인간과 천상을 초월하여 벗어났기 때문에 하늘일 수도, 사람일 수도 있었던 것이다.

【원 문】

其爲治也。故應而不爲。因而不施。因而不施。故施莫之廣。應而不爲。故爲莫之大。

【본 문】

성인이 중생을 교화하심은 그 때문에 감응해 주기만 할 뿐 인위적으로 작위하지 않고, 상황에 따라만 줄 뿐 조작으로 베풀지 않는다.

상황에 따라만 줄 뿐 조작으로 베풀지 않기 때문에 그보다 광대하게 시행함은 없고, 감응해 주기만 할 뿐 인위적으로 작위하지 않기 때문에 그보다 크게 작위함은 없다.

【주 해】

여기서는 자성의 실제에 상즉한 방편을 말하였다. 때문에 그 작용이 광대한 것이다.

'치(治)'는 중생을 교화한다는 의미이다. 중생의 느낌을 기다렸다가 감응하기 때문에 억지로 작위하지 않고, 상황에 따라 설법하면서도 상대방의 질문을 기다렸다가 설법을 하기 때문에 그 상황을 따라만 줄 뿐 조작으로 베풂이 없다.

조작으로 베풀면 심의식이 망상이 있겠지만 무심하게 베푼다. 그 때문에 온 대지가 일제히 질문해 온다 해도 일시에 보편하게 감응한다. 그러므로 그보다 큼이 없고, 작위하지 않고 감응하기 때문에 시방을 보편하게 감응한다.

한 몸으로 시방세계에 보편하게 감응하기 때문에 그보다 광대함이 없다. 이는 그 작용이 광대한 것이다.

【원 문】

爲莫之大。故乃返於小成。施莫之廣。故乃歸乎無名。

【본 문】

그보다 크게 작위함이 없기 때문에 소성(小成)으로 되돌아오고, 그보다 광대하게 시행함이 없기 때문에 무명으로 귀결한다.

【주 해】

여기서는 방편에 상즉한 실제를 말하여 이로써 자체의 은미함을 나타냈다.

'소성(小成)'이란 말은《장자》에서 나왔는데, '도는 소성에 숨는다'라고 하였다.

장자는 대도가 사람에게 있으면 성취된 것이 스스로 작아진다는 의미로 말하였다.

여기서 논주가 말한 소성의 의미는 실제의 하나로 되돌아가 유·무의 자취가 끊겼고, 무심하게 시행을 일으키기 때문에 명칭이 없으며, 방편에 상즉함으로써 실제를 나타냈기 때문에 유·무의 명칭으로썬 찾지 못함을 말하였다.

【원 문】

經曰。菩提之道。不可圖度。高而無上。廣不可極。淵而無下。探不可測。大包天地。細入無間。故謂之道。然則涅槃之道。不可以有無得之明矣。

【본 문】

경에서는 말하기를, '보리의 도는 도모하거나 헤아리지 못한다. 위없이 높아 그 광대함을 끝까지 다하지 못하며, 밑이 없이 심오하여 그 깊이를 헤아리지 못한다. 광대하게는 천지를 포괄하였고, 미세하게는 무간(無間)에 들어간다. 그러므로 이를 도라고 말한다'라고 하였다.

이와 같다면 열반의 도는 유·무로써 얻지 못한다는 것이 분명해진다.

【주 해】

여기서는 도의 작용은 광대하나 자체는 은미하다는 의미를 인용하여 증거하였다.

경은 《태자본기서응경(太子本起瑞應經)》이다.

보리의 도는 그 자체가 미묘하여 언어와 인식으로 사고하거나 표현할 세계가 아님을 말하였다. 그 때문에 '도모하거나 헤아리지 못한다'라고 하였으며, 그 작용은 광대하다. 그 때문에 극상극하(極上極下)까지 이르러 헤아림이 불가능하다.

이처럼 광대하여 천지를 포괄하면서도 미세하게는 무간(無間)에 들어간다. 그러므로 작용의 광대함은 극치에까지 이르렀으면서도 자체의 은미함은 정미함을 다하였던 것이다. 이로써 추리해 본다면 열반의 도는 유·무의 자취로썬 체득하지 못한다는 것이 분명해진다 하였다.

【원 문】

而惑者覩神變。因謂之有。見滅度。便謂之無。有無之境。妄想之域。豈足以標榜玄道。而語聖心者乎。

【본 문】

그런데도 미혹한 사람들은 신령하게 변화하는 것을 보면 그로 인해 열반은 있다 말하고, 멸도하는 것을 보고는 문득 그것은 없다라고 말을 한다.

상대적인 유·무의 경계는 망상의 세계이다. 어찌 이로써 현묘한 열반의 도를 표방하고 성인의 마음을 말해 주기에 충분하 다고 하겠는가?

【주 해】

여기에서는 이혹(二惑)을 풀어 주고 그 미혹함을 책망하였다.

위에서는 '극상극하까지 이른 열반의 도는 자체와 작용이 미묘하여 유 · 무로써 얻지 못한다'고 말하였다. 이같이 여기에서는 미혹한 사람이 이러한 열반의 도를 통달하지 못하였음을 책망하였다.

즉, 미혹한 사람은 신령하게 변화하는 것을 보면 그것은 있다 말하고, 멸도하심을 보면 그것은 없다라고 말한다. 그 때문에 유여의열반을 설명하면 유명으로써 호칭할 만하다 하고, 무여의열반은 무명이라 함이 가능하다고들 한다.

이들은 유 · 무의 경계는 망상의 세계임을 사뭇 몰랐던 것이다. 이들을 어떻게 열반의 오묘한 도를 표방하여 제시하고 성인의 마음을 말해 주기에 충분한 자라고 하겠는가?

실제 법신의 자체 속엔 유 · 무가 쌍으로 단절하였다고 그들을 책망하였던 것이다.

【원 문】

意謂。至人寂怕無兆。隱顯同源。存不爲有。亡不爲無。

【본 문】

나의 의도를 말해 보겠다.

지인은 고요담박하여 조짐이 없다. 은둔과 나타남의 근원이 동일하여 존재해 있다 해도 실제 있다 하지 못하며, 죽었다 해도 정말로 없다 하지 못한다.

【주 해】

여기서는 끝까지 증득한 법신을 제시하여 미혹한 사람의 어리석음을 풀어주려고 하였다.

즉, 법신은 적멸무위하여 모든 상수에 떨어지지 않는다. 그 때문에 '고요담박하여 조짐이 없다' 하였고, 은둔과 나타남의 근원이 동일하여 진신과 응신이 둘이 아니다. 그 때문에 나온다[生] 해도 나옴이 아니다.

그러므로 '존재해도 실제 있다 하지 못한다' 하였으며, 입멸해도 입멸한 것은 아니다. 그 때문에 '죽어도 정말로 없다 하지 못한다'라고 하였음을 말한다.

【원 문】

何則。佛言。吾無生不生。雖生不生。無形不形。雖形不形。以知存不爲有。

【본 문】

무엇 때문에 실제 있지도, 정말로 없지도 않을까?

부처님은 말씀하시기를, '어떤 중생의 종류에게나 나의 몸을 시생(示生)하지 않음이 없으며, 생을 보여 주었다 해도 실제로 나온 것은 아니다. 어떤 중생의 형체라 할지라도 그 형체를 나의 몸으로 받아들이지 않음이 없으며, 그 형체를 받아들인다 해도 샐제로 형체를 받아들인 것은 아니다'라고 하셨다.

이로써 존재해도 실제 있지 않다는 것을 알 수 있다.

【주 해】

여기서는 존재해도 실제 있지 않음을 인용하고 증거하였다.

'부처님이 말씀하셨다' 한 것은《반야경》·《열반경》의 말씀의 의미만을 인용하였다.

'어떤 중생의 종류에나 나의 몸을 시생하지 않음이 없다[無生不生]'라 함은 한 중생의 종류라 해도 나의 몸을 시생(示生)하지 않음이 없음을 말하고, '어떤 중생의 형체라 할지라도 나의 몸으로 받아들이지 않음이 없다[無形不形]'라 함은 한 종류의 중생 형체라 해도 받아 들이지 않음이 없음을 말한다.

인간·천상 등인 육도(六道)의 세계뿐만 아니라, 이류(異類)의 중생인 귀신까지도, 총체적으로 말한다면 사생(四生)과 십이류(十二類)의 중생들이 있는 곳이라면 그 세계로 들어가지 않음이 없으시다. 이는 법신이 보편하게 감응하면서도 그 자체는 담연하여 움직이지 않는 것이다. 그 때문에 중생 세계로 나온다 해도 실제로 나오는 것은 아니며, 형체를 받아들인다 해도 실제로 받아들이는 것은 아니다. 그 때문에 존재한다 해도 실제로 있다 하지 못한다.

【원 문】

經云。菩薩入無盡三昧。盡見過去滅度諸佛。又云。入於涅槃。而不般涅槃。以知亡不爲無。

【본 문】

경에서는 말하기를, '보살이 무진삼매(無盡三昧)에 들어가 과거에 멸도하신 모든 부처님을 다 본다'라고 하였고, 또 말하기를, '열반에 드셨다 해도 실제로 열반에 드신 것은 아니다'라고도 말하였다.

이로써 죽었다 해도 실제 없다 하지 못함을 알 수 있다.

【주 해】

여기서는 죽어도 없다 하지 못함을 인용하고 증거하였다.

경은 《진역화엄경(晋譯華嚴經)》 이다. 이 경전에서 안주장자(安住長者)가 성취한 법문을 불멸도(不滅度)라 말하고, 그가 얻은 삼매를 무진불성(無盡佛性)이라 부른다. 이를 《당역화엄경(唐譯華嚴經)》에선 불종무진(佛種無盡)이라고 번역하였다.

삼매는 정사(正思)라고 번역하며, 또는 정수(正受)라고도 말한다. 무진(無盡)이란 불성이 다함이 없기 때문에 이 무진삼매에 들어가 삼세의 부처님 또한 다함이 없음을 보는 것이다.

이러한 원만한 종지로써 삼세가 서로서로 나타난다. 그 때문에 '과거에 멸도하신 모든 부처님을 다 보았다'라고 그 의미를 인용하였던 것이다.

《능가경》에서는 말하기를, '부처님의 열반이란 없으며, 열반하신 부처님도 없다'라고 하였다. 그 때문에 '열반에 들어갔다 해도 실제로 열반에 드신 것이 아니다'라고 말하였던 것이다. 이 때문에 '죽어도 없다 하지 못함을 안다' 하였다.

【원 문】

亡不爲無。雖無而有。存不爲有。雖有而無。雖有而無。故所謂非有。雖無而有。故所謂非無。然則涅槃之道。果出有無之域。絶言象之徑。斷矣。

【본 문】

죽어도 정말로 없는 것은 아니기 때문에 없다 해도 있으며, 존재해도 실제로 있지 않기 때문에 있다 해도 없는 것이다. 있다 해도 없기 때문에 이는 이른바 실유가 아니며[非有], 없다 해도 있기 때문에 이는 이른바 실무가 아니다[非無].

그렇다면 열반의 도는 과연 유·무의 세계를 벗어나서 언상(言象)의 길이 단절되었음은 단정적인 것이다.

【주 해】

여기서는 앞의 자취를 이어서 열반은 유·무가 쌍으로 부정됨을 밝히고, 이로써 무주처 열반을 나타냈다. 이를 따라서 알 수 있는 것은 열반의 도는 정말 유·무의 경계를 초월하여 언상의 길이 단절되었음이 단정적으로 분명하다는 것이다. 다시 무엇 때문에 생사 거래와 유·무의 칭위로써 헤아리고 의론하겠는가?

이상으로 유·무에 대해 통체적으로 답변하여 그의 미혹함을 타파하였고, 다음에서는 지혜의 수고로움과 육신의 근심거리에 대해 따로 구별해서 타파하여 열반은 생멸한다는 견해를 버리게 하였다.

【원 문】

子乃云。聖人患於有身。故滅身以歸無。勞勤莫先於有智。故絶智以淪虛。無乃乖乎神極。傷於玄旨者也。

【본 문】

그대는 말하기를, '성인은 육신이 있는 것을 근심한다. 그 때문에 몸을 소멸함으로써 무여의열반으로 되돌아가고, 근로(勤勞)는 분별지(分別智)가 있는 것보다 우선함이 없다. 그러므로 분별지를 끊음으로써 허무에로 윤몰(淪沒)한다'고 하였다. 이는 신령한 법신의 극치를 어기고 열반의 현묘한 종지를 상함이 없겠는가?

【주 해】

여기서는 그가 헤아리는 망상을 서술하고, 그의 미혹함을 책망하였다.

위에서 열반은 허망한 마음을 초월하고 경험적인 견문을 떠나 언상과 유·무의 밖으로 아득히 벗어난 이치를 발휘하였다. 그런데도 유명가(有名家)는 허망하게 생사를 근심하고 싫어하기 때문에 몸을 소멸하고 지혜를 끊는 것으로써 무여의열반이라 하였다. 그 때문에 그를 책망하여 말하기를, '그대가 성인에 대해 한 말대로 하면 어찌 법신의 신극(神極)한 이치를 어기고, 열반의 현묘한 취지를 상함이 없겠는가'라고 하였던 것이다.

다음에서는 경전에서 인용하여 극치까지 성립시켰다.

【원 문】

經曰。法身無象。應物而形。般若無知。對緣而照。

【본 문】

경에서는 말하기를, '법신은 형상이 없이 사물의 감응에 따라 나타나고, 반야는 앎이 없이 인연을 마주하면 관조한다'라고 하였다.

【주 해】

여기서는 경전에서 인용하여 성인의 몸과 마음은 본래 없는데, 수고로움과 근심이 어디에 있겠는가 함을 증명하였다.

진역본(晋譯本)《화엄경》32권을 대략 말해 본다면, '청정법신은 실제 있지도 않고, 정말 없는 것도 아니다. 중생을 따라 감응하면서 모두에게 시현(示現)할 수가 있다'라고 하였다.

이는 실제의 몸이 없이 몸을 나타냄으로써 싫증을 낼 만한 몸이 없다는 것을 증거하였고, '반야는 앎이 없다'한 다음부터는 반야는 무심하게 관조한다는 의미를 인용하여 수고로울 만한 지혜가 없음을 증거하였다.

다음에서는 몸과 마음을 둘 다 잊었을 뿐만 아니라, 몸과 마음이 쌍으로 공적하다 하였다.

【원 문】

萬機頓赴。而不撓其神。千難殊對。而不干其慮。動若行雲。止猶谷神。豈有心於彼此。情繫於動靜者乎。

【본 문】

모든 상황이 한꺼번에 부딪쳐 본다 해도 그 신령함은 꺾이지 않고, 천 가지의 질문에 각자 다르게 마주친다 해도 그의 사려를 간여하지 않는다. 마치 흐르는 구름처럼 움직이고, 곡신(谷神)처럼 머문다. 어찌 상대적인 피차(彼此)에 마음이 있어서 동정에 허망한 마음으로 얽매이겠는가?

【주 해】

여기서는 무심히 사물에 감응함을 밝힘으로써 수고로울 만한 지혜가 없음을 밝혔다.

모든 상황이 한꺼번에 부딪쳐 온다 함은 마치 모든 시냇물에 달이 일시에 비추는 것과도 같은데, 어찌 그 신령함을 꺾음이 있겠는가? 천 가지의 질문이 각자 다르게 마주친다 함은 한 비[一雨]가 모든 초목을 보편하게 윤택시키는 것과 같은데, 다시 그 사려를 어떻게 간여 하겠는가?

《화엄경》에서는 말하기를, '가령 한량없는 아승기의 중생들이 낱낱이 각자 아승기의 입을 갖추고, 낱낱의 입에 아승기의 혀를 갖추고, 낱낱의 혀로 아승기의 질문을 한다 해도 보살은 한 마디의 말로써 연설을 하여 남김없이 모두에게 답변한다'라고 하였는데, 지금의 '천 가지 질문'은 그에 비하면 오히려 소소한 것이다.

무심하게 움직이기 때문에 흐르는 구름과 같고, 텅 비어 항상 고요하기 때문에 곡신(谷神)처럼 머문다고 하였다. 곡신(谷神)이란 말은 《노자》에서 나왔는데, 자체는 텅 비었으면서도 감응의 작용을 할 수 있음을 말한다.

성인은 이와 같다. 어찌 피차에 마음이 있어서 동정에 허망한 마음이 얽매이겠는가? 이는 무심하게 감응하는데 무슨 수고로울 만한 지혜가 있겠는가?

【원 문】

既無心於動靜。亦無象於去來。去來不以象。故無器而不形。動靜不以心。故無感而不應。

【본 문】

이미 동정에 무심하고, 거래(去來)에 형상이 없었다. 형상으로써 거래를 하지 않기 때문에 기세간(器世間)의 형태를 따라 나타나지 않음이 없고, 마음으로썬 동정을 하지 않기 때문에 느낌이 부딪쳐 오는 대로 호응하지 않음이 없다.

【주 해】

여기서는 실제의 형체 아닌 것으로써 형체를 나타냄을 밝혔다. 그 때문에 근심할 만한 몸이 없는 것이다. 이미 동과 정에 무심하였다면 생멸하는 몸이 없는데, 무슨 동정을 따라 거래함이 있겠는가를 말하였다.

몸과 마음을 둘 다 잊었기 때문에 인연을 따라서 보편하게 감응할 수가 있다. 그 때문에 기세간을 따라 형체를 나타내지 않음이 없고, 느낌이 부딪쳐 오는 대로 호응하지 않음이 없는 것이다. 성인은 이와 같은데 또 무슨 싫증을 내고 근심할 만한 몸이 있겠는가?

【원 문】

然則心生於有心。象出於有象。

【본 문】

그렇다면 마음은 유심(有心) 때문에 나오고, 형상은 유상(有象) 때문에 나온다.

【주 해】

여기서는 성인은 무심으로 마음을 내고, 무상(無相)으로 모습을 나타냄을 말하였다. 즉, 성인은 본래 무심하여 중생의 마음으로써 자기의 마음을 삼고, 성인은 본래 모습이 없이 중생이 뵙기를 원하는 대로 따라 주기 때문에 모습으로써 감응해 줌을 말한다. 그러므로 몸과 마음이 허깨비와 같은데 근심의 누가 어떻게 나오겠는가?

다음에서는 근심이 없음을 풀이하였다.

【원 문】

象非我出。故金石流而不燋。心非我生。故日用而不動。紜紜自彼。於我何爲。

【본 문】

형상이 나에게서 나온 것은 아니다. 그 때문에 금석(金石)이 녹아 흐른다 해도 타지 않고, 마음이 나에게서 나온 것은 아니다. 그 때문에 매일 감응의 작용을 한다 해도 움직이지 않는다. 어지럽게 운운(紜紜)함이 상대방으로부터 일어나는데 나에게 무엇을 하겠는가?

【주 해】

성인은 무아(無我)이다. 그 때문에 근심거리가 없어 금석이 녹아 흐른다 해도 타지 않고, 무심하기 때문에 매일같이 여러 인연에 감응한다 해도 움직이지 않음을 말하였다.

어지럽게 분분한 일들이 상대방으로부터 나오는데 나에게 무엇을 하겠으며, 또 무슨 근심이 되겠는가?

【원 문】

所以智周萬物而不勞。形充八極而無患。益不可盈。損不可虧。寧復痾癘中逵。壽極雙樹。靈竭天棺。體盡焚燎者哉。

【본 문】

그 때문에 지혜가 만물에 빠짐없이 보편하다 해도 수고롭지 않고, 형체가 팔극(八極=우주)에 충만하다 해도 근심이 없다. 더하여도 가득 차게 하지 못하고, 덜어내도 이지러지게 하지 못한다.

어찌 다시 길을 가는 도중에 종기병을 앓았겠으며, 사라쌍수(娑羅雙樹) 사이에서 수명이 다했겠으며, 천관(天棺)에서 신령함이 다하고, 화장하는 데서 몸이 다하신 분이였겠는가?

【주 해】

여기서는 부처님이 근심이 없는 까닭을 제시함으로써 소승의 견해를 배척하려 하였다.

부처님은 무심하게 감응하기 때문에 지혜가 빠짐없이 보편하다 해도 수고롭지 않고, 몸이 없이 나타나기 때문에 형체가 나타난다 해도 근심이 없다. 그러므로 경에서는 말한다.

'법신은 일체의 처소와 일체의 중생과 모든 국토에 보편하게 존재한다.'

그 때문에 '더하여도 가득 차게 하지 못한다'라고 하였고, '삼세에 모두 존재하여 남김이 없으며 얻을 만한 형상도 없다'라고 하였는데, 그렇기 때문에 '덜어내도 이지러지게 하지 못한다'라고 하였다.

성인의 몸과 마음은 이와 같다 하여 이로써 다음에서 소승의 견해를 배척하였다.

'길을 가는 도중에 어찌 종기병을 앓음이 있었으랴' 하였는데, 이는 부처님에게 등창이 났던 일을 말한다.

《아함경(阿含經)》에서는 말하기를, '여래께서 구시나가라성(拘尸那伽羅城)으로 가시다가 길을 가는 도중에 종기 등창이 났었다. 그리하여 제자더러 승가리(僧伽梨)를 네 겹으로 포개서 깔게 하고 나무 아래서 휴식하셨다'라고 하였다.

여래께서는 사라쌍수 사이에서 입멸하셨다. 그 때문에 '수명이 사라쌍수에서 다하였겠는가'라고 하였고, '신령함이 천관(天棺)에서 다하였으랴' 함은 부처님을 화장했던 의식이고, '몸이 화장하는 데서 다했으랴' 함은 불에 타서 변화한 등등의 일이다.

이는 소승이 응화불(應化佛)에게 생사로 거래하는 자취가 있음을 보고 법신은 상주함을 몰랐던 것이다. 어떻게 이로써 무여의열반이라고 하겠는가?

【원 문】

以惑者居見聞之境。尋殊應之迹。秉執規矩而擬大方。欲以智勞至人。形患大聖。謂捨有入無。因以名之。豈謂採微言於聽表。拔玄根於虛壤者哉。

【본 문】

그런데도 미혹한 사람들은 경험적인 견문의 세계에 거처하면서 각자 다르게 감응해 주신 자취를 찾는다. 이는 마치 곱자와 컴파스[規矩]를 가지고 대방(大方)인 태허를 재려는 것과 같다.

지혜 때문에 지인은 수고롭다 하고, 형체 때문에 대성인이 근심스럽다 하게 하고 싶어 한다. 그리하여 성인은 유(有)의 생사를 버리고 무(無)의 입멸로 들어갔다 말하면서, 이로 인해 유명과 무명이라는 명칭을 붙인다.

이러고서야 어떻게 귀로 듣는 밖에서 은미한 말을 채택하고, 허양(虛壤)에서 현근(玄根)을 뽑았다고 말할 수 있겠는가?

【주 해】

여기서는 미혹의 허망한 마음을 결론짓고 책망하였다.

위에서 말했던 것처럼 지인의 몸과 마음은 이처럼 오묘하다. 그런데도 미혹한 사람은 이를 모르고 생멸하는 견문(見聞)의 경계로써 감응을 따르는 자취에서 열반을 찾았다.

그리고는 이를 법신이라고 헤아렸으니, 이는 마치 방원(方圓)의 모습을 그리는 곱자와 컴파스를 잡고 태허를 재려고 헤아린 것처럼, 지혜와 형체로써 성인을 수고롭고 근심스럽게 하려 한 것이다. 그리고는 즉시 생사 때문에 유여의를 버리고 무여의로 들어갔던 것으로써 열반이라고 명칭을 붙였다.

이와 같은 소승의 견해는 보고 듣는 밖으로 초월하여 진정한 법신의 이치를 얻었다고 할 수가 있겠는가? 현근(玄根)은 법신을 지적하였고 허양(虛壤)은 적광(寂光)을 지적하였으리라 여겨진다.

여기에는 일상적인 견문의 인식으로는 도달하지 못한다.

제 4. 징출(徵出)

* 징(徵)은 책망하여 따진다는 의미이다.

앞에서 말하기를, '열반의 도는 정말로 유 · 무의 세계를 벗어났다'라고 하였다. 그 때문에 이를 책망하는 의도로 말하기를, '유 · 무의 두 법은 일체의 제법을 다 포섭하였다. 무엇 때문에 유 · 무의 밖에 따로 열반의 자체가 있겠는가'라고 하였다.

지금 유명이 책망하여 따진 말을 자세히 살펴보았더니, 유학(儒學)과 노장학(老莊學)에서의 유 · 무의 학설까지도 포괄적으로 들고, 다시 소승의 유 · 무의 학설을 이끌어다가 여기에 견줌으로써 열반의 도는 유 · 무의 세계를 벗어났다 한 것을 힐난하였다.

【원 문】

有名曰。夫渾元剖判。萬有參分。有既有矣。不得不無。無自不無。必因於有。所以高下相傾。有無相生。此乃自然之數。數極於是。

【본 문】

유명은 말한다.

혼원(渾元)이 부판(剖判)하여 만유가 세 분야로 나뉘었다. 이처럼 만유가 이미 있었다면 없어지지 않을 수가 없다. 없어지는 무는 스스로 없어지는 것이 아니라, 반드시 만유의 유를 의지해서 없어진다. 그 때문에 고·하(高下)가 상대적으로 기움이 마치 유·무가 상대적으로 나옴과 같다.

이는 자연의 이수(理數)로써 이수가 여기에서 극진함을 이룬다.

【주 해】

여기서는 유·무가 상대적으로 발생함을 말하여, 이로써 단정적인 유와 단정적인 무라 하였다.

혼원(渾元)은 혼돈(混沌)의 일기(一氣)가 아직 나뉘기 이전의 상태이다. 이를 유학(儒學)의 《주역(周易)》에서는 태극무극(太極無極)이라 말하며, 본론에서 말한 본무(本無)이다.

혼돈의 일기인 태극무극에서 음(陰)과 양(陽)이 처음 나뉘어 음의(陰儀)인 대지와 양의(陽儀)인 하늘이 양의(兩儀)로 나뉘면 사람이 그 가운데 거처한다.

이를 천·지·인 삼재(三才)라 하는데, 즉 《노자》에서 말한 '일(一)에서 이(二)가 나오고, 이에서 삼(三)이 나오고, 삼에서 만물이 나온다' 한 말에 해당한다. 그 때문에 '만유가 셋으로 나뉘었다'라고 말하였으며, 이를 유(有)라고 말한다.

유가 이미 존재해 있기 때문에 변화천류(變化遷流)하여 춘하추동 사시절이 교대로 뒤바뀌면서 무(無)가 되지 않는다. 그리고 무는 스스로 무가 되지 않고 반드시 유를 의지함으로써 무가 성립된다.

예를 들면, 겨울의 추위 속에는 여름의 더위가 없고, 더위 가운데는 추위가 없으며, 밝은 해가 있는 대낮에는 밤의 어두움이 없고, 밤의 어두움 속에는 밝은 해가 없어 밤과 낮이 서로 교대하는 것과 같다. 그 때문에 고·하가 상대적으로 기우는 것을 비유하면 사시절이 공업(功業)을 이룬 계절은 뒤로 물러나면서 각 계절이 이룬 공업의 유·무가 상대적으로 발생한다. 이는 필연적으로 정해진 자연의 이치인 것이다. 천지의 이수(理數)가 여기에서 극진하였을 뿐이다.

【원 문】

以此而觀。化母所育。理無幽顯。恢恑憰怪。無非有也。有化而無。無非無也。然則有無之境。理無不統。

【본 문】

이로써 화모(化母, 조화의 모체)가 생육한 만물을 차례로 관찰해 보았더니, 이치가 그윽함과 환하게 나타남에 관계없이 광대함·기이함·변사(變詐)·요망함, 이 모두가 유(有) 아님이 없었다. 이러한 유가 변화하여 무(無)가 되면 무 아님이 없었다.

그렇다면 유·무의 경지로써 이치를 통괄하지 않음이 없다.

【주 해】

화모(化母)가 생육한 만물을 차례로 관찰하였음을 말하였다.

화모는 음양 일기(一氣)로 생성한 만물을 지적하였다. 그러므로

'생육했다'고 말하였다.

일반적으로 음양에 있어서 발생된 만물은 광대하거나 기이하거나 변사스럽거나 요망함을 논할 것 없이 모두가 유이며, 유형의 만물은 반드시 변화하여 소멸로 되돌아간다. 그 때문에 '유가 변하여 무가 된다'라고 하였다.

이는 실제 정말로 없는 무이다. 그 때문에 '무 아님이 없다'라고 말하였다.

이로써 알 수 있는 것은 유·무의 세계로써 이치를 통괄하지 않음이 없다는 점이다. 이는 세간의 법이 유·무의 두 법에서 벗어나지 않는다 한 것이다.

【원 문】

經云。有無二法。攝一切法。又稱三無爲者。虛空。數緣盡。非數緣盡。數緣盡者。卽涅槃也。

【본 문】

경에서는 말하기를, '유·무의 두 법이 일체법을 포섭한다' 하였고, 또 삼무위(三無爲)로 호칭하기도 하였는데, 삼무위법이란 허공무위(虛空無爲)와 수연진무위(數緣盡無爲)와 비수연진무위(非數緣盡無爲)인데, 수연진무위가 바로 열반이다.

【주 해】

여기서는 세간을 벗어난 삼승의 법을 인용하여, 이 또한 유·무로써 통괄하였다.

삼무위법(三無爲法)이란 《유식론(唯識論)》에서 수립한 육종무위(六種無爲), 즉 첫째 허공무위(虛空無爲), 둘째 택멸무위(擇滅無爲),

셋째 비택멸무위(非擇滅無爲), 넷째 부동멸무위(不動滅無爲), 다섯째 상수멸무위(想受滅無爲), 여섯째 진여무위(眞如無爲)인데, 이 가운데 세 무위에 해당한다.

《백법명문논해(百法名門論解)》를 조사해 보았더니, 허공무위는 진여의 이치에 비유하였는데, 이는 마치 허공과 같아서 그 자체는 상주불변하며, 택멸무위는 이승(二乘)이 색법을 분석해 없애고 증득한 열반인데, 혜심소(慧心所)인 혜수(慧數)를 의지해 무위를 간택하여 멸(滅)을 증득했기 때문임을 말하며, 비택멸무위(非擇滅無爲)는 제법을 원만하게 성취한 진여의 이치는 본래 적멸하여 다시 소멸하지 않는다. 때문에 비택멸이라 말한다 하였는데, 이는 바로 비수연멸(非數緣滅)인 것이다.

《조론신소(新疏)》에서는, '열반은 혜수(慧數)를 연유해서 소멸한 것은 아니다(非數緣滅)'라고 하였는데, 이는 제법의 인연이 분리하여 스스로 소멸한 것을 말하므로 앞의 유학과 노장학에서의 유에서 무로 들어갔음을 말한다. 이는 본론의 의도가 아닌 듯도 하다.

질문을 한 유명가는 무위로써 열반이라고 여겼었는데, 지금 유・무의 밖에 따로 오묘한 열반의 도가 있다는 말을 들었다. 그 때문에 질문을 하였던 것이다.

【원 문】

而論云。有無之表。別有妙道。妙於有無。謂之涅槃。請覈妙道之本。果若有也。雖妙非無。雖妙非無。卽入有境。果若無也。無卽無差。無而無差。卽入無境。總而括之。卽而究之。無有異有而非無。無有異無而非有者。明矣。

【본 문】

그런데도 논에서는 말하기를, '유·무의 밖에 따로 오묘한 도가 있어 유·무를 오묘하게 함을 열반이라 말한다'라고 하였다.

오묘한 도의 근본 자체를 조사해 보자.

정말로 유라면 오묘하다 해도 무는 아니며, 오묘하다 해도 무가 아니라면 바로 유의 경지로 들어간다. 정말로 무라면 무는 즉시 차이가 없으며, 무로써 차이가 없다면 바로 무의 세계로 들어간다.

이를 이치로써 총괄해 보고, 삼교(三教)에 나아가서 근원을 참구해 보아도 유와는 다르다 해서 비무(非無)는 없으며, 무와 다르다 해서 비유(非有)가 없었음이 분명하다.

【주 해】

여시서는 질문할 의도를 거듭 서술하였다.

유학·노장학·불교 이 삼교(三教)의 이치가 세간과 출세간 유·무의 법을 거의 다 해괄하였음을 말하였다. 그런데도 지금 논문에서는 말하기를, '유·무의 밖에 다른 오묘한 도가 있어 이를 열반이라 부른다'라고 하였다. 이를 믿기 어려운 바라고 하였다.

'조사를 해보자' 한 다음부터는 질문의 의도를 정면으로 드러냈다. 즉, 오묘한 도의 자체가 정말로 있다면 오묘하다 할지라도 단정적인 유이며, 단정적인 유라면 즉시 유의 경지로 들어가며, 오묘한 도가 정말로 없다면 반드시 단정적인 무이며, 무라면 무의 세계로 들어간다.

이로써 만법을 이치로 총괄하고 삼교(三教)에 나아가 그 근원을 참구해 보았더니 유·무의 밖으로 벗어나지 않았다. 어찌 유와 다르다 해서 다시 무가 아님[不無]을 말하고, 무와 다르다 해서 다시 유가 아님[不有]을 말하는 자가 있겠는가라고 말하였다.

【원 문】

而曰。有無之外。別有妙道。非有非無。謂之涅槃。吾聞其語。未即於心也。

【본 문】

그런데도 '유 · 무의 밖에 따로 오묘한 도가 있어 비유비무(非有非無)이다. 이를 열반이라 말한다'라고 말하는가?

나는 그 말을 들었을 뿐 마음에 일치하지 않는다.

【주 해】

여기서는 질문가가 그 이치가 서로 위배됨을 책망하였다.

비유비무라는 학설이 그 논변이 오묘하긴 하나 나는 그런 말만 들었을 뿐, 마음에 흡족하지 않아 실로 깨닫지 못하는 바라 말하였다.

제 5. 초경(超境)

*경(境)은 위에서 질문했던 유명가의 유 · 무의 경이다.

이는, 즉 육근 · 육진을 유라 하고, 소승은 회신멸지(恢身滅智)를 취하여 열반이라 하면서 이를 무라 호칭함을 말한다.

지금 대열반은 유 · 무를 초월하고 홀로 우뚝 섰음을 부연하여, 이로써 그의 집착을 타파하였다.

【원 문】

無名曰。有無之數。誠以法無不該。理無不統。然其所統。俗諦而已。

【본 문】

무명은 말한다.

유·무의 명수(名數)는 실로 모든 법을 해괄하지 않음이 없고, 이치마다 통괄하지 않음이 없다[여기서는 유명의 견해를 인정해 주었다].

그러나 유·무의 명수가 통괄하는 것은 속제일 뿐이다.

【주 해】

《대품반야경》에서는 말하기를, '보살이 세속제 때문에 중생에게 유·무의 경우를 보여 주긴 하나 이는 제일의제(第一義諦)는 아니다'라고 하였다. 그 때문에 속제라고 말한 것이다.

《유식론》에서는 오위백법(五位百法)으로써 세간과 출세간법을 해괄하였다. 그러나 세간이든 출세간이든 아(我)가 있기 때문에 속제라고 지칭하였다.

【원 문】

經曰。眞諦何耶。涅槃道是。俗諦何耶。有無法是。

【본 문】

경에서는 말하기를, '진제란 무엇인가? 열반의 도이다. 속제란 무엇인가? 유·무의 법이다'라고 하였다.

【주 해】

여기서는 유인 세간법과 무인 출세간법을 통체적으로 속제라고 부른다는 것을 경에서 인용하여 증명하였다.

【원 문】

何則。有者有於無。無者無於有。有無所以稱有。無有所以稱無。

【본 문】

무엇 때문에 유·무법 모두가 속제의 의미인가? 유는 무를 상대하여 나타난 유이고, 무는 유를 상대하여 나타난 무이기 때문이다. 무를 상대하여 나타난 유이기 때문에 유라 지칭하고, 유를 상대하여 나타난 무이기 때문에 무라고 호칭한다.

【주 해】

여기서는 유·무의 개념이 상대적으로 의지하여 나타났다 하였다.

생사가 본래 없는 무였는데 지금은 유로 존재해 있고, 몸과 마음은 본래 없는 무였는데 지금은 유로 존재해 있다. 이 유는 무를 상대하여 나타난 유일 뿐이다.

이승인은 몸과 마음을 불꺼진 재처럼 소멸하고 생사를 초탈하여 무유법을 증득한다. 그러므로 그들의 무는 유를 없앤 무이다. 이는 없던 것을 있게 했기 때문에 유라 호칭하고, 있던 것을 없애기 때문에 무라고 지칭한 것이다.

이는 유·무가 상대적으로 해서 나타난 것이다. 그 때문에 속제이다.

【원 문】

然則有生於無。無生於有。離有無無。離無無有。有無相生。其猶高下相傾。有高必有下。有下必有高矣。然則有無雖殊。俱未免於有也。

【본 문】

그렇다면 유는 무에서 나오고 무는 유에서 나와, 유를 떠나선 무가 없고, 무를 떠나선 유가 없다. 상대적으로 나오는 유·무는 마치 고하(高下)가 상대적으로 기운 것과 같다. 즉, 높은 곳이 있으면 반드시 낮은 곳이 있고, 낮은 곳이 있으면 반드시 높은 곳이 있는 것과 같다.

이와 같다면 유·무의 명칭이 다르다고는 하나 모두 함께 유를 면하지 못한다.

【주 해】

유·무가 상대적으로 나옴이 고·하가 상대적으로 기우는 것과 같다고 풀이하고 그 논지를 성립시켰다.

그렇다면 유·무의 명칭이 다르다고는 하나 모두 함께 유의 경지를 면치 못한다. 그 때문에 유·무는 속제일 뿐이다.

【원 문】

此乃言象之所以形。是非之所以生。豈是以統夫幽極。擬夫神道者乎。

【본 문】

이는 언상이 나타나는 까닭이며, 시비가 나오는 원인이다. 어떻게 이로써 열반의 그윽한 이치의 극치를 통괄할 수 있겠는가? 그런데도 이로써 신령한 열반의 도를 헤아리려고 하는가?

【주 해】

여기서는 유·무가 언상으로 나타났다면 반드시 그에 대한 시비가 나옴으로 일정한 이치라 하지 못한다. 어떻게 이로써 그윽하고 오묘함의 극치를 통괄해서 포섭할 수 있겠는가? 그런데도 열반의 신령한 도를 이로써 헤아리려고 하는가라고 결론짓고 책망하였다.

【원 문】

是以論稱出有無者。良以有無之數。止乎六境之內。六境之內。非涅槃之宅。故借出以祛之。

【본 문】

그 때문에 본문에서 유·무를 벗어났다고 호칭한 것은 실로 유·무의 명수(名數)는 육경의 안에 그치고, 육경의 안은 열반의 집은 아니기 때문이다. 그 때문에 유·무를 벗어난다는 출(出) 자를 빌려 미혹으로 집착한 허망한 마음을 버리게 하였던 것이다.

【주 해】

여기서는 출(出) 자의 의도를 정면으로 밝혔다.

열반의 도가 유·무를 초월해서 벗어났다 말했던 것은, 실로 유·무의 명칭은 육경·육근·육진의 내부에 머물기 때문이다. 육근·육진은 생멸의 법이며, 불생불멸하는 열반의 이치는 아니다. 그 때문에 하나의 출(出) 자를 임시로 빌려 미혹에 집착한 허망한 마음을 버리게 하였던 것이다. 그러므로 처음부터 유·무의 밖으로 벗어나 따로 하나의 거처할 만한 열반이 있는 것은 아니었다.

【원 문】

庶悕道之流。髣髴幽途。託情絕域。得意忘言。體其非有非無。豈曰有無之外。別有一有而可稱哉。

【본 문】

바라노니, 열반의 도를 희구하는 부류들이여, 열반으로 가는 그윽한 길을 방불케하나마 헤아리고 허망한 마음을 잊고 증오마저 단절된 세계에 마음을 의탁하라. 그리고 그 의도를 얻었으면 비유비무의 도리를 체득하라. 어찌 유·무의 밖에 따로 하나의 유, 즉 열반이 있어 이를 명칭으로 지적할 만하다고 말했겠는가?

【주 해】

여기서는 열반의 도리를 현묘하게 깨닫고 허망한 마음을 잊으라고 권하였다.

열반은 유·무를 초월하여 벗어났다고 말했던 것은 도를 배우는 부류들이 유·무를 초월했다 한 말을 의지하여 열반의 오묘함을 비량(比量)해 보고, 허망한 마음을 잊고 증오했다는 의식마저 단절된 세계에 마음을 의탁하여 그 의도를 얻었으면 말을 잊고 비유비무의 도리를 깨닫기를 바랐을 뿐이었다.

어찌 유·무의 밖에 따로 하나의 유를 지칭하여 말할 만하다고 하였겠는가? 말에 집착하여 근본의 종지마저 어두웠으니 매우 잘못되었다 하리라.

【원 문】

經曰三無爲者。蓋是羣生紛繞。生乎篤患。篤患之尤。莫先於有。絶有之稱。莫先於無。故借無以明其非有。明其非有。非謂無也。

【본 문】

경에서는 '삼무위(三無爲)'를 말하였다. 이는 모든 중생들이 어지럽게 생사에 얽혀 왕래하면서 정지하지 못하는 까닭은 육근·육진에서 나오며 이것이 두터운 근심거리의 근본이 되기 때문이다.

두터운 근심거리 가운데 더욱 심한 것은 유보다 우선함이 없으며, 유가 단절된 호칭은 무보다도 앞선 것이 없다. 그 때문에 무를 임시로 빌려, 이로써 생사법 가운데는 있지 않음[非有]을 밝혔던 것이다.

이는 육근·육진이 허망하여 실유가 아님을 밝힌 것이지, 단절된 무를 무라고 말한 것은 아니다.

【주 해】

여기서는 미혹함을 배척하였다. 경전에서 삼무위를 말했던 것은 이렇다. 즉, 중생들이 생사를 왕래하면서 분분요요(紛紛繞繞)하게 정지하지 못하는 까닭은 육근·육진에서 나오며, 이것이 두터운 근심의 근본이 된다. 두터운 생사의 근심 가운데서 가장 심한 것은 유를 탐하고 집착하는 변계소집의 허망한 마음보다 우선하는 것은 없다. 만일 탐착하는 허망한 마음을 단절하고 싶다면 열반의 무로써 안락한 집을 삼는 것보다 우선함은 없다. 이 때문에 하나의 무 자(無字)를 빌려 생사법 가운데는 열반이 비유(非有)임을 밝혔을 뿐이다.

여기에서 의도한 것은 육근·육진의 생사법이 허망하여 본래 실유(實有)가 아님을 밝혔을 뿐, 단절된 무를 무라 함은 아니었다. 여기에서 말한 것은 두 가지 의미가 있다.

첫째는 열반은 유·무에 포섭되지 않음을 간별하였고, 두 번째는 무라 한 무는 이가(二家), 즉 유학과 노장학에서 허망하게 헤아리는 무가 아님을 간별하였다.

제 6. 수현(搜玄)

* 여기서는 무명이 말했던 '열반의 도는 유·무를 오묘하게 벗어났다'라고 했던 것을 계승하였다. 그 때문에 유명가가 이를 찾았던 것이다.

수(搜)는 심구(尋求)의 의미이다.

【원 문】

有名曰。論自云。涅槃旣不出有無。又不在有無。不在有無。則不可於有無得之矣。不出有無。則不可離有無求之矣。求之無所。便應都無。

【본 문】

유명은 말한다.

논문에서 말하기를, '열반은 유·무를 벗어났다' 하였고, 다시 '유·무에 있지도 않다'라고 하였다. 열반이 유·무에 있지 않다면 유·무에서 그것을 얻는다는 것은 불가능하며, 유·무에서 벗어나지도 않았다면 유·무를 떠나서 찾지도 못한다.

이처럼 어느 쪽에서도 찾을 곳이 없다면 열반이란 도무지 없게 된다.

【주 해】

여기에서는 유명가가 열반을 유·무의 자취에서 조사해 보고 의심을 일으켰다.

위에서 말하기를, '실로 유·무의 명수(名數)에서 벗어나지 않았다'라고 하였는데, 이는 유·무에서 벗어나지 않은 것이며, 앞에서는 '과연 유·무를 벗어났다'라고 말하였는데, 이는 유·무에 있지 않은 경우이다.

열반은 유·무에 있지 않기 때문에 유·무에 나아가서 얻는 것이 불가능하며, 유·무에서 벗어나지도 않았다면 유·무를 떠나서 찾지도 못한다.

유·무에 나아가거나 이를 떠난 두 사이에서 찾아 보았으나 찾았던 것을 얻지 못했다면 열반은 어느 쪽에도 없어야만 한다. 그렇다면 열반은 단멸의 공이 되는데, 이를 어떻게 오묘한 도라고 하겠는가?

【원 문】

然復不無其道。其道不無。則幽途可尋。所以千聖同轍。未嘗虛返者也。其道旣存。而曰不出不在。必有異旨。可得聞乎。

【본 문】

그러나 다시 열반의 도는 없지는 않다. 열반의 도가 없지도 않다면 그윽한 길을 찾을 만하다. 그 때문에 모든 성인들이 법도를 같이하며 부질 없이 되돌아오지 않으셨다.

이처럼 그 도가 이미 존재했었는데도 '유·무를 벗어나지도 않았지만 거기에 있지도 않다'라고 말할 수 있겠는가? 이는 반드시 색다른 종지가 있어서였으리니, 그 뜻을 들을 수 있겠는가?

【주 해】

이미 '유·무를 벗어나지도 않았지만 거기에 있지도 않다'라고 말하였다. 그러나 그 도는 없지도 않다. 그렇다면 열반의 오묘한 도를 찾을 수 있다.

이로써 충분히 알 수 있는 것은 모든 성인이 하나의 법도로써 일도(一道)의 극치로 귀결하여, 아직까지 부질없이 되돌아오지 않았다는 점이다. 이처럼 그 도가 이미 존재해 있었다면 열반은 지적할 만한 객관성이 있다. 그런데도 '유・무를 벗어나지도 않았지만 거기에 있지도 않다'라고 말하여, 사람들이 취향해 갈 곳이 없게 하였다. 이는 반드시 특이한 종지가 있어서였으리니, 그 뜻을 들을 수 있겠는가라고 하였다.

제 7. 묘존(妙存)

* 유・무를 벗어나지도 않았지만 거기에 있지도 않음을 묘(妙)라 말하고, 자체는 단절이 아님을 존(存)이라고 말한다.

이는 유・무의 어느 쪽에도 집착하고 안주함이 없는 열반의 심오한 자취이다. 이처럼 심오한 자취는 유・무 상즉하지도 않고, 유・무를 떠나지도 않은 사이에 오묘하게 존재한다. 그러므로 '묘존(妙存)'이라고 말하였다.

여기에서 열반을 묘존이라고 말하긴 했으나 이는 무주처열반(無住處涅槃)의 의미를 정면으로 나타낸 것이다.

【원 문】

無名曰。夫言由名起。名以相生。相因可相。無相無名。無名無說。無說無聞。

【본 문】

무명은 말한다.

언설은 명칭을 따라서 일어나고, 명칭은 차별적인 모습 때문에 생기며, 모습은 모습이라고 할 만한 것에 의지한다. 열반은 모습도 없고 따라서 명칭도 없다. 명칭이 없으므로 언설이 없으며, 언설이 없다면 들을 수도 없다.

【주 해】

여기서는 유명가가 명칭과 모습에 집착함으로써 언설할 수 없는 열반의 오묘한 도를 찾았다. 그 때문에 유 · 무의 명상(名相)에 나아가서 찾았으나 언설이 없는 열반의 종지를 얻지 못했었다고 의도적으로 책망하였다. 이 문제를 말해 보자.

일반적으로 언어로 설명되어지는 것은 명칭과 모습을 따라서 일어나고, 명칭과 모습은 망상에서부터 나온다. 그 때문에 '모습은 모습이라고 할 만한 것을 의지한다'라고 말하였다.

만일 명칭과 모습을 둘 다 잊는다면 언어와 설명이 함께 없어지고, 언어와 설명이 함께 없어진다면 어느 곳을 따라서 들을 수 있겠는가?

이처럼 열반의 오묘한 도는 본래 언설이 없다. 그런데도 유명 그대는 어디에서 들을 수 있겠는가?

【원 문】

經曰。涅槃非法。非非法。無聞無說。非心所知。吾何敢言之。而子欲聞之耶。

【본 문】

경에서는 말하기를, '열반은 법이 아니다. 그 때문에 유・무의 법에 있지 않고, 법 아님도 아니다. 그 때문에 유・무의 법을 벗어나지도 않았다'라고 말하였다.

이는 들을 수도 없고 설명할 수도 없어 심의식으로 인식해서 알 대상은 아니다. 난들 그것을 어떻게 감히 말할 수 있겠는가? 그런데도 그대는 그것을 듣고 싶어하는가?

【주 해】

여기서는 위에서 책망했던 의도를 정면으로 폈다.

명칭과 모습에 집착한 유명가가 '열반은 유・무를 벗어나지도 않았지만 거기에 있지도 않다 하니, 이는 반드시 색다른 종지가 있어서였으리니, 이를 들을 수 있겠는가'라고 하였다. 그 때문에 여기에서는 경전에서 인용하여 열반은 본래 설명이 불가능하며, 역시 들을 수 있는 것도 아님을 증명하였다.

경은 《열반경》이다. 《열반경》 21권을 간략히 말해 보면, '열반은 차별적인 모습도 아니며, 모습 아님도 아니며, 사물도 아니고, 사물 아님도 아니다'라고 하였으며, 이는 《유마경》의 의미이기도 하다. 이는 유・무를 법이라고 명칭함을 말하였다.

경에서 말한 '법 아님[非法]'은 유・무의 법에 있지 않다는 것이며, '법 아님도 아님[非非法]'은 유・무법을 벗어나지도 않았다 한 데에 해당한다. 유・무를 벗어나지도 않았고, 거기에 있지도 않았다면 언어로써는 설명할 수가 없으며, 언어의 설명을 떠난 도는 심의식으로 인식해서 알 객관은 아니다.

그런데 내가 어떻게 감히 허망하게 말로 설명할 수가 있겠는가? 그런데도 그대는 그것을 듣고 싶어하는 바라고 하였다.

【원 문】

雖然。善吉有言。衆人若能以無心而受。無聽而聽者。吾當以無言言之。庶述其言。亦可以言。

【본 문】

이와 같긴 하나 선길(善吉)도 말하길, '일반 사람들이 망상의 심의식이 없이 받아들이고, 듣는다는 의식 없이 들을 수만 있어, 내가 무언(無言)으로써 말을 하여 부처님 말씀을 진술하게 된다면 이를 말로써 할 수도 있으리라'라고 하였다.

【주 해】

여기서는 열반의 도는 본래 말이 없지만 그래도 말을 의지해서 도를 환하게 나타낼 수 있음을 말하였다.

선길(善吉)은 수보리(須菩提)의 이름이다.

이 의미는 《반야경》에서 인용하였다. 즉, 수보리가 말하기를, '내가 반야를 관찰해 보았더니 본래 언어로 설명할 수가 없었다. 일반 사람들이 심의식이 없이 받아들이고, 듣는다는 의식이 없이 들을 수만 있어, 내가 부처님의 말씀을 진술하게 된다면 이를 말할 수도 있으리라'라고 하였다.

그의 의도는 열반무명의 질문을 소통시키고 미혹을 풀어 주고 싶었기 때문에 말을 하지 않을 수가 없다고 하였다.

【원 문】

淨名曰。不離煩惱。而得涅槃。天女曰。不出魔界。而入佛界。

【본 문】

《유마경》에서는 말하기를, '번뇌를 떠나지 않고 열반을 얻는다'라고 하였고, 천녀(天女)는 말하기를, '마군의 세계를 벗어나지 않고 부처의 세계로 들어간다'라고 말하였다.

【주 해】

여기서는 두 경전에서 인용하여 '유·무를 벗어나지도 않았지만 거기에 있지도 않다'라고 한 의미를 증명하였다.

《유마경》에서 인용한 것은「제자품(弟子品)」가운데 있는 문장이고, 천녀(天女)는《보녀소문경(寶女所問經)》이다. 이 경의 네 번째 게송은 이러하다.

마군의 경계와
부처님의 경계가 평등하여
하나의 부류를 호응하는 것처럼
이 법인(法印)으로써 법인을 본다.

이 경전의 의미를 의거해 본다면 오묘한 열반의 도는 본래 유·무를 벗어나지도 않았고, 유·무에도 있지 않아 본인의 오묘한 깨달음에 있을 뿐이다. 그런데, 어떻게 말에 집착하여 그 실제를 찾을 수가 있겠는가? 그 때문에 다음 문장에선 오묘한 깨달음을 밝혔던 것이다.

【원 문】

然則玄道在於妙悟。妙悟在於卽眞。卽眞卽有無齊觀。齊觀卽彼已莫二。所以天地與我同根。萬物與我一體。同我則非復有無。異我則乖於會通。所以不出不在。而道存乎其間矣。

【본 문】

이와 같다면 현묘한 열반의 도는 오묘한 깨달음에 있고, 오묘한 깨달음은 진실에 나아간 데에 있고, 진실에 나아가면 유·무를 일제히 관찰하게 되고, 유·무를 일제히 관찰하게 되면 상대방과 자기가 둘이 없다. 그 때문에 천지는 나와 함께 동일한 근본이며, 만물은 나로 더불어 하나의 몸통이다.

천지가 나와 동일하다면 상대적인 유·무가 아니겠지만, 나로 더불어 다르다면 유·무가 하나로 회통하는 데서 어긋나게 된다. 그 때문에 유·무를 벗어나지도 않고 거기에 있지도 않은 그 사이에 열반의 도가 존재하는 것이다.

【주 해】

여기서는 열반의 오묘한 도는 오묘하게 깨닫고 유·무를 평등하게 관찰하는 데에 있어, 이는 언어의 설명으론 도달하지 못함을 말하였다.

여기서 말했던 열반의 도란 부처님의 법신은 세계와 번뇌가 고요히 소멸하였음을 지칭한다. 《화엄경》에서는 말한다.

법신은 일체의 처소와
일체의 중생과 국토와 삼세에
모두 보편하게 존재하여 하나도 남김이 없지만

그것은 형상으로썬 얻지 못한다.

이러한 경지는 오묘한 깨달음이 아니면 분명히 통달하지 못한다. 그러나 오묘한 깨달음의 요점은 사물에 나아가서 진실을 보는 데에 있고, 진실에 나아가는 요점은 유·무를 일제히 하나로 관찰하는 데에 있다.

유·무를 일제히 하나로 관찰할 수만 있다면 객관의 세계인 사물과 주관인 내가 둘이 아니다. 이와 같다면 천지가 나와 함께 동일한 근본이며, 만물이 나로 더불어 하나의 자체이다.

이처럼 사물과 나를 평등하게 관찰할 수만 있다면 상대적인 유·무의 법에 떨어지지 않겠지만, 가령 사물과 내가 상대적으로 차이가 나서 마음과 세계가 대립 관계를 이룬다면 이를 하나로 회통(會通)하지 못한다. 그 때문에 '유·무를 벗어나지도 않았지만 거기에 있지도 않은 그 사이에 오묘하게 존재한다'라고 말했던 것이다.

만일 이와 같지 못한다면 유·무의 상대적인 법을 취하고 버리는 허망한 마음이 나오게 되고, 취사(取捨)의 허망한 애증에 따라 시비의 논변이 어지럽게 얽히게 된다. 다시 무엇으로써 말을 잊은 열반의 묘도를 볼 수 있겠는가?

【원 문】

何則。夫至人虛心冥照。理無不統。懷六合於胸中。而靈鑒有餘。鏡萬有於方寸。而其神常虛。

【본 문】

무엇 때문에 열반의 도는 유·무를 벗어나지도 않고, 거기에 존재하지도 않는 그 사이에 있을까? 지인(至人)은 망상이 텅 빈 마음으로 그윽히 관조하여 진여의 이치를 통달하지 않음이 없다.

우주를 가슴 속에 품었으나 신령한 조감은 여유가 있고, 만유(萬有)를 마음에서 비추지만 그 정신은 항상 텅 비었기 때문이다.

【주 해】

여기서는 성인은 이치를 관조하여 사물을 통달했기 때문에, 사물에 나아가 진실함을 말하였다.

성인은 진리를 극치까지 관조하기 때문에 사물을 포섭하지 않음이 없다. 그러므로 우주를 품었지만 여유가 있고, 만유를 비추지만 항상 텅 빈 것인데, 이는 성인의 마음이다.

【원 문】

至能拔玄根於未始。卽羣動以靜心。恬淡淵默。妙契自然。

【본 문】

아직 시작하기 전에[시작이 없음을 말한다. 즉, 본무의 일심을 미혹하기 이전을 지적하였다] 현근(玄根)[열반의 실제를 지적하였다]을 뽑는 지경까지 이르렀다[현근, 즉 열반의 실제를 끝까지 증오했음을 말한다].

그리하여 움직이며 변화하는 모든 사물에 나아가 마음이 고요하고 염담연묵(恬淡淵默)하여 무위자연(無爲自然)에 오묘하게 하나로 일치한다.

【주 해】

오묘하게 깨달았기 때문에 진여의 이치를 끝까지 관조하고 미혹이 다하였다. 그리하여 시작 없는 미혹을 타파하고 진여법계의 이치를 투철하게 꿰뚫었다.

그러므로 방편의 지혜로 모든 사물의 상황에 따라 감응하여, 움직이며 변화하는 사물에 나아가 항상 고요하고 무위담적(無爲湛寂)하여 자연에 오묘하게 일치하였음을 말하였다.

【원 문】

所以處有不有。居無不無。居無不無。故不無於無。處有不有。故不有於有。故能不出有無。而不在有無者也。

【본 문】

그 때문에 유에 처한다 해도 실유(實有)가 아니고, 무에 거처한다 해도 실무(實無)는 아니다. 무에 거처해도 실무가 아니기 때문에 무를 실무로 여겨 막히지 않고, 유에 처한다 해도 실유가 아니기 때문에 유를 실유로 집착하지 않는다.

그러므로 유·무를 벗어나지도 않지만 유·무에 존재하지도 않는 자일 수가 있는 것이다.

【주 해】

여기서는 성인은 진리의 극치까지 관조하여 허망한 마음이 없어졌기 때문에 유·무에서 벗어나거나 존재하는 둘 다 초월하고, 유·무의 견해에 떨어지지 않았음을 말하였다. 왜냐하면 실지(實智)로 진여의 이치를 끝까지 증오했기 때문에 유에 처한다 해도 실유가 아니며, 권지(權智)로 일정한 방향에 국한함이 없이 감응하여 무에 거처한다 해도 실무가 아니기 때문이다. 무에 거처한다 해도 실무가 아니기 때문에 무에 막히지 않고, 유에 처한다 해도 실유가 아니기 때문에 유에 집착하지 않는다.

성인은 이와 같기 때문에 유·무를 벗어나지도 않지만 유·무에 존재하는 자도 아니다. 그런데 어떻게 유·무라고 반드시 단정하고 그것을 찾을 수 있겠는가?

【원 문】

然則法無有無之相。聖無有無之知。聖無有無之知。則無心於內。法無有無之相。則無數於外。於外無數。於內無心。彼此寂滅。物我冥一。怕爾無朕。乃曰涅槃。

【본 문】

이와 같다면 법은 유·무의 모습이 없고[세계가 공하다], 성인은 유·무법을 인식해서 앎이 없다[마음이 공하다]. 성인에게 유·무법을 인식해서 앎이 없다면 내적으로 심의식이 없게 되고[심의식으로 인식해서 아는 분별지(分別知)가 없어지고, 관조의 공능이 단절된다], 법에 유·무의 모습이 없다면 외적으로 명상(名相)의 상수(像數)가 없게 된다[명칭을 떠나고 모습마저 단절되었다].

외적으로 명상의 상수가 없다면 육경의 세계가 단절되고, 내적으로 심의식의 분별이 없다면 실지(實智)마저 끊긴다. 대상인 육경의 세계와 주관인 심의식이 고요히 사라지고[마음과 세계가 쌍으로 단절하였다], 사물과 내가 여여(如如)하게 하나로 합하여 고요하게 조짐 없음을 열반이라고 말한다.

【주 해】

여기서는 성인은 마음과 세계가 쌍으로 단절하고 유·무의 사물과 내가 작은 티끌만큼도 성립되지 않음을 열반이라 말한다고 찬탄하였다. 이것이 성인이 극치까지 증득하신 종국적인 열반의 과덕(果德)인 것이다.

【원 문】

涅槃若此。圖度絶矣。豈容可責之於有無之內。又可徵之有無之外耶。

【본 문】

열반은 이처럼 사량분별의 헤아림이 단절되었다. 어떻게 이를 유·무의 내부에서 따지고, 또 유·무의 밖에서 따지는 것을 용납하겠는가?

【주 해】

여기서는 유명의 미혹함을 책망하였다. 즉, 열반은 이처럼 심의식으로 사량하고 헤아리는 육경의 세계를 초월해 벗어났는데, 어떻게 유·무의 내외(內外)로써 그것을 찾는 것을 용납하겠는가라고 말하였다.

제 8. 난차(難差)

* 여기에서는 위에서, '열반의 도는 마음과 세계가 둘이 아니고 세계와 내가 일여(一如)하게 오묘하다. 이것이 평등하여 둘이 없는 열반의 이치이다'라고 했던 말을 계승하여, 열반의 이치가 이와 같다면 무엇 때문에 삼승이 수행하여 그 분야만큼 증오한 열반엔 차별이 있는가? 이미 하나의 이치로 그윽히 합치했다면 삼승의 차별이 있어선 안 된다라고 따졌다.

【원 문】

有名曰。涅槃既絶圖度之域。則超六境之外。不出不在。而玄道獨存。斯則窮理盡性。究竟之道。妙一無差。理其然矣。

【본 문】

유명은 말한다.

열반은 사량분별로 헤아리는 세계가 단절되었다면 육경(六境)의 밖으로 초월하여, 유·무를 벗어나지도 않았지만 유·무에 존재하지도 않는다. 그리하여 현묘한 열반의 도가 절대 홀로 존재하리니, 이는 진여의 이치를 끝까지 증득하고 본성을 극진히 한 궁극적인 극치의 도이다. 이러한 궁극적인 도는 오묘하게 하나여서 차별이 없으리니, 이치가 그럴 법도 하다 하겠다.

【주 해】

유명가는 열반은 유·무를 초월해서 벗어난 오묘함으로써 이치를 끝까지 증득하고 본성을 극진히 한 담론으로 받아들이고 서술하였다.

그러나 단지 이치가 이처럼 하나였다면, 삼승이 증득한 열반은 무엇 때문에 동일하지 않은가라고 하였다. 그 때문에 다음 문장에서 질문을 수립하였다.

【원 문】

而放光云。三乘之道。皆因無爲而有差別。佛言。我昔爲菩薩時。名曰儒童。於然燈佛所。已入涅槃。儒童菩薩。時於七住　初獲無生忍。進修三位。

【본 문】

그러나 《방광반야경》에서는 말하기를, '삼승의 도는 모두가 무위법을 의지해서 삼승의 차별이 있다'라고 하였고, 부처님은 말씀하시기를, '내가 옛날 보살이었을 때 이름을 유동(儒童)이라 하였으며, 연등불(然燈佛)의 처소에서 이미 열반에 들었다. 유동 보살은 그때 칠주(七住)에서 처음으로 무생법인(無生法忍)을 얻고 나머지 삼위(三位)에 진수(進修)하였다'라고 하셨다.

【주 해】

질문한 의도는 열반의 오묘한 도가 하나였다면 삼승이 증득한 것도 셋의 차별이 있어선 안 됨을 말하였다.

《방광반야경》의 의미를 인용하였고, 《금강반야경》도 이 의미와 동일하다. 일체 성현 모두가 무위법으로써 차별이 있음을 말하였는데, 여기에서 말한 삼승이 증득한 열반이 다르다 한 것에 해당한다.

유동은 연등불의 처소에서 열반에 들었다 하고 그리고는 다시 말하기를, '그때 십주(十住) 가운데 칠주(七住)에서 무생법인을 얻었다'라고 하였다.

천태사교(天台四教) 가운데서 원교(圓教)의 칠주는 바로 권교(權教)의 칠지(七地)이다. 그러므로 이미 열반에 들었다고 말했다면 이미 열반 극과(極果)를 증득한 것인데, 무엇 때문에 칠주 뒤에 다시 나머지 삼위(三位)에 나아가서 수행해야 하는가? 여기서의 열반은 아마도 극증(極證)이 아닌가 하고 의심하였다.

여기서는 경전에서 인용하여 자기의 의도를 증명하였고, 다음에서는 정면으로 이 문제를 따졌다.

【원 문】

若涅槃一也。則不應有三。如其有三。則非究竟。究竟之道。而有升降之殊。衆經異說。何以取中耶。

【본 문】

만일 열반이 하나라면 삼승의 차별이 있어선 안 되고, 삼승의 차별이 있다면 궁극의 구경은 아니다. 구경열반의 도인데도 삼승의 오르고 내려오는 다름이 있고, 여러 경전에서도 삼승의 열반이 다르다고 설명하였다.

이 문제를 어떻게 절충해야만 하겠는가?

【주 해】

여기서는 열반이 차이가 남을 정면으로 따졌다.

열반이 하나라면 삼승의 셋이 있어선 안 되고, 셋의 차별이 있다면 궁극의 도는 아니다. 이미 구경의 도라고 말했으나 삼승의 수행 정도에 따라 오르고 내려옴이 동일하지 않음이 있고, 경전에는 이를 뒷받침하는 분명한 말도 있다.

이 문제를 어떻게 절충해야겠는가라고 따졌다.

제 9. 변차(辯差)

【원 문】

無名曰。然究竟之道。理無差也。法華經云。第一大道。無有兩正。吾以方便。爲怠慢者。於一乘道。分別說三。三車出火宅。卽其事也。

【본 문】

무명은 말한다.

그런 구경인 열반의 도는 이치가 차이가 없다.

《법화경》에서는 말하기를, '제일의 대도(大道)엔 둘의 최상승(最上乘)이란 없다. 그러나 나는 방편의 도로써 태만한 사람을 위하여 일승도(一乘道)에서 삼승(三乘)을 분별하고 설명하였다'라고 하였는데, '세 수레[삼승의 비유]로 삼계화택(三界火宅)에서 벗어났다' 한 비유가 바로 그 사건이다.

【주 해】

여기서는 질문자의 의도가 이치는 본래 하나라 했던 것을 받아들였다. 그러나 삼승이 있게 된 것은 일승에 상즉한 삼승으로서, 삼승인 권교(權敎)와 일승인 실교(實敎)의 의미일 뿐이다. 이는 바로 《법화경》에서 말한 '일승의 도는 공적한 경지여서 둘의 최상층이란 없다'라고 한 경우인데, 논에서 말한 열반과(涅槃果)가 《법화경》에서 말한 최상승(最上乘)과 더불어 모두 극과(極果)인 것이다.

《묘법연화경(妙法蓮華經)》에서는 말하기를, '부처님은 구도자가 구도하는 도중에 게으름을 부리며 그만두는 것 때문에 방편의 힘으로써 일승의 최상승도에서 분별하여 삼승을 설명하셨다'라고 하였다.

삼계화택의 비유는 삼승의 비유인 세 수레와 이를 탄 모든 아들들이 화택에서 벗어나 일승의 비유인 하나의 큰 수레를 평등하게 하사 받았음을 우선 인정한 것이다. 일승의 도엔 본래 삼승이 없으니 삼승은 실제의 법이 아니기 때문이다.

【원 문】

以俱出生死。故同稱無爲。所乘不一。故有三名。統其會歸。一而已矣。

【본 문】

삼승이 함께 생사를 벗어났기 때문에 동일하게 무위법이라고 호칭하였다.

삼승 각자가 탔던 수레는 하나가 아니기 때문에 삼승의 차별적인 명칭이 있기 하나, 그들이 회통하여 귀결하는 것을 통괄한다면 일승일 뿐인 것이다.

【주 해】

여기서는 삼승이 하나의 극치인 일승으로 회귀(會歸)함을 말하여, 이로써 답변했던 의도를 거듭 폈다.

【원 문】

而難云。三乘之道。皆因無爲。而有差別。此以人三。三於無爲。非無爲有三也。故放光云。涅槃有差別耶。答曰 無差別。但如來結習都盡。聲聞結習不盡耳。

【본 문】

그러나 질문하여 말하기를, '삼승의 도는 모두가 무위법을 의지하여 셋의 차별이 있다'라고 하였다. 이는 사람이 셋이기 때문에 무위법을 셋으로 분별하였을지언정 무위법에 셋의 차별이 있는 것은 아니다.

그러므로 《방광반야경》에서는 말하기를, '열반의 무위법엔 차별이 있는가라고 묻자, 이에 답변하기를, 차별이 없다. 그러나 여래는 번뇌를 일으키는 무명(無明)의 결습(結習)이 모두 다하였고, 성문은 무명의 결습이 아직 다하지 않았을 뿐이다'라고 하였던 것이다.

【주 해】

여기서는 질문한 의도에 정면으로 답변하였다. 즉, 사람에게 셋의 차별이 있을지언정 열반의 도엔 본래 셋의 차별이 없다. 그런데 셋의 차별이 있는 까닭은 여래는 번뇌를 일으키는 무명의 결습이 이미 다하였고, 삼승은 아직 다하지 못했기 때문에 셋의 차별이 있을 뿐이라고 하였다. 무명의 결습이 다한 곳에서 마음이 무위법에 계합하는 것을 열반이라고 부른다.

그러므로 다음에서 이 문제를 비유로써 밝혔다.

【원 문】

請以近喻。以況遠旨。如人斬木。去尺無尺。去寸無寸。修短在於尺寸。不在無也。

【본 문】

청컨대, 비근한 비유로써 원대한 열반의 종지에 비교해 보겠다. 이는 마치 어떤 사람이 나무를 잘라 내는데 한 자(尺)를 제거하면 한 자 만큼의 나무가 없어지고, 한 치(寸)쯤 제거하면 한 치만큼의 나무가 없어져, 길고 짧은 길이가 자와 치수에 있을지언정 본래 없는 무(無)에 있지 않음과도 같다.

【주 해】

이 비유에서 가장 환하게 드러났다. 무(無)엔 장단의 길이가 없다 말한 의지(意旨)가 더욱 오묘한데, 이처럼 이 무위법엔 본래 차이가 나지 않는 것이다.

【원 문】

夫以羣生萬端。識根不一。智鑒有淺深。德行有厚薄。所以俱之彼岸。而升降不同。彼岸豈異。異自我耳。然則衆經殊辯。其致不乖。

【본 문】

여러 중생들의 근기가 만 가지 단서이고, 따라서 그들의 육식과 육근의 인지(認知) 작용도 한결같지를 않다. 그들의 지혜로 조감하는 데는 천심이 있고, 덕을 실천함은 후박(厚薄)의 차이가 있다. 그 때문에 그들 모두가 열반의 피안으로 가긴 하지만 피안에 오르고 내려옴이 동일하지 않다. 피안이야 어찌 차이가 있으랴? 차이는 나로부터 나온다.

이와 같다면 여러 경전에서 다르게 논변했어도 그 이르러가는 이치는 서로 어긋나지 않는다.

【주 해】

여기서는 본래 법은 차이가 나지 않지만 차이는 중생들 근기의 다름에 있으며, 그리하여 지혜에는 천심이 있고 덕에는 후박의 차이가 있어, 이것이 바로 한결같지 못한 까닭일지언정 피안이야 어찌 차이가 나겠는가라고 말했다.

이는 열반의 무위법은 하나이나 여러 경전에서는 중생들이 처한 상황에 따라서 설명하였으며, 그 때문에 서로가 어긋나지 않음을 밝혔다.

제 10. 책이(責異)

* 무위의 이치가 하나였다면 무엇 때문에 이를 주관적으로 증득하는 사람에게 삼승의 차별이 있는가라고 말하였다. 이는 대체로 앞의 자취를 이어서 질문을 일으켰으리라. 그 때문에 책이(責異)라고 말하였던 것이다.

【원 문】

有名曰。俱出火宅。則無患一也。同出生死。則無爲一也。而云彼岸無異。異自我耳。彼岸。則無爲岸也。我則體無爲者也。請問。我與無爲。爲一爲異。若我卽無爲。無爲亦卽我。不得言無爲無異。異自我也。若我異無爲。我則非無爲。無爲自無爲。我自常有爲。冥會之致。又滯而不通。然則我與無爲。一亦無三。異亦無三。三乘之名。何由而生也。

【본문 및 주해】

유명은 말한다.

삼승이 모두 함께 삼계화택을 벗어났다면 생사의 근심이 없는 것은 한결같으며, 동일하게 생사에서 벗어났다면 무위는 하나일 것이다[여기서는 무명의 종지를 받아들였다]. 그런데도 '열반의 피안은 차이가 없고 차이는 나로부터 나온다[여기서는 의심을 일으켰다]라고 말하였다.

피안은 무위의 언덕이고, 나는 피안의 무위를 증득하는 자이다

[질문한 의도를 수렴하고, 다음에서 거듭 질문하였다]. 나와 무위는 하나인지, 다른지를 묻고 싶다.

내가 바로 무위라면 무위 또한 나에게 상즉하였으리니, '무위는 차이가 없지만 나로부터 나온다'라고 말하지 못할 것이며[나와 무위가 이미 하나였다면 피와 차의 상대적인 분야는 없을 것이다. 그러므로 나로부터 차이가 나온다고 말하진 못하리라], 내가 무위와 다르다면 나는 무위가 아니므로[나는 중생이므로 자동적으로 생멸유위법에 소속된다. 그 때문에 무위법은 아닌 것이다], 무위는 원래 한결같이 무위이고, 나는 스스로 항상 유위이다[내가 생사법에 있다면 한결같이 유위이다].

유위와 무위가 그윽히 하나로 회합한다 한 이치가 또 막혀서 서로 소통하지 않는다[무위와 유위가 조목조목 각자 구별되기 때문에 회통하기 어렵다 하였다]. 이와 같다면 나와 무위가 하나라 해도 셋의 차별은 있을 수 없으며[생사와 열반이 본래 평등한 하나의 즈음으로서, 이처럼 이미 하나였다면 필경 삼승의 셋은 없다 하였다], 다르다 해도 셋의 삼승은 없는데[생사와 열반이 본래 동일하지 않다면 생사는 스스로 생사이고, 열반은 본래 열반인데 어떻게 삼승의 가설이 있을 수 있겠는가라고 하였다], 삼승의 명칭이 무엇을 따라서 나오겠는가[진퇴하면서 추리해 보았더니, 하나라 해도 셋은 있을 수 없으며, 다르다 해도 셋은 있을 수가 없다. 이와 같다면 삼승이란 명칭이 무엇을 따라서 나오겠는가]?

제 11. 회이(會異)

*유명가가 유위와 무위가 다르다는 것에 집착하여 이로써 하나가 아니라[非一]했던 것을 부정하였다. 그 때문에 무명이 이를 회통하여 둘이 없다[無二]고 하였다.

【원 문】

無名曰。夫止此而此。適彼而彼。所以同於得者。得亦得之。同於失者。失亦失之。我適無爲。我卽無爲。無爲雖一。何乖不一耶。

【본 문】

무명은 말한다.

삼승과 중생이 차안(此岸)에 머물면 차안이고[의도하고 말한 것은 중생이 미혹했을 땐 열반의 피안이 바로 생사의 차안이라고 하였다], 피안으로 가면 피안이다[깨달았을 땐 생사가 바로 열반이라 하였다]. 그 때문에 열반을 체득한 자가 얻었다면 얻은 점에선 동일하며[열반을 증득했다면 삼승이 동일하게 증득한다], 잃은 자가 잃었다면 그것을 잃었다는 점에 있어선 같다[열반을 미혹했다면 육도(六道)가 동일하게 미혹한 것이다].

내가 무위로 가면 내가 바로 무위이다. 무위의 열반은 하나이다. 어찌 삼승이 하나가 아니라 하여 서로 어긋나겠는가?

【주 해】

여기서는 생사와 열반이 본래 두 이치가 없으며, 미혹과 깨달음이 동일한 근원이지만, 사람이 무위법을 증득하므로 무위법은 사람에게 있음을 말하였다. 그 때문에 '내가 무위로 가면 내가 바로 무위이다'라고 말하였던 것이다.

사람의 근기가 크면 법도 그 정도를 따라서 커지고, 근기가 작으면 법도 따라서 작아진다. 이럴 경우 무위는 하나이지만 사람 때문에 삼승이 있는 것이 무엇 때문에 방해롭겠는가?

【원 문】

譬猶三鳥出網。同適無患之域。無患雖同。而鳥鳥各異。不可以鳥鳥各異。謂無患亦異。又不可以無患旣一。而一於衆鳥也。然則鳥卽無患。無患卽鳥。無患豈異。異自鳥耳。

【본 문】

이를 비유해 보자.

세 마리의 새가 그물을 빠져 나와 근심이 없는 세계로 동일하게 갔다. 근심이 없음은 동일하지만 새마다 각자가 다르다. 새마다 각자 다르다고 해서 근심이 없음도 다르다 하진 못하며, 또 근심 없음이 하나라고 해서 여러 마리의 새들이 하나라고 하지도 못한다.

이와 같다면 새가 바로 근심 없음이며, 근심 없음이 바로 새이다. 근심 없는 세계가 어찌 다르겠는가? 차이점은 새로부터 나올 뿐이다.

【주 해】

여기서는 비유로써 법은 하나이지만 사람이 다르다는 것을 나타냈다.

새는 중생에 비유하였고, 그물은 생사에 비유하였으며, 근심 없음을 열반에 비유하였다. 즉, 여러 마리의 새들이 그물을 빠져 나오면 근심이 없음은 하나이지만 새마다 처한 위치가 다르다는 것을 말하였다. 다르다 함은 새가 날아간 정도가 멀고 가까운 것에 따라 차이가 생겨남을 말한다.

여기서는 근심이 없음으로써 열반에 비유하였는데, 이 비유가 가장 오묘하다 하겠다.

【원 문】

如是三乘衆生。俱越妄想之樊。同適無爲之境。無爲雖同。而乘乘各異。不可以乘乘各異。謂無爲亦異。又不可以無爲旣一。而一於三乘也。然則我卽無爲。無爲卽我。無爲豈異。異自我耳。

【본 문】

이처럼 삼승과 중생들이 망상의 울타리를 함께 넘고 무위의 세계로 동일하게 가면 무위는 동일하다 해도 삼승마다 각자가 다르다. 그러나 삼승마다 각자가 다르다 해도 무위도 다르다고 말해선 안 되며, 또 무위가 하나라고 해서 삼승을 하나라고 해서는 안 된다.

이와 같다면 내가 바로 무위이며, 무위가 바로 나이다. 무위가 어찌 다르겠는가? 차이는 나로부터 나올 뿐이다.

【주 해】

윗 문장에서의 비유에다 법을 합치시킨 것이 매우 분명하구나.

중생이 생사에서 동일하게 벗어나 증득한 열반은 하나이다. 단지 중생의 근기에 대소의 차이가 있어 지혜에는 심천이 있다. 그 때문에 증득한 경지에도 고하의 차이가 있다. 이는 차이가 사람에게 있을지언정 무위법에 있지 않음을 말하였다.

【원 문】

所以無患雖同。而升虛猶遠近。無爲雖一。而幽鑒有淺深。無爲卽乘也。乘卽無爲也。此非我異無爲。以未盡無爲。故有三耳。

【본 문】

그 때문에 세 마리의 새가 근심이 없음은 동일하지만 허공에 날아오른 원근(遠近)의 차이가 있듯이, 무위법은 하나이지만 그 법을 그윽히 조감함은 심천의 차이가 있다. 무위가 바로 삼승이고, 삼승이 바로 무위이다.

이는 내가 무위와 다른 것이 아니라, 내가 무위법을 극진하게 하지 못하였기 때문에 삼승의 차이가 있는 것이다.

【주 해】

여기서는 비유와 법으로써 쌍으로 결론을 지었다. 즉, 생사와 열반은 본래 둘이 아닌데, 단지 생사를 벗어난 사람이 무위의 이치를 극진히 못했을 뿐이다. 그 때문에 삼승의 분야가 있을지언정, 세 가지 무위법이 있어 이로써 삼승인의 정도에 따라 의지해 준 것은 아니다라고 결론지은 것이다.

이 논문의 정의(正義)는 생사와 열반이 둘이 아닌 종지를 나타냈을 뿐이다. 이를 배우는 사람이라면 미혹하고 깨달았다고 해서 셋과 하나로써 찾아서는 안 된다.

제 12. 힐점(詰漸)

* 힐(詰)은 따져 묻는다는 의미이다. 앞에서 '무위법을 극진히 하지 못했기 때문에 삼승의 차이가 있다'라고 말하였다.

이는 점수(漸修)의 의미이다. 그 때문에 여기에서 이 문제를 따져 물은 것이다.

【원 문】

有名曰。萬累滋彰。本於妄想。妄想旣祛。則萬累都息。二乘得盡智。菩薩得無生智。是時妄想都盡。結縛永除。結縛旣除。則心無爲。心旣無爲。理無餘翳。

【본 문】

유명은 말한다.

만루(萬累)의 지말(枝末) 번뇌가 더더욱 나타나는 것은 근본(根本) 번뇌의 망상에 근본하였기 때문이다. 근본 번뇌의 망상이 제거되고 나면 만루의 지말 번뇌가 모두 쉬게 된다[여기서는 삼승이 이혹(二惑)을 끊음은 동일하다고 말하였다].

성문·연각인 이승은 진지(盡智)를 얻고, 보살은 무생지(無生智)를 얻는다[여기서는 삼승의 지혜가 동일함을 말하였다]. 이때에 망상이 모두 다하고 번뇌의 결박이 영원히 제거된다. 번뇌의 결박이 제거되고 나면 마음은 무위이며[여기서는 삼승이 증오한 이치가 동일함을 말하였다], 마음이 무위라면 증오한 이치엔 나머지의 가리움이 없다.

【주 해】

여기서는 삼승이 미혹을 끊고 지혜를 증득하고 이치를 증득함이 모두 동일하며, 동일하다면 열반과를 취함에 있어서 차이가 있어선 안 된다고 따졌다.

만루(萬累)는 지말 번뇌를 가리키고, 망상(妄想)은 근본 번뇌를 지적하였다. 근본 번뇌가 끊겼다면 지말 번뇌는 발생하지 않는다. 그 때문에 '모두 쉬게 된다'라고 말하였다.

'이승은 진지(盡智)를 얻는다' 한 것 등등에 대해《신소(新疏)》에서는《대품반야경》에서 설명한 것을 인용하였다. 즉, 삼승인은 모두 함께 십일지(十一智)인데, 아홉 번째를 진지(盡智)라고 말한다. 이는 괴로움의 실제를 이미 다 보았음을 말하며, 열 번째를 무생지(無生智)라 말하는데, 괴로움의 실제를 이미 보고 나서 다시는 보지 않음을 말한다.

그렇다면 십일지(十一智) 가운데서 십지(十智)까지는 성문 모두가 소유하게 되며, 이 가운데서 진지는 이판지(已辦智)에 있으면서 얻는다. 그런데 지금은 '보살이 무생지(無生智)를 얻는다'라고 말했던 것은 이지(二地) 이상에서부터 제 9보살지(第九地)까지의 아비발치(阿鞞跋致=八地의 不退位)는 모든 법은 본래 인연따라 발생하지 않았으며, 지금 또한 인연의 분리를 따라서 소멸함도 없음을 여실하게 안다. 이를 무생지(無生智)라 부르며, 이는 이승의 진지와 함께 하지 않는다'라고 하였다.

위에서 인용하기를, '성문도 무생지를 증득한다' 하였다. 그런데 지금 보살이 성문의 무생지와 함께 하지 않는다라고 신소에서 말한 것은, 이승은 아공(我空), 즉 생사가 다한 것을 무생(無生)이라 말하고, 보살은 모든 법이 적멸하여 무생인 법공(法空)을 통달하였기 때문에 성문과 지혜의 정도를 함께 하지 않는 것이다.

통체적으로 '삼승이 미혹을 끊고 증득한 이치는 모두가 동일하므로 취하는 열반과도 차이가 있어선 안 된다' 말한 것은 유명가가 의미의 편에서 따진 것이며, 실제로는 삼승이 끊은 미혹의 정도가 같지는 않은 것이다.

왜냐하면 이승은 견사혹(見思惑)만을 끊었고, 보살은 진사혹(塵沙惑)을 끊고 무명을 조복받아, 그 정도가 천지처럼 차이가 나기 때문이다. 어떻게 동일할 수가 있겠는가? 학자라면 이를 몰라서는 안 된다.

【원 문】

經曰。是諸聖智。不相違背。不出不在。其實俱空。又曰。無爲大道。平等不二。

【본 문】

경에서는 말하기를, '이 모든 성지(聖智)는 서로가 위배하지 않는다. 성지는 인(因) 쪽에서도 나오지 않고, 연(緣) 쪽에서도 나오지 않아[재 자(在字)는 생 자(生字)가 되어야만 한다] 실제로 양쪽 모두 함께 공하다'라고 하였고, 또 말하기를, '무위의 대도는 평등하여 둘이 없다'라고 하였다.

【주 해】

여기서는 삼승이 증오한 이치는 다르지 않다는 것을 인용하고 증명하였다.

《신소》에서는 《방광반야경》에서 인용하여 말하기를, '성문 · 벽지불 · 보살 · 불 · 세존이신 이 모든 성인들의 지혜는 서로가 위배하지 않는다'라고 하였으며, 내지는 '성지는 인(因) 쪽에서도, 연(緣) 쪽에서도 출생하지 않아, 실제로는 공한 것이어서 차이가 없다'라고 말하기까지 하였다.

본문에서 재 자(在字)는 생 자(生字)가 되어야 마땅하다. 왜냐하면 《지도론(智度論)》에서는 이 문제를 해석하여 말하기를, '인(因) 쪽에서 일어나지 않는 것을 불출(不出)이라 말하고, 연(緣) 쪽에서 일어나지 않는 것을 불생(不生)이라 말한다'라고 하였기 때문이다.

'또 말하기를[又曰]'이라 한 다음부터는 《대품반야경》「삼혜품(三慧品)」에서 그 의미만을 인용하였다. 즉, 「삼혜품」에서 수보리가 부처님께 말씀드렸다.

'세존이시여, 무위법 가운데 차별이 있을 수 있을까요?'

부처님은 '아니다'라고 말씀하셨다. 그 때문에 그 의미만을 말하여 '대도는 평등하여 둘이 없다'라고 하였던 것이다.

【원 문】

旣曰無二。則不容心異。不體則已。體應窮微。而曰。體而未盡。是所未悟也。

【본 문】

이에 대도는 평등하여 둘이 없다라고 말했다면 대도를 증득하는 주관적인 마음에 다름을 용납하지 못하리라. 대도를 증득하지 않으면 그만이겠지만, 증득했다 하면 대도의 은미함을 끝까지 추궁해야만 한다. 그런데도 '증득은 했어도 아직 극진하지 못하기 때문이다'라고 말하였다. 이는 내가 깨닫지 못하는 바이다.

【주 해】

증오할 객관의 이치가 둘이 아니라면, 증오하는 주관적인 마음인들 어떻게 다름을 용납할 수 있겠는가라고 말하였다. 다르지 않은 마음으로써 둘이 아닌 이치를 증득하면서, 증득하지 않으면 그만이겠지만 증득했다 하면, 은미한 이치를 철저하게 끝까지 추궁해야만 한다. 그런데도 '증득하긴 했어도 아직 극진하지 못하다'라고 말하였다. 이를 깨닫지 못하는 바라고 하였다.

제 13. 명점(明漸)

*번뇌의 결사습기(結使習氣)는 단박에 다하지 못하고, 따라서 무위법은 홀연히 증득하지 못한다.

이를 비유하면, 거울을 닦을 때 더러운 때가 다 닦여야만 거울의 광명이 발현함과도 같다.

【원 문】

無明曰。無爲無二。則已然矣。結是重惑。可謂頓盡。亦所未喩。經曰。三箭中的。三獸渡河。中渡無異。而喩淺深之殊者。爲力不同故也。

【본 문】

무명은 말한다.

무위법이 둘이 없음은 이미 그대가 말한 그대로이다[이치는 어긋남이 없다고 따졌던 것을 받아들였다]. 번뇌의 결사(結使)는 겹겹의 미혹인데도 단박에 다할 수 있다고 말할 수 있겠는가?

이도 깨닫지 못하는 바이다[경에서는 말하기를, 이치는 단박에 깨닫고 승(乘)과 오(悟)가 나란히 소멸해야만 한다. 일이란 점진적으로 제거해야 하는데 차례를 의지해서 다해야만 한다라고 하였다].

경에서는 말하기를 '세 종류의 화살이 과녁을 적중시키고, 세 마리의 짐승이 강물을 건넌다 하자. 세 화살이 과녁에 적중하는 것과 세 마리의 짐승이 강물을 건넌 것은 차이가 없다. 그러나 심천의 다름이 있는 것은 각자의 능력이 동일하지 않기 때문이다'라고 하였다.

【주 해】

두 가지 비유에 대해 《신소》에선 《비바사론(毗婆沙論)》의 의미를 인용하여 말하였다.

'비유하면 하나의 과녁에 나무화살 · 무쇠화살 등등 여러 화살로 적중시키는 것처럼 하나의 무위체에 세 망상이 진행한다.

그리고는 다시 말하기를, '매우 깊은 십이인연(十二因緣)의 강물을 건너면서 강물 밑바닥까지 다 밟고 건널 수 있는 것을 부처라고 부른다. 그러나 이승은 이와 같지 못하여 마치 세 마리의 짐승이 강물을 건너는 것과 같다. 세 마리의 짐승은 코끼리 · 말 · 토끼를 말한다.

토끼는 몸을 껑충 뛰어 건너고, 말은 강 밑바닥을 다 밟기도 하고 혹 다 밟지 않기도 하나, 코끼리[香象]는 어느 때이건 밑바닥까지 다 밟지 않음이 없다라고 하였다.

【원 문】

三乘衆生。俱濟緣起之津。同鑒四諦之的。絶僞卽眞。同升無爲。然則所乘不一者。亦以智力不同故也。

【본 문】

삼승과 중생들이 모두 함께 십이연기(十二緣起)의 나루터를 건너서 사제(四諦)의 과녁을 동일하게 조감하여 거짓을 단절하고 진실에 나아가 무위법에 같이 오른다. 이와 같다면 삼승이 타는 수레가 한결같지 않은 것은 그들의 지혜와 능력이 동일하지 않기 때문이다.

【주 해】

여기에서는 법으로써 비유에 합치시켰다.

연기법(緣起法)인 십이인연은 사제(四諦)를 좀더 광대하게 설명한 것이다. 그 때문에 사제는 생멸(生滅)·무생(無生)·무작(無作)·무량(無量)의 사종사제(四宗四諦)가 동일하지 않음이 있는 것이다. 이는 원래 삼승이 동일하게 관찰하기 때문에 '모두 함께 건너가 동일하게 조감한다'고 말하였고, 조감하고 나선 미혹을 끊고 진여를 증득하여 무위에 함께 올라 삼승이 각자 자기가 탄만큼 증득한다. 그 때문에 '삼승이 탄 수레가 한결같지 않은 것은 그들의 지혜와 능력이 동일하지 않기 때문이다'라고 말하였던 것이다.

다음에서는 유위법을 다하기 어려움을 들어 무위법에 견주었다.

【원 문】

夫羣有雖衆。然其量有涯。正使智猶身子。辯若滿願。窮才極慮。莫窺其畔。

【본 문】

뭇 유위법이 중과하긴 하나 그 수량은 한계가 있다. 그런데도 신자(身子) 같은 지혜와 미륵보살 같은 변재가 있어, 재능을 다하고 사려를 끝까지 한다 해도 그 끝을 엿볼 수가 없는 것이다.

【주 해】

여기서는 유위법은 다하기 어렵다는 점을 들어 이로써 무위법은 단박에 끝까지 다하지 못한다는 것에 견주었다. 즉, 유위법인 만물이 중다하긴 하나 각자에 수량의 한계가 있다. 그런데도 신자처럼 지혜롭고, 만자(滿慈 · 滿願: 미륵보살임)처럼 변재가 있어, 그 재능과 사려를 끝까지 다한다 할지라도 그 유위법의 주변 한계를 엿볼 수가 없다.

한계가 있는 유위법도 이와 같은데, 하물며 한계가 끊긴 무위법의 경우이랴? 《열반경》에서 부처님은 말씀하셨다.

'내가 미륵보살 등과 함께 세제(世諦)인 유위법을 의론하면 사리불(舍利弗=身子) 등은 도무지 식별해서 알지를 못한다. 하물며 무위법인 출세간의 제일의제인 경우에는 어떠하겠는가?'

【원 문】

況乎虛無之數。重玄之域。其道無涯。欲之頓盡耶。

【본 문】

하물며 허무(虛無)의 묘수(妙數)와 중현(重玄)의 세계는 그 도가 한계의 끝이 없는 데도 그것을 단박에 다하고 싶어하는가?

【주 해】

여기서는 법으로써 윗 문장의 비유에 합치시켰다.

허무(虛無)와 중현(重玄)은 《노자》의 문장을 인용하였다.

《노자》의 문장에 '현묘하고 또 현묘한다'고 말하였다. 그 때문에 중현(重玄)이라는 표현을 썼다.

이 모두는 열반 무위의 의미에 비유하였다. 즉, 유위의 한계 있는 양수(量數)도 이승의 지혜로는 끝까지 추궁하지 못한다. 하물며 열반 무위의 도인 경우이겠는가 함을 말하였다.

이를 비유해 보자.

큰 바다는 끝이 없으나 배를 타고 노를 저으며 가는 데는 거리의 이수(里數)가 있고, 태허는 확연하게 트였지만 훨훨 나는 새는 멀리 가고 가까이 나는 차이가 있는 것과도 같다.

삼승인도 열반의 도에 있어선 이와 같다.

【원 문】

書不云乎。爲學者日益。爲道者日損。爲道者。爲於無爲者也。爲於無爲而曰日損。此豈頓得之謂。要損之又損之。以至於無損耳。經喩螢日。智用可知矣。

【본 문】

《노자(老子)》에 말하지 않았더냐?

'사변적인 학문을 하는 사람은 날로 망상의 군더더기가 더하고, 무위의 도를 닦는 자는 매일같이 망상이 덜린다'라고.

도를 닦는 자는 무위를 하는 자이다. 무위를 하는데 '날로 덜린다'라고 말하였으니, 이것이 어찌 단박에 증득함을 말하였겠는가?

요컨대 덜어 내고 또 덜어 내서 덜어 낼 것이 없는 데에 이르게 하려 하였던 것이다.

《방광반야경》에 '반딧불과 태양의 비유'가 있는데, 이로써 지혜의 작용을 알리라.

【주 해】

《노자》에서 '학문을 하면 날로 더하고, 도를 닦으면 날로 덜린다. 덜고 또 덜어서 덜어 낼 것이 없는 데 이르러야 한다'라고 하였다.

논주는 이를 인용하여 점진적으로 무명의 미혹을 끊고, 끊은 만큼 점진적으로 무위를 증득하는 의미를 밝혔다.

'덜어 낼 것이 없는 데 이른다' 함은 덜어 낼 만한 것이 없는 데에 이르는 것으로써 극증(極證)을 삼은 것이다.

'반딧불과 태양'은 《방광반야경》에서 '이승의 지혜는 반딧불과 같아 염부제의 세계를 보편하게 비추겠다는 생각을 감히 하지 못한다. 보살의 지혜는 비유하면 해가 솟아 염부제를 보편하게 비추어, 눈뜬 봉사들 모두가 이익을 얻는 것과 같다'고 말했는데, 여기에서는 그 의미만 인용하여 말하였다.

제 14. 기동(譏動)

* 앞에서 말했던 것처럼 이미 무위를 취하고 유위를 버리는 것으로써 마음을 삼고, 무위를 닦아 날로 덜어 내고 유위의 학문으로 날로 더하는 것으로써 수행한다면, 그는 무위를 숭상하면서 구

하는 마음이 시끄럽게 요동하면서 쉬지 않게 된다.

어떻게 동요하는 마음으로써 동요하지 않는 무위의 이치를 증득하겠는가? 그 때문에 유명이 이 문제를 나무라면서 따졌던 것이다.

【원 문】

有名曰。經稱法身已上。入無爲境。心不可以智知。形不可以象測。體絶陰入。心智寂滅。而復云進修三位。積德彌廣。夫進修本於好尙。積德生於涉求。好尙則取捨情現。涉求則損益交陳。旣以取捨爲心。損益爲體。而曰體絶陰入。心智寂滅。此文乖致殊。而會之一人。無異指南爲北。以曉迷夫。

【본 문】

유명은 말한다.

경전에서는 말하기를, '법신보살(法身菩薩) 이상의 경지는 무위의 세계로 들어가 그 마음을 지혜로썬 알지 못하고, 형체는 형상으로썬 헤아리지 못한다. 그 자체인 오음육입(五陰六入)이 단절되어 심지(心智)가 적멸하다[이상은 무위의 이치를 밝혔다]' 하고는 다시 말하기를, '십지(十地) 가운데 칠지(七地) 이상 십지까지의 삼위(三位)에 진수(進修)하여야만 쌓인 공덕이 더욱 광대해진다[여기서는 좋아하고 숭상하는 마음을 밝혔다]'라고 하였다.

진수(進修)하는 것은 좋아하며 숭상함을 근본했기 때문이며, 공덕을 쌓음은 거닐면서 찾는 데서 일어난다. 좋아하며 숭상했다면 좋은 것은 취하고 싫은 것은 버리는 허망한 상대적인 시비의 마음이 나타나고, 거닐면서 구했다면 손과 익(損・益)이 교대로 목전에 진열하게 된다.

법신보살은 이처럼 이미 취하고 버리는 것으로써 마음을 삼고, 손·익으로써 무위법을 참구하는 수행을 했다. 그런데도 '자체에는 오음과 육입이 단절하여 심지(心智)가 적멸하다'고 말하였다.

이는 문장이 어긋나고 이치마저 다른데도 이것을 한 사람 법신보살에게 회통시켰다. 이는 마치 남쪽을 가리켜 북쪽이라 하면서 방향에 미혹한 사람을 깨우치려는 것과 다름이 없다 하리라.

【주 해】

여기에서는 앞에서의 진수와 손·익의 자취를 이어 이로써 질문을 일으켰다.

경전에서 지칭한 법신보살 이상이란 최초로 보살지에 올라 법신에 계합하고 나서 진여의 이치를 증득했음을 말한다. 그 때문에 '진여무위의 세계로 들어갔다'라고 말하였으며, 무분별근본지(無分別根本智)로써 몸을 나타내고 중생들에게 이익을 주기 때문에 '마음은 지혜로써 알지 못하고, 형체는 형상으로썬 헤아리지 못한다'라고 말하였으며, 칠지(七地)에 이르러서 근본장식(根本藏識)을 단박에 버린다. 그 때문에 '자체엔 오음과 육입이 단절하였다'라고 말하였으며, 여기에서 평등한 진여의 이치를 증득했기 때문에 '심지가 적멸하다'라고 말하였다. 여기서부터 다시 나머지 삼위(三位)에 진수해야만 불과(佛果)를 성취하게 된다.

여기까지는 경전에서 인용하여 이 문제를 조사하고 단정하였으며, 다음에서는 질문한 의도를 폈다. 유명이 말한 의도는 이렇다.

진수와 적덕(積德)을 좋아하며 숭상하고, 거닐며 찾기 때문이다. 일반적으로 좋아하며 숭상한다면 취사의 허망한 마음을 잊지 못하게 되고, 거닐면서 덕을 구한다면 덕에 대한 손익이 교대로 목전에 진열하게 된다. 이미 취사와 손익에 대한 마음이 있고 나면 요동하는 시끄러움이 쉬지 않게 된다. 그런데도 다시 말하길 '자체에 오음과 육입이 단절하고 심지가 적멸하다'라고 하였다.

이는 문장이 이치와 어긋난다. 어떻게 이를 한 사람에게 회통하여, 요동하는 유위의 마음으로써 고요한 무위의 이치를 취하겠는가? 이는 남쪽을 가리키며 북쪽이라 하는 것과 다를 바가 없다고 하였다.

제 15. 동적(動寂)

* 앞에서 유명이 요동하는 마음이라고 나무랐다. 그 때문에 지금 동적(動寂), 요동이 바로 고요함으로써 답변하였다. 그러나 고요가 움직임이라는 의미인 적동(寂動)이라고 말하지 않았던 것은 질문했던 유명이 요동함을 나무랐을 뿐이기 때문이다.

즉, 요동하면 고요함을 어김을 말하는데, 이는 요동할 때 전체가 고요함임을 몰랐던 것이다. 그 때문에 동적(動寂)이라 말하였던 것이다.

【원 문】

無名曰。經稱。聖人無爲。而無所不爲。

【본 문】

무명은 말한다.

경전에서는 '성인은 하는 것 없으면서도 하지 않는 것이 없다'라고 지칭하였다.

【주 해】

여기서는 성인은 동과 정이 일여(一如)함을 인용하고 증거를 대어 질문했던 의도에 대해 총체적으로 답변하였다.

《방광반야경》에서 부처님은 말씀하시기를, '적여무심해도 하는 것이 없기 때문에 반야바라밀을 행한다'라고 하였다.

'하는 것 없음'은 고요함이고, '하지 않는 것 없음'은 움직임이다. 고요에 상즉한 움직임이기 때문에 움직인다 해도 항상 고요하다. 그 때문에 다음에서 진수한다 해도 취사심은 없음을 자세하게 밝혔다.

【원 문】

無爲故。雖動而常寂。無所不爲。故雖寂而常動。雖寂而常動。故物莫能一。雖動而常寂。故物莫能二。物莫能二。故逾動逾寂。物莫能一。故逾寂逾動。

【본 문】

하는 것이 없기 때문에 움직인다 해도 항상 고요하며, 하지 않는 것이 없기 때문에 고요하다 해도 항상 움직인다. 고요하다 해도 항상 움직이기 때문에 마음이란 물건은 하나일 수가 없고[마음의 고요한 자체와 작용이 쌍으로 드러나기 때문에 하나일 수가 없다], 움직이면서도 항상 고요하기 때문에 인식의 대상인 사물의 세계는 둘일 수가 없다[마음과 세계가 일여하기 때문에 둘일 수가 없다].

사물인 세계가 둘일 수 없기 때문에 움직일수록 더욱 고요하고, 마음은 하나일 수 없기 때문에 고요할수록 더욱 움직인다.

【주 해】

여기서는 성인의 마음은 고요함과 관조가 쌍으로 유통하고, 자체와 작용이 둘로 드러남을 말하였다. 그 때문에 마음과 세계가 일여하고, 동과 정이 둘이 아니다. 어떻게 동과 정으로써 성인의 마음을 둘로 나눌 수 있겠는가?

【원 문】

所以爲卽無爲。無爲卽爲。動寂雖殊。而莫之可異也。

【본 문】

그 때문에 하는 것이 바로 함이 없음이며, 함이 없음이 함이 있는 것과 상즉하였다. 함이 있는 움직임과 함이 없는 고요함이 다르다고 할 수는 없는 것이다.

【주 해】

여기서는 경전의 의미를 증명하여 이로써 동과 정이 둘이 아닌 까닭을 밝혔다.

다음에서는 성인의 마음은 상대적인 의존 관계가 끊겼음을 밝힘으로써 앞의 적덕(積德)의 문제에 대해 답변하였다.

【원 문】

道行云。心亦不有。亦不無。

【본 문】

《도행반야경》에서는 말하기를, '마음은 실제 있는 것도 아니며, 정말로 없는 것도 아니다'라고 말하였다.

【주 해】

여기서는 경전에서 인용하여 성인의 마음은 유·무를 건너지 않음을 밝히고, 이로써 적덕은 유심(有心)이 아님을 밝혔다.

무위법을 좋아하면서 숭상하고, 유위법에 거닐면서 적덕을 구하여 몸과 마음이 유·무로 나뉜 듯도 하나 총체적으로 이 둘은 일심에 포섭된다. 그러므로 수행의 공덕을 쌓으면서 유의 세계를 거닐며 구한다 해도 유심으로 하는 것은 아니며, 역시 무정류처럼 무심도 아니다. 단지 유·무의 의식이 없이 마음 운행하는 대로 무심히 맡겨 둘 뿐인 것이다.

【원 문】

不有者。不若有心之有。不無者。不若無心之無。

【본 문】

실제로 있지 않다 한 것은 유심으로 있다 한 것과는 같지 않으며, 정말 없지도 않다 함은 무심으로 없다 한 것과는 같지 않다.

【주 해】

여기서는 경전의 의미를 해석하여 단견의 실무와 상견의 실유가 아님을 간별하였다.

실제로 있지 않다[不有] 한 것은 단절된 실무가 아니라, 단지 중생들의 유심과는 같지 않을 뿐이며, 정말 없지도 않다 함은 실유가 아니라, 무정류의 무심과는 같지 않음을 말하였다.

【원 문】

何者。有心則衆庶是也。無心則太虛是也。衆庶止於妄想。太虛絶於靈照。豈可止於妄想。絶於靈照。標其神道。而語聖心者乎。

【본 문】

무엇 때문에 성인의 마음은 실유도 아니고 실무도 아니겠는가?

유심은 많은 중생들이 여기에 해당하고, 무심은 태허의 허공이 여기에 해당하기 때문이다. 많은 중생들은 망상에서 머물고, 태허는 신령한 관조가 단절되었다. 어떻게 망상에서 머물고, 신령한 관조가 단절된 것으로써 신령한 열반의 도를 표시하고, 이를 성인의 마음이라고 말하겠는가?

【주 해】

여기서는 성인의 마음은 불유불무(不有不無)인 까닭을 거듭 밝혔다.

만일 유심이라면 범부이고, 무심이라면 태허이다. 범부가 그칠 대상은 망상이고, 태허는 단절된 무지이다. 어떻게 이러한 유심의 망상과 무심의 무지로써 열반의 오묘한 도와 비교하여 헤아리고, 이로써 성인의 마음은 유·무라고 하겠는가?

【원 문】

是以聖心不有。不可謂之無。聖心不無。不可謂之有。

【본 문】

그러므로 성인의 마음은 실제 있지는 않지만 이를 단절된 무라고 말하지 못하며, 성인의 마음은 정말로 없지도 않지만 이를 정말로 있는 유라고 말해서도 안 된다.

【주 해】

여기에서는 성인의 마음은 유 · 무 어느 쪽에도 소속되지 않는다고 쌍으로 주장함으로써 범부의 허망한 견해를 버리게 하였다.

【원 문】

不有。故心想都滅。不無。故理無不契。理無不契。故萬德斯弘。心想都滅。故功成非我。

【본 문】

실제로 있지 않기 때문에 심의식의 망상이 모두 소멸하였고[범부의 망상과 비교되지 않는다], 정말로 없지도 않기 때문에 이치에 계합하지 않음이 없다[태허의 무지와 같지 않다].

이치마다 계합하지 않음이 없기 때문에 모든 공덕이 여기에서 광대해지고, 심의식의 망상이 모두 소멸하였기 때문에 공덕을 성취해도 내가 증득한 것은 아니다.

【주 해】

이로써 성인은 유 · 무의 어느 한쪽에 치우친 허물을 떠나 환하게 나타난 공덕을 밝혔으며, 이로써 성인의 마음은 유의 세계를 거닐면서 공덕을 구하지 않았음을 밝혔다. 성인은 범부 유심의 망상이 소멸하였고, 다시 태허의 무지도 아니다. 이리하여 유 · 무 양쪽의 허물을 떠났기 때문에 한결같이 진실한 일진의 이치를 증득할 수 있는 것이다.

그러므로 '이치를 계합하지 않음이 없다'라고 말하였으며, 이처럼 일진법계(一眞法界)를 증득하고 나면 항하사와 같은 성덕(聖德)이 총체적으로 마음에 근원하게 된다. 그 때문에 '모든 덕이 여기에서 광대해진다'라고 말하였다.

망상이 끝까지 소멸하고 나면 탐욕스럽게 구하는 마음이 영원히 단절된다. 그러므로 공덕을 성취한다 해도 내가 증득한 것이 아니다. 이와 같은데 다시 무슨 무위를 좋아하여 숭상하고, 유위에 거닐면서 공덕을 구하겠는가?

【원 문】

所以應化無方。未嘗有爲。寂然不動。未嘗不爲。經曰。心無所行。無所不行。信矣。

【본 문】

그 때문에 일정한 방향에 국한함이 없이 변화에 감응해 주지만 유위는 아니며, 고요하여 움직이지 않지만 하지 않음이 아니다.

경에서는 말하기를, '심의식으로 진행하는 바가 없으며, 진행하지 않는 것도 없다'라고 하였는데, 이 말은 믿을 만하다 하겠다.

【주 해】

여기서는 총론적으로 결론을 짓고 질문했던 의도에 대해 답변하였다. 성인의 마음은 함이 없이 작위하면서 고요히 감응함을 말하였다. 이와 같은데도 어찌 무위를 좋아하며 숭상하고, 유위에 거닐면서 구하는 마음이 있겠는가? 그런데도 시끄럽게 움직인다고 그를 나무라겠는가?

이는 경전을 인용해서 움직임과 고요가 일치함을 증명했다는 것을 알리라.

【원 문】

儒童曰。昔我於無數劫。國財身命。施人無數。以妄想心施。非爲施也。今以無生心。五華施佛。始名施耳。

【본 문】

유동(儒童) 보살은 말하기를, '옛날 내가 셀 수 없는 겁(劫)이 지나도록 나라 · 재물 · 목숨을 헤아릴 수 없을 만큼이나 사람들에게 보시하였다. 그러나 망상의 마음으로 보시했기 때문에 진정한 보시를 한 것은 아니었다. 지금은 무생(無生)의 마음으로써 다섯 송이의 꽃을 부처님께 보시했는데, 이를 비로소 보시라고 말한다'라고 하였으며,

【주 해】

유동 보살 이야기는 《지도론》에 있는 일인데, 그 의미만을 인용하였다.

'목숨……' 등까지를 보시하면서 망상심으로 다섯 바라밀을 구했기 때문에 얻은 것이 없었다. 지금은 연등불을 뵙고 다섯 송이 꽃으로써 부처님께 공양을 올렸으며, 부처님 지나는 길에 머리카락을 풀어 진흙을 덮어주곤 무생법인(無生法忍)을 즉시 얻고 바라밀을 만족했음을 말하였다.

칠지(七地) 이전 유상관(有相觀)이 많아 삼륜(三輪:시주자 · 시주를 받는자 · 시주물)의 자체가 공적함을 통달하지 못하는 것을 주상보시(住相布施)라고 부른다. 이는 진실한 보시는 아니다. 제8 무상지(無相地)에 이르러 평등진여를 증득해야 삼륜이 공적해진다. 그 때문에 유동 보살은 연등불에게서 미래에 석가모니불이 되리라는 수기(受記)를 받게 되었던 것이다. 그 때문에 '비로소 보시를

행하였다'라고 말하였던 것이다.

의도하고 말한 것은 성인의 마음에 정말로 좋아하며 숭상하고, 거닐며 구하는 마음이 있다면 어떻게 무위의 이치를 증득하겠는가 함이다.

【원 문】

又空行菩薩。入空解脫門。方言今是行時。非爲證時。

【본 문】

또 공행(空行) 보살은 공해탈문(空解脫門)에 들어가고 나선 지금은 수행하는 시기이지 증득할 때는 아니라고 말하였다.

【주 해】

여기에서는 《방광반야경》에서 말한 '보살이 공해탈문에 들어가고 나서 지금은 수행하는 때이지 증득할 때는 아니다라고 말하였다'고 하였는데, 그 의미만을 인용하였다.

의도하고 말한 것은 단적(單的)인 공(空)만으론 증득하지 못하는데, 하물며 움직이는 마음의 경우이겠는가라고 하였다. 고요함과 작용이 동시적이라야만 진실한 수행임을 나타냈다.

【원 문】

然則心彌虛。行彌廣。終日行。不乖於無行者也。

【본 문】

이와 같다면 마음이 텅 빌수록 수행은 더욱 광대해진다. 이는 종일토록 실천한다 해도 행함이 없음과 서로 어긋나지 않는다.

【주 해】

보살이 공해탈문에 들어가고 나서 공을 의지하여 수행을 일으킨다. 그렇다면 고요하면서도 항상 관조하기 때문에 마음마다 적멸하고, 수행마다 진여에 계합한다. 그 때문에 움직여도 항상 고요하다는 것을 말하였다.

【원 문】

是以賢劫稱無捨之檀。成具美不爲之爲。禪典唱無緣之慈。思益演不知之知。聖旨虛玄。殊文同辯。

【본 문】

그러므로 《현겁경(賢劫經)》에선 '희사함이 없는 보시'를 말하였고, 《성구경》에서는 '하지 않으면서 함'을 찬미하였으며, 《선경(禪經)》에서는 '조건 없는 자비'를 주장하였고, 《사익경(思益經)》에서는 '알지 않는 앎'을 연설하였는데, 이상은 성지(聖旨)의 허현(虛玄)함을 다른 표현으로 동일하게 논변한 것이다.

【주 해】

네 경전을 연이어 인용하여 작위하지 않으면서 작위한다 했던 의미를 증명하였다.

범어의 단나(檀那)는 보시(布施)라고 번역한다. 《현겁경》에서는 '일체법 주는 것 없음을 보시라 부른다' 말하였고, 《성구경》에서는 '작위하지 않으면서 지나치게 작위한다' 말하였으며, 《선경》에서는 '자심삼매(慈心三昧)에 조건 없는 자비[無緣之慈]가 있다'라고 하였으며, 《사익경》에서는 '취사(取捨)의 앎이 없어야만 앎이라 한다'라고 하였다.

이상 네 경전의 의미는 모두가 하지 않으면서 한다 한 뜻을 말하였다. 그 때문에 '다른 표현으로 동일하게 논변하였다'라고 말하였던 것이다.

【원 문】

豈可以有爲便有爲。無爲便無爲哉。菩薩住盡不盡平等法門。不盡有爲。不住無爲。卽其事也。而以南北爲喩。殊非領會之唱。

【본 문】

어떻게 유위로써 문득 유위라 하고, 무위를 바로 무위라고 해서야 되겠는가?

'보살은 다함과 다하지 않음이 평등한 법문에 안주하여, 유위를 다하지도 않고 무위에 안주하지도 않는다' 하였는데 바로 그 일이다.

그런데도 남북으로써 비유를 하는가? 이는 성인의 마음을 알고 받아들인 주장은 아닌 것이다.

【주 해】

여기서는 그가 동과 정을 다르게 보는 것을 책망하고, 경전에서 인용하여 동과 정이 다르지 않은 의미를 증명하였다.

'보살'이란 한 다음부터를 《유마경》에서 간략히 말하면, '상방(上方)의 향적세계(香積世界) 보살이 본국으로 되돌아가려 하면서 부처님께 법을 구하였다.

부처님은 말씀하시기를, 유진(有盡)·무진(無盡)의 법문을 너희들은 배워야만 한다고 하셨다.

'보살은 유위법을 다하지도 않고, 무위법에 안주해서도 안 된다'라고 하였는데, 이 소(疏)에서는 말하기를, '유위법이 거짓이라고는 하나 그를 버리면 큰 덕업을 성취하지 못하고, 무위법이 실제이긴 하나 거기에 집착하고 안주하면 지혜의 마음이 밝아지지 못한다'라고 하였는데, 그 의미만을 인용하였다.

'바로 그 일이다'라고 한 것은 앞에서의 움직임과 고요함이 서로 걸림이 없는 종지와 이 일이 바로 동일하다 한 것이다. 만일 유위와 무위를 차이나게 보고 움직임과 고요함을 다르게 관찰하여, 이를 남과 북의 차이로써 비유한다면 어떻게 성인의 마음을 알고 받아들였다고 할 수 있겠는가?

제 16. 궁원(窮源)

*궁(窮)은 끝까지 검토함을 말하고, 원(源)은 근원을 말한다.

유명은 앞에서 설명했던 것을 듣고 동과 정이 둘이 아님을 알았다. 지금은 수행이 성취되면 동과 정이 둘이 아닌 도리를 반드시 증득하게 되리라. 그렇다면 수행을 성취하여 주관적으로 증득하는 사람과 증오할 객관의 법이 누가 먼저이고 누가 뒤인 줄 잘 모르겠다 하였다.

【원 문】

有名曰。非衆生無以御三乘。非三乘無以成涅槃。然必先有衆生。後有涅槃。是則涅槃有始。有始必有終。而經云。涅槃無始無終。湛若虛空。則涅槃先有。非復學而後成者也。

【본 문】

유명은 말한다.

중생이 아니면 삼승으로 나아갈 수가 없고, 삼승이 아니면 열반을 성취할 수가 없다.

이처럼 반드시 중생이 먼저 있고, 열반이 뒤에 있다. 이는 열반은 시작이 있고, 시작이 있다면 반드시 마침이 있게 된다(사람의 편에서 요약한다면 사람은 먼저이고 법은 뒤가 되며, 법의 편에서 요약한다면 법이 우선이고 사람이 뒤가 된다).

그런데도 경에서는 말하기를, '열반은 시작도 없고 끝도 없으며, 마치 허공처럼 담연하다'라고 하였다. 그렇다면 열반은 먼저 존재해 있는 것이 되므로 다시 배운 뒤에 성취할 것은 아니다.

【주 해】

여기서는 열반과 사람이 둘로 다르다는 점을 따져 물었다.

질문하기를, '가령 중생이 먼저 있고, 그 중생이 열반을 증득했다면 열반은 시작과 끝이 있게 되고, 열반이 먼저 있었다면 수행을 통해서 증득하는 데에 소속하지 않는데, 무엇 때문에 중생이 열반을 증득한다라고 말하는가'라고 하였다. 여기서 한 질문은 쉽사리 통하지 못할 듯도하다.

다음에서 답변하기를, '열반은 시작도 끝도 없고, 고금도 없으며, 호연(浩然)히 크게 평균하여 사물과 내가 둘이 없다. 사물과 하나로 회합하여 자기가 된다면 즉시 성인이며, 또한 처음으로 증득함도 없다'라고 하였다.

제 17. 통고(通古)

* 그 의도를 말해 보자.

열반 자체의 성품은 원래 변함 없고, 그리하여 고금이 없는데 어찌 시작과 마침이 있겠는가? 만법은 본래 고요하여 당체가 열반이다.

삼승이 이를 깨달으면 열반을 증득했다라고 하는데 이 또한 선후가 없다. 이는 단지 지혜로써 이치에 계합하여 이치와 지혜가 하나로 그윽히 합치할 뿐이다. 이럴 경우 마음으로써 계합하여 알 뿐이므로 시작과 마침이 없는 것이다.

【원 문】

無名曰。夫至人空洞無象。而萬物無非我造。會萬物以成己者。其唯聖人乎。

【본 문】

무명은 말한다.

지인의 마음은 텅 비고 환하여 형상이 없다. 그리하여 내가 짓지 않은 만물이란 없다. 만물과 회합함으로써 자기를 이룬 자는 성인 뿐이리라.

【주 해】

성인은 일심이 적멸하여 형상이 없이 텅 비었다.

이로써 인연을 따라 사물을 성취하였음을 말하였다. 그 때문에 삼계의 만법이 마음에서 나타난 것일 뿐이다. 그러므로 '내가 짓지 않은 만물이란 없다'라고 말하였다.

모든 법 적멸한 자체가 즉시 열반이다. 만일 삼계의 만법이 마음에서 나타난 것일 뿐임을 요달할 수만 있다면 만법마다 모두가 자기에게로 귀납된다. 이를 성인이 열반을 증득했다라고 부른다. 이는 여여지(如如智)로써 여여리(如如理)를 관조하여 이치와 지혜가 하나로 합하였을 뿐으로, 이를 열반이라고 한다. 어떻게 선후와 시종이 그 사이에 있겠는가?

여기에서의 한 마디 말은 유명이 의심했던 것을 끝까지 다 타파했다 하리라.

【원 문】

何則。非理不聖。非聖不理。理而爲聖者。聖不異理也。

【본 문】

무엇 때문에 이치와 지혜가 일여(一如)한가? 이치에 계합하지 못하면 성스러운 지혜를 나타내지 못하고, 성스러운 지혜가 아니면 이치를 증득하지 못하기 때문이다. 이치를 증득함을 성스러운 지혜라 하기 때문에 성스러운 지혜는 이치와 다르지 않다.

【주 해】

이치는 만법일진(萬法一眞)의 이치이고, 성스러움은 이치를 관조하는 지혜를 말한다. 만법일진의 이치에 계합하지 못하면 성스러운 지혜를 나타나게 하지 못한다. 그 때문에 '이치에 계합하지 못하면 성스러운 지혜가 나타나지 못한다'라고 말하였고, 지혜가 아니면 이치를 증득하지 못한다. 그러므로 '성스러운 지혜가 아니면 이치를 증득하지 못한다'라고 말하였던 것이다.

이치를 증득함으로써 지혜를 삼기 때문에 지혜는 이치와 다르지 않다. 이처럼 평등한 일심을 열반을 증득함이라 말한다.

【원 문】

故天帝曰。般若當於何求。善吉曰。般若不可於色中求。亦不離色中求。又曰。見緣起爲見法。見法爲見佛。斯則物我不異之效也。

【본 문】

그러므로 천제(天帝)가 '반야를 어디에서 구해야 할까요'라고 물었더니, 선길(善吉)은 말하였다.

'반야는 색온(色蘊) 가운데서 구하지 못하며, 역시 색온을 떠나서도 구하지 못한다.'

다시 말하기를, '십이연기법(十二緣起法)을 보는 것을 법을 보았다 하고, 법을 보면 부처를 본다'라고 하였다.

이는 사물과 내가 다르지 않은 효험인 것이다.

【주 해】

위에서 말하기를, '적멸한 일심이 인연을 따라서 만법을 이루었고, 일심만법을 관조함도 일심일 뿐임을 열반이라 부른다'라고 하였다. 그러나 만법의 세계는 광대하기 때문에 지금은 오온 가운데서 하나의 색온법만을 들어서 밝혔던 것이다.

그렇다면 만법마다가 이와 같다. 그 때문에 천제의 질문을 인용했던 것이다. 이는 《대품반야경》의 〈산화품(散華品)〉 가운데 있는 문장이다. 반야는 주관적으로 관조하는 지혜이고, 만법은 관조할 객관의 세계를 말한다.

지금은 색온법만을 들어서 그 나머지 관조할 객관에 견주었을 뿐이다. 이는 마음과 세계는 하나가 아니기 때문에 색온 가운데서 구하지 못하며, 마음과 세계는 다르지도 않기 때문에 색온을 떠나서도 구하지 못한다라고 하였다.

색온이 바로 공이라면 공한 색온이 바로 여여(如如)이다. 이러한 여여 밖의 지혜로 여여리를 증득할 수는 없다. 그러므로 '색온에 상즉해서 구하지도 못하고, 색온을 떠나서 구하지도 못한다'라고 말한 것인데, 이것이 일심중도(一心中道)이다. '또 말하기를[又曰]' 다음부터는 《열반경》에 있는 문장에서 의미만을 인용하였다.

연기(緣起)는 십이인연(十二因緣)이다. 십이연기의 성품이 공함을 보는 것이 법을 봄이며, 법을 보면 바로 부처를 본다. 이는 객관의 사물과 주관인 내가 다르지 않은 효과이다. 이밖에 무슨 선후와 시종이 있겠는가?

【원 문】

所以至人戢玄機於未兆。藏冥運於卽化。總六合以鏡心。一去來以成體。古今通。始終同。窮本極末。莫之與二。浩然大均。乃曰涅槃。

【본 문】

그 때문에 지인(至人)은 현기(玄機=智)를 아직 조짐이 나타나지 않은 고요한 경지에 머물고, 고요한 가운데 움직임을 변화에 상즉한 데에 간직한다. 육합(六合)을 총괄함으로써 마음을 비추고, 거래(去來)를 하나로 함으로써 자체를 이룬다.

고금이 시종에 통하여 동일하고 근본을 끝까지 추궁하고 본말을 극치까지 다한다. 그와는 둘일 수가 없어 호연(浩然)이 크게 평균함을 열반이라 말한다.

【주 해】

여기서는 열반의 자체를 정면으로 드러냈다.

'아직 조짐이 나타나지 않는다(未兆)'한 것은 고요하여 움직이지 않는 경지이다. 즉, 성인은 진지(眞智)로써 이치를 관조하여 고요하여 움직이지 않는 이전에 머물고, 고요함에 상즉한 움직임을 운행하면서 만화(萬化)의 세계에 잠적하여 육합(六合)이 일심을 떠나지 않음을 말하였다. 그 때문에 '육합을 통괄하였다'라고 말하였으며, 고금이 일념을 떠나지 않았기 때문에 '거래를 하나로 하였다'라고 말하였다.

그러므로 십세고금(十世古今)이 시종 그 자리의 당처를 떠나지 않는다. 그 때문에 '통한다, 동일하다'라고 말하였다.

근본을 끝까지 추궁하고, 본말을 극치까지 하여 끝내 하나의 평등한 즈음이다. 이렇게 호연히 크게 평균한 것을 열반이라고 말한다. 열반의 도는 이처럼 광대하면서 허적(虛寂)하다. 어떻게 선후와 시종으로써 이를 비교하여 헤아리겠는가?

【원 문】

經曰。不離諸法。而得涅槃。又曰。諸法無邊故。菩提無邊。

【본 문】

경에서는 말하기를, '모든 법을 떠나지 않고 열반을 얻는다' 하였고, 또 '모든 법이 가이 없기 때문에 보리도 가이 없다'라고 말하였다.

【주 해】

여기서는 모든 법이 진여에 상즉했기 때문에 마음과 세계가 둘이 아님을 인용하고 증명하였다.

《방광반야경》에서는 말하기를, '제법은 가이 없이 맞닿기 때문에 반야바라밀도 맞닿는 즈음이 없다'라고 하였다.

이는 이치와 지혜가 모두 제법을 의지함으로써 마음과 세계가 둘이 아님이 나타난다는 것을 증명하였다.

【원 문】

以知涅槃之道。存乎妙契。妙契之致。本乎冥一。

【본 문】

이로써 알 수 있는 것은, 열반의 도는 오묘한 계합에 존재하고 오묘하게 계합한 이치는 하나로 그윽히 합치하기 때문이라는 점이다.

【주 해】

성언량(聖言量)을 의지해서, 열반의 도는 단적으로 마음과 세계가 오묘하게 합하는 데에 있고, 마음과 세계가 합하여 여여함은 이치와 지혜가 하나로 합치하기 때문이며, 이 밖에는 증득할 만한 것이 없음을 알 수 있다 하였다.

【원 문】

然則物不異我。我不異物。物我玄會。歸乎無極。

【본 문】

이와 같다면 세계는 나의 마음과 다르지 않고, 나의 마음은 세계와 다르지 않다.

세계와 나의 마음이 현묘하게 회합하여 무극(無極)으로 귀결한다.

【주 해】

이치와 지혜가 일여(一如)하고 세계와 나의 마음이 둘이 아니다. 그리하여 마음을 잊고 관조의 공능마저 끊겨 일심에 그윽히 회합한다. 그 때문에 '무극으로 귀결한다'라고 말하였다.

이는 대체로 무극이란 말에 의탁함으로써 광대하고 적멸한 일심의 자체를 나타냈을 뿐이리라.

【원 문】

進之弗先。退之弗後。豈容終始於其間哉。

【본 문】

열반의 세계를 증득하고 나아갔다 해도 앞선 것이 아니며, 육도의 중생들이 미혹하여 열반에서 물러났다 해도 뒤떨어진 것은 아니다.

이처럼 선후가 없는데 어찌 그 사이에 시종을 용납하겠는가?

【주 해】

삼승이 열반을 증득하였다 해도 앞서지 않았고, 육도의 중생들이 그것을 미혹하였다 해도 뒤떨어지지 않았다. 고금이 없고 전후의 즈음이 끊겼는데 어떻게 그 사이에 시종을 용납하겠는가라고 말하였다.

【원 문】

天女曰。耆年解脫。亦如何久。

【본 문】

천녀(天女)는 말하기를, '어르신네가 해탈하였다 해도 어찌 오랜 시일이 지나겠습니까'라고 하였다.

【주 해】

여기서는 열반을 증득한 시간적인 구근(久近)을 인용하여 증명하였다.

《유마경》에서 신자(身子)가 천녀에게 물었다.

"이 방 안에 머무신 지가 이미 오래되었겠군요."

천녀는 말하기를, "어르신네께서 해탈하신 시간과 같습니다."라고 하자, 신자는 말하였다.

"여기에 머무신 지가 그처럼 오래되었습니까?"

그랬더니 천녀가 본문에서 인용한 말과 같이 하였다.

이는 신자가 얻은 해탈이 어찌 오램과 가까운 시간에 소속하겠는가 함을 말하였다.

제 18. 고득(考得)

* 위에서 모든 법을 떠나지 않고 열반을 얻는다 하였다. 이를 계승하여 그 때문에 오음이라 함과, 오음이 존재함을 상고(詳考)해 보았더니 교리(教理)의 어느 쪽에도 어긋났다. 그렇다면 열반을 어떻게 체득해야 되겠는가?

이 문제를 최후에 논변한 까닭은, 종전에 열반의 도리를 결정 선택하고 수행하여 깨달음이 이미 한 바퀴 돌았음을 말하여, 극치까지 증오함을 나타내려는 의도 때문이었다.

【원 문】

有名曰。經云衆生之性。極於五陰之內。又云。得涅槃者。五陰都盡。譬猶燈滅。然則衆生之性。頓盡於五陰之內。涅槃之道。獨建於三有之外。邈然殊域。非復衆生得涅槃也。果若有得。則衆生之性。不止於五陰。若必止於五陰。則五陰不都盡。五陰若都盡。誰復得涅槃耶?。

【본 문】

유명은 말한다.

경에서는 말하기를, '중생의 성품은 오음의 안에서 극치를 이룬다' 하였고, 다시 말하기를, '열반을 체득한 자는 오음이 다한다. 이를 비유하면, 등불이 꺼진 것과도 같다[이상에서는 경전에서 인용하여 단정하였고, 다음에서는 논지를 펴서 따졌다]'라고 하였다.

이와 같다면 중생의 성품은 오음의 안에서 단박에 다하고, 열반의 도는 삼유(三有)의 밖에 홀로 건립된다. 열반의 도와 중생의 성품은 아득히 세계가 달라 중생이 열반을 얻는 것은 아니다[오음이 다하면 열반을 얻는 주체가 없기 때문에 서로가 어긋난다].

중생이 정말로 열반을 얻음이 있다면 중생의 성품은 오음에 머물지 않을 것이며, 반드시 오음에 머문다면 오음 모두를 다하진 않을 것이며, 오음이 모두 다한다면 뉘라서 다시 열반을 얻겠는가[오음이 존재한다면 중생이 열반을 얻는다 함이 어긋난다]?

【주 해】

질문하고 따진 의도를 말해 보자. 중생이 열반을 얻는다고 한다. 그러나 중생의 성품은 오음의 안에 머물고, 열반은 삼유(三有=三界)의 밖에 홀로 건립된다.

오음의 내부와 삼계의 밖은 본래 서로가 현격하다. 그런데도 지금 말하기를, '오음이 모두 다해야만 열반을 얻게 된다'라고 하였다. 그러나 오음이 이미 안에서 다했다면, 다시 뉘라서 삼계 밖의 열반을 얻겠는가?

이는 오음이 다하면 열반을 얻을 주체가 없는 것이다. 가령 중생이 정말로 열반을 얻는다면 중생의 성품은 오음에 머물지 않을 것이며, 오음에 머문다면 오음이 다하진 않았으며, 오음이 모두 다했다면 누구라서 다시 열반을 얻겠는가?

이는 오음이 존재하면 열반을 얻을 자가 없다라고 하였다. 유명은 오음의 공적함이 바로 열반임을 통달하지 못했기 때문에 이런 질문을 한 것이다.

제 19. 현득(玄得)

* 얻어도 얻은 것 없고, 얻음이 없이 얻기 때문에 현득이라고 말하였다.

【원 문】

無名曰。夫眞由離起。僞因著生。著故有得。離故無名。

【본 문】

무명은 말한다.

열반의 진리는 견해를 떠난 데서 나타나고, 사량분별의 허망한 거짓은 명상(名相)에 집착하기 때문에 나온다. 명상에 집착하기 때문에 얻음이 있고, 견해를 떠났기 때문에 무명(無名)이다.

【주 해】

열반의 진리는 망정을 초월하고 견해를 떠났기 때문에 나타나고, 사량분별의 허망한 거짓은 명상을 집착했기 때문에 나온다. 그러므로 명상에 집착한 자는 얻음이 있고, 망정의 견해를 떠난 자는 이 때문에 무명, 즉 명상이 없음을 말하였다.

【원 문】

是以則眞者同眞。法僞者同僞。子以有得爲得。故求於有得耳。吾以無得爲得。故得在於無得也。

【본 문】

그러므로 진실을 법칙으로 한 자는 진실과 동일해지고, 거짓을 법칙으로 한 자는 거짓과 동일해진다.

그대는 명상을 얻음이 있는 것으로써 얻었다 하였다. 때문에 얻음이 있는 데서 열반을 찾았던 것이다.

나는 얻음이 없는 것으로써 얻었기 때문에 얻음은 얻음이 없는 데에 있다.

【주 해】

일반적으로 무명의 진실에서 법을 취한 자는 진실에 계합하고, 유명의 거짓에 집착한 자는 거짓과 동일함을 말하였다. 그 때문에 얻음이 있는 명상을 진실이라 하지 않고, 얻음이 없는 무명으로써 얻었을 뿐이다. 여기서는 현득(玄得)의 종지를 정면으로 폈다.

【원 문】

且談論之作。必先定其本。旣論涅槃。不可離涅槃而語涅槃也。若卽涅槃以興言。誰獨非涅槃。而欲得之耶。

【본 문】

그리고 담론이 일어났으니 반드시 우선적으로 그 근본을 정해야만 한다. 이미 열반을 의론했다면 열반을 떠나서 열반을 말해서는 안 된다. 열반에 나아가서 말을 일으킨다면 뉘라서 홀로 열반이 아니겠는가? 그런데도 그것을 체득하고 싶어하겠는가?

【주 해】

자체에 나아가서 열반을 말해 본다면 일체의 중생이 본래 열반이다. 그 때문에 '뉘라서 홀로 열반이 아니겠는가? 그런데도 열반을 체득하고 싶어 하는가'라고 말하였는데, 왜냐하면 일체의 법이 본래 여여하기 때문이다.

여기에선 종지를 표시하였고, 다음에서는 그 의미를 논변하였다.

【원 문】

何者。夫涅槃之道。妙盡常數。融冶二儀。蕩滌萬有。均天人。同一異。內視不已見。返聽不我聞。未嘗有得。未嘗無得。

【본 문】

무엇 때문이겠는가?

열반의 도는 일상적인 상수(象數)를 오묘하게 다하였고[모든 차별적인 모습이 단절하였다], 천지를 융합해 녹여 만물을 씻은 듯이 쓸어버렸기 때문이다. 그리하여 하늘과 인간이 균등하고, 하나와 다름[一異]이 동일하다. 안으로 살펴보아도 자기가 보이지 않고, 돌이켜 들어보아도 나에게 들리지 않는다. 일찌기 얻음이 있지도 않고, 얻음이 없지도 않다.

【주 해】

여기에서는 열반의 오묘한 자체를 논변하였다.

열반의 오묘한 자체는 일체의 모습을 떠났기 때문에 '일상적인 상수를 오묘하게 다하였다'고 하였다. 이의(二儀)는 천지이고, 만유(萬有)는 만물이다.

경에서는 말하기를, '한 사람이 진실을 발현하여 근원으로 되돌아가면 시방의 허공이 모두 소멸하여 떨어진다. 하물며 허공 가운데 있는 국토가 파열되지 않겠는가'라고 하였다. 그 때문에 '천지를 융합해 녹이고 만물을 씻은 듯이 쓸어버린다'라고 말하였던 것이다. 이러한 이유 때문에 하늘과 인간이 균등하고, 하나와 다름이 동일한 것이다.

열반은 색온법이 아니기 때문에 안으로 살펴보아도 자기가 보이지 않고, 음성이 아니기 때문에 돌이켜 들어보아도 스스로 들이지 않으며, 적막하여 텅 비었기 때문에 일찌기 얻음이 있지 않고, 모든 법이 적멸하여 평등하게 둘이 없기 때문에 얻음이 없지도 않다라고 하였던 것이다.

【원 문】

經曰。涅槃非衆生。亦不異衆生。維摩詰言。若彌勒得滅度者。一切衆生亦當滅度。所以者何。一切衆生。本性常滅。不復更滅。此名滅度。在於無滅者也。

【본 문】

경에서는 말하기를, '열반은 중생이 아니며, 중생과 다르지도 않다' 하였고, 유마힐은 말하기를, '미륵보살이 열반의 멸도(滅度)를 얻었다면 일체의 중생도 멸도하게 되리라. 왜냐하면 일체중생의 본성은 항상 번뇌가 소멸하여 다시 소멸하지 않기 때문이다. 이를 두고 멸도는 소멸할 것 없는 데에 있다라고 말한다'라고 하였다.

【주 해】

《열반경》에서 말한 '열반의 자체는 생멸을 영원히 떠났기 때문에 중생이 아니며, 중생의 성품엔 본래 번뇌가 고요히 소멸하였기 때문에 열반과 다르지 않다'라고 한 의미만을 인용하였다.

《유마경》에서는 말하기를, '미륵보살이 멸도를 얻었다면 일체의 중생들도 멸도하게 되리라. 왜냐하면 일체 중생의 본성이 필경 고요히 소멸함이 바로 열반의 모습이어서 다시 소멸하지 않기 때문이다. 이를 멸도가 소멸함 없는 데 있음이라고 부른다'라고 했는데, 그 의미만을 인용하였다.

그렇다면 어찌 오음을 다하고 열반을 구함이 있겠으며, 다시 오음을 두고 따로 열반을 구할 수 있겠는가?

【원 문】

然則衆生非衆生。誰爲得之者。涅槃非涅槃。誰爲可得者。放光云。若提從有得耶。答曰不也。從無得耶。答曰不也。從有無得耶。答曰不也。離有無得耶。答曰不也。然則都無得耶。答曰不也。是義云何。答曰無所得故爲得也。是故得無所得也。無所得謂之得者。誰獨不然耶。

【본 문】

이와 같다면 중생이 중생이 아닌데[성공이기 때문에] 누구라서 열반을 얻겠으며[열반을 얻을 주관적인 사람이란 없다], 열반이 열반이 아닌데[모든 차별적인 모습을 떠났기 때문에] 얻을 만한 것이 무엇이겠는가[얻을 만한 객관의 법이란 없다].

《방광반야경》에서는 말하기를, '보리를 유(有)로부터 얻겠는가' 하자, '안 된다'라고 답변하였다.

"무(無)에서 얻겠는가?"

"안 된다."

"유와 무를 따라서 얻겠는가?"

"안 된다."

"유와 무를 떠나서 얻겠는가?"

"안 된다."

"그렇다면 도무지 얻을 수 없다는 것인가?"

"아니다."

"이 의미는 어떠한 것인가?"

"얻을 것이 없기 때문에 얻는다. 그러므로 얻을 것 없는 것을 얻는다."라고 하였다.

얻을 것 없는 것을 얻는다라고 말했다면 뉘라서 유독 그러하지 않겠는가?

【주 해】

열반을 얻은 자는 중생의 성품이 공적하기 때문에 주관적으로 얻는 사람이 없고, 열반은 적멸하여 차별적인 모습을 떠났기 때문에 얻을 만한 객관의 법이란 없다.

주관·객관을 쌍으로 잊었기 때문에 얻을 것 없음을 얻고, 얻을 것 없음을 얻는 자는 일체의 제법이 본래 적멸하여 다시 소멸하지 않는다.

이럴 경우, 법마다 진상이어서 중생과 부처가 평등하다. 그런데도 뉘라서 유독 그러하지 않겠는가라고 말하였다.

【원 문】

然則玄道在於絶域。故不得以得之。妙智存乎物外。故不知以知之。大象隱於無形。故不見以見之。大音匿於希聲。故不聞以聞之。

【본 문】

이와 같다면 열반의 현묘한 도는 유·무가 단절된 세계에 있다. 때문에 얻지 않음으로써 얻고, 현묘한 도를 증득하는 오묘한 지혜는 사물 밖에 존재한다. 때문에 앎이 아님으로써 안다.

일진법계의 대상(大象)은 무형에 은둔하였다. 때문에 보지 않음으로써 보고, 적멸한 원음(圓音)은 희이(希夷)한 소리에 숨었다. 때문에 듣지 않음으로써 듣는다.

【주 해】

여기에서는 열반의 자체는 마음과 세계를 초월하고 견문이 단절하였음을 말하여 현득(玄得), 즉 열반을 오묘하게 체득하는 방법을 결론짓고 제시하였다.

현묘한 도는 열반의 실제를 지적하여 관찰할 대상의 세계를 삼았다. 현묘한 도의 자체는 모든 차별적인 모습이 단절되었다. 그 때문에 '유 · 무의 상대적인 모습이 단절된 세계'라고 말하였고, 이는 얻을 객관의 세계가 아니기 때문에 얻지 않음으로써 얻으며, 오묘한 지혜란 열반을 증득하는 주관적인 지혜를 말한다.

실지(實智)로 열반의 이치를 관조하여 모든 상대적인 의존 관계를 떠났기 때문에 '사물의 밖'이라고 말하였고, 실지는 고요하면서도 관조의 공능을 일으키기 때문에 앎이 아님으로써 알며, 일진법계를 대상(大象)이라 말한다.

일진법계의 대상은 꼴도 형체도 없어 볼 만한 세계가 아니기 때문에 보지 않음으로써 보며, 적멸한 원음(寂滅圓音)을 대음(大音)이라고 말한다. 열반의 자체는 모든 사물의 움직임이 영원히 쉬어, 허망한 들음으로는 도달하지 못하기 때문에 듣지 않음으로써 듣는다 하였다.

【원 문】

故能囊括終古。導達羣方。亭毒蒼生。疏而不漏。汪哉洋哉。何莫由之哉。

【본 문】

그 때문에 열반의 도는 종고(終古)토록 낭괄(囊括)하고 모든 방향의 세계[群方]를 인도하여 깨달음을 보여 준다. 모든 창생(蒼生)들을 안정되고 독실하게 양육하여 소원한 듯하나 새어 나가지 않는다.

끝없이 광대한데 무엇 때문에 열반을 경유하지 않는가?

【주 해】

위에서는 현묘하게 체득한 열반의 자체를 제시하였고, 여기에서는 방향에 국한시킴이 없이 크게 작용함을 나타냈다.

열반이 이처럼 광대하게 작용할 수 있는 까닭은 자체가 매우 심오하기 때문에, 자체가 지닌 덕과 그 작용이 광대할 수 있는 것이다.

'낭괄(囊括)'은 《주역(周易)》에서 '낭괄하여 허물이 없다[無咎]'라고 한 데서 의미를 취하였다. 주머니의 입을 묶는 것을 말하는데, 지금은 포괄하여 빠뜨림이 없는 의미로 취하였다.

즉, 열반의 진상은 시작이 없을 뿐만 아니라 마침도 없어 고금에 변치 않고 그러함을 말한다. 그 때문에 '종고(終古)토록 낭괄한다'라고 말하였다.

'도(導)'는 열어서 인도한다는 의미이며, '달(達)'은 깨달음을 보여준다는 의미이며, '군방(群方)'은 구계의 중생(九界衆生)을 말한다.

열반의 작용이 광대하기 때문에 구계의 구류(九類) 중생을 개오(開悟)시키고 군생(群生)을 양육시킨다. 그러나 중생들이 이를 미혹하여 본성으로 되돌아오지 못하기 때문에 흡사 소원(疏遠)한 듯도 하다. 예를 들면, 수행하지 않으면 그만이지만 수행하면 즉시 체득하는 경우이다. 그 때문에 '새어 나가지 않는다'라고 말하였다.

열반의 도는 광대하여 끝이 없다. 때문에 성인과 범부가 이로써 생사에로 나오고 열반에 들며, 의보(依報)와 정보(正報)가 이로써 건립되며, 법계가 이로써 광대하게 펴지며, 인과의 도리가 이 때문에 어둡지 않게 된다. 그 때문에 '무엇 때문에 열반의 도를 경유하지 않느냐'라고 말하였다.

【원 문】

故梵志曰。吾聞佛道。厥義弘深。汪洋無涯。靡不成就。靡不度生。

【본 문】

그러므로 범지(梵志)가 말하기를, '나는 부처님의 도를 들으니, 그 의미는 광대하고 심오하였다. 끝없이 왕양(汪洋)하여 성취하지 않음이 없고, 제도하지 않음이 없으셨다'라고 말하였던 것이다.

【주 해】

여기에서는 범지가 부처님을 찬탄했던 말을 인용함으로써 열반의 도가 중생을 교화하는 작용을 나타냈다.

【원 문】

然則三乘之路開。眞僞之途辯。賢聖之道存。無名之致顯矣。

【본 문】

이와 같다면 삼승의 길을 열어 진실과 거짓의 길을 논변하였고, 성현의 도를 간직하여 무명의 이치를 나타냈다.

【주 해】

여기에서는 열반무명의 종극(宗極)을 총체적으로 결론지었다.

이 한 논문에서 기술했던 구절(九折)은 모두 삼승권교(三乘權教)의 자취이고, 십연(十演)은 일승(一乘)의 실제이다. 지금의 논문은 삼승의 방편을 열어 일승의 실제를 나타냈다. 그 때문에 '삼승의 길을 열었다'라고 말하였다.

무명이 나타낸 일승의 이치가 진실이고, 유명이 집착한 삼승의 자취가 거짓이다. 이는 이상 논변했던 것처럼 진실과 거짓이 스스로 분별되었다.

그 시대에는 확연하여 성인마저도 없다는 단별의 공을 숭상하였기 때문에 진주(秦主)가 이를 배척하여 말하기를, '만일 성인이 없다면 성인이 없는 도리를 아는 사람은 누구인가'라고 하였다. 그 때문에 논주는 진주의 조서를 받들어 〈열반무명론〉을 지음으로써 성인마저 없다 한 단견의 집착을 타파하였다.

지금 논문에서 말하기를, '유동(儒童) 보살이 공행(空行)을 닦아 수행을 일으켰다'라고 하였는데, 이는 주관적인 수행과 주관적으로 증오하는 사람이 있는 것이다. 그 때문에 '성현의 도를 간직한다'라고 말하였다.

유명은 차별적인 명상(名相)을 조사해 보고 그 실제를 따졌다. 그러나 지금 논주는 열반 무명의 이치를 발휘하였다. 그 때문에 '무명의 이치가 나타났다'라고 말하였다.

肇論 原文

이 원문은
卍속장경 제 96권 憨山德清 述 肇論略注(新文豊 出版)을
옮겨 놓았습니다.

肇論 原文

이 원문은

卍속장경 제 96권 憨山德淸 述 肇論略注(新文豊 出版)을

옮겨 놓았습니다.

肇論序

慧達率愚序長安釋僧肇法師所作宗本不遷等四論。曰有美若人。超語兼默。標本則句句深達佛心。明末則言言備通衆教。達猥生天幸。逢此正音。每至披尋。不勝手舞。誓願生生。盡命弘述。夫神道不形。心敏難繪。聊寄一序。請俟來哲。蓋大分深義。厥號本無。故建言宗旨。標乎實相。開空法道。莫逾眞俗。所以次釋二諦。顯佛教門。但圓正之因。無尙般若。至極之果。唯有涅槃。故末啓重玄。明衆聖之所宅。雖以性空擬本。無本可稱。語本絕言。非心行處。然則不遷當俗。俗則不生。不眞爲眞。眞但名說。若能崇茲一道。無言二諦。斯則靜照之功著。故般若無知。無名之德興。而涅槃不稱。余謂此說周圓。罄佛淵海。浩博無涯。窮法體相。洪論第一。肇公其人矣

肇論略注卷一

明匡山沙門憨山釋　德清　述

肇乃作者之名。曰僧肇。時稱肇公。論乃所立之論。蓋以人名論也。公爲什門高弟。從譯場翻譯諸經。久參什師。深達實相。比因佛法西來甚少。大義未暢。時人多尙老莊虛無之談。而沙門釋子亦相尙之。多宗虛無以談佛義。各立爲宗。如晉道恒述無心論。東晉道林作即色遊玄論。晉竺法汰作本無論。皆墮相言無。都墮斷滅。公愍大道未明。故造此四論以破邪執。斯立言之本意也。論者謂假立賓主。徵析論量。以顯正理。摧破邪執。人法雙影。故曰肇論

後秦長安釋僧肇作

苻堅有國。據關中。號爲大秦。暨姚萇篡立。亦號爲秦。故史以前後別之。萇崩。其子興嗣。國什師譯經。當興之時。故公稱後秦。按公傳略云。法師僧肇。京兆人。幼家貧。爲人傭書。遂博觀子史。志好虛玄。每以老莊爲心要。既而歎曰。美則美矣。然其栖神冥

累之方猶未盡善後見舊維摩經歡喜頂受乃曰始知所歸矣因此出家年二十爲沙門名震三輔什公在姑臧肇走依之什與語驚曰法中龍象也及歸關中詳定經論四方學者輻輳而至設難交攻肇迎刃而解皆出意表著般若無知論什覽之曰吾解不謝子文當相揖耳傳其論至匡山劉遺民以似遠公公拊髀歎曰未嘗有也復作物不遷等論皆妙盡精微秦主尤重其筆札傳布中外年三十二而卒當時惜其早世云

宗本義

宗本者示其立論所宗有本也以四論非一時作論既成乃以宗本義統之盡所宗本乎一心以窮萬法迷悟凡聖之源也如起信以一心爲宗有法有義故曰宗本義

本無實相法性性空緣會一義耳

此標宗揀法以爲四論之本也本無者直指寂滅一心了無一法離一切相迥絕聖凡故曰本無非撥之使無也以一切諸法皆一心隨緣之所變現心本無生但緣會而生故曰緣會以緣生諸法本無實體緣生故空故曰性空以全體眞如所變故曰法性眞如法性所成諸法眞如無相故諸法本體寂滅故曰實相是以本無爲一心之體緣會爲一心之用實相法性性空皆一心所成萬法之義故曰一義耳依一心法立此四論不遷當俗不眞當眞二諦爲所觀之境般若爲能觀之心三論爲因涅槃爲果故首爲宗體

何則（此徵起四論各有所宗）一切諸法緣會而生

此下標顯不遷宗體也寂滅一心本無諸法本無今有故曰緣會而生

緣會而生則未生無有緣離則滅

此顯心本不生但是緣生非心生也以生本無生故滅亦緣滅非心滅也不生不滅一心之義於是乎顯矣

如其眞有有則無滅

此返顯緣生諸法非實有也眞實也若諸法果是實有則不應隨緣散滅今既隨緣滅則法非實有

矣

以此而推故知雖今現有有而性常自空性常自空故謂之性空

以此緣生緣滅而觀諸法則知雖今現有而非實有以體常自空體常自空故義說性空性空故故曰法性

諸法實性卽是眞如眞如性空以眞如性現成諸法法法全眞㝎由眞如性空故諸法性空稱爲法性

諸法之性全體眞如眞如之相本自無相法性如如寂滅離相故曰實相

法性如是故曰實相

實相自無非推之使無故名本無

實相乃眞如實體今旣隨緣成一切法則法法皆眞若觀法法全眞則了無一法可當情者斯則不待推測使無則法本無也萬法本無又何有一毫可轉動哉以此而觀諸法則不遷之旨昭昭心目矣上明不遷宗本

言不有不無者（此標不異空宗本也）不如有見常見之有邪見斷見之無耳

此標立論所破之執也不如猶不比也凡夫外道定執諸法是實有確執諸法爲斷滅之無政在所破但以不字破之故曰不有不無

若以有爲有則以無爲無

此出計也若以諸法爲實有則墮常見若以諸法爲實無則墮斷見

夫不存無以觀法者可謂識法實相矣

此示正觀也存無下應添一有字言不存有無二見以觀法可謂識法之實相矣以有無二見顚倒見也

雖觀有而無所取相然則法相爲無相之相聖人之心爲住無所住矣

此出觀益也謂離有無二見以觀諸法則法法寂然故法雖有而不取相不取法相則當體如如故相卽爲無相之相矣諸相無相寂滅性空斯則所觀之境空境空則心自寂故聖人之心爲無住之

住此心空也心境俱空於何不寂
三乘等觀性空而得道也性空者謂諸法實相也見
法實相故云正觀若其異者便爲邪觀設二乘不見
此理則顚倒也
此約法以顯能觀之人也三乘之人同觀性空而
得道果然此諸法性空卽是實相能見諸法實相
方爲正觀設使二乘不見此理則同凡夫顚倒矣
此單約諸法盡皆實相二乘所見偏空亦是實相
性空若不是實相性空何以得證道果意謂法一
人異故下難明
是以三乘觀法無異但心有大小爲差耳
此明法一人異也伏難難曰既三乘同見一法何
以證果有差答曰其實三乘觀法無異但爲心有
大小故證果有差耳足知法本是一但人心大小
有異故所證果不同以取不取相故耳非法異也
正若三獸渡河河本是一但三獸大小不同故所
履淺深不一斯乃獸三而河非三也詳夫立論之
意蓋以不遷當俗不眞當眞二諦爲所觀之境般

影一作取

若爲能觀之智境智爲因涅槃爲果其三乘乃能
修之人故介宗本之中良有以也
漚和般若者大慧之稱也
此標般若無知宗本也梵云漚和此云方便般若
此云智慧以有方便之智乃稱大慧若無方便但
名孤慧故所取偏空非大慧也前二論眞俗二諦
當所觀之境今漚和般若爲能觀之心雙照二諦
不取有無不墮二邊故云大慧
諸法實相謂之般若能不形證漚和功也適化衆生
謂之漚和不染塵累般若力也
此釋大慧之義也能見諸法實相是謂般若雖觀
空而不取證仍起方便度生之事是仗漚和之功
也適化衆生乃方便之事雖涉生死不被塵勞所
累全仗般若之力也是以菩薩觀空而萬行沸騰
涉有而一道淸淨淨名云無方便慧縛有方便慧
解無慧方便縛有慧方便解雙照二諦不取有無
之相故能出空入假而無礙故云大慧
然則般若之門觀空漚和之門涉有涉有未始迷虛

◆謂一作爲

故常處有而不染不厭有而觀空故觀空而不證是謂一念之力權慧具矣一念之力權慧具矣好思歷然可解

此重明不證不染之義也以般若唯照空漚和唯涉有以涉有而不迷虛是仗般若之力故處有而不染以不厭有而觀空故觀空而不取證是仗漚和之功也斯則空有不異之二諦權實不二之一心同時雙照存泯無礙故曰一念之力權慧具矣好思歷然可解者勉其用心觀照分明則心境歷然權實並顯當不勞而妙契矣

泥洹盡諦者直結盡而已則生死永滅故謂盡耳無復別有一盡處耳

此標涅槃無名宗本也言泥洹亦名涅槃稱爲盡諦者直是煩惱結盡而已所謂五住究盡故二死永亡是生死永滅名爲盡耳非復別有一盡處可歸亦非實有一名可稱也故曰涅槃無名四論所宗一心爲本謂不有不無之二諦以非知不知之觀照證不生不滅之一心因果冥會妙契環中宗本之義盡乎是矣

物不遷論第一

此論俗諦卽眞爲所觀之境也物者指所觀之萬法不遷指諸法當體之實相以常情妄見諸法似有遷流若以般若而觀則頓見諸法實相當體寂滅眞常了無遷動之相所謂無有一法可動轉者以緣生性空斯則法法當體本自不遷非相遷而性不遷也能見物物不遷故卽物卽眞眞則了無一法可當情者以此觀俗則俗卽眞也良由全理成事事事皆眞諸法實相於是乎顯矣論主宗維摩法華深悟實相以不遷當俗卽俗而眞不遷之旨昭然心目

夫生死交謝寒暑迭遷有物流動人之常情余則謂之不然

將明不遷先立遷流之相爲所觀之境要在卽遷以見不遷非相遷而性不遷也是由人迷謂之遷人悟卽不遷故曰人之常情余則謂之不然論主妙悟實相故總斥之法華云不如三界見於三界

大火所燒此土安隱譬如恒河之水人見爲水鬼見爲火迷悟之殊亦由是也

何者徵釋迷悟之由 放光云法無去來無動轉者

引經立定宗體此義引彼經第七卷中云諸法不動搖故諸法亦不去亦不來等卽法華云是法住法位世間相常住蓋言諸法實相當體如如本無去來動轉之相佛眼觀之眞空冥寂凡夫妄見故有遷流不遷論旨以此爲宗

尋夫不動之作豈釋動以求靜必求靜於諸動

此依宗出體也尋究不動之旨蓋卽動物以見眞常非捨動以求靜也良由全理所成之事法法皆眞當體常住非於事外求理故但言事不遷不說理不遷也以卽事物以見不遷故云必求靜於諸動立論文義有四段初約動靜以明境不遷次約境以明物不遷三約古今以明時不遷四約時以明因果不遷此初也

必求靜於諸動故雖動而常靜不釋動以求靜故雖靜而不離動

此依體釋義也必求靜於動雖萬動陳前心境湛然故曰雖動常靜苟不捨動求靜故一道虛閑雖應緣交錯不失其會如華嚴云不離菩提場而徧一切處所謂佛身充滿於法界普現一切羣生前隨緣赴感靡不周而恒處此菩提座不悟此理雖明動靜不二之旨

然則動靜未始異而惑者不同緣使眞言滯於競辯宗途屈於好異所以靜躁之極未易言也

此依義辯惑也其實動靜一源本來不二故未始異但迷者妄見不同各執一端眞言如所引不去來動轉等了義之談以異見不同故使眞實之言滯於競辯而不通使一乘眞宗不能伸暢返屈於好異之論如所破心無本無廓然等皆不了實相而妄生異論論者以此之故所以靜躁之極致難與俗人言也

何者徵釋雖言之所以 夫談眞則逆俗順俗則違眞違眞故迷性而莫返逆俗故言淡而無味

所以難言者以法不應機所謂高言不入於俚耳

也若談眞則逆俗人之耳若順俗則違眞常之道若眞常不明則迷者不能使之歸眞若逆俗人之耳則言之出口淡而無味此其所以難言也

緣使中人未分於存亡下士撫掌而弗顧

所以難言者正爲根機之不同也其順眞逆俗之言若上根利智聞而便信故不失人亦不失言若使中根之人則猶疑不決故未分存亡若下根聞之則撫掌大笑而不顧矣存亡撫掌二語出老子中士聞道若存若亡下士聞道大笑之不笑不足以爲道是知實相妙談聞而信者實不易得所以靜躁之極未易言也

近而不可知者其唯物性乎

此歎不唯信根之難而眞常之法其實難信難解也以其觸目皆眞目對之而不覺可不哀歟

然不能自已聊復寄心於動靜之際豈日必然試論之日

此言作論之意爲愍迷者悲興於懷不能自已聊爾寄心於動靜之間以明動靜不二之言以曉迷者然非敢謂必然但試論之耳

道行云諸法本無所從來去亦無所至中觀云觀方知彼去去者不至方

此引經論以定不遷宗極也諸法當體寂滅本自無生從緣而生故無所從來緣散而滅故去亦無所至如空中華無起滅故中論但義引彼第二論破去來品云去法去者去處皆相因待不得言定有定無是故決定知三法虛妄空無所有但有假名如幻如化大方無隅本無定向去者妄指其實無方可至如人往東究竟不知以何爲東也

斯皆卽動而求靜以知物不遷明矣

此下論物不遷也經言法無來去則觸目眞常論云去不至方則去而不去斯皆卽動求靜之微意證知物不遷明矣

夫人之所謂動者以昔物不至今故曰動而非靜(如朱顔在昔今已老邁以謂流光遷謝故曰動而非靜)我之所謂靜者亦以昔物不至今故曰靜而非動(以我而觀朱顔自住在昔未嘗遷至於今故曰靜而非動)動而非靜以其不來(人之以爲遷流者以少壯不來故以爲動)靜而非動

以其不去我之所謂不遷者以少壯在昔不來今亦如老耄在今不至昔故以爲靜然則所造未嘗異所見未嘗同同以昔物不來而見有動靜之不同逆之所謂塞順之所謂通迷者以情逆理故塞悟者以理達事故通苟得其道復何滯哉若悟眞常有何相可滯哉

傷夫人情之惑也久矣目對眞而莫覺

上逆順二言總申實相之境不異因人迷悟之不同故所見有乖此傷夫下正出迷情以觸目皆眞但人迷不覺良可哀哉

既知往物而不來而謂今物而可往往物既不來今物何所往

此總責迷倒也既知往物不來則知昔住在昔而不來今則可例知今物亦不至昔矣此乃不遷之義也却謂今物可遷而往豈不迷哉

何則求向物於向於向未嘗無責向物於今於今未嘗於今未嘗有以明物不來於向未嘗無故知物不去覆而求今今亦不往是謂昔物自在昔不從今以至昔今物自在今不從昔以至今

此約今昔不相往來正明不遷之義也以向物自住在向而不來即今求向而不可得返覆而觀則知今自住今而不至向則不遷之義明矣以其昔自住昔今自住今絕無往來之相以此觀之不遷之旨昭然可見論初引經論以無去來立定宗體

故返覆論之

故仲尼曰回也見新交臂非故如此則物不相往來明矣

此引孔子之言以證不遷之義也義引莊子仲尼謂顏回曰吾與汝交一臂而失之可不哀歟意謂交臂之頃已新新非故蓋言迅速難留之如此也論主引意要在迅速極處乃見不遷之實楞伽云一切法不生我說刹那義初生即有滅不爲愚者說賢首解云以刹那流轉必無自性無自性故即是無生若非無生則無流轉是故契無生者方見刹那淨名云不生不滅是無常義論主深悟實相即在生滅遷流法中頓見不遷之實故所引乃遷流之文以昕不遷之旨非達無生意者最難轉身吐氣也

既無往返之微朕。有何物而可動乎

此結顯妙悟。不落常情也。後結文云。得意毫微。雖速而不轉。言諸法湛然。無纖微朕兆來去之相。有何物而可動轉乎。詳其論意。雖云今昔之物。本無去來。要見時無古今。平等一際。若達古今一際。則物自無往來。所謂處夢謂經年。覺乃須臾頃。故時雖無量。攝在一剎那。所謂枕上片時春夢間。行盡江南數千里。若以夢事而觀諸法。則時無古今。法無去來。昭然心目。纔入意地。便墮流轉。此非常情可到也

然則旋嵐偃嶽而常靜。江河競注而不流。野馬飄鼓而不動。日月歷天而不周。復何怪哉

此引迅速四事。以證卽物不遷。以成上無往返之微朕意也。旋嵐亦云毗嵐。乃壞劫之風。須彌爲之摧。故云偃嶽。野馬出莊子。乃澤中陽燄。飄揚不停。且此四事。常情見之。以爲遷流之極。若言不遷。則以爲怪。以明眼觀之。本無遷流。復何怪哉。如初引經云。法無去來。無動轉者。正要卽動以見不遷。非指靜爲不遷也。靜已不遷。又何論之有。故論命題。乃以物物當體不遷。非言相遷而性不遷也。此不遷之旨。正顯諸法實相。非妙悟之士。誠不易見。上已備論不遷之旨。下引教會通。以釋前眞言滯於競辯宗途。屈於好異。靜躁之極。未易言。等文。要人離言會意。不可執言失旨也

噫。聖人有言曰。人命逝速。速於川流。此言人命無常。意在密顯眞常 是以聲聞悟非常以成道。緣覺覺緣離以卽眞。二聖皆以聞無常而證果 苟萬動而非化。化言生死無常也 豈尋化以階道。道涅槃果也。意謂若萬法不是無常。二乘聖人何以由聞無常而證聖果 覆尋聖言微隱難測。返覆推尋聖人之言。雖說無常。而意在密顯眞常。所以隱微難測 若動而靜。似去而留。聖人言雖動而意在顯靜。言似去而意實常住。所以靜躁之極未易言。但可以神會。難以事相求之耳。若不達聖人立言之旨。不能離言得意。將謂實有生死去來之相。執言競辯。此則終不能悟不遷之妙。直須離言得體。方能契會本眞耳 可以神會。難以事求 謂滯相則迷眞。當契神於物表耳

是以言去不必去。閑人之常想。稱住不必住。釋人之所謂往耳。豈曰去而可遣。住而可留也

此釋聖言難測。教人離言體妙也。言去言往。乃生

死法也住乃涅槃常住之果也凡聖人言生死遷流不是實有可去之相但防閑凡夫執常之想耳所稱涅槃常住非是實有可住之相但破二乘厭患生死之情耳其實生死與涅槃二俱不可得豈曰定有生死可遣實有涅槃可留也下引證

故成具云菩薩處計常之中而演非常之教摩訶衍論云諸法不動無去來處斯皆導達群方兩言一會豈曰文殊而乖其致哉

此明聖人言異而旨一釋上生死涅槃二法皆空之義也成具言菩薩以處凡夫計常之中故說無常以破其執非是實有生死之相意在令人即無常以悟眞常如大論云諸法湛然常住不動本無去來意欲令人即羣動以悟不遷而常與無常之言皆導達羣方隨類應機之談言異而旨一豈以殊文而乖其致哉執言競辯豈非惑耶下釋兩言一會

是以言常而不住稱去而不遷證無爲而不捨萬行故常而不住處生死而不起涅槃故去而不遷不遷故雖往而常靜雖順萬化而一道湛然不住故雖靜而常往不起滅定而現諸威儀雖靜而常往故往而弗遷以無心意而現行故常往而弗遷雖往而常靜故靜而弗留矣不住無爲不捨有爲故靜而不留此釋兩言一會之義也然則莊生之所以藏山仲尼之所以臨川斯皆感往者之難留豈曰排今而可往是以觀聖人心者不同人之所見得也

此引二氏之言證明兩言一會之義也莊子曰藏舟於壑藏山於澤謂之固矣有力者負之而趨昧者不覺藏天下於天下則無所遯矣此言舟山藏於壑澤將謂之固然被有力者負之而趨則不能留如今人熟睡舟中順流而去雖遷實不見其遷意謂人未忘形合道縱隱遯山林寄形天地然形骸亦被造化密移而昧者不覺以有所藏則有所遯若形與道合則無所藏無藏則無遯如藏天下於天下則無所遯此莊子意也論語子在川上曰逝者如斯夫不捨晝夜此歎道體無間如川流之不息此孔子意也論主引文以證不遷意取昧者不覺則雖遷而不遷不捨晝夜則雖往而不往故論釋之曰斯二語者但是感歎往者之難留不是

排今而可往斯則言雖似遷而意實不遷故誡之曰觀聖人之心不以常情執言害義可謂之得矣

論主引遷流之文而釋以不遷之義結以不是排今可往則重在今物自在今不從昔以至今一語爲不遷之準要人目前當下直達不遷之旨了無去來之相求之言外則妙旨昭然

何者人則謂少壯同體百齡一質徒知年往不覺形隨人雖同體一質而有老少之不同形容似有遷變其實朱顏自隨住在昔少時而不來老耄自住在今而不去此不遷意也是以梵志出家白首而歸隣人見之曰昔人尙存乎梵志曰吾猶昔人非昔人也鄰人皆愕然非其言也所謂有力者負之而趨昧者不覺其斯之謂歟

此引梵志之事以釋雖遷而不遷以明昧者不覺之義也且梵志自少出家白首而歸隣人見之謂昔人猶在是以昔之朱顏爲今之老耄梵志答曰吾似昔人非昔人也意爲少壯自住在昔而不來豈可以今之老耄排去而至昔耶此不遷之義明甚但隣人不知故愕然非其言是昧者不覺之意也予少讀此論竊以前四不遷義懷疑有年因同妙師結冬蒲阪重刻此論校讀至此恍然有悟欣躍無極因起坐禮佛則身無起倒揭簾出視忽風吹庭樹落葉飛空則見葉葉不動信乎旋嵐偃嶽而常靜也及登廁去溺則不見流相歎曰誠哉江河競注而不流也於是回觀昔日法華世間相常住之疑泮然冰釋矣是知論旨幽微非眞參實見而欲以知見擬之皆不免懷疑漠漠吾友嘗有駁之者意當必有自信之日也

是以如來因群情之所滯則方言以辯惑乘莫二之眞心吐不一之殊教乖而不可異者其唯聖言乎

此總結聖人言異而心不異也諸佛出世本來無法可說但因群生所執之情故隨類設言以辯惑破其執耳所乘乃不二之眞心其言乃不一之殊教其說雖乖而心實不可異者其唯聖言乎隱微難測正在於此

故談眞有不遷之稱導俗有流動之說雖復千途異唱會歸同致矣

[illegible]一作[illegible]

此釋乖而不異之義也謂談眞有不遷之稱而意在擴俗導俗有流動之說而意在返眞是以千途異唱會歸同致此所以乖而不可異也

而徵文者聞不遷則謂昔物不至今聆流動者而謂今物可至昔既曰古今而欲遷之者何也

此出迷者執言失旨也徵文謂但取信於文言者隨語生解聞不遷則謂昔物不至今似爲得旨及聆流動又謂今物可至昔既曰古今則古自住古今自住今而欲遷今至古者何耶此責執言之失也以古不來則易見言今不至昔最難明論主直以現今當下不遷至昔立定主意要人目前頓見不遷之實了悟諸法實相爲論之宗極

是以言往不必往古今常存以其不動稱去不必去謂不從今至古以其不來

此下正破迷執也上論物不遷此論時不遷凡言往不必作往解古今常存者以其不動也凡稱去不必作去解謂不從今至古者以古不來今也

不來故不馳騁於古今不動故各性住於一世

此結歸宗體也以其不來不去了無三際之相故不馳騁於古今不動不靜平等一如故各性住於一世

然則群籍殊文百家異說苟得其會豈殊文之能惑哉

此顯忘言會旨也雖則千經萬論殊文異說苟得法界宗通則會歸一眞之境豈被文言之所惑哉

是以人之所謂住我則言其去人之所謂去我則言其住然則去住雖殊其致一也故經云正言似反誰當信者斯言有由矣

此顯迷語一源也人之所謂住者乃妄執爲常且執常則墮無常矣故我言去以破其執者意在無住非謂往也今之所謂去者乃執生死無常也我則言其住以破其執意在本無生死非謂住而可留也是則去住二言無非破執之談以顯一眞常住故言殊而致一正若老氏所云正言似反誰當信者斯言有由矣此言迷悟不出一眞是非本無二致正是現前則不隨言取義也

◎象一作像下同

何者此徵顯古今不遷要即迷返悟也人則求古於今謂其不住人於今中求古而不可得則計以爲遷此迷也吾則求今於古知其不去我求今於古中而不可得則知今不去此悟也今若至古古應有今古若至今今應有古若今古果有往來則當互有其跡今而無古以知不來古而無今以知不去此正示不遷義也以今中無古則知古不來古中無今則知今不去既無來去則前後際斷又何遷之有若古不至今今亦不至古古今不相到事各性住於一世有何物而可去來若悟古今一際則了法法眞常經云是法住法位世間相常住此則事各性住於一世有何物而可去來哉然則四象風馳璇璣電捲得意毫微雖速而不轉

此結歸妙悟也四象乃日月星辰新疏指四時璇璣舊爲北斗二星名今意爲斗樞皆旋轉不停如電捲無速也苟悟不遷之理於毫微則雖速而不轉若法界圓明則十方湛然寂滅矣前一往皆論迷見遷流故故爲凡此下論悟則不遷是爲聖

是以如來功流萬世而常存道通百劫而彌固

此下言悟之爲聖故常住不朽以明因果不遷也功流萬世則利他之行常存道通百劫自利之行彌固雖萬世百劫時似有遷而二行不朽不遷之實也

◎綸一作論

成山假就於始簣修途託至於初步果以功業不可朽故也

此引二氏之言以證因果不遷之義也論語云譬如爲山雖覆一簣進吾進也老子云千里之行始於足下二語皆譬資始成終之意爲山萬仞假一簣以成功山成而初簣不廢如行千里始於發足一步行至而初步不移故功成至聖行滿不異於初心所謂發心畢竟二無別從因至果而行行不遷淨名云所作之業亦不忘不忘則不朽善惡皆然此論聖功也

功業不可朽故雖在昔而不化不化故不遷不遷故則湛然明矣故經云三災彌綸而行業湛然信其言也

此以不朽釋不遷意所言功業不朽者以昔因不化由不化故不遷不遷故知因果湛然平等一際明矣引經證成彌綸充滿之義言三災壞劫乃遷之極也而行業湛然不動不壞所謂大火所燒時

[illegible]下一有

我此土安隱則極遷極不遷言可徵矣

何者果不俱因因因而果因因而果因不昔滅果不俱因因不來今不滅不來則不遷之致明矣復何惑於去留踟躕於動靜之間哉

此總結歸因果不遷以終一論之義也何者徵明因果不遷之意果不俱因言因果終始不同遷也因因而果果成而因不滅不遷也果不俱因而昔因不來不來則昔自住昔雖遷而不遷也以不滅不來則不遷之理明矣又何惑於去留之相踟躕於動靜之間哉踟躕乃卻顧不進之意猶豫不決之謂也既明不遷之理又何惑於去來之時懷疑於動靜之境哉一論大義結歸於此

然則乾坤倒覆無謂不靜洪流滔天無謂其動苟能契神於卽物斯不遠而可知矣

此結責勸修也謂既明不遷之理則旋乾倒嶽勿謂不靜洪流滔天勿謂其動此責也下勸修若能契悟於卽物見眞之境則觸目無非實相常住一切萬法無有一毫可動轉者斯則不必遠求而當下可知矣

物不遷論終

予少讀肇論於不遷之旨茫無歸宿每以旋嵐等四句致疑及後有省處則信知肇公深悟實相者及閱華嚴大疏至問明品譬如河中水湍流競奔逝清凉大師引肇公不遷偈證之蓋推其所見妙契佛義也予嘗與友人言之其友殊不許可反以肇公爲一見外道廣引教義以駁之卽法門老宿如雲棲紫柏諸大老皆力爭之竟未迴其說予閱正法眼藏佛鑑和尙示衆擧僧問趙州如何是不遷義州以兩手作流水勢其僧有省又僧問法眼不取於相如如不動如何不取於相見於不動去法眼云日出東方夜落西其僧亦有省若也於此見得方知道旋嵐偃嶽本來常靜江河競注元自不流其或未然不免更爲饒舌天左旋地右轉古往今來經幾徧金烏飛玉兎走纔方出海門又落青山後江河淼渺淮濟浪悠悠直入滄溟晝夜流遂高聲云諸禪德還見如如不動麼然趙州法

眼皆禪門老宿將傳佛心印之大老佛鑑推之示衆發揚不遷之旨如白日麗天殊非守教義文字之師可望崖者是可以肇公爲外道見乎書此以示學者則於物不遷義當自信於言外矣

肇論略注卷一

肇論略注卷二

明匡山沙門憨山釋 德清 述

不眞空論第二

此論眞空不空以爲所觀眞諦之境也不眞有二義一有爲之法緣生故假假而不實其體本空此俗諦不眞故空名不眞空眞性緣起成一切法體非斷滅不是實實的空名不眞空有是假有爲妙有空非斷空爲妙空此則非有非空爲中道第一義諦以妙空破心無論本無論二宗以妙有破卽色遊玄論一宗卽命題一語曲盡眞諦之妙妙契中道之旨非玄鑑幽靈何以至此

夫至虛無生者（指中道第一義諦非思量分別境界）蓋是般若玄鑑之妙趣有物之宗極者也（般若實智照理故曰玄鑑中道爲實智所歸故曰妙趣此則空而不空有物以中道爲宗極故有而不有非空非有妙盡中道此標宗立體下依宗辨相）自非聖明特達何能契神於有無之間哉（上言所觀之境此言能觀之人中道妙理唯聖乃證故曰自非聖明有獨達之智何能契悟於二而不二之間哉）是以至人通神心於無窮窮所不能滯極耳目於視聽聲色所不能制者豈不以其卽萬物之自虛故物不能累其神明者也

此釋上不滯二邊之所以也神心謂實智內照卽玄鑑無窮謂中道卽妙趣窮不能滯謂不墮斷空此釋上半句謂不滯空下釋次半句不滯有極耳下謂權智外應耳目聲色乃有物極謂宗極由權智外應而不動本際故處有而不爲所制聖能如此者豈不以卽萬物之自虛故物不眞累其神明哉由萬物自體本虛故卽有以觀空故物物皆眞與智冥一故不能累其神明也

是以聖人乘眞心而理順則無滯而不通（此承上不滯二邊以明妙契中道之所以也理調也聖人乘一眞之心而審調順萬物則物物皆眞無一法可當情故無滯不通）

一氣以觀化故所遇而順適 審猶處也一氣猶一眞化謂萬法以審處一眞之心以觀萬法則法法皆眞萬物皆已故所遇順適 無滯而不通故能混雜致淳 混謂混融雜謂異類淳謂一眞由法法皆眞故衆生如也衆生本如故能混融異類則終日度生不見生之可度平等寂滅故一一淳眞 所遇而順適故則觸物而一 以所遇皆眞故觸事而眞故物物歸一 如此則萬象雖殊而不能自異 此結顯一源良由心境一如故萬法皆如故不能自異 不能自異故知象非眞象象非眞象故則雖象而非象 由心境不異則萬法皆空故象非眞象諸相寂滅則無法當情故雖象而非象矣 然則物我同根 物謂境我謂心同根謂心境一如釋上觀智俱泯心境兩忘 是非一氣 是謂眞諦非謂俗諦一氣謂眞俗不二妙契中道 潛微幽隱 如此境智俱忘眞俗絕待長爲深潛微密幽隱之境界唯聖能證能知 殆 殊也 非群情之所盡 如上所云殊非淺智劣解者所能盡也 故頃爾談論至於虛宗每有不同夫以不同而適同有何物而可同哉故衆論競作而性莫同焉

此下敘異見皆在所破以申作論之懷也虛宗卽下所引三宗各立異見故每有不同大凡立論蓋爲顯理今以不同之見以適大同之理有何法而可同哉由各騁已見競論虛宗所見不一故論旨不同要歸至理則畢竟難同故得不已造此論以破之

何則 微起衆論 心無者 先叙破晉道恒心無宗 無心於萬物萬物未嘗無 此叙異計也言心無者謂但無心趣附於萬物未達物虛故萬物未嘗無 此得在於神靜失在於物虛

此出得失也以心不附物則不被外境搖動故得在於神靜以不了萬物緣生性空故失在於物虛以心空境有非中道也

卽色者 次破晉道林造卽色遊玄論爲卽色宗 明色不自色故雖色而非色也 此叙計也謂靑黃等色不自爲色但因人名之爲色心若不計則雖色而非色矣 夫言色者但當色卽色豈待色色而後爲色哉此直語色不自色未領色之非色也

此叙破也夫凡言色者但當在色本就是色豈待人名彼靑黃然後爲色哉此直下言得失此但言色不自色而已未了色體本空也以唯知依他起名假不知圓成體眞故非正論

本無者 此破晉竺法汰本無宗 情尙於無多觸言以賓無故非有有卽無非無無亦無 此叙計也此以情好尙於無故觸事發言皆賓伏於無故言非有則計有亦無也及言非無則計無亦無也有無俱無將謂虛玄不知墮於斷見未明正理故非正論

◈顯上一有所字

尋夫立文之本旨者直以非有非眞有非無非眞無耳（此出正理也詳夫聖人立言之本意但以非有者顯物非實有言非無者顯無非絕無也）何必非有無此有非無無彼無此直好無之談豈謂順通事實即物之情哉

何必下斥異見也然非有非無但是有非實有無非實無又何必執計非有爲絕無此有非無謂絕無彼無哉然雖有無俱無似爲玄妙此直好無之談未達正理豈是順通事物之實性以達即物明眞之旨哉上敍破計下敍立論正義

夫以物物（二物字謂以名名物）於物（此物字所名之物）則所物（此物字謂所名）而可物（此物字乃所名之物）以物物（二物字亦是以名名物）非物（此物字亦指所名之物言非物如龜毛兎角等）故雖物而非物（言雖有其名無實物可得）是以物不即名而就實名不即物而履眞

將以名言論眞諦惟眞諦非名言可及故發論之初先以名物以啓端謂以名名於有相之物則有物可指若以名名於非物然非物乃無相之物如呼龜毛兎角等此則但有虛名其實無物以當其名故曰雖物而非物由是觀之如說火談冰豈有寒熱於齒頰此物不即名以就實也如呼龜毛兎角豈有毛角以應求此名不即物而履眞謂不就所呼而得實物也是知名不就實則有相之物皆假名物不履眞則無狀之體但虛稱密嚴云世間衆色法但相無有餘唯依相立名是名無實事物尙如此況眞諦無相豈名言之可及乎故下云

◈非一作不下同

然則眞諦獨靜於名教之外豈曰文言之能辨哉然不能杜默聊復厝言以擬之試論之曰

眞諦寂寥空廓思議之所不及離相離名象數所不能詮迥出常情故曰獨靜於名教之外如此豈語言文字所能辯哉今爲破迷執以顯正理故不能杜口緘默聊復厝置其言以擬議之略試論之耳上敍意下正論

摩訶衍論云諸法亦非有相亦非無相中論云諸法不有不無者第一眞諦也

此引教定宗也言諸法非有非無者先立中道諦體也言不有者即俗諦不有也不無者眞諦不無也以俗諦假有不眞故空眞諦緣生故不是實實

斷空。故題稱不眞空。含有二義。此遮二邊以顯中也。故立論之初。引此二論以定綱宗。發明中道第一義諦。不屬有無二邊也。下依宗斥邪

尋夫不有不無者。豈謂滌除萬物。杜塞視聽。寂寥虛豁。然後爲眞諦者乎

此斥邪謬。先破本無一宗也。以本無宗義。謂非有有亦無。非無無亦無。有無俱絕。不達緣生千化之有。故墮斷空。以此斷空絕無一法。故云滌除萬物。聞見俱泯。故云杜塞視聽。古人呼此爲豁達空。故云寂寥虛豁。意謂不有不無者。蓋是雙非二邊。以顯中道第一義諦。豈以豁達斷空爲眞諦乎。古德云。寧起有見如須彌山。不起無見如芥子許。永嘉云。豁達空。撥因果。莽莽蕩蕩招殃禍。以此一宗爲害甚巨。衆聖所呵。正在所破。故論開端即痛斥之。急欲令人發起大乘正信也。下顯正義

誠以即物順通。故物莫之逆。此顯正義。言非有者。在即物以順通其理。故物物順理而不逆。是爲非有 即僞即眞。故性莫之易。言諸法緣生虛假。故即假即眞。不必改易然後爲眞。若改易求眞。是爲析色。非眞空也。故爲非無 性莫之易。故雖無

令不一作非下同

而有不是實無 物莫之逆。故雖有而無。不是實有 雖有而無。所謂非有。結以不眞故空 雖無而有。所謂非無。結不是實空 如此則非無物也。言非是絕無。正破所執 物非眞物。但物非眞物耳。正出論義 物非眞物。非眞即題稱不眞 故於何而可物。不可物。即題稱空義

反覆論議。非有非無。以釋成不眞空義。以破本無之妄計也。蓋即有以明空。是謂妙空。即空以明有。是謂妙有。不眞一語。盡大乘空義。眞諦之理。妙極於斯

故經云。色之性空。非色敗空。以明夫聖人之於物也。即萬物之自虛。豈待宰割以求通哉

此下依宗廣辨。以明二諦無雙。以顯中道第一義諦也。文有三段。初色空不二。次眞俗不二。三有無不二。今初色性自空。在色即是空。非色敗爲空。此正顯色空不二也。是故聖人即萬法以見性空。以萬法本性自空。故不待宰割分析。然後爲空也。彼計本無者。豈不淪於斷滅耶

是以寢疾有不眞之談。超日有即虛之稱。然則三藏殊文。統之者一也

此引二經以證色空不二之義也淨名云菩薩病者非眞非有超日明三昧經云不有受不保命四大虛也非但二經明色性空義卽三藏殊文皆顯色空不二之旨故曰統之者一也

故放光云第一眞諦無成無得世俗諦故便有成有得

次明眞俗不二也先引經約成得以定二諦以眞諦離緣故無成得俗諦緣生故有成得

夫有得卽是無得之僞號無得卽是有得之眞名

此約眞僞以分眞俗以眞俗諦緣生故假故曰僞號從無住本立一切法故無得是有得眞名

眞名故雖眞而非有僞號故雖僞而非無

此下約雙非以明不二先出所以良由有依眞立故有而非有眞自隨緣故無而不無

是以言眞未嘗有以物卽眞故未嘗有言僞未嘗無隨緣建立故不無二言未始一二理未始殊言異而旨一故經云眞諦俗諦謂有異耶答曰無異也正顯不二

此經直辯眞諦以明非有俗諦以明非無豈以諦二而二於物哉

放光已下通明眞俗不二之旨也物指中道理古德云二諦並非雙言單未嘗各宗門謂一雙孤鴈搏地高飛一對鴛鴦池邊獨立曹洞賓主五位正偏兼帶照用同時雖發明向上實顯理事混融眞俗不二之旨苟悟卽眞自然得大機用矣

然則萬物果有其所以不有有其所以不無

此下三辨有無不二也此以二語徵起果實也謂萬物果有其不有果有其不無耶且徵定下四句釋也

有其所以不有故雖有而非有有其所以不無故雖無而非無

釋不有不無義也謂果有眞空則幻有是假故雖有而不有果有妙有則無非斷滅故雖無不無故下成正義

雖無而非無無者不絕虛非斷達斷空雖有而非有有者非眞有謂是緣生假有故非實有若有不卽眞謂不實有無不夷跡然則有無稱異其致一也

此結成有無總顯不二之義也謂若有不是實有

當即有以觀無則無非實無不必芟夷其跡然後
爲無也若芟夷其跡則爲析色若絕無則墮斷滅
以眞諦之理本非有無故稱異而致一也上顯眞
俗不二下引經斥迷以攝歸眞

故童子歎曰說法不有亦不無以因緣故諸法生

引經證成攝歸眞諦非有非無也楞嚴云眞性有
爲空緣生故如幻無爲無起滅不實如空華以從
因緣故非有無

瓔珞經云轉法輪者亦非有轉亦非無轉是謂轉無
所轉此乃衆經之微言也

良以說法非有非無故法輪轉無所轉諸大乘經
唯明此理而人不達妄執定有定無故下斥破

何者謂物無耶則邪見非惑謂物有耶則常見爲得

將斥迷謬先縱顯俱非也謂法果實無則執斷之
邪見非惑矣若法果實有則執常者爲得矣

以物非無故邪見爲惑(此正破本無心無二宗) 以物非有故常
見不得(此破即色一宗) 然則非有非無者信眞諦之談也

斥破迷謬以攝歸眞諦也上約三種不二反覆顯

令明下一有夫字

論非有非無以袪迷執苟契雙非不墮二邊則眞
諦自顯矣

故道行云心亦不有亦不無中觀云物從因緣故不
有緣起故不無尋理即其然矣

此下至顯於茲矣一段正顯不眞空義初引道行
立義次引中觀約緣生無性以明不眞論云因緣
所生法我說即是空亦名爲假名亦名中道義以
從緣生是假故不有既從緣起則本不有而今有
之故云不無由假故不眞爲空以緣起故不實無
故不是眞空

所以然者(此下辨非有無) 夫有若眞(實也)有有自(一向)常有豈待
緣(會聚)而後有哉譬彼眞無無自常無豈待緣而後無
也若有不自有待緣而後有者故知有非眞(實也)有有
非眞(實也)有雖有不可謂之有矣(上釋非有) 不無者夫無則
湛(凝也)然不動(變也)可(許也)謂之無萬物若無則不應起起
則非無以明緣起故不無也

此約因緣以明非有非無也謂若有是實有則一
向自有不待緣會而後有矣譬彼眞無亦不待緣

今既待緣生則非實有矣若無則湛然不動可謂之無湛然者以始教相宗不許眞如隨緣謂凝然不變故論主出此文以破執無之見意謂眞如既已隨緣成一切法則非凝然不變矣以眞如有不變隨緣隨緣不變二義下引論證成

故摩訶衍論云一切諸法一切因緣故應有一切諸法一切因緣故不應有一切無法一切因緣故應有一切有法一切因緣故不應有（下斥異見）尋此有無之言豈直反論而已哉

此引大論重釋因緣義也謂諸法既屬因緣則本非有無是知無屬因緣則非斷無有屬因緣則非實有尋思此言豈但相反之論而已哉其意特顯諸法非有非無義也艮以佛說因緣二字破盡外道斷常之疑故論宗此以斥異見

若應有卽是有不應言無若應無卽是無不應言有

此言申相反意謂法應是實有則不當言無若應是實無則不當言有今言非有非無者正以假而非眞故言非有非無耳下釋異同

言有是爲假有以明非無借無以辨非有此事一稱二其文有似不同苟領其所同則無異而不同

此釋異同以明不二也今言有無者但是假借有無以明非無非有耳非實有有無作實法也其實一體但稱說似有不同苟能領會一眞之理則萬法唯眞無異而不同也下顯不眞空義

然則萬法果有其所以不有不可得而有有其所以不無不可得而無

此辨雙非以顯不眞空義也謂萬法實不有豈可强執爲有耶諸法果不無豈可强執爲無耶故不可定執爲有爲無也

何則（徵釋雙非）欲言其有有非眞（實也）生欲言其無事象既形象形不卽無非眞非實有然則不眞空義顯於茲矣

此顯雙非結歸不眞空義以呈觀體也若言實有則緣會而生本自無生故非眞實生也若言實無則緣起卽形隨緣成事則非實無也二者皆非眞實故題稱曰不眞空義顯於茲艮以不眞故空故

非實有絕無也。前約緣性無生以明不眞。竟下約名實無當以明不眞

故放光云。諸法假號不眞。譬如幻化人。非無幻化人。幻化人。非眞人也

此引經證成不眞義也。彼經二十七云。須菩提名字者不眞。假號爲名。以假故不眞。謂但非實有非絕無也。故如幻化人。非無幻化人。但非眞人耳

夫以名求物。物無當名之實。以物求名。名無得物之功

此以假名釋非有非無也。以名求物。如呼木賊地龍等物。豈有眞賊眞龍以當其名耶。以物求名。如召火呼冰。豈實有寒熱以及齒頰耶。足知名實無當

物無當名之實。非物也。名無得物之功。非名也。是以名不當實。實不當名。名實無當。萬物安在

名實無當。則名相元虛。求物而不可得。則妄想不有此心境兩空。眞俗不立。中道之旨。於是乎顯矣

下斥迷返悟

有一作又

故中觀云。物無彼此。而人以此爲此。以彼爲彼。彼亦以此爲彼。以彼爲此

中論第四云。諸法實相。無有彼此。意顯法本一眞。元無彼此。由人妄執。故起是非。三祖云。良由取捨。所以不如

此彼莫定乎一名。而惑者懷必然之志。然則彼此初非有。惑者初非無

此出迷者雙執也。如兩人東西對立。同觀一標。東者謂在西。而西者謂在東。然標實無東西。迷人妄執爲必然。此惑之甚也。故彼此未始有。惑者未始無。由是觀之。諸法本無。而迷者妄執爲定有。定無。正此意也

旣悟彼此之非有。有何物(彼此)而可有(執也)哉。故知萬物非眞假號久矣

此言悟則是非兩忘。自離有無之執也。旣悟物無彼此。則知法非有無。但有假名。元無實義

是以成具立强名之文。園林託指馬之況。如此則深遠之言。於何而不在

以上一有必字

此引內外微言以結屬忘言之妙也成具云諸法無所有强爲其名園林卽漆園莊周嘗爲此吏故以地指人也指馬之喻齊物論云以指喻指之非指不若以非指喻指之非指以馬喻馬之非馬不若以非馬喻馬之非馬天地一指也萬物一馬也意謂物論之不齊者蓋由人之各執是非之見也以指喩指等者謂人以已之初指喻彼之次指爲非同已之指以爲必然若易而觀之則彼之執次指者又以已之初指爲非矣馬卽雙陸之馬戲籌也意亦如指意謂指馬本無是非而人妄執彼此爲必然豈非惑耶以譬諸法實相豈有自他而人迷執爲有無亦猶是也苟能忘言契理則彼此情忘是非齊泯有何法可當情乎成具則妄想元空園林則是非無主故曰深遠之言於何而不在

是以聖人乘千化而不變履萬惑而常通者以其卽萬物之自虛不假虛而虛物也故經云甚奇世尊不動眞際爲諸法立處非離眞而立處立處卽眞也

此結歸中道第一義諦也以聖人證窮眞諦故異類分身而不動眞際故千化不變入衆生界而不被煩惱所礙故萬惑常通以其萬法卽眞故不假分析而後爲虛也故引經證成由不動眞際而建立諸法故立處卽眞

然則道遠乎哉觸事而眞聖遠乎哉體之卽神

此結歸一心以明聖人之實證也初云目對眞而不覺以道在目前故不遠以不覺則迷之爲凡悟則爲聖是知了悟實相常住則頓超生死永證無爲故曰體之卽神不假外也

不眞空論終

肇論略注卷二

肇論略注卷三

明匡山沙門憨山釋 德淸 述

般若無知論第三

般若者。此云智慧。乃諸佛妙契法身之實智也。經
云。諸佛智慧甚深無量。即此名爲根本智。法界幽
玄。非此莫鑒。故稱本智。然三乘同乘此智爲因。但
心有大小不同。故唯佛爲極。以前不遷不眞二論。
以顯眞俗不二之眞諦。爲所觀之境。今此般若爲
能觀之智。謂以無知之般若。照不二之中道。以此
爲因。將證不生不滅之涅槃爲果。故次來也。然般
若唯一。其用有三。一實相般若。以般若乃諸法之
實相。故二觀照般若。即中道妙心之實智。照中道
之妙理。理智冥一。平等如一。故理事雙彰。權實並
顯。是爲因心果德。故名二智。三文字般若。以諸佛
言教。乃般若所流。故一一文字。能顯總持。要即文
字以明般若。此般若義也。無知者有二義。一離妄
謂。本無惑取之知。二顯眞有三義。一本覺離念靈
知。獨照。知即無知。二始覺無知。謂窮幽亡鑒。撫會

無慮。故無對待之知。三文字性空。非知不知。然雖
三義。蓋以眞諦無相。亡知絕鑒。照體獨立。正無知
義也。什師初譯大品。論主宗之以造此論。以呈什
師。師曰。吾解不謝子。文當相揖耳。後傳至匡山。劉
遺民以呈遠公。公歎曰。未曾有也。當時見者。靡不
服膺

夫般若虛玄者。蓋是三乘之宗極也。誠眞一之無差

此標宗極也。虛玄正顯無知。以幽靈絕待。故謂之
虛。亡知絕照。故謂之玄。三乘同稟此智。但以取不
取知無知之差。所謂心有大小耳。其實所宗以此
爲極。所謂不二眞心。故曰眞一無差

然異端之論。紛然久矣

此述造論之本意也。語曰。予豈好辯哉。不得已也。
故造論之意。本爲摧伏邪見。以正智未明。不得不
爲之論耳

有天竺沙門鳩摩羅什者。少踐大方。研機斯趣。獨拔
於言象之表。妙契於希夷之境

此出師承有本也。梵語鳩摩羅什。此云童壽。以童

年而有耆德故有此名師本龜茲國王之甥以其父鳩摩羅炎本天竺人今從本稱天竺亦云身毒亦名印土有五乃婆羅門所居佛出其中大方指般若什師學本生知年方二十即爲國王講般若經論故云少踐大方妙悟玄猷故曰研機斯趣以般若離言故拔言象之表離相離名非見聞所及故曰妙契希夷之境希夷二字出老子言妙悟超卓今翻譯大品論主親承稟受妙契玄旨故造斯論

齊異學於迦夷

齊集也猶齊物之齊迦夷亦名迦維乃佛生之國佛滅度後異學紛然什師名播五天彼多宗仰故云集也

揚淳風於東扇將爰燭殊方而匿耀涼土者所以道不虛應應必有由矣

此敘什師入中國之由也此時道安法師名震當代秦主符堅以師尊之稱爲聖人安曰貧道非聖聞龜茲國有羅什者眞聖人也堅聞之欣慕不已乃遣大將軍呂光率鐵甲兵十萬伐龜茲以迎師光將兵至國圍其都城王致辭曰下國與大秦遼遠俗不相及何以見伐光曰大秦天王所以命師伐王之國者非爲土地之利也因聞王國有聖人鳩摩什將迎歸供奉耳非別有所圖也王曰什乃予國之寶也安肯棄之餘則唯命是聽遂堅壁光圍久之王城益急什請曰豈以貧道一人之故而擧國受困非利也願請以行王不聽什曰會當歸耳王無已遂遣師同光行是謂揚淳風於東扇也光至涼聞姚萇弑堅自立國號後秦光亦據涼自王國號西涼時什師未及入秦遂居於涼光無良多困辱師無以自見故曰將爰燭殊方而不顯留滯於涼故曰匿耀涼土以旣來而致困其道不行故曰道不虛應應必有由矣

弘始三年歲次星紀秦乘入國之謀擧師以來之意也北天之運數其然也

此敘什師得時行道之由也姚萇弑堅在位八年而什師亦被困於涼偶堅領鬼兵入宮刺萇中陰

出血石餘而崩子興嗣立降帝號而稱天王意蓋宗尊周制也改元弘始丑月爲星紀以月紀年也什師在凉十一年矣時因殿庭生連理樹逍遙園葱變成茝咸謂智人入國之瑞知師在凉秦主乃遣姚碩德伐凉光巳薨其子呂隆嗣立兵至大敗之隆卽降遂表奉師至秦主深禮重焉故曰秦乘入國之謀舉師以來之大品云般若於佛滅後先至南方次至西方次至北方大盛於震旦震旦在天竺東北故曰北天之運數其然也謂法運時數當其然耳

大秦天王者道契百王之端德洽千載之下游刃萬機弘道終日信季俗蒼生之所天釋迦遺法之所仗也

此敘明時什師行道之會也天王乃興自稱故時並尊之百王指堯舜以下端謂百王首以無爲爲治也洽霑潤也意稱弘法之德流潤千載之下也游刃語出莊子庖丁解牛游刃其間恢恢乎有餘地此稱秦主才智有餘雖萬機叢錯迎刃而解恢有餘地故不妨弘道終日也謂此聖主信爲末法蒼生之所天蒼生猶言赤子天稱父母爲天謂養育羣生如一子也佛臨滅時將佛法付囑國王大臣非仗大力外護法難久住故爲遺法之所仗也

上敘弘法之主下敘弘法之事

時乃集義學沙門五百餘人於逍遙觀躬執秦文與什公參定方等其所開拓者豈謂當時之益乃累劫之津梁矣

此敘秦主弘法之事也逍遙觀乃秦主游宴之所什師至國遂延於此中以譯諸經後因秦主賜什宮人乃別搆草堂以居之卽今之草堂寺什師宣梵秦主親執文對譯方等諸經乃所譯也開拓如開疆拓土以佛法初開荒逸不唯以益當時實爲累劫之津梁也

余以短乏曾廁嘉會以爲上聞異要始於時也

此論主自敘聞法之時也短乏謙辭謂才短德乏濫廁嘉會上聞船若玄旨異常心要始於此時也

上敘來義下顯正宗

然則聖智幽微深隱難測無相無名乃非言象之所得爲試罔象其懷寄之狂言耳豈曰聖心而可辨哉試論之曰

正宗之初撮理出意將欲制論先示般若玄旨非言論可及也經云諸佛智慧甚深無量其智慧門難解難入一切聲聞辟支佛所不能知不退菩薩亦不能測故曰聖智幽微深隱難測般若之體離相離名豈言象之所得哉今欲論之試罔象其懷寄之狂言耳罔象語出莊子黃帝遺其玄珠使智索之而不得使罔象索而得之謂虛無其懷乃可與智相應也狂言亦出莊子謂大而無當之言蓋謙辭也意謂試以狂言擬之非敢謂聖心可辨也

放光云般若無所有相無生滅相道行云般若無所知無所見

此引二經以定宗也放光卽大品也兩譯文異二十卷云般若無所有相第十五云般若波羅蜜不生不滅相道行第一云般若當從何說菩薩都不可得見亦不可知此約義引也以般若體絕諸相故云無所有相寂滅湛然故云無生滅相眞知獨照故無所知絕諸對待故無所見般若如此豈名言之可到哉下依宗辨用

此辨智照之用而曰無相無知者何耶果有無相之知不知之照明矣

此徵顯般若實相之體以爲發論之端也此者指上引二經乃辨智照之用旣有智有用則應有相有知可也而云無相無知者何耶由是觀之實有離相之知亡知之照明矣但非心識思量可及也

何者（徵顯上義）夫有所知則有所不知（此凡情也）以聖心無知故無所不知不知之知乃曰一切知故經云聖心無所知無所不知信矣

此徵明無知之義也約理而推夫有所知之境則滯於一緣則有不知之地此心境未泯對待未忘乃凡情也擬之聖心則不然以聖心虛靈絕待境智雙忘能所俱絕是爲無知以無知之知光明徧照故無所不知以不知之知故曰一切知故思益經云聖心無所知無所不知信矣由無所知故無

所不知耳豈有心之知而可及哉

是以聖人虛其心而實其照終日知而未嘗知也故能默耀韜光虛心玄鑒閉智塞聰而獨覺冥冥者矣

此釋聖心無知之所以也以聖人惑無不盡故虛其心眞無不窮故實其照此實智內證也由內證之實故權智外應則終日知而未嘗有其知也由其體用雙彰權實並運故能默耀韜光不用其知虛心玄鑒故無幽不燭所以外應羣動則忘知泯照閉智塞聰不有其知而內與理冥眞知獨照故曰獨覺冥冥此所謂無知無所不知也

然則智有窮幽之鑒而無知焉（實智內證）神有應會之用而無慮焉（權智外應）神無慮故能獨王於世表智無知故能玄照於事外

此分別觀照以顯權實二智也實智照理故有窮幽之鑒照體獨立心境兩忘故無知焉神權智也俯順羣機故有應會之用無思而應故無慮焉無思而應則物不能累故獨王於世表智無知則境與心會觸事而眞故能照於事外是以不住無爲不捨有爲權實雙彰齊觀並照此聖人之心也

智雖事外未始無事神雖世表終日域中所以俯仰順化應接無窮無幽不察而無照功斯則無知之所知聖神之所會也

此釋成二智並運之所以也以觸事而眞故智雖事外而未始無事以神雖世表不捨度生故終日域中由夫二智齊觀所以聖人俯仰順化故權智應接無窮而不累實智無幽不察而無照功此其所以爲聖智無知之所知乃聖智神心之所冥會也以此而觀聖心則般若之旨昭然矣

然其爲物也（體也）實而不有虛而不無存而不可論者其唯聖智乎

此申明般若體絕有無也般若本有眞實之體但無相而不可見故云實而不有虛靈湛寂而照用常然故云虛而不無存而不可論者義引莊子六合之外聖人存而不論以明般若非常情知見之境故但當存之而不可論以非言可及也

何者（徵也）欲言其有無狀無名欲言其無聖以之靈

此明般若不屬有無也。欲言是有。則無相狀。而不可以名貌。欲言其無。而聖人立鑒萬機。應用不缺。故不可以有無名也

聖以之靈。故虛不失照。無狀無名。故照不失虛

此下明般若寂照一源。體用雙彰。權實並顯也。虛不失照。則寂而常照。故體不離用。照不失虛。則照而常寂。用不離體

照不失虛。故混而不渝。虛不失照。故動以接麤

此正明權實並著也。由照不失虛。故權智外應。混融萬物。而其體湛然而不變。渝變也。由虛不失照。故實智內證。而不捨度生。麤謂現身三界。隨類而應。是以照彌深。用彌廣

是以聖智之用。未始暫廢。求之形相。未暫可得

此結成寂照同時之義也。由其權實不二。故聖人彌綸萬有。潛歷四生。未曾一念捨衆生界。其實求其智用之跡。而不可得

故寶積曰。以無心意而現行。放光云。不動等覺而建立諸法。所以聖迹萬端。其致一而已矣

※難一作問

此引二經結成寂照一源之義也。若聖人有心作爲。則有形相而可得。由無心意而現行。故現身如水月。說法如谷響。雖可見可聞。其實求之而不可得。由不動等覺而建立諸法。故不離當處而法界彌綸。所以聖迹萬端。皆法身彌布。故云其致一而已矣

是以般若可虛而照。眞諦可亡而知。萬動可卽而靜。聖應可無而爲。斯則不知而自知。不爲而自爲矣。復何知哉。復何爲哉

此總結般若寂照不二。存泯互融也。由上論聖心如此。體用雙彰。故般若體雖至虛。可以卽虛而照。亡絕也。眞諦之境雖絕相。可以卽絕相而知。萬動雖紛。可以卽動而靜。聖應雖無爲。可以卽無爲而爲。如此則聖智不知而自知。不爲而自爲矣。由其存泯互融。故體用不二也。上顯雙存。下顯雙泯。復何知哉。復何爲哉。其實無知無爲也。上本論竟。下問答決疑。有十八段

※難曰。一有知不矜難。由前云智有窮幽之鑒。而無知爲神有應會之用。而無慮爲。故難此二句以興

雖意謂既有知有會。豈可言無知無會也。但聖人有知而不矜耳 夫聖人眞心獨朗。物物斯照。應接無方。動與事會。物物斯照。故知無所遺。萬境齊觀 動與事會。故會不失機。有感卽赴。上領旨也。下叙計 會不失機。故必有會於可會。謂必定有機可會 知無所遺。故必有知於可知。謂必有能知之心。知於可知之境 必有知於可知。故聖不虛知。必有會於可會。故聖不虛會。謂既有知有會必有可知可會之境 此則知不虛知會非虛會矣。下正難 既知既會。而曰無知無會者何耶。此正申難也。既有知有會。而曰無者。豈不謬耶。下叙救 若夫忘知遺會者。則是聖人無私於知會。以成其私耳。此叙救也。謂若以忘知遺會爲救者。則是聖人雖有知會而不自矜恃爲已。能返以成其知會之名耳。無私成私。語出老子。後其身而身先。外其身而身存。不自貴愛其身而身返存。謂聖人但以不矜其知會爲已私。故人以知會歸之。其實非無知會也 斯可謂不自有其知。安得無知哉。此轉破也。謂如所教云。聖人不矜恃知會爲已長。斯可謂不自有其知。豈得謂無知哉。〇下約知無知相答 答曰。約眞諦可亡而知以答先立理也 夫聖人功高二儀。而不仁。大仁不仁 明逾日月而彌昏。功高謂權智應物。明逾等。謂實智證眞。無爲而應。故不仁。不慮而知。故彌昏 豈曰木石瞽其懷。其於無知而已哉。此揀異無情也。若謂無知。不同於木石 誠以異於人者神明。故不可以事相求之耳。此揀異有情也。若謂有知。不同凡夫 子意欲令聖人不自矜恃 有其知。而聖人未嘗不

有知。此牒審難意若以此爲得者 無乃乖於聖心。失於文旨者乎。總責不但不知聖心。抑且失於文旨 何者。徵釋通難 經云。眞般若者。淸淨如虛空。無知無見。無作無緣。斯則知自無知矣。豈待返照。絕無 然後無知哉。此引經證成般若。但無惑取之知。非絕無眞知也。義引大品等文。言眞般若者。意在離妄。以體絕纖塵。故淸淨如空。以無惑取。故無知無見。以非有爲。故無作無緣。以此而觀。則般若眞知獨照。知自無知耳。豈待泯絕靈明。然後爲無知哉 若有知性空而稱淨者。此牒轉救也。謂若以般若實有知。但以性空而稱淨者 則不辨於惑智。此返責也。謂若以般若性空爲淨者。則不辨於惑智。以煩惱亦性空。豈稱般若哉 三毒四倒亦皆淸淨。有何獨尊於般若。若謂般若以性空爲淸淨者。則三毒四倒亦皆性空。如此則眞妄不分。有何獨尊於般若哉 若以所知美般若。此叙轉救也。謂若以所知之眞諦淸淨。以此美般若爲淸淨者 所知非般若。眞諦爲所觀之境。般若爲能觀之心。心境不一故非般若 所知自常淨。故般若未嘗淨。謂若以眞諦淸淨美般若者。然在眞諦體固常淨。今爲所觀。則對待未忘。因是般若未嘗淨。則是眞諦返累於般若也 亦無緣致淨歎於般若。若眞諦有累於般若。則亦無因以淨致歎於般若。下正釋 然經云般若淸淨者。將無豈非 以般若體性眞淨。本無惑取之知。本無惑取之知。不可以知名哉。此正釋經義也。經云般若淸淨者。豈非以般若性淨。本無惑取之知。既無惑取之知。是不可以眞知名哉。但無妄知。非無眞知也。如此 豈唯無知名無知。知自無知矣。何獨以絕然無知爲無知。眞以眞知自無妄知

耳

是以聖人以無知之般若照彼無相之眞諦眞諦無兎馬之遺般若無不窮之鑒所以會而不差當而無是寂怕無知而無不知者矣

此結答問意也謂能觀之智無知所觀之理無相以無知之智照無相之理故心境如如一道齊平所以理絕三乘之跡兎馬三乘淺深之喩也而般若照徹無餘故無不窮之鑒如此所以權智應會羣機而不差觸事當理而無是實智則寂然不動怕然無爲故無知而無不知矣聖智如此豈以不矜其知爲無知又豈絕然無知爲無知哉

難曰此二名互違難問家約俗諦以名求實以難名實相違下約二名順成以答 夫物無以自通故立名以通物物本非名因名以達物 物雖非名果有可名之物當於此名矣名不虛召必有物以當之如呼甲乙則有人以應之 是以卽名求物物不能隱此立理也以俗諦有名必有物設難般若既有其實而今云無知者是空有其名而無實也次申難 而論云聖心無知又云無所不知此出互違 意謂無知未嘗知知未嘗無知斯則名敎之所通立言之本意也難者意若言無知則未嘗有知若言有知則未嘗無知此是名敎立言之旨也 然論者欲一於聖心異於文旨尋文求實未見其當此正相違也若聖心是一則不應名異 何者若知得於聖心無知無所辨若無知得於聖心知亦無所辨若二都無得無所復論哉此微難聖心定應居一也謂知契於聖心則不必言無若無知契於聖心則不必言有若有無俱不契則無復置論矣今言知而無知二語相違豈正論哉

答曰二名順成答約眞諦無相故知不可以名求以破 經云般若義者無名無說非有非無非實非虛虛不失照照不失虛斯則無名之法故非言所能言也此引經立理以遮難也然難者以名求實故責有無互違今引經義謂般若無名故不可以言得以有無虛實一切皆非但以體虛而不失照用雖照應萬有而不離眞際此無名之法固不可以言傳也 言雖不能言然非言無以傳是以聖人終日言而未嘗言也今試爲子狂言辨之道本無言非言不顯聖人處絕言之道故終日言而未嘗言今試狂言以辨之盡言其無言也 夫聖心者下正答初顯聖心有無雙絕以遣名 微妙無相不可爲有聖心實智離相不比俗諦可以名求 用之彌勤不可爲無權智應用會不失宜不比外道斷滅 不可爲無故聖智存焉鑒知獨照 不可爲有故名教絕焉但以虛而照物雖大用昭昭而言詮不及名言路絕 是以言知不爲知欲以通其鑒以虛而照所以言知不是眞箇有知但假知字以通曉其鑒照之用耳 不知非不知欲以辨其相言不知不是絕然無知但以無字以辨無取之知相耳 辨相不爲無但無妄知之相不是絕無眞知 通鑒不爲有但以虛而照物故非有知之可取 非

☆都一作俱

有故知而無知。(以眞照體虛。故雖知而無知。) 非無故無知而知。(言非無者。以無妄知。故眞知彌照。) 是以知卽無知。無知卽知。無以言異。而異於聖心也。(良以聖心。眞窮惑盡。眞知獨照。不墮有無。豈可以遮遣之寄言。而異於聖心哉。)

難曰。(以緣會求知難。謂眞諦爲所緣之境。既有所緣。定有能緣之智。非無知也。) 夫眞諦深玄。非智不測。聖智之能在茲而顯。(言非智不能照眞諦。) 故經云。不得般若。不見眞諦。眞諦則般若之緣也。(境知歷然。) 以緣求智。智則知矣。(謂眞諦爲所緣之境。般若乃能緣之智。以緣求智。智卽知矣。豈無知哉。此以心境對待立難。)

答曰。(此以非緣無知答。意謂眞諦離緣。故智亦非知。) 以緣求智。智非知也。(此牒難斥非也。謂若就緣以求智。然眞諦離緣。故智亦非知。) 何者。(徵釋) 放光云。不緣色生識。是名不見色。(文云。不以五陰因緣起識者。是名不見五陰。謂不因五陰起分別者。以離身心。故不見身心相。此則離緣之知。不可以緣求也。) 又云。五陰淸淨。故般若淸淨。(淸淨者。空之異稱。以五陰本空。故般若亦空。空則離緣。非有知也。) 般若卽能知也。五陰卽所知也。所知卽緣也。(此牒定知緣。以明離緣無知也。謂若以緣求知。今般若乃能緣之知。五陰乃所緣之境。今云五陰本空。則非所緣也。所緣既空。則能緣亦空。以空則非有所知。由照見皆空。故知卽無知。但不從緣耳。) 夫知(能知之心)與所知。(所知之境) 相與(待也)而有。相與而無。相與而無。故物(物字通該心境)莫之有。(心境皆眞) 相與而有。故物莫之無。(心境角立。故對待不無。) 物莫之無。故爲緣之所起。(心境未忘。則妄緣斯起。) 物莫之有。故則緣所不能生。(心境兩忘。則照體獨立。不借緣生。) 緣所不能生。故照緣而非知。(以離緣之智。照寂滅之境。故非有所知。) 爲緣之所起。故知緣相因而生。(以對緣所起之妄心。故心境未忘。知緣相因待而生。此妄而非眞。下雙結釋成。) 是以知(知妄)與無知(知眞)生(因也)於所知(境通眞妄)矣。(釋上心境相待而有。故妄心取相。故有知。以眞知離緣。故無知。此所以知與無知。皆因心境。但有取不取耳。) 何者。(通徵眞妄) 夫智(眞智)以(因也)知所知(之境)取相故名知。(以有對待。故名妄知。) 眞諦自(本來)無相。(無相可取) 眞智何由知。(以眞諦離相。故眞智無知。以無緣故無知也。○次眞妄各辨。初辨妄。) 所以然者。(釋眞妄各有所以) 夫所知(之妄境)非所知。(以妄境本空。故本非所知。) 所知(之妄境)生(因也)於知。(能知妄心) 之所知(妄境)既生知。(妄心) 知(妄心)亦生所知。(妄境) 所(妄境)知(妄心)既相生。(妄心妄境相因而生) 相生卽緣法。(心境相待因緣而生。故對待未忘。是爲緣法。) 緣法故非眞。(緣生之法。假而非眞。) 非眞故非眞諦也。(難家以眞諦爲所緣之境。今答以緣生乃妄法。非眞諦也。何爲所緣。) 故中觀云。(通證眞妄) 物從因緣。有故不眞。(此證緣乃妄法) 不從因緣。有故卽眞。(此證離緣乃眞○下顯眞) 今眞諦曰眞。眞則非緣。(眞則不借緣生) 眞非緣。(眞諦既非緣) 故無物從緣而生也。(前難家以緣眞諦。故以般若爲有知。今論主答以眞諦離緣。離緣之眞諦。豈能生般若之知哉。從緣應云從非緣。謂無有一法從非緣而生者。意責難者不達眞諦離緣而妄擬也。) 故經云。

今而下一有以字

今一無有字

不見有法。無非也緣而生。證成上義。非緣不能生物。則眞諦離緣。必不生知矣。是
以眞智觀眞諦。未嘗取所知。謂眞智照眞諦。未嘗取爲所知之境。智不
取所知。此智何由知。謂眞智旣不取所知之境。則此智何由而知哉。然智非
無知。此遮過也。謂眞智但不取所知之境耳。非是絕無知體也。良以獨照爲知。非有待也。但眞
諦非所知。但眞諦無相。非所知之境耳。故眞智亦非知。由眞諦非所知。故眞
智亦非知。此二句結盡般若無知之妙○下返責。而子欲以緣求智。故以智
爲知。然智無分別。知有分別。以知爲智。則眞妄不分。何以興難。緣自非緣。於何而
求知。由難意以緣求知。今答以眞諦離緣。然緣本非緣。向何而求知哉。此則境智雙忘。能所齊泯。般
若玄旨。妙極於斯。
難曰。前云不取之知。今以有知無知不取皆非。二義雙關難。論云不取者。牒論申難。
爲無知故不取。爲知然後不取耶。立定下難。若無知故不
取。聖人則冥若夜游。不辨緇素之異耶。此則昏然無知。若知
然後不取。知則異於不取矣。謂若有知。則有所取之物。此則旣已有知。難言
不取矣○上以心境兩異難。下以心境冥一答。答曰。有無雙非不取以答。非無知故不
取。又非知然後不取。有無皆非不取。知卽不取。故能不取而
知。此明兩是。謂由知處當下不取。故能不取而知。
難曰。兩關上心境皆非。故約不取心境俱成斷滅以難。論云不取者。誠以聖
心不物不取著也於物。故無惑取也。上立理。下申難。無取則無是。

是者印可於物不繆之稱。能知之心也。無是則無當。當者應物不謬。主質不差。言所知之
境也。誰當聖心。謂無境可知。誰當聖心。無境可當。豈非斷滅。而云聖心無所
不知耶。謂無境可當聖心。則絕然無所知矣。而云無所不知。豈不謬耶。答曰。以是當混成答。
然。縱可之辭。無是無當者。牒難意。夫無當則物無不當。言當者當
心之境也。若一境當心。則滯而不通。若無當心。則境寂心空。眞心任徧知。故無物不當。無是則
物無不是。謂無能取之心。則心空境寂。法法皆眞。故物無不是。物無不是。故是
而無是。了境唯心。則心境兩忘。是非齊泯。故是亦無是。物無不當。故當而無
當。以唯心之境。則更無心外境。能與心爲緣。故雖照境而萬法皆空。故當而無當。故經云。盡
見諸法而無所見。以萬法唯心。則無一法可當情者。故盡見諸法而無所見。
難曰。聞心境俱泯。遂疑捨有入無。故以立難。聖心非不能是。誠以無是
可是。縱聖心捨有以頌旨也。雖無是可是。縱成。故當是於無是矣。
以爲入無。是以經云。眞諦無相。故般若無知者。引證無知。此遮頌意。
誠以般若無有有相之知。此釋經正義。下以謬解申難。若以無相
爲無相。有何累於眞諦耶。意謂若以有相累於般若。今若以無相爲無相。又何
累於般若耶。此不達般若眞知獨照。故以絕無爲般若。答曰。難以捨有入無。答以兼亡無相。聖
人無無相。牒難家認取無相。答以無相亦無。總答問意也。何者。徵釋無相亦非。若
以無相爲無相。若認著於無相。則心有所住。聖心則不然。無相卽爲相。若取
著無相。則無相亦成相。永嘉云。棄有著空病亦然。捨有而之無。譬猶逃峰而

赴籥。俱不免於患矣。猶如避溺而投火。此外道斷滅也。聖心豈然哉。下申聖心無住。是以至人處有而不有。居無而不無。雖涉有無。而不住有無。所謂二邊不住。雖不取於有無。然亦不捨於有無。有無不住。中道亦不安。所以和光塵勞。老子曰。和其光。同其塵。周旋五趣。此能有爲。寂然而往。不動本際。應現一切。●怕爾而來。萬化不遷。冥心絕域。恬淡無爲而無不爲。聖人以無住爲心。豈可以有無而擬之哉。

難曰。雖以權智生滅。以不違動靜一如。故立此難。聖心雖無知。然其應會之道不差。此領旨也。是以可應者應之。不可應者存之。此疑聖心有揀擇可否。故以爲有生有滅。然則聖心有時而生。有時而滅。可得然乎。不了生本無生。故立此難。

答曰。答以聖心本無生滅。生滅者。生滅心也。此凡夫心也。聖豈然哉。聖人無心。生滅焉起。眞顯無生。然非無心。不同木石無情。但是無心心耳。但無生滅之心爲心耳。又非不應。不同孤吊。但是不應應耳。但是隨感而應。本無將迎之心也。是以聖人應會之道。則信若四時之質。質。實也。由聖人之心。無緣應物。感而遂通。如谷響水月。故信如四時之實。應不失時。直以虛無爲體。斯不可得而生。不可得而滅也。以寂滅。眞知隨緣應現。故本無生滅。

難曰。聞無生滅。不達惑智俱空。故以申難。聖智之無。惑智之無。前云聖智無惑取之知。故疑惑智之無。俱無生滅。何以異之。謂根本實智。靈鑒獨照。本自無知。故云聖智之無。後得權智。照破無明。妄惑本空。故無惑取之知。二者皆無。不識無義。何辨。故此興難。

答曰。先智惑雙辨。示空義之淺深。聖智之無者。無知。眞知獨照。心境兩忘。故云無知。惑智之無者。知無。權智照破惑取之妄知本無。故曰知無。其無雖同。所以無者異也。聖知天然無知。不假功勳。惑智因修而得。故無意雖同。所以則異。何者。徵釋不同。夫聖心虛靜。無知可無。可曰無知。非謂知無。聖人眞心獨朗。寂然不動。絕無妄法。故無知可無。但可曰無知。不可言知無。惑智有知。故有知可無。可謂知無。非曰無知也。後得照惑。了妄本空。但可言知妄元無。不可言無知。無知。即般若之無也。般若本絕諸妄。故不可說知無。知無。即眞諦之無也。知無者。謂知眞諦無妄知也。是以般若之與眞諦。此下心境合明。會寂用之同異。先同異雙明。言用即同而異。即寂而照。言寂即異而同。即照而寂。同故無心於彼此。心境也。同則心境雙泯。異故不失於照功。境智歷然。是以辨同者同於異。同其所不同。辨異者異於同。異其所不異。此則心境俱存。照用同時。斯則不可得而異。不可得而同也。以俱非雙泯。故不可以同異定名。何者。徵辨寂用。內有獨鑒之明。照體獨立。寂也。外有萬法之實。萬法皆眞用也。萬法雖實。然非照不得。萬法雖眞。非智照不得其實。內心也。外境也。相與以成其照功。智得境而照用全彰。境得智而眞常獨露。故云內外相與以成其功。此則聖所不能同用也。非境無以顯智。故不能同。內雖照而無知。非有對待之知。外雖實而無相。諸法

實相不可以相求。故云無相。內外寂然。(內智無知。外境無相。心境雙泯。故曰寂然。)相與俱無。(由心空故境寂。以境寂故心空。故心境相與一道齊平。)此則聖所不能異。寂也。(寂則心境雙亡。故不能異。)是以經云諸法不異者。豈曰續鳧截鶴夷嶽盈壑然後無異哉。(引證本來不異也。大品云諸法無相。非一相非異相。豈曰下引釋不異。莊子曰。鳧脛雖短。續之則憂。鶴脛雖長。斷之則悲。謂天生長短。不必裁齊。嶽高壑下。本來自定。不必夷嶽之高。以塡壑之下。意引諸法當體眞常。本無差別。所謂是法住法位。世間相常住。不待造作然後齊平。謂若以不二之智。照一眞之境。故法法眞常。本來不異。斯則自然不異。非安排而後不異也。)誠以不異於異。故雖異而不異也。(不以境異而異其心。故境隨心一。即異而同。故云雖異而不異。)故經云甚奇世尊。於無異法中而說諸法異。(謂依一眞法界。演說無量差別法門。故云無異法而說異法。)又云般若與諸法。亦不一相。亦不異相。信矣。(引證不一不異。大品云。世尊云何於無異法中而說諸法異。又云諸法無相。非一相。非異相。是知諸法一異。乃外道邪見。以般若而觀。則非一非異。實相般若。理極於斯。)

難曰。(因問寂用。遂疑有二。故此立難。)論云言用則異。言寂則同。未詳般若之內。則有用寂之異乎。(不達動靜一源。故疑寂用兩殊。)答曰。(以答寂用一致。)用即寂。寂即用。用寂體一。同出而異名。(同出異名。語出老子。彼意有無同出一玄。此言寂用本乎一心。但約動靜言之耳。)更無無用之寂。而主於用也。(言寂體必有照用。如明鏡之光。未有光明之鏡而無照者。)是以智彌昧。照逾明。(此言實智照理。泯絕所知。故彌昧。眞明逾發。故照逾明。此言即寂之用也。)神彌靜。應逾動。(由實智彌寂。故權用無方。此言用不離體。故云應逾動。)豈曰明昧動靜之異哉。(總結寂用不二。)故成具云。不爲而過爲。(此證權智即實之權。)寶積曰。無心無識。無不覺知。(此證離妄之智。顯即寂之用。)斯則窮神(權智應物)盡智(實智照理)。極象外之談也。(釋引二經。雙明寂用。乃極象外之談。)即之明文。聖心可知矣。(以此而觀。肇疑冰釋矣。)

般若無知論終

云一作曰

肇論略注卷三

肇論略注卷四

明匡山沙門憨山釋　德淸　述

劉遺民書問附

遺民和南

按新疏。公名程之。字仲思。別號遺民。謂遺逸之民。彭城人。漢楚元王之裔。外善百家。內研佛理。嘗爲柴桑令。値桓玄僭逆初萌。乃歎曰。晉室無盤石之固。蒼生有纍卵之危。因與儒者次宗宗炳周續之

等皆當代名流事遠公於廬山稱十八賢精結蓮
社辞命弗顧太尉劉裕見其野志沖邈乃以高尙
相禮時生法師入關就學於什師與論主莫逆生
公南返乃以前論出示廬山社衆遺民覽之歎服
因呈遠公公歎曰未曾有也雖遺民致問亦遠之
深意也

頃餐(味也)徽(美也)聞(去聲名也)有懷遙佇(企望也)歲末寒嚴體中
如何音寄壅隔增用抱蘊弟子沈痾草澤(山野也)常有
弊瘵耳因慧明道人北遊裁(纔也)通其情

將致問深旨先敘寒温仰慕之懷也謂頃聞美名
如飢渴之得飲食故曰餐有願見之懷而不得但
有遙想企佇時當歲末不審道體如何以乏便鴻
故音寄壅隔不通日增積蘊之思顧以病臥草澤
不能遠訪情向未達近因慧明北遊纔得一通其
情此敘未見懷想之心如此

古人不以形疏致(思也)淡悟涉則親是以雖復江山悠
邈不面當年至於企懷風味鏡心象迹佇悅之勤良
以深矣緬然無因瞻霞永歎順時愛敬冀因行李數
有承問

此敘慨慕之情也古人不以形迹疏遠而遂淡其
致思苟心相契悟雖遠亦親是以山川雖邈遠昔
年未面至若企仰懷慕道風法味心鏡照其像迹
不越方寸故佇望之勤日益深矣此想慕之切也
私心緬然不忘但無因一見瞻望秦嶺之煙霞益
增長歎隨時愛敬之心不忘冀望乘往來行李之
便願數有音問

伏願彼大衆康和外國法師休納

此祝願也外國法師常時休納福慶也以論主在
譯場故問及大衆致訊本師也

上人以悟發之器而遘茲淵對想開究之功足以盡
過半之思故以每惟乖闊憤愧何深

此歎論主遭逢之幸顧自愧也悟發之器謂論主
先遇梵師持禪波羅蜜經梵本至秦論主從梵師
得受禪訣有所開悟故稱悟發之器淵對指什師
淵妙之思諭主既已自悟又遇此良師想於般若
開究之功以盡過半之思謂至了悟也故劉公慕

此不能參預法會。以自乖違闊遠。憤愧何深耳
此山僧清常道戒。彌勵禪隱之餘。則惟研惟講。恂恂
穆穆敬和貌也。故可樂矣。弟子既以遂宿心。而覩茲上軌。
感寄之誠。日月銘至瑶本作志
此劉公自述慶幸法侶嘉會之辭也。言道戒戒也
禪隱定也。研講慧也。此三學精嚴。六和修敬。自遂
生平。而覩茲嘉範。感託之誠。指日月以銘心志
遠法師頃恒履宜思業禪思道業精詣到也。乾乾宵夕。自非
道用潛流。理為神御。孰以過順之年。湛氣若茲之勤。
所以憑托身慰慰心。既深仰謝逾絕
此讚述遠公之高。且述依托之志也。履宜謂行履
如宜。禪思道業。精嚴深到。而又乾乾不息。晝夜不
懈。如此操行。若非道用潛流於心地。至理神御於
日用。誰能以過耳順之年。澄湛之氣若此之精勤。
有師如此。故身有所托。而心有所慰。以畢所願。故
仰道謝世曰遠逾絕。此又劉公之所大慶幸也
去年夏末。始見生上人示無知論。才運此疑作韻。清儁。旨
中沈深淵允恰當。推涉聖文。婉而有歸。披味殷勤。不能釋

◈夫一作然

手。直可謂浴心方等之淵。而悟懷絕冥之肆者矣。若
令此辨遂通。則般若衆流。殆不言而會。可不欣乎。可
不欣乎
此敘得論之由也。謂從生公得無知論。其才清儁。
其理深沈。允當推釋經文。辭婉而旨有歸趣。披閱
玩味。殷勤再至。不能釋手。般若玄宗。如衆流歸海。
如人浴海。已沾百川之水。浴心般若。已得萬法之
宗。般若非見聞之境。故稱絕冥之肆。若使此論一
通。則般若引衆流。將不言而會矣。再言可不欣乎。
慶躍之至也
●夫理微者辭險。由般若理微。故設論辭險。唱獨者應希。如陽春雪曲。和者應
稀苟非絕言象之表者。者指其人也。若非心超象外之人。定不能領會。將以
存象而致乖乎。謂未能忘言得旨之人。必執言以乖其理。意謂答以緣求
智之章。婉轉窮盡。極為精巧。無所間然矣。此許前論與理渾然
無有間隙矣。但暗者昧於理者。難以頓曉。猶有餘疑一兩。一二。今
輙題之如別。初別列問意。今合歸篇中。想從容無事之暇。間暇之時。復能
麤為釋之。上敘起疑之由。下正敘疑文。論序云。般若之體。非有非
無。真俗雙泯。虛不失照。照不失虛。寂照同時。故曰不動等覺而

※昧一作暗

※則上一有然字

建立諸法。下章云異乎人者神明。故不可以事相求之耳。上總敍實智之文 又云用卽寂寂卽用神彌靜應逾動。此敍權智之文。下就敍論意先權實雙標 夫聖心冥寂理極同無。此敍實智意 不疾而疾不徐而徐。此敍權智意 是以下釋成權實一致 知不廢寂權卽實 寂不廢知實卽權 未始不寂未始不知。權實雙彰二智 並遝故其運物成功化世之道。雖處有名之中而遠亦作宛與無名同。謂由寂照同時。故權智應機化世而遠與實智理冥。是以二智無殊。上敍申論意微妙。下敍迷昧者不了玄旨 斯理之玄。固常所彌新疏作迷 ●昧者矣。上敍論文立意權實不異。下出疑設難二智體殊 但今談者所疑於高論之旨。欲求聖心之異。以論說聖心冥一。故今疑者按權實二智以求聖心之異。故下正難二智體殊 爲謂窮靈瑤本作虛極數妙盡冥符耶。此正難意云所言二智不異者。爲是般若證窮眞諦之虛斷盡俗諦有爲之數。妙盡冥符合而爲一耶。此難實智冥眞絕俗也 爲將心體自然靈怕獨感耶。難意謂般若之用。不在窮虛極數。當體虛怕。無相獨存耶。此難無權智也○上申疑立難。下出過 若窮靈作虛極數妙盡冥符。謂心境既合爲一。則不應存寂照二名 ●則寂照之名。故是定慧之體耳。然寂照二名體用不一。則所成之定慧既二。則寂照亦二。用既二則體亦二。安可言心境冥一也。此則二名不應一體也 若心體自然靈怕獨感。是所謂神彌靜乃返一絕跡。有體無用。如何又有權智耶 則羣數之應。固以幾乎息矣。若有體無用。則權智已絕。又何言應逾動耶○

上雙難權實。下諸難無知 夫心數既玄。則寂然無知矣 而又云孤運其照。然照則知矣。何言無知 神滈化表而慧明獨存。言神既滈恬於萬物之表。此則絕於應而慧明獨存。則不合有應。有應則二知矣。既有二知。則一知照眞。一知明俗。何謂無知 當有深證。可試爲辨之。辨上權實不二。眞智無知。下難不取。意謂實智可不取。權智則非不取也 疑者當以撫會應機覩變之知。不可謂之不有矣。謂權智應機。必定有知 而論旨云本無惑取之知。本論謂權智無惑取之知 而未釋解也所以不取之理。意謂權智應機必有知。有知必有取。而言不取。故未解也 下兼難心異 謂宜先定聖心所以應會之道。謂以二語楷定聖心。卽下云 爲當唯照無相耶。由上立難權智有取。故今單就權智以難聖心有二。爲是權智觀物唯了物證惟空本無相耶。此審定無相 爲當咸覩其變耶。爲是權智應物覩其萬化皆有相耶。此審定有相○下難 若覩其變則異乎無相。謂若唯覩其萬變有相可撫。則異乎無相 若唯照無相則無會可撫。謂若唯照性空。則萬境斯寂。故無會可撫 既無會可撫而有撫會之功。意有未悟。幸復誨之。言既無會可撫則機緣已絕。可言不取。而又言有撫會之功。有撫則何言不取耶。意謂聖心若一。定應得一失一。若二諦俱得則權實兩殊。故此難之。下難是當。先擧疑文 論云無當則物無不當。無是則物無不是。物無不是。故是而無是。物無不當。故當而無當。上引論文。下就許是當 夫無當而物無不當。乃所以爲至當。無是而物無不是。乃所以爲眞是

上就許是當下雖相違豈有眞是而非是。至當而非當。而云當而無當。是而無是耶。上雖相違下叙救轉非若謂至當非常泛常當眞是非常泛常是此蓋悟惑之言本異耳。至當眞是乃悟者所見常當常是乃惑者所執故言不同而義未決固論旨所以不明也。願復重喩以祛其惑矣。請決所疑下雖以結意論至日卽與遠法師詳省之。法師亦好相領得意。言遠公亦相得意許可但標位似各有本遠宗法性什宗實相故各有本或當不必理盡同矣。此一語足見遺民見理未眞頃兼以班諸有懷謂以示同志屢有擊其節者。謂賞音識趣者而恨不得與斯人同時也。凡見斯論者無不願見而不可得也

答劉遺民書書有二幅前短札後長幅

不面在昔。佇想用勞。言與遺民自昔未面故但勞佇想耳慧明道人至。得去年十二月疏幷問。慧明寄至劉公前書托披尋返覆。詳省來問欣若暫對。涼風屆節。頃常如何。此叙寒溫貧道勞疾多不佳耳。信乃使者信南返不悉。此叙意下正答八月十五日。釋僧肇疏答

服像雖殊。妙期不二。服像言儒釋雖不同若妙悟心期則本來不二江山雖緬。遠也理契則鄰。江山雖遠若忘形契理則萬里非遙所以望途致想。虛襟有寄。言與劉公心神契會所以屬望長途虛懷有託君既遂嘉遯之志。嘉遯周易遯卦爻辭又云肥遯言高尙隱逸也標越俗之美。獨恬事外。歎足方寸。此歎劉公匡山蓮社已遂隱逸之志標越塵俗之美名獨享世外之樂其歎足內心每一言集。每與南來之人一言集會之間何嘗不遠喩林下之雅詠。來人一言話間未嘗不遠領林下之雅詠謂時領社中名公著作也高致悠然。此讚所聞諸作則知高尙之思悠然可想淸散未期。言慕社中淸勝君子蕭散之懷未期佳會厚自保愛。此囑劉公加餐之意每因行李。數有承問。因往來人數得劉公音問願彼山僧無恙。道俗通佳。酬前大衆康和但社有宰官居士故幷問道俗承遠法師之勝常。此酬前外國法師當休納以爲欣慰。喜法師勝常足以慰心雖未淸承。然服膺高軌。企佇之勤。爲日久矣。叙仰慕遠公之情雖然未承淸範而服膺懷德仰其高躅遙慕之心非一日矣公以過順之年。湛氣彌厲。下酬叙遠公近履佳況前云遠公湛氣若玆之勤故因歎云過順之年澄湛之氣彌厲益嚴勁倍常所謂老當益壯養徒作養徒衆幽巖。抱一凝神沖空虛谷。遐邇仰詠。遠近仰高蹈德何美如之。歎遠公美德無以過之每亦翹想一隅。懸庇霄岸。言翹想遠公天各一方霄岸猶言天際言懸遠托庇蔭於天際無由寫敬。懷慕之心布敬無因致慨良深。言懸想而不及見僁慨之念實深君淸對終日。快有悟心之歎也。酬前遷慰既深謂慕遠公之高恨不及見君幸終日淸對且喜有悟心之快卽此大衆尋常。如常什法師如宜。正答休納秦王道性自然。此下叙國王外護三寶正隆天機邁俗。言秦王向道之性不勉而能天機超俗不以有國爲榮城塹外護三

*王一作主

賓。弘道是務。言不以國事爲累。但終日弘道由使異典法寶。卽下叙新經勝
僧。僧寶。卽下叙諸師方遠而至。自西竺遠來靈鷲之風。萃於玆土。
佛居靈鷲之風。什師入關。三寶聚於此土領公支法領也。遠公弟子。遠舉乃千載之
津梁也。（領）公往西域取經。故云遠舉於西域還得方等新經二百
餘部。遠公使、領公往西域取經。所取方等諸經。按新疏云。華嚴梵本亦領公尋至。恨無正傳請
大乘禪師一人。禪師名佛陀婆陀羅。此云覺賢。賢學禪業於罽賓佛大仙。弘始中入秦。於
瓦官寺教習禪道。江南慧嚴慧觀。關中玄高等。皆從師受業。論主亦在其中。故劉公稱云悟發之器三
藏法師一人。名弗若多羅。姚興待以上賓之禮。令譯十誦。未竟而終毗婆沙法
師二人。一名曇摩耶舍。一名曇摩掘多。以善通此論。故以爲名什法師於大石
寺出新至諸經。諸經。或諸師齎來。或領公所取。皆一時至。故云新至法藏淵曠。
淵深廣大日有異聞。時聽誦譯禪師於瓦官寺教習禪道。門徒
數百。夙夜匪懈。日夜參求邕邕和也肅肅敬也致可欣樂。由是而知
達磨未來已前。禪道已行。學者不少。論主盖以從修禪業。有所悟入。觀論旨幽玄。非悟何以至此三
藏法師於中寺出律藏。本謂四重等末謂餘篇精精詳悉悉盡。若
覩初制。若覩如來初制之日毗婆沙法師於石羊寺出舍利弗
阿毗曇。小乘論名胡本。梵本雖未及譯。時問中事。發言新奇。
此上叙譯場近來諸經。及西來諸師。足見一時法運之盛。故特以相聞貧道一生猥參
嘉運。遇玆盛化。自恨不覩釋迦祇桓之集。餘復何恨。

論主自慶時淸道泰。明主弘法。眞師主盟。聖典遠臻。勝友雲集。可謂一時之盛。何幸參預嘉運。遇玆盛化。所恨
不覩祇園親承佛會。餘復何憾而慨不得與淸勝君子同斯法集耳。
此以不得劉公同此法集。良以爲慨耳生上人頃在此同止數年。什公門下至於言
弟子。有生。肇。融。叡。稱爲四哲。時美其盛。謂通情則生融上首。精難則叡肇第一。或云覩公
話之際。常相稱詠。詠。誦也。謂常稱誦匡山之盛中途還南。因譯涅槃經。至
闡提無佛性義。生公曰蠢動含靈皆有佛性。闡提雖不信。有時善根發現。何以言無佛性。想經來未盡耳。衆皆
不然。生公遂去譯場。故云中途南還君得與相見。來書云始見生上人示無知論。故云相見
未更近問。惘悒何言。言生公去後。更無近問。中心惘悒。言思慕不忘也威道
人至。自遠社來得君念佛三昧詠。幷得遠法師三昧詠及
序。言劉公作念佛三昧詩。遠公亦作且更有序。威道人持來。故得一見此作興寄旣高。
辭致淸婉。此美念佛三昧之作。托興寄心已高。而文辭淸爽。致思微婉能文之士。
率稱其美。言關中能文之士相率皆稱其美可謂游涉聖門。扣玄關
之唱也。稱其能以文辭發揮佛理。故云游涉孔聖之門而扣法界玄關之唱。非空談也君與
法師當數有文集。因來何少。因見念佛詠序。則知公與遠公文集當多。而見
寄何少耶什法師以午年弘始八年歲次丙午出維摩經。貧道時預
聽次。什師譯維摩。且譯且講。故云時預聽次參承之暇。輒復條記成言。
謂參承講說之暇。復條記什師現成之言以爲注解。此言註雖出肇手。而義則本乎什師辭
雖不文。然義承有本。論主自謙維摩注解。辭雖不文。而義則承本什師今因

稱下一有邪字

怕一作泊

聖一作至

信使者持一本往南君閑詳言劉公閑於文字詳於義理試可取看。已上敍彼此一往之意以通其情此下方敍來問發起來問婉切。謂劉公五難辭婉而義切難爲郢人。答非自謙謂難與劉公敵手郢人出莊子謂郢人堊漫其鼻端若蠅翼使匠石斲之匠石運斤成風盡堊而鼻不傷郢人立不失容此匠石揮斤之妙固難其人而郢人立不失容更自難得言承當之難也貧道思不關微言入理兼拙於筆語。謂不但思不入理兼且拙於文字且至趣無言言必乖趣。至理無言言生理喪云云猶嘵嘵不已。竟何所辨言不及理辨之何益聊以狂妄言言示詶來旨耳。莊子云吾與汝妄言之汝亦妄聽之疏云稱聖心冥寂理極同無雖處有名之中。而遠與無名同。斯理之玄。固常彌昧者。上牒來疏所引論辭以此爲懷自可忘言內得取定方寸。此許其所得自可忘言內證取定一心復何足以人情之所異而求聖心之異乎。此責其不能忘言復以常人之情而求聖心之異疏曰。下舉難出意談者謂窮靈極數妙盡冥符則寂照之名故是定慧之體耳。寂照下出難若心體自然靈怕獨感。下出難則羣數之應固以幾乎息矣。上牒難下出意意謂通下句妙盡冥符。心境合一則寂照雙絕不可以定慧二法爲名。謂靈怕獨感。則靈心絕待不可稱羣數以息却不知兩言雖殊妙用常一。迹我而乖。在聖不殊也。上以正意責迷何者。徵釋無異先示定慧同源夫聖人玄心寂體默照。

人一作心

照用理極同無照極則兩忘同一眞源。既曰爲同。同無不極。既同一源則無有不極○下責迷何有同無之極。而有定慧之名。此出正義下釋伏疑云定慧既一何故前云寂即用用即寂定慧之名。非同外之稱也。謂照既同一源則知定慧本同一體豈同外別稱定慧之名耶若稱生同內有稱非同。謂若定慧之名生於同內則凡涉名言則非眞體若稱生同外。稱非我也。謂於同外强稱定慧之名則是迷者妄執在我般若體中本無定慧二名○上答定慧不二下答權應不息又聖心虛微妙絕常境。妙盡冥符此言實智無爲次言權應不息感無不應會無不通。冥機妙智潛運其用不勤。權智妙應而無不爲如此羣數之應。亦何爲而息耶。上明實智無爲權應不息下答二智體殊正答心異兼通有知先標妄且夫心之有也。凡夫妄心之有也以因其有有。有待緣而後有有不自有。以待緣而有故不能自有故聖心不有有。此顯眞也以聖心離緣故不有有不有有故有無有。以不借緣生故雖有而非有有無有故。上牒則無無。既已非有則亦非無無無故。上牒聖人不有不無。雙絕有無冥心際一不有不無其神乃虛。以有無雙絕則虛靈獨照妙契中道何者。徵起下即雖就通正答心異以明雙非夫有下至廢用耶通爲一唱二百零一字夫有也無也心之影響也。影譬象響譬言言也象也影響之所攀緣也。分別影響本無實法下正示雙非有無既廢絕。也則心無影響。影響既淪。爽也則言象莫測。心絕緣影則言象不及言象莫測。則道絕羣方。則心

＊通一作靈下同
●存一作在
＊一無無字

體離量道絕群方。故能窮靈極數。窮虛則理極。極數則妄盡。窮靈極
數。乃曰妙盡。眞妄雙亡。是非齊泯。妙盡之道。本乎無寄。靈靈絕待。故曰
無寄夫無寄在乎冥寂。權實一心。寂照一體。冥寂故虛以●通之。
通者道達之意。謂冥寂之體。至絕離相。若不假一虛字通之。則人何以了悟妙盡●存亦因也
乎極數。眞不窮則妄不盡。妄不盡則眞不極。極數故數以應之。會萬物而爲已。
故曰極數。分身萬象。法身普應。故數以應之數以應之。故動與事會。權智應物。
感而遂通。故云動與事會虛以●通之。故道超名外。實智證理。離名絕相。故云道超
名外。下兼通有知道超名外。因謂之無。但離名相。不是斷滅動與事會。
因謂之有。感應在機。隨緣而現。故有非實有因謂之有者。應夫作非字
眞實也有強謂之然耳。彼指中道一心何然哉。待機緣而有者。應非實有。
但強謂之耳。彼寂滅一心。何嘗動而爲有哉故經云引證無知聖智無知而無
所不知。無爲而無所不爲。此義引般若諸文。以證聖心權實不異。有知無知本
一致也此●無言無相寂滅之道。豈曰有而爲有。無而爲
無。動而乖靜。靜而廢用耶。此據理責迷。以結上義也而今談者。此下
正答有知。潛答心異多即言以定旨。責迷不能忘言會理尋大方而徵求也
隅。老子云大方無隅。謂寂漠沖虛之般若。而以有知無知求之。正猶尋大方而求隅也懷前識
以標玄。前識者老子云前識者道之華。而愚之始也。謂分別或取之知存執也所存之
必當。以妄執爲必當是以聞聖有知。謂之有心。聞聖無知。謂

＊云一作曰下同
＊於一作于

等同也大虛。即謂冥然無知有無之境。邊見有無斷常二邊所存。豈是
處中莫二之道乎。上責偏見以明不異。下示中道何者。徵明空假以顯中道。先空
次假萬物雖殊。然性本常一。以性空故常一不可而物。以緣生無性。不
可名物。此示空義然非不物。以無性緣生。此示假義可物於物。上物能取之心。
下物所取之境則名相異陳。迷則能所未忘不物於物。能所兩忘則物而
即眞。不取無非幻。故即物即眞○下正示中道是以聖人不物於物。不取不
非物於物。不捨不物於物。物非有也。一心不生。萬法自寂不非物
於物。物非無也。森羅頓現。萬境全彰。以空有兩忘。二邊自泯。此約一心以顯中道。下約境
以顯中道非有所以不取。以萬法本空。無可取者非無所以不捨。以法
法即眞。故不捨一法不捨故妙存即眞。由不捨一法。故法法即眞不取故名
相靡因。心不附物。則名相自空名相靡因。非有知也。無境可知妙存
即眞。非無知也。萬法唯心。眞照獨立。故非無知故經●云引證般若於諸
法。無取無捨。無知無不知。證明般若能所兩忘以顯中道此攀緣之
外。超妄想境絕心之域。離心意識而欲以有無詰者。不亦遠乎。
總責執迷請詰夫雙結有無陳有無者。夫智之生也。極於相內。
智乃六麤智相之智。謂分別見也。言分別知見因名相起法本無相。聖智何知。以萬
法性空無相。聖人無境當心。又何所知世稱無知者。謂等木石太虛無
情之流。世人謂無知將同無情靈鑒幽燭。形於未兆。道無隱機。

般若眞智。鑒明鑒照無幽不燭。一念未生已前。十方三世圓明了了。徹見萬法。故道無隱機。寧曰無知。如此鑒明爲正徧知。豈曰無知。下爲解偏滯 且無知生也起於無知。下無字誤。應云無知生於有知。謂無知之見起於有知。二者相待。其實有無俱無 無無知也。無有知也。雙拂二見。有無不立。下顯雙非 無有知也謂之非有。是爲寂體 無無知也謂之非無。是爲照用 所以虛不失照。寂而常照 照不失虛。照而常寂 怕然永寂。湛然常住 靡執靡拘。不墮有無如此。中道妙絕常情 孰能動之令有。靜之使無耶。動不著有。靜不著無 故經云眞般若者。非有非無。無起無滅。不可說示於人。一切皆非。故不可說示 何則。徵釋經義 言其非有者。言其非是有。凡佛言非者。乃遮遣破執之辭。非實法也。且言非有者。乃是遮執有者。遮其不是實有耳 非謂是非有。不是說絕無也 言其非無者。言其非是無。言其不是絕無 非謂是非無。不是說實有也 非有說非有 非非有。也不是非有 非無說非無 非非無。也不是絕無。四句既離。百非自遣 是以須菩提終日說般若。而云無所說。此絕言之道。知何以傳。絕言之道。非知見之境。又何以傳 庶參玄君子。有以會之耳。惟忘言者可以心會耳。上雙遣權實竟。寂照有無二疑皆通。下別答不取。先廣答心異 又云宜先定聖心所以應會之道。爲當唯照無相耶。爲當咸覩其變耶。此敍來難。前難意云。權智有取。爲是唯照萬法性空無相耶。爲是權智應物覩其萬化皆有相耶。來難二意。一難有取。二難心異。今先答心異。後答不取。○下出難意

談者似謂無相與變其旨不一。覩變則異乎無相。照無相則失於撫會。下責滯 然則卽眞之義。或有滯也。出其難意。謂二智不一。然覩變則是有相。異於無相矣。照無相則不能應機。異於有相矣。是則空有不能雙照。故責以不能卽眞。故云滯也 經云色不異空。空不異色。色卽是空。空卽是色。此下正答。先引經定理。以色空相卽立意。下反覆之 若如似也來旨觀色空時。應一心見色。一心見空。此出迷滯。下出違 若一心見色則唯色非空。若一心見空則唯空非色。然則空色兩陳。莫定其本。莫定經中立言本意 也。下釋經意 是以經云非色者。誠以非此非乃破斥之義 色於色。謂凡夫執色是實有。故以非破斥其執 不非色於非色。上非色謂破斥。下非色謂虛空。言但破其色執。不非破虛空 若非色於非色。返釋。謂若非破虛空 太虛則非色。虛空非色相 非色何所明。虛空既非色。縱破何所發明乎。下順釋 若以非色於色。上非色空也。謂以空破於色相 卽非色空也 不異色。此空異色 不非色不異色。牒上空不異色 色卽爲非色。卽了空不異色。則色卽是空矣。下依經會理 故知變卽無相。正覩變時。卽達無相 無相卽變。正無相時。不妨覩變 羣情不同。以機不一 故教迹有異耳。執無相者。故說覩變。執覩變者。故說無相 考之玄籍。謂聖經 本之聖意。本其聖人說法之意 豈復眞實智僞權智殊心。空有二境異照耶。謂豈一心照無。一心照有耶 是以下依心照境。以顯不異 照無相實智 不失撫會權智 之功。

即實之權觀變動權智不乖無相實智之旨即權之實造有不異無雖適生死而不動本際造無不異有雖證涅槃而不捨度生未嘗不有未嘗不無有無雙照二諦恒存故曰不動等覺而建立諸法以此而推寂用何妨寂用二法有何相妨如之何謂觀變之知異無相之照乎據理責迷上廣答心異竟下略答不取恐談者脫或也謂空有兩心靜躁殊用故言觀變之知不可謂之不有耳上出迷執下正通前疑若能捨已心謂已見於封執取也內尋玄機至理於事外名相之外齊萬有於一虛等觀萬法一味純眞曉至虛法身無相之非無徧一切處者當言至人終日應會與物推移謂隨順周旋也乘運時也撫化未始爲有也終日度生不見生之可度此正有無齊觀權實並運○下結答返責聖心若此何有可取而曰未釋不取之理前別答不取竟下決釋是當又云無是乃所以爲眞是無當乃所以爲至當亦可如來言耳上印許來意下示以忘情若能無心於爲是而是於無是是者印物之心是於無是則照而常寂無心於爲當而當於無當者當者當心之境當於無當則寂而常照則終日是不乖於無是不乖於是則心空終日當不乖於無當不乖於當則境寂但恐有是於無是執心未忘有當於無當執境未化所以爲患耳但恐執著之情未忘所以爲患耳何者徵明執著若眞是可是至當可當

乃一作而

耳一作邪

此則心境未忘則名相以形生心取著故名相斯起美惡是生取捨情生則愛憎橫發生生奔競攀緣取境逐逐不休孰與止之自心妄動誰與止之此執著之患也是以聖人空洞其懷無識無知聖人心包太虛萬境斯寂然居動用之域而止無爲之境處有名之內而宅絕言之鄕雖爲而不爲寂寥虛曠莫可以形名得超情離見非思量可知若斯而已矣聖心如此乃曰眞是可是至當可當未喩雅旨也聖人心境兩忘而以是當求之所以未喩來旨也恐是當之生物謂之然乃凡夫取著之妄見彼自不然彼聖心非常情可測何足以然耳以凡情而謂聖心之必然何足以知之上通答隱顯五難竟○下結示離言夫言迹之興異途之所由生也尋名執相者依言取義分別情生正智昧矣而言有所不言以言而顯絕言之道迹有所不迹兎不在蹄魚本非筌是以善言言者求言所不能言善迹迹者尋迹所不能迹得義忘言得魚捨筌至理虛玄擬心已差擬心卽錯動念卽乖況乃有言恐所示轉遠名相不忘於理轉遠庶通心君子有以相期於文外耳唯忘言者可以意得息慮者可以心通若執言競辨曉曉何益哉

肇論略注卷四

肇論略注卷五

明匡山沙門憨山釋　德清　述

涅槃無名論第四

涅槃無名論者以所論者涅槃故以爲題言涅槃者梵語也此云圓寂謂五住究盡爲圓二死永亡爲寂乃寂滅一心之異稱淸淨法身之眞體非死之謂也以三世諸佛曠劫修因證此一心之體名爲法身以酬廣大之因名爲報身隨機益物名爲化身一切諸佛皆具三身法身爲體化身爲用有感卽現無感卽隱隱而不現圓歸一心攝用歸體名爲入滅是稱涅槃非生死之謂也以此一心五住煩惱不能覆故曰圓二種生死不能羈故云寂故教約出處說有四種一自性涅槃謂卽此一心名爲法身徧一切處爲諸法體名爲自性本來寂滅所謂有佛無佛性相常住一切衆生本來滅度不復更滅故云自性涅槃二有餘涅槃謂三乘所證無明未盡變易未亡證理未圓三皆有餘故亦稱涅槃三無餘涅槃卽修成之佛妄盡眞窮體用不二亦名所證無上大涅槃果故名無餘四無住涅槃謂一切聖人不處有爲不住無爲二邊不住中道不安動靜爲二總名涅槃故云無住此四種名但約體用之稱其實一心名相俱寂故云無名所謂生死及涅槃二俱不可得故云無名是爲不生不滅常住一心之都稱耳前不遷不眞爲所觀之境般若爲能觀之智三皆是因以此涅槃乃所證之果故以爲論

奏秦王表

什師入滅論主追慕無已因作涅槃無名論以稱述所證之德不異於佛以讚揚之言雖以前般若乃能證之智爲因涅槃爲所證之果其意實爲什師而發論成表獻秦主故首列其表文

僧肇言 對人主而不稱臣者以方外自處也所謂不事王侯高尙其事天子雖尊不以臣禮待之也 肇聞天得一以淸地得一以寧君王得一以治天下 天得一等語用老子一謂大道之元也老宗自然名爲大道論宗一心同文義異 伏惟陛下叡 聖也 哲 智也 欽 敬也 明 謂明德 道與神會 道謂涅槃大道秦王妙契故曰神會 妙契環中 莊子樞得其環中以應無窮謂秦王妙悟中道故 理無不統 以悟

一無亦字

一心則理無不攝游刃語出莊子庖丁解牛迎刃而解以喻妙智應物則事無不理萬機人君日有萬機弘道終日謂不以萬機以妨弘道威被蒼生垂文作則法也所以域中有四大而王居一焉

此美秦王能妙悟一心而具堯舜之德也尙書叡哲舜德欽明堯德謂秦王不唯具堯舜之德且能契涅槃中道妙理統會一心故雖日應萬機不妨弘道終日用武興文爲世明主所以域中四大而王居一焉語出老子天大地大王亦大此歎德也

涅槃之道蓋是三乘之所歸三乘同證故曰所歸方等之淵府方等深經之究竟理趣故曰淵府渺漭汪洋無涯希夷離聲離色故絕視聽之域迥超見聞幽致虛玄幽妙之理致虛靈絕待殆甚也殊也非羣情淺識之所測

此歎涅槃之道爲衆聖歸趣體絕名相非見聞可及絕待幽玄故非淺識之可測也

肇以人微猥蒙國恩得閑居學肆幸列譯場在什公門下十有餘載公十九見什三十二歲而亡雖衆經殊致勝趣非一然涅槃一義常以聽習爲先但肇才識闇短雖屢蒙誨喻猶懷疑漠漠無知貌爲竭愚不已亦如似有解未爲必得

其鑑然未經高勝先唱不敢自決

此論主自敘得法之由也謂雖刻意涅槃一義似有所悟然未經高明勝智之人印證故不敢自決

不幸什公去世諮參無所以爲永慨

此言什公業已入滅咨決無由再不復見斯人故爲永慨此所以有感故作此論

而陛下聖德不孤獨與什公神契目擊道存快盡其中方寸故能振彼玄風以啓末俗

此言秦主天挺聖智獨與什公心相印契妙悟不言之表能力振什風以開導末俗意謂什公雖亡幸有秦王可以印心也

一日遇蒙答安城候姚嵩書問無爲宗極

姚嵩亦秦之宗屬以秦王先有詔云夫道以無爲宗姚嵩難云不審明道之無爲爲當以何爲體蓋以涅槃乃無爲之道秦主答有多說以論所引正言涅槃故下引其答義以發論端

何者夫衆生所以久流轉生死者皆由著欲故也若欲止於心卽無復於生死既無生死潛神玄默亦作漠

與虛空合其德。是名涅槃矣。既曰涅槃。復何容有名於其間哉

此引秦王答姚嵩問無爲宗極之辭。而指涅槃乃無爲宗極。而結以無名歸之。此論主所以爲玆論之發啓也。意謂生死乃有爲之法。而以著欲爲因。故感三界之苦果。若欲止於心。卽生死永斷。既無生。死則勞慮永息。潛神寂漠之鄕。絕然無爲。與虛空合其德。是名涅槃。然涅槃之道如此而已。豈容有名於其間哉。故以無名稱之

斯乃窮微言指聖經之美。極象外之談者也。此讚秦王無名之說自非道參文殊。謂契文殊之智妙契佛心德侔慈氏。同慈氏之悲孰能宣揚玄道。爲法城塹。言若非契二聖之智悲。何以弘揚妙道。外護三寶使夫大教卷而復舒。幽旨淪而更顯。意謂涅槃大教得什公闡明。今什公已亡。則妙旨已淪。今幸有秦王發明。故曰卷而復舒。淪而更顯尋玩殷勤。不能暫捨。欣悟交懷。手舞弗暇。豈直當時之勝軌。方乃累劫之津梁矣。論主述其慶法之歎。謂其言不但爲一時雅範。且爲長劫津梁然聖旨淵深也玄。妙也理微幽微言約。簡也可以匠法也彼先進。宿學之人拯援也引拔提也高士。高尚之士懼言題之流。執言語名字之流或未盡上尊人主爲上意。庶近也擬擬議孔易十翼之作。伏羲畫卦文王爻辭。周公繫辭孔子作十翼以贊之。卽上彖下彖等豈貪豐文。非貪豐富其文以誇其美圖以弘顯幽旨。圖以弘揚顯發涅槃之幽旨輒作涅槃無名論。論有九折十演。以法十演博廣也。采取也衆經。託取託證印證成喩以仰述陛下無名之致。豈曰關詣神心。非敢關涉聖神之心窮究遠當。亦不敢言窮究高遠必當之理聊以擬倣効也議軌則玄門。涅槃玄門班喩學徒耳。布說後學耳論末章云。秦王答姚嵩書末章諸家通第一義諦。皆云廓然空寂。無有聖人。此時諸家計勝義空寂不容有聖吾常以爲太甚徑庭。莊子語。意謂太甚逕遠不近人情。若無聖人。知無者誰。吾常下秦王答姚嵩之辭。謂無聖之說。與理乖差。其言迂遠。不近人情。若無聖人。知無者誰。意必有聖爲證理之人實如明詔。實如明詔。此論主印可秦王有理之談當理。故再稱之夫道恍惚窈冥。其中有精。二語用老子。恍兮忽。其中有物。窈兮冥。其中有精。意指精者卽爲聖人。似未穩當若無聖人。誰與道遊。意謂能證聖諦第一義。是爲聖人。非聖義諦中有聖人也。下云出處與號。故云與道遊頃諸學徒。莫不躊躇。不進之貌道門。怏怏不決之意此旨懷疑終日。莫之能正。謂一時學人。聞無聖之說。皆猶豫不進。於入道之門。不決此理。故懷疑終日。無與正者幸遭逢也高判。宗徒儡裂爲聲然。謂幸逢秦王有聖之論。乃高遠判決。故宗徒之疑。慨然盡裂扣關入道之人之儔。蔚盛貌登玄室。言一時學人聞秦主之論。其疑盡決。扣關入道之人。蔚然登堂入室眞可謂

◆大一作聖

◆采一作採

◆徒一作士

◇牒一作條

法輪再轉於閻浮。道光重映於千載者矣。(謂當時之疑無能決之。卽有談者未必見信。幸遇王言其出如綸。故無不宗仰。一言之重。可謂法輪再轉。道光重映矣)今演論之作旨。曲辨涅槃無名之體。寂(止息也)彼廓然排方外之談。(方外。謂遊方之外。謂學佛者。當時流輩。有宗廓然無聖者。遂起斷見。謂絕無聖人。因排斥聖爲權現非眞。撥無因果。恥修行者以爲著相。是以喧然以爲得。莫能正者。今幸秦主答萬書云。若無聖人。誰與道游。卽此一言。使偏見之流邪說頓息。使曉曉者寂然無聲。故重演之。以助明致)條牒如左。謹以仰呈。若少參(合也)聖旨。願勅存記。如其有差。伏承指授。僧肇言。(論呈秦王。覽之答旨慇懃。備加讚述。勅令繕寫。班諸子姪。其爲人主推重如此)

泥曰。泥洹。涅槃。此三名前後異出。蓋是楚夏不同耳。云涅槃音正也。(五竺梵音不同。如此方之楚夏。蓋以涅槃爲正音也)

九折十演者

折謂折辨。有名立難。演爲敷演。無名通理。謂其難有九而演有十也。意蓋以涅槃有名而難。以無名而答。以顯無名之理。

開宗第一

開示涅槃無名之在義。爲下答難之綱宗。亦猶四論之宗本也。一論大旨。不出此章。將顯無名之致。

◇一無是字

先標有名。以彰宗依也。教說涅槃有四。今但稱二名。以自性約理。無住約行。二者有名無實。故不必論。今二涅槃約人。以名無餘乃如來所證。有餘乃三乘所證。今論指佛應緣未盡。有名有實。將爲宗依。故但稱二也。今詳論主立意。前尊秦王若無聖人誰與道游之詔。以破邪宗廓然無聖之流。以爲發論之端。今標二種涅槃。以爲論宗。蓋謂能證之人有實。所證之理無名。故依之以立論也

無名曰。(假設通答之人。如子虛無是公也)經稱有餘涅槃無餘涅槃者。秦言無爲。亦名滅度。(梵語一名。翻有二義)無爲者。取乎虛無寂寞。(離名絕相)妙絕於有爲。滅度者。言其大患永滅。(老子云。吾所以有大患者。爲吾有身。今指分段變易二種生死。二死永亡。故云大患永滅)超度四流。(四流。謂欲流。有流。見流。無明流。爲二死之本)斯蓋是鏡像之所歸。(鏡像。楞伽經云。譬如明鏡現衆色象。現識處現亦復如是。謂一切衆生身心世界。皆唯識所現。乃八識相分。攝相歸性。元是眞如。故云鏡像之所歸)絕稱之幽宅也。(以離名故絕稱。離相故言幽宅)而曰有餘無餘者。(既離名相。又有有餘無餘二名者)良是出處之異號。應物之假名耳。(言涅槃者。蓋一眞法界法身之眞體也。證此法身。是稱爲佛。機感必應。卽現身說法。故爲出。緣畢而隱。攝相歸體。故爲處。故一切諸佛。以現身爲有生。以緣滅爲涅槃。殊不知滅元不滅。如云餘國作佛更有

（異名，所謂應物之假名也。）余嘗試言之（下正廣論無名之旨）：夫涅槃之爲道也，寂寥虛曠（其體寂滅），不可以形名得（離名字相）；微妙無相，不可以有心知（離心緣相）；超羣有以幽升（高超三界。處無不斷），量太虛而永久（永證無爲。眞無不極）。隨之弗得其蹤（未來無終），迎之罔眺其首（過去無始）。六趣不能攝其生（五住究盡），力負無以化其體（二死永亡）。潢漭（水無涯貌。汪洋無涯）惚怳（謂言非有非無。不可以定名），若存（生而不生）若往（滅而不滅）。五目（謂肉眼。天眼。法眼。慧眼。佛眼）不覩其容（無狀無相。以離色故。覩之而不見），二聽（謂肉耳。天耳）不聞其響（以離聲故。不可聞）。冥冥窅窅，誰見誰曉（冥冥不可見。窅深貌。窅窅不可窺）。彌綸（充滿包羅之義）靡（無也）所不在，而獨曳（超脫也）於有無之表。然則言之者失其眞（言生理喪），知之者反其愚（非智可知），有之者乖其性（若執是有。則違寂滅之體），無之者傷其軀（法身流轉五道。名曰衆生。若執是無。則墮斷滅）。所以釋迦掩室於摩竭（佛初成道。三七思惟。而不說法），淨名杜口於毗耶（文殊問維摩不二法門。維摩默然），須菩提唱無說以顯道，釋梵絕聽而雨華（須菩提巖中晏坐。帝釋散華供養。謂其善說般若。尊者以無說而說。天帝以無聞而聞）。斯皆理爲神御（唯證乃知），故口以之而默，豈曰無辯？辯所不能言也（四辯不能談其狀）。經云：眞解脫者，離於言數（象也）。寂滅永安（生滅已滅），無始無終（非生非滅。故無始終），不晦不明（寂光常照。不屬晦明），不寒不暑（非遷流之法。不屬時分。故不寒不暑），湛若虛空（法身清淨。湛然常寂。猶若虛空），無名無說（離相故無名。離言故無說。此義引涅槃淨名等經）。論曰（中論）：涅槃非有，亦復非無，言語道斷，心行處滅（口不能言。故言語道斷。心不能思。故心行處滅）。尋夫經論之作（上引斯論。立言本意），豈虛搆哉（言非虛稱架空之談）？果（實也）有其所以不有，故不可得而有（本亦非有）；有其所以不無，故不可得而無耳（亦復非無）。何者（徵釋非有非無之所以）？本（言尋究也）之有境，則五陰永滅（不屬生死。故五陰永滅。不可得而有。滅則離苦。乃樂德也）；推（言推測也）之無鄉，而幽靈不竭（雖絕見聞。而幽深窅眇。靈知獨照。至眞常存。此眞我德也）。幽靈不竭，則抱一湛然（一眞之地。湛然常寂。此眞常德也）；五陰永滅，則萬累都捐（永離生死。則衆惑俱消。此眞淨德也）。萬累都捐，故與道通洞（由其惑淨。故內冥至理）；抱一湛然，故神而無功（由其體常寂。而妙用無方。故神而無功）。神而無功，故至功常存（無心而應。故功垂不朽）；與道通洞，故沖而不改（由惑盡眞窮。故神深而不變）。沖而不改，故不可爲有（由體虛不變。故不可爲有）；至功常存，故不可爲無（以隨緣應現。利樂無窮。故不可爲無）。然則（下總結離名離相）有無絕於內（以其體至眞。寂用一源。故內絕有無），稱謂淪（泯絕也）於外（不可以名字加之。故稱謂泯絕），視聽之所不曁（及也。非色非聲。故視聽不及），四空之所昏昧（四空天人。迷而不知。故所昏昧）。恬焉而夷（平等一如），怕焉而泰（寂而常照。無幽不鑒），九流於是乎交歸。

◇不一作莫
◇爲一作由
◇一無而字
◇作下一有字
◇存一作在
◇焉一作乎

九流非世之九流乃指九界衆生以涅槃乃一切衆生之本源故曰交歸衆聖於是乎冥會十方諸佛究竟之鄉故云冥會斯乃希夷之境非見聞之境太玄之鄉玄之又玄故云太玄而欲以有出有無入無題榜標指也其方域謂以涅槃爲諸聖出生入死之名特以有無之名題榜標指其方所而語其神道者以此爲得者不亦邈遠也哉

覈體第二

此有名興難乃折之一也因前云涅槃之體非有非無故今折之體竟何在故云覈體謂即有餘無餘之名以責有實體非無名也

有名曰名家按名以責實故興折難夫名號不虛生謂有名必有實豈有無實而彰名者稱謂不自起凡名不自名必因人見有可稱乃稱其名經稱有餘涅槃無餘涅槃者蓋是返本之眞名非是虛稱神道之妙稱神道之妙無可稱之故以涅槃名之是爲妙稱者也請試陳之謂按涅槃有餘無餘之稱是則涅槃有名也何言無名先論有餘興難有餘者謂如來大覺始興法身初建

此因有餘以定名先擧果德以彰因行有餘也他處有餘皆依三乘之人證理未圓斷惑未盡而說今此論中單約佛果利生有餘緣未盡而說詳論文義蓋是權教三十四心斷結成佛之果號乃小乘所見之佛非法報冥一之極果蓋依小乘見有出生入死以立難也今言如來乃十號之一謂乘如實道而來三界大覺乃就德立稱謂如來自覺覺他覺行圓滿三覺已圓故稱大覺然此大覺乃報身之稱今論通稱權教之佛亦是大覺約總德也法身非淸淨法身乃權教之佛五分所成之法身謂戒定慧解脫解脫知見此五法熏成之身也姓興初建蓋指應身初現六年苦行於鹿野苑初成正覺非菩提場爲初成也

澡八解之淸流憩七覺之茂林

此下正擧佛果已成返彰因行也八解者一內有相外現色二內無色相外現色三淨解脫四空處定五識處定六無所有處定七非非想處定八滅受想定此八有斷惑之能故如淸流有浣濯之用憩者休息也七覺支謂擇法進念定喜捨倚此七覺法如來修習已圓安逸其中故如休息於茂林之下也此上言果滿下顯因圓

積萬善於曠劫蕩無始之遺塵

此讚佛因行曠大劫來廣修萬善蕩洗滌也無始
無明煩惱洗滌無遺

◆照一作昭

三明鏡於內神光照於外

內證三明謂過去宿命明未來天眼明現在漏盡
明由具三明故了知三世鑒機說法曲盡隨宜

結僧那於始心終大悲以赴難

梵語僧那此云弘誓謂菩薩最初發心先發四弘
誓願故云始心及至成佛專以利生為事故云赴
難謂拯八難也

仰攀玄根俯提弱喪

因中上求佛果以實智證理故云仰攀玄根權智
化物故曰俯提弱喪言衆生沈迷猶自幼亡家故
云弱喪

超邁三域獨蹈大方

三域謂三界謂佛能遠超三界高證無為大方喻
所證之理小乘獨許悉達成佛故云獨蹈

啓八正之平路坦衆庶之夷途

八正即八正道謂正見正思惟等由佛開啓衆庶
庶孽也即指諸異見外道夷途應作邪途唯佛能
坦之

騁六通之神驥乘五衍之安車

言佛以六通御物如騁神駿五衍梵語衍那此云
乘謂界內人天出世三乘共有五乘應機說法運
載衆生至無畏處故云安車

至能出生入死與物推移

言如來應機利物有感即現緣盡即滅故云出生
入死隨順機宜故云推移楚辭聖人與世推移而
不凝滯於物

道無不洽德無不施

一雨普潤無不充洽三檀等施物無不利

窮化母之始物極玄樞之妙用

化母謂造化生物以喻因緣生法謂一切諸法從
因緣生故云始物玄樞實智妙用權智即實之權
故云極

廓虛宇於無疆耀薩雲於幽燭

冶塵滓一作鑪滓

昭廓心境徹法界之量故云無疆梵語薩雲若此云一切智謂以一切智照盡微塵刹土盡見衆生心數故云幽燭

將絕朕於九止永淪太虛

上言應緣益物此言緣盡入滅朕謂朕兆物始萌之微也九止即九地謂地乃佛之行履今化緣已畢將絕跡於化境永淪太虛指無餘涅槃

而有餘緣不盡餘迹不泯

度生之緣未盡教道之跡未圓故云不泯

業報猶魂聖智尙存此有餘涅槃也

按此二語論中立雖有餘涅槃正指三藏果頭佛也所謂同除四住此處爲齊若伏無明三藏則劣以無明未盡異熟未空故云業報猶魂尙須智斷故云聖智尙存以二皆有餘立雖以此

經曰陶冶塵滓如鍊眞金萬累都盡而靈覺獨存

此結證有餘涅槃也約塵滓之言陶應是淘謂洗也冶鎔冶銷融也塵滓喻煩惱如銷眞金先去鑛垢

無餘者謂至人教緣都訖靈照永滅廓爾無朕故曰無餘

此下言無餘涅槃也謂聖人由機教相扣故現身三界機教俱盡故潛耀斂輝靈照永滅永滅應跡俱絕故廓爾無朕如薪盡火滅故云無餘

何則夫大患莫若於有身故滅身以歸無勞勤莫先於有智故絕智以淪虛

何則下徵釋無餘之所以也蓋以身智爲累故俱滅爲無是爲無餘此正小乘所見也大患莫若於有身老子云吾所以有大患者爲吾有身若吾無身吾有何患以厭患其身故滅身以歸無又云絕聖棄智謂因智以勞形故絕智淪虛故心逸而無累

然則智以(因也)形倦形以智勞輪轉修途疲而弗已

智則分別執取形則根塵和合起惑造業故輪轉生死長劫不返者身心之過也

經曰智爲雜毒形爲桎梏淵默以之而遼患難以之而起

此引證智形爲累之所以也。智卽起信六麤之智相。乃分別執取爲無明三毒煩惱之本。故爲雜毒。桎梏刑器。乃形累之譬。桎拘足。梏縛手。形骸拘攣亦猶是也。謂分別情生。故與淵默之理相遠。生死苦患因之而起。此智之過也。故聖人釋智遺形。所以免累

所以至人灰身滅智。捐形絶慮。內無機照之勤。外息大患之本

聖人因知形智之累。故灰身歸無。以損其形。滅智淪虛。故忘緣絶慮。由絶慮故。內無機照之勤勤勞也。由損形故。外息大患之本。身心兩忘。所以大患永息。生死頓超

超然與羣有永分。渾爾與太虛同體

形智俱亡。則生死永絶。高超三界。故與羣有永分。心與理冥。返一絶跡。故渾與太虛同體

寂焉無聞。怕爾無兆。冥冥長往。莫知所之。其猶燈盡火滅。膏明俱竭。此無餘涅槃也。經云。五陰永盡。譬如燈滅

◎所下一有以字

此結屬無餘涅槃之相也。謂涅槃之體無聲。故寂焉無聞。無色故怕爾無兆。泯絶見聞。故冥冥長往。莫知所之。之猶往也。形智俱泯。故如燈盡火滅。膏明俱竭。以竭盡無餘。故云無餘涅槃。下引經證。此乃小乘偏空涅槃也。蓋論意折辭。皆約小乘起見。故難其答。以大乘正義。故以破偏執也

然則有餘可以有稱。無餘可以無名。無名立。則宗（崇也）虛者欣尙於沖默。有稱生。則懷德者彌仰於聖功。斯乃誥典之所垂文。先聖之所軌轍

此舉益將以結難意也。如上有餘無餘之說。則若有若無。皆可指陳。若無名立。則使小乘崇虛者。欣然趣尙於沖默虛無之理。若有名可稱。則合大乘懷聖德者。益覩其功。此讚述有無。皆不失理。此乃聖經誥典之垂文。先聖隱顯化物之軌轍。故下責之曰

而曰有無絶於內。稱謂淪於外。視聽之所不暨。四空之所昏昧。使夫懷德者自絶。宗虛者靡託。無異杜耳目於胎殼。掩玄象於雲霄外。而責宮商之異。辯玄素

之殊者也

此指本論責其乖理也難者意謂若有名可稱使懷德者有所歸無名既立則令崇虛者有所託今如所論有無雙絕稱謂俱喪如此則懷德絕分崇虛者無憑雖云玄妙但非見聞之境何異杜塞耳目於胎㲉爲生盲生聾之人玄象指日月且又掩日月之光如長夜而責之以辯宮商之音別玄素之色者不亦遠乎

子徒知遠推至人於有無之表高韻絕唱於形名之外而論旨竟莫知所歸幽途故自蘊而未顯靜思幽尋寄懷無所豈所謂朗大明於冥室奏玄響於無聞者哉

此結責違理以明無益也謂子言涅槃之道超出有無稱謂之外徒知高推聖境迥絕形名而論之旨趣畢竟莫知所歸宿涅槃幽眇之途自是蘊覆而未顯發名家謂我靜而思之幽而尋討之茫然寄懷無所依託非所謂朗涅槃大明之道於重冥之室使其共見奏玄響於絕聽之地令其共聞者哉謂是欲明而返暗欲通而返塞也

＊冥一作幽

位體第三

位猶安也亦立也因有名毅體寄懷無所故無名答以位之發明聖人非出生入死而稱有餘無餘蓋法身隨緣隱顯以答之

無名曰（據難以答）有餘無餘者蓋是涅槃之外稱應物之假名耳

由前難云涅槃乃神道之妙稱返本之眞名故今答意直以應物之假名以破之即此一言盡祛其迷

而存稱謂者封名志器象者耽形名也極於題目形也盡於方圓方圓有所不寫題目有所不傳焉可以名於無名而形於無形者哉

此破難者妄執之情也稱謂名也形乃相也然名相乃依他緣起爲偏計所執若封名志相蓋偏計之執未忘故名不能超題目之虛稱形不能出方圓之假象若了依他性假則偏計體空而圓成實性離名離相則形有所不能顯名有所不能傳是

爲超情離見非常情之境無形無名之道安可以
形名求之哉涅槃無名之義於是乎顯矣

難序云有餘無餘者信是權寂致(立也)教之本意亦是
如來隱顯之誠跡也(上經下卷)但未是玄寂絕言之幽致
又非至人環中之妙術(道也)耳(言但是聖人應化隱顯之跡非返一絕跡之道也)
子獨不聞正觀之說歟維摩詰言我觀如來無始
無終六入已過三界已出不在方不離方非有爲非
無爲不可以識識不可以智知無言無說心行處滅
以此觀者乃名正觀以他觀者非見佛也

此正示如來法身眞如實際超三世離根量出三
界偏一切處而無方所不屬有無分別非思議之
境豈可以有餘無餘假名稱謂可盡其量哉放光
云佛如虛空無去無來應緣而現無有方所
引證上義以顯自性涅槃也經云佛眞法身猶若
虛空應物現形如水中月故云應緣而現無有方
所

然則聖人之在天下也寂莫虛無無執無競導而弗
先感而後應

此承上經義以明無住涅槃也以法身徧在一切
處一切衆生及國土故云之在天下三世悉在無
有餘亦無形相而可得故云寂寞虛無競諍也有
諍說生死無諍說涅槃生死及涅槃二俱不可得
故云無執無競此言眞身也導而弗先等言應身
隨緣也寂然不動故導不能先感而遂通天下之
故故云感而後應

譬猶幽谷之響明鏡之像對之弗知其所以來隨之
罔識其所以往恍焉而有惚焉而亡(此釋鏡像喩)動而逾
寂隱而彌彰出幽入冥變化無常

此正喩顯無住義也谷鏡喩法身虛明湛寂之體
臨照呼聲喩感應之機像喩現身響喩說法不知
所以來不住有餘也不識所以往不住無餘也其
猶月映于江隨方各應而本體湛然故云動而逾
寂風吹萬竅羣響並作而谷體愈虛故云隱而彌
彰此所以出有入無幽冥莫測變化無常以此名
爲無住涅槃也

其爲稱也(有餘無餘之名)因應而作顯迹爲生息迹爲滅生

名有餘滅名無餘
此釋有無之稱乃應物之假名耳故云因應而作
但顯化爲生生名有餘緣息爲滅滅名無餘
然則有無之稱本乎無名無名之道於何不名
本垂迹何所不名哉但不可執跡以昧其本耳
有無乃應物之跡無名爲本是則名出於無名從
是以至人居方而方止圓而圓在天而天處人而人
原夫能天能人者豈天人之所能哉果以非天非人
故能天能人耳
言聖人安住無名法身之體而應用無方無刹不
現豈天人所能哉由其超出人天故能天能人耳
其爲治(化也)也故應而不爲因而不施(作也)因而不施故
施莫之廣應而不爲故爲莫之大
此言卽實之權故其用廣大也治爲教化衆生以
待感而應故不强爲因機說法待扣而說故但因
之而無施作以作則有心也以無心而施故大地
齊扣一時普應故莫之大以不爲而應故十方徧
感一身普應故莫之廣此所爲其用廣大也

之一作大

標一作匱

爲莫之大故乃返於小成施莫之廣故乃歸乎無名
此言卽權之實以顯體微也小成語出莊子道隱
於小成彼言大道在人而所成者自小耳此言小
成謂返一絕跡也謂以無爲而爲故大而絕跡無
心而作故廣而無名由卽權以顯實故不可以有
無之名求之耳
經曰菩提之道不可圖度高而無上廣不可極淵而
無下深不可測大包天地細入無間故謂之道然則
涅槃之道不可以有無得之明矣
此引證用廣體微之義也經乃太子本起瑞應經
謂菩提之道其體微妙非言思境故不可圖度其
用廣大故極上極下而不可測然雖包天地而細
人無間故極廣大而盡精微以此而推則涅槃之
道不可以有無之跡而得之者明矣
而惑者覩神變因謂之有見滅度便謂之無有無之
境妄想之域豈足以標榜玄道而語聖心者乎
此解惑責迷也由上言極槃之道體用微妙不可
以有無得之故此責其惑者不達覩其神變卽謂

◈云一作昔

之有見滅度卽謂之無故說有餘可以有稱無餘可以無名殊不知有無之境乃妄想之域豈足標示涅槃之妙道而語聖心者乎其實法身體中有無雙絕

意謂至人寂怕無兆隱顯同源存不爲有亡不爲無」

此示法身極證將解惑者之迷也謂法身寂滅無爲不墮諸數故寂怕無兆隱顯同源眞應不二故雖生而不生故存不爲有雖滅而不滅故亡不爲無

何則（徵釋二義）上 佛言吾無生不生雖生不生無形不形雖形不形以知存不爲有

此引證存不爲有也佛言者乃義引般若涅槃經語言無生不生者謂無一衆生之類而不示生也無形不形者謂無一類之形而不受也不唯人天六道乃至異類鬼神總之四生一十二類無處不入也此乃法身普應其體湛然不動故雖生而不生雖形而不形所以存不爲有也

◈涅上有般字〇般作入於 ◈果下一有決定二字〇域下有定字 ◈乎一作夫

經云菩薩入無盡三昧盡見過去滅度諸佛又云入於涅槃而不般涅槃以知亡不爲無

此引證亡不爲無也經乃普華嚴經卽安住長者成就法門名不滅度所得三昧名無盡佛性唐釋名佛種無盡三昧此云正思亦云正受無盡者以佛性無盡故入此三昧見三世佛亦無盡以此圓宗三世互現故義引盡見過去滅度諸佛楞伽云無有佛涅槃亦無涅槃佛故云入於涅槃而不般涅槃以此故知亡不爲無

亡不爲無雖無而有存不爲有雖有而無雖有而無故所謂非有雖無而有故所謂非無然則涅槃之道果出有無之域絕言象之徑斷矣

此躡前以明雙非以顯無住由是而知涅槃之道實超有無之境絕言象之路斷然明矣又何以生死去來有無稱謂而擬議哉〇上通答有無以破其惑下別破勞患以袪生滅之見

子乃云聖人患於有身故滅身以歸無勞勤莫先於有智故絕智以淪虛無乃乖乎神極傷於玄旨者也」

此敘計責迷也由上發揮涅槃超情離見適出言

象有無之外而名家妄以厭患生死而以滅身絕智爲無餘故責之曰若子之所云聖人云云者豈不乖違於法身神極之理傷於涅槃之玄妙旨趣者乎〇下引經極成

經曰法身無象應物而形般若無知對緣而照

此引經證聖人身心本無勞患何有也晋華嚴三十二略云清淨法身非有非無隨衆生所應悉能示現此證無身而現身無身可厭也般若無知下義引般若無心而照證無智可勞也下明不但身心兩忘抑且身心雙寂

萬機頓赴而不撓其神千難殊對而不干其慮動若行雲止猶谷神豈有心於彼此情係於動靜者乎

此明無心應物以釋無智可勞也萬機頓赴如月照萬川有何撓其神千難殊對如一雨普潤又何于其慮華嚴云假使無量阿僧祇衆生一一各具阿僧祇口一一口具阿僧祇舌一一舌出阿僧祇問難而菩薩以一言演說盡答無餘今言千難猶小小耳以無心而動故若行雲虛而常寂故止若谷神谷神語出老子謂虛而能應也聖人如此豈有心於彼此精係於動靜者乎此無心而應有何智可勞乎

旣無心於動靜亦無象於去來去來不以象故無器而不形動靜不以心故無感而不應

此明非形現形故無身可患也言旣無心動靜則無身生滅有何去來由其身心兩亡故能隨緣普應故無器不形無感不應如此又何有身可厭患乎

然則心生於有心象出於有象

此言聖人無心生心無相現相也謂聖人本自無心以衆生心爲心聖本無相因衆生願見故應之以相是以身心如幻患累何生下釋無患

象非我出故金石流而不燋心非我生故日用而不動紜紜自彼於我何爲

言聖人無我故無患雖流金爍石而不燋無心故日應衆緣而不動以紜紜自彼於我何爲又何患乎

◎紜一作紛

> 形等一作身形充八方而無患害

所以智周萬物而不勞形充八極而無患益不可盈損不可虧寧復痾癘中逵壽極雙樹靈竭天棺體盡焚燎者哉

此示無患之所以將斥小乘之見也以無心而應故智周而不勞以無身而現故形云而無患經云法身徧在一切處一切衆生及國土故益不可盈三世悉在無有餘亦無形相而可得故損不可虧聖人之身心如此下斥小見豈有痾癘中逵此痛背之事阿含經說如來向拘尸羅城中路背痛令弟子四疊僧伽黎樹下休息等如來雙樹入滅故云壽極天棺乃佛之葬儀焚燎乃火化等此乃小乘見應化佛有生死去來之跡而不知法身常住豈可以此爲無餘涅槃哉

> 而一作以

而惑者居見聞之境尋殊應之迹秉執規矩而擬大方欲以智勞至人形患大聖謂捨有入無因以名之豈謂採微言於聽表拔玄根於虛壤者哉

> 壤下一有所字

此結責迷情也如上所談至人身心如此之妙而惑者不知以生滅見聞之境求隨應之跡而擬議法身其猶執規矩方圓而擬度太虛將欲以智與形可以勞患聖人卽以生死捨有入無名爲涅槃如此之小見豈是超視聽之表得法身之理哉玄根意指法身虛壤意指寂光此非尋常見聞可及也

徵出第四

徵責也以前云涅槃之道果出有無之境徵意云有無二法攝盡一切如何有無之外別有涅槃之體今詳徵辭包舉儒老有無之說復引小乘有無爲例以詰難之

> 分一作叅

> 一無乃字

有名曰夫渾元剖判萬有參分有既有矣不得不無無自不無必因於有所以高下相傾有無相生此乃自然之數（謂理數）數極於是

此言有無相生以爲定有定無也渾元乃混沌一氣未分之前名太極無極謂本無也及陰陽初判兩儀既分而人居中是爲三才謂一生二二生三三生萬物故曰萬有參分是謂有也有既有矣變化遷訛四時代謝不得不無且無不自無必因有

※恑一作詭

以成無只如寒中無暑暑中無寒日中無暗暗中
無日晝夜相代所以高下相傾譬如四時成功者
退有無相生此乃自然必定之理天地之理數極
盡於是而已矣
以此而觀化母所育理無幽顯恢大也恑奇也憰詐也怪夭也
無非有也有化而無無非無也然則有無之境理無
不統
謂歷觀化母所育化母指一氣生成萬物故云所
育凡在陰陽所生之物無論恢恑憰怪皆是有也
有形之物必歸變滅故云有化爲無此則實實是
無故云無非無也以此而知有無之境理無不統
此則世間之法不出有無
經曰有無二法攝一切法又稱三無爲者虛空數緣
盡非數緣盡數緣盡者卽涅槃也
此引出世三乘之法亦以有無統之也三無爲者
乃唯識六種無爲之三也按百法解虛空無爲乃
險眞如之理猶如虛空其體常住擇滅無爲乃二
乘涅槃析色所證謂因慧數揀擇而證滅故非擇

※別一作可

滅者謂圓成之理本來寂滅不復更滅故非擇滅
卽非數緣滅新疏以非數緣滅謂諸法緣離自滅
同前儒老自有入無似非論義難家通以無爲爲
涅槃今聞有無之外別有妙道所以立難
而論云有無之表別有妙道妙於有無謂之涅槃請
覈妙道之本體也果若有也雖妙非無雖妙非無卽入
有境果若無也無卽無差無而無差卽入無境總而
括之卽而究之無有異有而非無無有異無而非有
者明矣
此申難意謂三教之理世出世間有無之法該括
殊盡而今論云有無之外別有妙道名爲涅槃是
所難信也請覈下正出難意謂妙道之體果實是
有雖妙亦定有定有卽入有境若妙道果實是無
則必定無卽入無境以此總萬法而括之以理卽
教以究其元不出有無之外豈有異有而又言不
無異無而又言不有者耶
而曰有無之外別有妙道非有非無謂之涅槃吾聞
其語未卽於心也

耶一作邪

此難家責違也謂非有非無之說其論雖妙吾聞
其語而已未愜於心實所未悟也

超境第五

境卽上難家有無之境謂根塵爲有小乘灰滅取
爲涅槃是稱爲無今演大涅槃超卓有無以破其
執

無名曰有無之數(名也)誠以法無不該理無不統(縱也)然
其所統俗諦而已

大品云菩薩以世諦故示衆生若有若無非第一
義故云俗諦唯識百法該世出世然皆有我故稱
爲俗

經曰眞諦何耶涅槃道是俗諦何耶有無法是

此引證世出世法通名俗諦

何則(微明有無皆俗諦義)有者有於無無者無於有有無所以
稱有無有所以稱無

此則有無相形也本無生死而今有之本無身心
而今有之此有者有於無耳二乘之人灰滅身心
超脫生死而證無爲是以無者無其有耳是以有

於一作于

乎一作于

其所無故稱有無其所有故稱無此相待相形故
爲俗也

然則有生於無無生於有離有無無離無無有有無
相生其猶高下相傾有高必有下有下必有高矣然
則有無雖殊俱未免於有也

釋成有無相生如高下相傾是則有無之名雖殊
俱未免於有故所以爲俗耳

此乃言象之所以形是非之所以生豈是以統夫幽
極擬夫神道者乎

此結責有無既形於言象必生其是非未爲一定
之理豈足以統攝幽妙之極致而擬議涅槃之神
道乎

是以論稱出有無者良以有無之數(名也)止乎六境之
內六境之內非涅槃之宅故借出以祛(遣之)

此正明出意也謂涅槃之道超出有無者良以有
無之名止乎六境根塵之內以根塵生滅之法非
涅槃不生不滅之致故假借一出字以遣執迷之
情耳始非出此之外別有一有可居也

◈怖一作希 〇忘作亡

◈日一作曰 〇繞一作撓

庶悕道之流髣髴（比擬也）幽途託情絕域得意忘言體其非有非無豈曰有無之外別有一有而可稱哉

此勉玄悟忘情也所以言超出者冀望學道之流因言比量涅槃之妙寄心於忘情絕證之域得意忘言悟其非有非無耳豈是有無之外別有一有可稱謂哉執言昧旨失之甚矣

經曰三無爲者蓋是羣生紛繞生乎篤患篤患之尤莫先於有絕有之稱莫先於無故借無以明其非有明其非有非謂無也

此序迷也經言三無爲者蓋因衆生生死往來紛紛繞繞而不停者生乎根塵爲篤患之本也而篤患之甚者莫先貪著執有之情也若欲絕其貪著之心莫先於涅槃之無以爲安逸之宅因此故借一無字以明其生死之法中非有耳此意但只明其根塵虛妄本不是有非是絕無爲無也此言揀有二義一揀涅槃非有無攝二揀爲無之無非二家所計之無

肇論略注卷五

◈一論自字

◈無下一有而字

◈存一作有

肇論略注卷六

明匡山沙門憨山釋 德清 述

此承無名言涅槃之道妙出有無故名家搜之搜尋求也

搜玄第六

有名曰論自云涅槃既不出有無又不在有無（引論意）不在有無則不可於有無得之矣不出有無則不可離有無求之矣求之無所便應都無

此名家按蹟興疑也上云良以有無之數等是不出有無也前云果出有無等是不在有無也以不在故不可卽而得之矣不出則不可離而求之矣於卽離之間求之而所求不可得便應都無豈以斷滅爲妙道乎

然復不無其道其道不無則幽途可尋所以千聖同轍未嘗虛返者也其道既存而曰不出不在必有異旨可得聞乎

既云不出不在然又不無其道是則妙道可尋足知千聖一軌同歸一極未嘗虛返者也然其道既

存則有所可指而曰不出不在使人趣向無所必有異旨可得聞乎

妙存第七

不出不在曰妙體非斷絕曰存乃無住之深趣存乎不卽不離之間故曰妙存雖云妙存正顯無住

無名曰夫言由名起名以相生相因可相無相無名無名無說無說無聞

言一作云

此意責名家執名相以求無言之妙道故就有無以求之非得無言之旨也謂凡言說從名相而起名相從妄想而生故曰相因可相若名相兩忘則言說俱無言說旣無則從何所聞然此涅槃妙道本無言說子於何而得聞乎

經曰涅槃非法故不在非非法故不出無聞無說非心所知吾何敢言之而子欲聞之耶

在一作存下同

此正申責意也由名象家云不出不在必有異旨可得聞乎故此引經證涅槃本不可說亦非可聞也經卽本經二十一略云涅槃非相非不相非物非不物等亦淨名義謂有無二者皆名爲法所云非法則不在也非非法則不出也不出不在則無言說離言之道非心所知吾何敢妄言而子欲聞之耶

雖然善吉有言衆人若能以無心而受無聽而聽者吾當以無言言之庶述其言亦可以言

此陳道本無言亦可以因言顯道也善吉須菩提之名也義引般若須菩提云我觀般若本無言說若衆人能以無心而受無聽而聽者我當述佛之言亦可以言之意欲通難解迷不得不言之耳

淨名曰不離煩惱而得涅槃天女曰不出魔界而入佛界

此引二經證不出不在義也淨名卽弟子品文天女卽寶女所問經第四偈曰如魔之境界佛境界平等相應爲一類以是印見印據此經義妙道本來不出不在只在當人妙悟豈可執言求實也故下明妙悟

然則玄道在於妙悟妙悟在於卽眞卽眞卽有無齊觀齊觀卽彼己莫二所以天地與我同根萬物與我

(冥一作默)

一體同我則非復有無異我則乖於會通所以不出
不在而道存乎其間矣
此言涅槃妙道在乎妙悟等觀非言說可到也所
言涅槃者乃法身寂滅之稱也大經云法身徧在
一切處一切衆生及國土三世悉在無有餘亦無
形相而可得此非妙悟不足以了達然妙悟要在
即物以見眞即眞要在有無齊觀若能齊觀則物
我不二如此則天地與我同根萬物與我一體若
物我等觀則不落有無若物與我異心境角立則
不能會通故所以言不出不在而妙存乎其間矣
若不如此則取捨情生是非繆亂又何以見忘言
之道乎
何則(微釋妙悟)夫至人虛心冥照理無不統懷六合於胸
中而靈鑒有餘鏡萬有於方寸而其神常虛
此言聖人照理達事故即事而眞也由照眞理極
故事無不攝故懷六合而有餘鏡萬有而常虛此
聖人之心也
至能拔(言證窮也)玄根(指涅槃實際也)於未始(言無始指未迷已前)即羣動

(不下一有同字)
(知下一有故字)
(彼此一作此彼)

以靜心恬淡淵默妙契自然
言由妙悟故能眞窮惑盡破無始之迷徹法界之
理故權應羣機即動而常靜無爲湛寂妙契自然
所以處有不有居無不無居無不無故不無於無處
有不有故不有於有故能不出有無而不在有無者
也
此言聖人理極情亡故出在兩超不墮有無之見
也由實智理窮故處有不有權應無方故居無不
無以不無故不滯於無不有故不著於有如此所
以不出有無而不在有無者也豈可以一定於有
無而求之哉
然則法無有無之相(境空)聖無有無之知(心空)聖無有無
之知則無心於內(亡知絕照)法無有無之相則無數(名相也)
於外(離名絕相)於外無數(則境絕)於內無心(則智絕)彼(境也)此(心也)
寂滅(心境絕)物我冥一(物我如如)怕爾無朕乃曰涅槃
此人心境雙絕物我如如纖塵不立乃曰涅
槃此爲聖人之極證究竟涅槃之果也
涅槃若此圖度絕矣豈容可責之於有無之內又可

◈之下一有故字

◈之一作諸

徵之有無之外耶

此責迷也謂涅槃如此超出思議圖度之境豈容可以有無內外而求之耶

難差第八

此承上言涅槃之道心境不二物我一如之妙是爲平等無二之理如此何以三乘修證有差既曰冥一則不應有三

有名曰涅槃既絕圖度之域則超六境之外不出不在而玄道獨存斯則窮理盡性究竟之道妙一無差理其然矣

名家敘領涅槃超出有無之妙爲窮理盡性之談理其然矣但理既一而三乘所證何以不同故此下立難

而放光云三乘之道皆因無爲而有差別佛言我昔爲菩薩時名曰儒童於然燈佛所已入涅槃儒童菩薩時於七住初獲無生忍進修三位

難意謂涅槃妙道既是一則三乘所證不應有差引放光義金剛亦同謂一切聖賢皆以無爲法而有差別所謂證異也儒童於然燈佛所已入涅槃而又云時於七住獲無生法忍圓教七住卽權教七地故言既入涅槃則已證極果如何後又進修三位耶此疑涅槃未爲極證也此引證意下正難

◈而一作何 ○升作昇下同

若涅槃一也則不應有三如其有三則非究竟究竟之道而有升降之殊衆經異說何以取中耶

此正難差也若一則不應有三有三則非究竟矣既曰究竟之道而有升降之不同教有明言又何以折中耶

辯差第九

無名曰然究竟之道理無差也法華經云第一大道無有兩正吾以方便爲怠慢者於一乘道分別說三三車出火宅卽其事也

此領難意理本一也然有三乘者乃卽一之三權實之義耳正法華云是一乘道寂然之地無有二上論正與經上皆極果也妙法華云佛爲求道者中路懈廢爲止息故以方便力於一乘道分別說三火宅喩先許三車及諸子出宅皆等賜一大車

是則本無有三三非實法也

以俱出生死故同稱無爲所乘不一故有三名統其會歸一而已矣

此言三乘會歸一極以申答意也

而難云三乘之道皆因無爲而有差別此以人三三於無爲非無爲有三也故放光云涅槃有差別耶答曰無差別但如來結習都盡聲聞結習不盡耳

此正答難意但人有三而涅槃之道本無三也所以有差者但如來煩惱無明結習已盡三乘未盡故有差耳以結習盡處心契無爲名爲涅槃故下以喩明

請以近喩以況遠旨如人斬木去尺無尺去寸無寸脩短在於尺寸不在無也

此喩最顯言無無長短意旨更妙此法本不異

夫以羣生萬端識根不一智鑒有淺深德行有厚薄所以俱之彼岸而升降不同彼岸豈異異自我耳然則衆經殊辯其致不乖

此明法本不異異在於機智有淺深德有厚薄正不一之所以也彼岸豈異正示法一衆經隨機之說故不乖耳

◆1 無云字

責異第十

謂無爲之理既一如何能證之人有三蓋躡前致難也故云責異

有名曰俱出火宅則無患一也同出生死則無爲一也(此頌旨也)而云彼岸無異異自我耳(此興疑也)彼岸則無爲岸也我則體(證)也無爲者也(立難意下申難)請問我與無爲爲一爲異若我即無爲無爲亦即我不得言無爲無異異自我也(言我與無爲既一則無彼此之分故不可言異自於我)若我異無爲我則非無爲(我是衆生自屬有爲故非無爲)無爲自無爲(無爲自一向無爲)我自常有爲(我在生死則一向有爲)冥會之致又滯而不通(無爲有爲條然各別故難通會)然則我與無爲一亦無三(若生死涅槃本來平等一際如此既一則畢竟無三)異亦無三(若生死與涅槃本來不同則生死自生死涅槃自涅槃何有三乘之設)三乘之名何由而生也(進退推之一亦無三異亦無三如此則三乘之名何由而生耶)

會異第十一

名家執異以難非一故無名會通無二

無名曰夫止此而此（意謂迷時涅槃即生死）適彼而彼（悟時生死即涅槃）所以同於得者得亦得之（證則三乘同證）同於失者失亦失之（迷則六道同迷）我適無爲我即無爲無爲雖一何乖不一耶

此言生死涅槃本無二致迷悟同源以人證法法則在人故曰我適無爲我即無爲人大則法亦隨大機小則法亦隨小是則無爲雖一何妨因人而有三耶

譬猶三鳥出網同適無患之域無患雖同而鳥鳥各異不可以鳥鳥各異謂無患亦異又不可以無患既一而一於衆鳥也然則鳥即無患無患即鳥無患豈異異自鳥耳

此喻顯法一而人異也鳥喻衆生網喻生死無患喻涅槃謂衆鳥出網無患一而鳥鳥異異謂飛有遠近也此以無患喻涅槃最妙

如是三乘衆生俱越妄想之樊同適無爲之境無爲雖同而乘乘各異不可以乘乘各異謂無爲亦異又不可以無爲既一而一於三乘也然則我即無爲無爲即我無爲豈異異自我耳

此法合甚明謂衆生同出生死所證涅槃是一但根有大小智有淺深故證有高下此是異在人不在法也

所以無患雖同而升虛有遠近無爲雖一而幽鑒有淺深無爲即乘也乘即無爲也此非我異無爲以未盡無爲故有三耳

此喻法雙結生死涅槃本來不二但出生死之人未盡無爲之理故有三乘之分非有三法以待人也此論正義特顯生死涅槃不二之旨學人不可以迷悟三一求之

詰漸第十二

詰難也由前云未盡有三是爲漸義故此詰之

有名曰萬累滋彰本於妄想妄想既祛則萬累都息（此言三乘斷惑同）二乘得盡智菩薩得無生智（此言三乘智同）是時妄想都盡結縛永除結縛既除則心無爲（此言三乘證理同）心既無爲理無餘翳

此詰三乘斷惑證智證理皆同同則不應取果有

◈淺深一作深淺

※餘一作障

不一作無

異也萬累指枝末煩惱妄想指根本煩惱根本既斷則枝末不生故云都息二乘盡智等新疏引大品說三乘之人共十一智第九名盡智謂苦已盡見等第十名無生智謂苦已見而不更見等則前之十智聲聞皆有盡智在已辦地得之今云菩薩得無生智者二地已上第九菩薩地阿鞞跋致如實知諸法本自不生今亦無滅名無生智不共二乘也上引聲聞亦證無生今言菩薩不共者以二乘但盡生死名爲無生菩薩乃達諸法寂滅無生故不共耳通言三乘斷惑證理皆同而取果不應有異此乃名家約義以難其實三乘斷惑不同以二乘斷見思菩薩斷塵沙伏無明霄壤有異豈可同哉學者不可不知也

經曰是諸聖智不相違背不出不在(應作生字) 其實俱空

又曰無爲大道平等不二

此引證三乘證理不異也疏引放光云聲聞辟支佛菩薩佛世尊是諸聖智不相違背乃至云不出不在其實空者無有差殊今在字宜是生字智論解云因邊不起名爲不出緣邊不起名爲不生又曰下亦義引大品三慧品須菩提白佛言世尊無爲法中可得差別不佛言不也故義言大道平等無二

未一作不

既曰無二則不容心異不(體證也) 則已體應窮微而曰體而未盡是所未悟也

言既所證之理不二則能證之心又何容異以不異之心證不二之理不證則已證則窮微徹底而曰體而未盡是所未悟也

明漸第十三

言結習不可頓盡無爲不可頓證譬如磨鏡垢盡明現

無名曰無爲無二則已然矣(領難理無差) 結是重惑可謂頓盡亦所未喻(經云理須頓悟乘悟併消事因漸除因次第盡) 經曰三箭中的三獸渡河中渡無異而有淺深之殊者爲力不同故也

二喻疏引毗婆沙論之義云猶如一的若木若鐵衆箭所中一無爲體爲三想所行又云於甚深十

●則所一作其

二因緣河能盡其底是名爲佛二乘不爾如三獸
渡河謂象馬兎兎則騰擲而渡馬或盡底或不盡
底香象於一切時無不盡底

三乘衆生俱濟緣起之津同鑒四諦之的絕僞卽眞
同升無爲然則所乘不一者亦以智力不同故也

此法合也緣起十二因緣乃廣四諦而說故四諦
有生滅無生無作無量四種不同故是三乘同觀
故云俱濟同鑒而斷惑證眞同升無爲亦各證自
乘故所乘不一亦以智力不同故也○下擧例難
盡

夫羣有雖衆然其量有涯正使智猶身子辯若滿願
窮才極慮莫窺其畔

此擧有爲之法難盡以例無爲不可頓窮也言萬
物難多各有涯量直使智慧如身子辯才如滿慈
窮其才極其慮亦莫能窺其邊有爲如此況無爲
乎涅槃云佛言我與彌勒等共論世諦舍利弗等
都不識知何況出世第一義諦

況乎虛無之數妙也重玄之域其道無涯欲之頓盡耶

此法合也虛無重玄用老子文玄之又玄故曰重
玄皆況涅槃無爲之義言有爲之數二乘之智尙
不能窮況涅槃無爲之道乎譬如大海無涯而操
舟有里數太虛寥廓而翔翮有遠近三乘之人於
涅槃之道亦猶是也

書不云乎爲學者日益爲道者日損爲道者爲於無
爲者也爲於無爲而日日損此豈頓得之謂要損之
又損之以至於無損耳經喩螢日智用可知矣

引老子爲學日益爲道日損損之又損至於無損
以明漸斷漸證之義至於無損者至無可損爲極
證耳螢日放光義云二乘之智如螢火虫不敢作
念徧照閻浮菩薩之智譬如日出徧照閻浮生盲
之人皆得利益等

譏動第十四

如前所云旣以取捨爲心損益爲行是則尙求之
心擾動未息何以動擾之心證不動無爲之理乎
故譏以詰之

有名曰經稱法身已上入無爲境心不可以智知形

不可以象測體絕陰入心智寂滅上明無爲之理而復云進修三位積德彌廣此明好尙之心夫進修本因也於好尙積德生起也於涉求好尙則取捨情現涉求則損益交陳既以取捨爲心損益爲體言體究行也而曰體絕陰入心智寂滅此文乖致殊而會之一人無異指南爲北以曉迷夫

此躡前進修損益以興難也經稱法身已上謂初登地已契法身證眞如理故云入無爲境以無分別智現身益物故云心不可以智知形不可以象測至七地頓捨藏識故云體絕陰入證平等眞如故云心智寂滅自此復進修三位方成佛果此引經按定下申難意謂進修積德本於好尙涉求凡好尙則取捨未忘涉求則損益交陳既有取捨損益之心則動擾未息而又曰體絕陰入心智寂滅此則文乖於理如何會之一人以動心而取靜理無異指南爲北也

動寂第十五

前名家譏動今答以動寂而不言寂動者以問家但譏其動謂動則違寂不知動時全寂故云動寂

寂動一個

無名曰經稱聖人無爲而無所不爲

此引證聖人動靜一如總答難意也經即放光云佛言適無所爲故行般若波羅蜜無所爲寂也無所不爲動也即寂而動故雖動而常寂故下廣明進修無取捨

無爲故雖動而常寂無所不爲故雖寂而常動雖寂而常動故物心也莫能一以體用雙彰故莫能一雖動而常寂故物境也莫能二以心境一如故莫能二物境也莫能二故逾動逾寂物心也莫能一故逾寂逾動

此言聖心寂照雙流體用雙彰故心境一如動靜不二豈可動靜而二其聖心哉

所以爲即無爲無爲即爲動寂雖殊而莫之可異也

此證經義以明動靜不二之所以也〇下明聖心絕待答前積德

道行曰心亦不有亦不無

此引經證聖心不涉有無以明積德非有心也雖好尙涉求似分身心而總攝於心故言積德雖涉

求亦非有心亦非無心任運而已

不有者不若有心之有不無者不若無心之無

此釋經義揀非斷常也言不有者不是絕無但不似衆生之有心耳言不無者不是實有但不比無情之無耳

何者有心則衆庶是也無心則太虛是也衆庶止於妄想太虛絕於靈照豈可止於妄想絕於靈照標其神道（指涅槃）而語聖心者乎

此重明聖心不有不無之所以也若有心則是凡夫無心則是太虛凡夫則所止於妄想太虛則絕然無知豈可以妄想無知以擬涅槃妙道以語聖心爲有無哉

是以聖心不有不可謂之無（絕無）聖心不無不可謂之有（實有）

此雙遮聖心不隱有無以遣妄見

不有故心想都滅（不比凡夫）不無故理無不契（不比太虛）理無不契故萬德斯弘心想都滅故功成非我

以明離過顯德以彰聖心本無涉求也以滅妄想又非無知乃離二邊之過故能證一眞之理故云理無不契以證一眞法界則恒沙性德總在心源故萬德斯弘以妄想盡滅則永絕貪求故雖功成而非我證如此又何好尙涉求之有哉

所以應化無方未嘗有爲寂然不動未嘗不爲經曰心無所行無所不行信矣

此總結答難意謂聖心無爲而爲寂然而應如此豈有爲好尙涉求之心而以動擾議之哉引經證一致可知

儒僮曰昔我於無數劫國財身命施人無數以妄想心施非爲施也今以無生心五華施佛始名施耳

儒僮義引智論事謂以身命等施出妄想心求五波羅蜜未有所得今見然燈以五華供佛布髮掩泥卽得無生法忍滿足波羅蜜等謂七地以前有相觀多未達三輪體空名住相布施非眞施也至第八無相地證平等眞如三輪空寂故卽得受記故云始是施耳意謂聖心果有好尙涉求豈能證無爲之理乎

又空行菩薩入空解脫門方言今是行時非爲證時

此引放光義言菩薩巳入空解脫門方言乃是行時非爲證時意謂單空尙不能證況動心乎顯寂用同時爲眞行耳

然則心彌虛行彌廣終日行不乖於無行者也

謂菩薩巳入空解脫門依空起行則寂而常照故心心寂滅行行契眞所以動而常寂也

是以賢劫稱無捨之檀成具美不爲之爲禪典唱無緣之慈思益演不知之知聖旨虛玄殊文同辯

連引四經以證不爲而爲之義梵語檀那此云布施賢劫經說一切諸法無有與者是名布施成具云不爲而過爲禪經說慈心三昧有無緣之慈思益云無取捨之知方爲知此上四義皆言不爲而爲之旨故云殊文同辯

豈可以有爲便有爲無爲便無爲哉菩薩住盡不盡平等法門不盡有爲不住無爲卽其事也而以南北爲喩殊非領會之唱

此責其動靜異見而引經證義也菩薩下卽義引淨名經略云上方香積世界菩薩欲還本國向佛求法佛言有盡無盡法門汝等當學云云如菩薩者不盡有爲不住無爲彼疏云有爲雖僞捨之而大業不成無爲雖實住之而慧心不朗卽其事者正同前動寂無礙之旨也若有無異見動寂殊觀而以南北爲喩豈能領會聖心哉

窮源第十六

窮謂窮討源謂根源由聞前說巳知動靜不二今則行成必證未審能證之人與所證之法誰先誰後

有名曰非衆生無以御(控進也)三乘非三乘無以成涅槃然必先有衆生後有涅槃是則涅槃有始有始必有終(約人則人先法後約法則法先人後)而經云涅槃無始無終湛若虛空則涅槃先有非復學而後成者也

此難涅槃與人兩異設難若先有衆生是衆生證得則涅槃有始終若先有涅槃則不屬修得何言衆生得涅槃耶此難似不易通下答以涅槃無始無終無古無今浩然大均物我無二唯會物爲巳

＊爲一作成

卽是聖人亦無始得

通古第十七

意謂涅槃之體性自常然無古無今何有始終萬法本寂當體涅槃三乘悟此卽爲證得亦無先後但以智契理理智冥一唯心契會故無始終

無名曰夫至人空洞無象而萬物無非我造會萬物以成已者其唯聖人乎

言聖人一心寂滅空洞無象以隨緣成事故三界萬法唯心所現故云無非我造以諸法寂滅之體卽是涅槃若能了達萬法唯心法法皆歸自已是名聖人證得涅槃但是以如如智照如如理理智冥一是爲涅槃豈有先後始終於其間哉卽此一語盡破其疑

何則(徼釋理智一如) 非理不聖非聖不理理而爲聖者聖不異理也

理卽萬法一眞之理聖謂照理之智謂非契理不足以彰聖智故云非理不聖非智不足以證理故云非聖不理以證理而爲智故智不異理平等一心是爲證得涅槃

故天帝曰般若當於何求善吉曰般若不可於色中求亦不離色中求又曰見緣起爲見法見法爲見佛斯則物我不異之效也

由上云一心成萬法照萬法唯一心名爲涅槃萬法境寬今就五蘊中擧一色法以明則法法皆然故引天帝之問乃大品經散華品文謂般若乃能照之智萬法乃所照之境今但擧色法以例餘言心境非一故不可於色中求以心境非異故不離色中求以色卽是空空卽如如無如外智能證於如故云不離不卽不卽不離是爲一心中道又曰下義引涅槃經文緣起十二因緣也見緣起性空是爲見法見法卽見佛斯則物我不異之效也又何有先後始終哉

所以至人戢(止也)玄機(智也)於未兆藏冥(寂也)運(動也)於卽化總六合以鏡心一去來以成體古今通始終同窮本極末莫之與二浩然大均乃曰涅槃

此正出涅槃之體也未兆寂然不動之境也謂聖

人以眞智照理止於寂然不動之先運卽寂之動潛於萬化之域六合不離一心故云總古今不離一念故云一去來故十世古今始終不離當處故云通云同窮本極末究竟一際浩然大均乃曰涅槃涅槃之道如此廣大虛寂豈可以先後始終而擬之哉

經曰不離諸法而得涅槃又曰諸法無邊故菩提無邊

此引證諸法卽眞故心境不二也放光云諸法無邊際故般若波羅蜜亦無際此證理智皆依諸法以顯心境不二也

以知涅槃之道存（在也）乎妙契妙契之致本（因也）乎冥一

依聖言量因知涅槃之道單在妙合心境心境如如因乎理智冥一此外無可證者

然則物（境也）不異我（心也）我不異物物我玄（冥也）會歸乎無極

理智一如物我無二忘心絕照冥會一心故曰歸乎無極蓋寄無極之言以顯一心廣大寂滅之體耳

（必若一作若必）

進之弗先退之弗後豈容終始於其間哉

謂三乘證之而弗先六道迷之而非後無古無今前後際斷豈容終始於其間哉

天女曰耆年解脫亦如何久

此引證久近也淨名身子問天女止此室其已久如曰如耆年解脫身子曰止此久耶天女云云謂身子所得解脫豈屬久近之時耶

考得第十八

承上不離諸法而得涅槃因之稽考盡陰存陰違教違理當何得乎所以末後辯者謂從前決擇修悟已周意顯極證故也

有名曰經云衆生之性極於五陰之內又云得涅槃者五陰都盡譬猶燈滅（上引經定理下申難）然則衆生之性頓盡於五陰之內涅槃之道獨建於三有之外邈然殊域非復衆生得涅槃也（陰盡無得違）果若有得則衆生之性不止於五陰必若止於五陰則五陰不都盡五陰若都盡誰復得涅槃耶（存陰有得違）

難意謂衆生得涅槃然衆生之性止於五陰之內且涅槃獨建於三有之外此則內外本自相懸今云五陰都盡乃得涅槃然五陰已盡於內又誰得界外之涅槃耶此則陰盡無能得者也若衆生果得涅槃者則性不止於五陰矣若止於五陰則五陰不盡若五陰都盡誰復得涅槃耶此則陰存而無得者也未達五陰空寂卽是涅槃故耳

玄得第十九

得無所得無得而得故云玄得

無名曰夫眞由離起（顯也）僞因著生著故有得離故無名

謂涅槃眞理由超情離見而顯分別妄僞由執著名相而生故執名相者爲有得離情見者故無名

是以則（法也）眞者同眞法僞者同僞子以有得爲得故求於有得耳吾以無得爲得故得在於無得也

言凡取法於眞者則契眞執著於僞者則同僞故不以有得爲眞以無得爲得耳此正申玄得之旨也

今已見一作見已○我聞作聞我

且談論之作必先定其本旣論涅槃不可離涅槃而語涅槃也若卽涅槃以興言誰獨非涅槃而欲得之耶

若剋體而言涅槃則一切衆生本來涅槃故云誰獨非涅槃而欲得之耶以一切法本來如故○此標宗下辯義

何者（徵釋正義）夫涅槃之道妙盡常數（泯絕諸相也）融（和也）冶（鎔也）二儀蕩滌萬有均天人同一異內視不已見返聽不我聞未嘗有得未嘗無得

此辯涅槃妙體也以涅槃妙體離一切相故云妙盡常數二儀天地也萬有萬物也經云一人發眞歸元十方虛空悉皆銷殞何況空中所有國土而不振裂故云融冶二儀蕩滌萬有由此所以均天人同一異也以非色故內視不已見以非聲故返聽不我聞以寂漠沖虛故未嘗有得以諸法寂滅平等無二故未嘗無得

經曰涅槃非衆生亦不異衆生維摩詰言若彌勒得滅度者一切衆生亦當滅度所以者何一切衆生本

◆名一作明

性常滅不復更滅此名滅度在於無滅者也

引涅槃經義言涅槃之體永離生滅故非衆生以衆生之性本來寂滅故不異涅槃引淨名經義彌勒若得滅度者則一切衆生亦當滅度以一切衆生本性畢竟寂滅卽涅槃相不復更滅此名滅度在於無滅豈有盡五陰而求涅槃又豈可存五陰而別求得涅槃耶

然則衆生非衆生以性空故誰爲得之者無能得之人涅槃非涅槃以離相故誰爲可得者無所得之法放光云菩提從有得耶答曰不也從無得耶答曰不也從有無得耶答曰不也離有無得耶答曰不也然則都無得耶答曰不也是義云何答曰無所得故爲得也是故得無所得也無所得謂之得者誰獨不然耶

◆爲一作名
◆耶一作乎

言得涅槃者以衆生性空故無能得之人涅槃寂滅離相故無可得之法能所雙忘故無所得爲得以無所得爲得者則一切諸法本來寂滅不復更滅斯則法法眞常生佛平等且誰獨不然耶

◆於一作乎

然則玄道在於絕域故不得以得之妙智存乎物外故不知以知之大象隱於無形故不見以見之大音匿於希聲故不聞以聞之

此言涅槃之體超心境絕見聞結示玄得之方也玄道指涅槃實際爲所觀之境以體絕諸相故稱絕域以此非所得之境故不得以得之妙智謂能證之智實智照理離諸對待故云物外以寂而照故不知以知之以一眞法界謂之大象無狀無形非可見之境故不見以見之寂滅圓音謂之大音羣動永息非妄聞可及故不聞以聞之

◆故一作至○囊括一倒囊

故能囊括終古導達羣方亭毒養育也蒼生疎而不漏汪哉洋哉何莫由之哉

上示涅槃玄得之體此顯無方大用也故能爾者由自體甚深所以能德用廣大囊括義取易云括囊無咎謂結其囊口今取包括無遺之義謂涅槃眞常不但無始亦且無終今古常然故云囊括終古導開引也達示悟也羣方九界衆生也由其用廣故開悟九類養育羣生以衆生迷之而不返似爲疎遠如不修則已修而卽得故云不漏汪洋無

涯故聖凡以之而出入依正以之而建立法界以之而恢張因果以之而不昧故曰何莫由之哉故梵志曰吾聞佛道厥其也義弘廣也深汪洋無涯靡無也不成就靡不度生

此引梵志歎佛之言以證涅槃化生之用

然則三乘之路開眞僞之途辯賢聖之道存無名之致顯矣

此總結宗極也一論所述九折皆三乘權教之跡十演乃一乘之實今論開權顯實故云三乘之路開無名顯理爲眞有名執跡爲僞如上所論眞僞自辯以時宗廓無聖秦主斥曰若無聖人知無者誰故論主奉詔作論以破無聖斷見之執今言儒童進修空行起行是有能修能證之人故曰賢聖之道存名家按名責實今論主發揮無名之致故云顯矣

涅槃無名論終

肇論略注卷六終

肇論略注後跋

此論言未及二萬題方稱五篇義則席卷聲教囊括衆經而罄佛淵海者矣論主因見教中談眞指不遷導物開流動恐未忘標指者依文解二而二其心故且翻其辭改其名曰物不遷曰不眞空等文似相角而義實相符所造未嘗異而所見未嘗同也然推論主心蕩無纖異實爲暢我　佛攝未歸本之懷是以即物而論虛玄標高揭物我同根此不異雜華云法性本無生示現而有生是中無能現亦無所現物能現所現既即無昔來今往又何朕故曰昔人非昔人野馬或不動艮有此深因非驟而語不遷後尙有約義而駁其文者有臨文而駭其義者然又有駁其駁者迄我　明憨山大師主盟此道執牛耳於宗途已探此論之奧而識其微因見言路縱橫學人首鼠兩端莫之趨向即搦管作疏弄丸其間析諸家之雜而闡其幽旨名曰略注古今開闢本末貫通借曰千途異唱會歸同致矣愚意在昔毗耶大士爲世尊教海汪洋代下一轉語即令五百弟子飽餐香積而

消之繼踵肇公論主復白一椎至今憨山大師筆底
万能轉身吐氣抑亦爲論主作此一轉語耶而始令
大悟入宗本開無知般若鑒不眞空了物不遷而無
名涅槃即可證此又一餐香積矣雖各相去千有餘
年要知般若光中以燈續燈若旦暮遇之也注成大
師尙固扃鐍以藏之恰有居士雲山合掌請曰摩尼
妙在普雨而法寶幸流通弟子雖處甁之罄因惜自
他慧命如絲願貸粟監河但得金二十五便可資棗
黎氏流行而皆沾其法味幸何如哉大師頷而授之
來命跋於不肖因贊之曰向之於此論也但登其枝
而忘其本咀其華而不食其實者衆矣今得大師信
筆注成又爾居士信心刻之今而後之於此論也可
括目矣必能達其本根矣此其論之中興也歟

萬歷歲次丁巳孟秋　　華山法姪慧浸識

역자 소개 普門 宋燦宇

탄허스님 문하에서 득도

동국대 불교대학, 민족문화추진회, 국역연수원,

동국역경위원

현재 중앙승가대학 교수

역서

《대승기신론》, 《종경록》, 《금강경　파공론》, 《유식질의론》, 《호법론》, 《파사론》, 《法相唯識學으로 이해한 반야심경》, 《老子 그 불교적 이해》, 《莊子 禪解》, 외 다수

조 론

佛紀 2553年(2009)　2月　20日　初 版　1刷 發行
佛紀 2556年(2012)　4月　10日　初 版　2刷 發行
佛紀 2563年(2019)　1月　15日　初 版　3刷 發行
佛紀 2567年(2023)　3月　15日　初 版　4刷 發行

옮긴이 宋　燦　宇

펴낸이 이　규　택

발행처 **경　서　원**

110 - 510 서울 · 종로구 견지동 55-2

登錄 1979. 2 3. 제1-37호

☎ 02) 733 - 3345, 733 - 3346

FAX 722 - 7787

♣ 파본은 바꾸어 드립니다,

ISBN 978-89-92062-77-0

값 35,000 원